Janice Peyré
EFA

Le Guide Marabout de l'adoption

•MARABOUT•

Enfance et Familles d'Adoption (EFA), interlocuteur privilégié des candidats à l'adoption et des familles adoptives, partenaire à l'échelon national des ministères concernés (Famille, Justice, Affaires Étrangères) et, dans chaque département, des institutions sociales et juridiques, agit concrètement pour que tout enfant puisse grandir dans la famille qu'il attend.

Depuis près de 50 ans, les familles adoptives que regroupe Enfance et Familles d'Adoption – qui sont aujourd'hui plus de 10 000 – témoignent des réalités de l'adoption, encore souvent méconnues. À travers l'extrême diversité de leurs expériences, fortes de centaines de milliers d enfances, elles apportent une perception commune de ce que sont un enfant, une famille, l'adoption, une réaffirmation partagée qu'il n'y a pas l'adoption nationale d'un côté, l'adoption internationale de l'autre mais une nature universelle, générique de l'adoption et des enjeux juridiques, sociaux et psychologiques, quel que soit le continent ou le pays d'origine.

À mes parents et à mon fils,
Pour notre famille

Nos enfants ne sont pas nos enfants,
Ils sont les fils et les filles de la vie,
De cette vie qui appelle la vie.

Khalil Gibran

Sommaire

Préface

Il existe au monde quelques dizaines de milliers d'enfants qui, chaque année, grâce à l'adoption, trouvent des parents.

Il existe au monde des millions d'enfants privés d'enfance, privés de l'insouciance bienheureuse qui ouvre le chemin vers l'adulte responsable de demain.

Perdus sur les quais de la gare de Bombay, affamés dans les favelas de Rio, poursuivis dans les rues de Santiago, coincés dans un lit d'institution roumaine, oubliés dans un centre médical ou encore insérés dans leur famille d'accueil, victimes trop souvent de la querelle entre ceux qui les ont mis au monde, ils le sont plus encore des lois qui devraient les protéger et de l'incapacité de la société dans laquelle ils vivent à faire le choix de les connaître.

À faire enfin pour eux le choix que leurs parents n'ont pas voulu, pas su, ou ont été interdits de faire : le choix de les reconnaître comme sujets de besoins et surtout de les regarder comme des petits hommes, en attente non seulement du vivre et du couvert, mais d'amour gratuit et de révoltes bienfaisantes, de certitude d'être à sa place, d'ancrages reconnus, de possibles regards parfois vers le passé, et d'espoir, toujours, en l'avenir.

L'adoption ne sera jamais la réponse à toute la misère du monde ; elle est, chaque fois, la solution pour un enfant, mais est-il certain aujourd'hui qu'elle soit admise comme la meilleure pour les enfants délaissés, orphelins de l'amour, attendant désespérément des parents ?

Mise sur la sellette par les techniciens et théoriciens des pays d'accueil qui culpabilisent les parents et inquiètent les enfants, elle ne semble souvent qu'une minime ligne de la balance commerciale de certains pays d'origine dont la politique familiale n'existe pas ou ne repose pas sur les mêmes traditions que la nôtre. Les adultes des pays riches, épuisés par la procréatique impuissante, iraient piller les forces vives de merveilleux pays de naissance contraints de laisser partir leur future nation ? Où sont les enfants dans ces vaines querelles ?

Sans attendre un seul instant, car chaque jour qui passe signe des milliers d'arrêts de mort, quelle coopération inter nationale va se saisir – si l'adoption n'était pas la réponse immédiate la plus éclatante – de la protection de chaque enfant sur cette planète ?

Pour l'instant, quelques-uns d'entre eux ont la chance de voir leur « cas » examiné par des institutions privées ou publiques. Aujourd'hui, quelques-uns ont le bonheur que des adultes s'offrent en famille à eux, et franchissant toutes les barrières administratives et philosophiques, les rencontrent enfin, pour leur offrir avec nom et maison, inscription dans une lignée, sécurité et amour.

Rares sont les futurs adoptants qui ne mériteraient pas l'agrément nécessaire pour rencontrer un enfant, l'enfant qui attend, solitaire de l'affection et de la tendresse qui font grandir. La seule difficulté dans l'adoption est d'admettre que nos enfants ne sont pas nés de nous et d'imaginer, puisqu'il existe déjà quelque part, celui dont on se sent, dont on se veut parent. La vie qui passe apportera ensuite son lot de bonheur et de craintes, de joies et de souffrances, de rires et de maladies.

Qu'on ne prenne pas de risque, soit ! Mais après avoir vérifié la santé mentale, la capacité d'accueil et les motivations des postulants, laissons parler leur désir de donner l'amour, leurs sentiments inexplicables souvent vers un pays ou un autre, leur adoration pour un petit garçon ou une grande fille, leur incapacité à rêver la vie avec un adolescent paraplégique ou leur tendresse face à la tendresse d'une enfant trisomique. Nos enfants sont uniques. Nous sommes uniques dans nos attachements, nos inaptitudes, nos élans, nos répulsions. Nous sommes de chair, de sang et de sentiments. Nous sommes humains.

Que le lecteur accepte les obligatoires dédales juridico-administratifs de cette filiation particulière, et qu'il suive Janice Peyré sur le sentier humaniste de l'adoption. Les futurs parents y comprendront qu'ils doivent pouvoir tout dire des chemins qui les ont conduits vers leurs enfants ; les enfants y découvriront l'étonnante ivresse des premières rencontres, les lancinantes questions que tout vrai parent se pose sur leur devenir ; les théoriciens de toute école y pénétreront la vie quotidienne de familles normales et les parents sauront qu'ils sont « les » parents : c'est pour cela que ce n'est pas toujours facile, et non parce qu'ils ne seraient « que » adoptants.

Danielle HOUSSET
Présidente de Enfance
et Familles d'Adoption
Présidente de la Confédération
européenne Enfance-Adoption-Accueil
Membre du Conseil supérieur
de l'adoption

Adoption, « adoptation »

Ils adoptent une loi, vous adoptez une religion, tu adoptes un style, elle adopte un chat, j'adopte, nous adoptons un enfant…

« Journées nationales de l'adoption » ; « Lui aussi, adoptez-le » ; « Ne m'abandonnez pas ». Dans les stations de métro, sur les panneaux publicitaires des grandes villes, fleurissent des affiches qui cherchent à émouvoir le passant par des phrases choc et des photos, où l'on voit souvent un enfant… avec un chien ou un chat, parfois avec les deux. Car celui pour lequel on cherche un foyer, c'est l'animal et non pas l'enfant.

Quiconque cherche sur Internet à en savoir plus sur l'adoption à partir de ce seul mot, et sans y adjoindre le mot « enfant » trouvera des sites perdus au milieu de ceux qui sont consacrés aux animaux, aux textes législatifs ou aux nouvelles tendances en matière de consommation.

À le voir ainsi galvaudé dans le langage courant mais aussi politique et publicitaire, on en viendrait presque à oublier le sens premier, toute la signification du mot « adopter ». Ce verbe emprunté au latin est construit à partir du verbe *optare*, « choisir », auquel le préfixe *ad*, « vers », donne toute sa force : adopter, c'est faire sien, prendre à soi.

Dès le XIVe siècle, le verbe se dota d'une signification juridique : il signifiait « choisir légalement pour enfant ». C'est à partir de ce sens premier que l'utilisation s'élargit progressivement, jusqu'à se morceler en une diversité d'usages répandus de nos jours.

Le nom « adoption » est, lui, bien plus ancien encore ; dès le XIIe siècle, il a une connotation sacrée et signifie « grâce du baptême ». Le mot « adoption », au sens de l'action de choisir pour enfant, avait un synonyme charmant tombé en désuétude : « adoptation ».

C'est à une découverte de l'« adoptation » que convie ce livre, de tout ce qu'implique « adopter » au sens qu'en donne le Littré (1866) : « choisir quelqu'un pour fils ou pour fille, et lui donner les droits civils en remplissant certaines formalités ». D'emblée, il est important de souligner que le premier terme de cette définition n'est plus de mise : les parents, nous le verrons, ne choisissent pas l'enfant, ce sont eux qui se verront choisis pour un enfant précis, en fonction de l'histoire et des besoins de ce dernier.

Pour le reste, tout y est – ou presque – dans cette définition : l'idée de devenir parent d'un enfant que l'on n'a pas conçu, de lui donner une filiation (donc son nom), des droits (ceux d'un enfant biologique), dans un cadre qui implique de satisfaire un certain nombre de conditions (avoir un agrément, le consentement des parents de naissance, un jugement d'adoption, etc.).

L'idée de devenir parents dans un cadre défini par la loi était déjà évoquée dans la définition du XIVe siècle (« choisir *légalement* son enfant »), elle est reprise ici ; manque le caractère sacré du nouveau lien qui se crée qui, s'il est absent de la définition, est présent dans l'esprit de nombreux parents. Laïques ou croyants, ils n'hésitent pas à évoquer cette dimension quasi mystique, cette alchimie mystérieuse qui réunit en une même famille, et pour la vie, parents et enfants, faisant qu'ils s'aiment et finissent par se ressembler, y compris quand ils sont d'ethnies différentes.

À travers leurs témoignages, leur humour et leur amour, ces familles nous permettent de découvrir toute la richesse affective de leur univers, ouvrant des fenêtres parfois inattendues.

Les autres usages du mot jettent le trouble chez les enfants adoptés qui ont parfois du mal à admettre qu'il ait un sens autre que celui de « donner un papa et une maman à un enfant ». Pour eux, c'est le seul sens qui compte : c'est celui qui donne un sens à leur vie.

Quand elle était en 6e, lors d'une leçon d'instruction civique, elle ne comprenait pas car, dans le texte, on adoptait une loi, et pour elle le mot adoption n'a qu'un sens : on ne peut pas adopter de loi, uniquement des enfants.

Une maman adoptive

Plus grave, ce faisceau d'usages divers finit par fausser la vision qu'une partie de la société peut avoir de l'adoption : un chien, ça s'achète, donc un enfant… ?

On adopte un style, pour le changer dès qu'il est passé de mode ou qu'on s'en lasse, donc un enfant qu'on adopte, on le « rend » au bout d'un certain temps… ?

Une jeune maman présente à ses voisines son petit dernier dont elle vient d'accoucher. Une d'entre elles montre du doigt sa fille de six ans, née au Rwanda : « Maintenant que vous avez le bébé, celle-là, vous allez la rendre ? »

L'adoption a pour objectif de donner une famille à un enfant qui en est privé, offrir à tout enfant une enfance et la capacité de s'installer dans la société dont il fait partie.

Annie Lamboley, *L'Adoption, une quête partagée*, thèse de doctorat de droit privé, soutenue le 18 novembre 2000 à l'université Montpellier-I

En même temps, il faut sans doute voir dans l'usage parfois abusif, voire choquant, qui est fait du mot « adopter » une forme de reconnaissance implicite de tout ce que l'adoption a de positif : à travers lui, on cherche à véhiculer l'idée de durée, d'engagement sans contrepartie, la dimension solennelle, la part de conviction d'une décision ou d'un choix.

Au-delà des malentendus sur les mots et les sens qu'on leur donne, l'adoption a un objectif vital, aux antipodes des idées reçues : donner à un enfant le droit d'être enfant, et le droit de grandir dans l'amour d'une famille, sa famille.

Pour que cette greffe réussisse, la décision ne peut être prise à la légère. La société doit prendre ses responsa bilités et s'assurer que l'enfant est préparé à ce bouleversement dans sa vie, la future famille aussi.

Se préparer, pour l'enfant, cela signifie reprendre confiance après le traumatisme qu'il a vécu – délaissement, guerre, décès des parents, etc. – et oser prendre la main qu'on lui tend, croire de nouveau en l'adulte et en lui-même.

Se préparer, pour les futurs parents, c'est comprendre que cet enfant qui entre dans leur vie est un enfant meurtri, malade peut-être, déjà grand parfois, mais avec une soif immense de bonheur ; c'est admettre qu'il n'est pas celui qu'ils auraient mis au monde ; c'est savoir qu'ils l'aimeront tout autant, qu'il ne ressortira pas de leur vie, qu'il sera pour toujours leur fils ou leur fille aux yeux de la loi ainsi que dans leurs cœurs, quoi qu'il advienne.

Avec ses hauts et ses bas, ses angoisses, ses doutes mais aussi ses espoirs et ses élans, dont le présent livre cherche à rendre compte sans prétendre être exhaustif, l'adoption est une histoire d'amour, une histoire de tous les jours, qui se rejoue avec l'arrivée de chaque enfant dans sa famille.

Une maman raconte sa séance de jardinage avec son petit garçon de quatre ans : « Tu vois, je sors la petite plante de son godet, car elle est un peu à l'étroit… Regarde ! les racines sont toutes enroulées, toutes serrées… Quand elle sera dans la terre, elle pourra s'étendre, elle pourra grandir… et devenir une belle fleur. » Du haut de ses quatre ans, le petit bonhomme lui dit : « Oui, c'est comme l'adoption ! »

PREMIÈRE PARTIE

Des enfants, des parents

Chapitre 1

Ici et ailleurs, des enfants délaissés

L'enfant, pour l'épanouissement harmonieux de sa personnalité, doit grandir dans le milieu familial, dans un climat de bonheur, d'amour et de compréhension.

Convention internationale des droits de l'enfant (1989), préambule

Introduction

Tout enfant, quel qu'il soit et quelle que soit l'origine de sa naissance, attend de nous, les adultes, que nous lui offrions ce à quoi tous les enfants ont droit ou devraient avoir droit : grandir dans une famille, la leur, afin de pouvoir un jour devenir adultes et parents à leur tour.

Pourtant, certains se débrouillent comme ils le peuvent. Roulés en boule au fond d'un lit à barreaux, dans l'angle duquel un biberon a été coincé pour qu'ils puissent se nourrir sans que l'on ait à les prendre dans les bras, ils grandissent dans un monde sans repères affectifs. Plus âgés, ils partagent avec un autre enfant leur petit lit au matelas délavé qui sent l'urine, dormant tête-bêche ou lovés l'un contre l'autre, dans une quête mutuelle de chaleur et de réconfort. Au mieux, c'est dans un container transformé en dortoir qu'ils trouveront refuge. Malheureusement trop souvent, c'est dans un amas de tôles et de cartons qu'ils partagent leur vie avec d'autres enfants, solidaires mais aussi rivaux dans leur quête d'une subsistance minimale quotidienne, entre mendicité, vols et fouilles dans des tas de détritus où il n'est pas rare de découvrir un nourrisson qui crie son désir de vie. Et quand nous croisons ces enfants, ils nous regardent avec des yeux d'une profondeur insoutenable, ils nous tendent la main, les bras, tirent sur nos vêtements, nous appellent maman…

Il y a aussi les autres, dans des orphelinats bien tenus, dans des familles d'accueil salariées et dévouées. Ces enfants-là, à l'étranger comme ici, mangent à leur faim ; ils sont propres, correctement vêtus, ils voient régulièrement un médecin, ils sont scolarisés. On en parle peu, on les oublierait presque, puisque apparemment, ils ne manquent de rien.

De rien ? En mars 2002, les services sociaux du New Brunswick, au Canada, lançaient une campagne d'information sur les enfants adoptables de leur province, avec des photos pour illustrer leurs propos : une jolie fillette, un gamin joufflu, bien habillés, fixent l'objectif avec un léger sourire, comme pour dire : « Regardez-moi. J'ai six ans. Je suis fichu. Personne ne veut de moi. » Ces enfants, eux aussi, manquent de l'essentiel, d'une famille bien à eux.

Où qu'ils vivent, tous les enfants du monde ont un besoin identique.

Qu'ils survivent comme ils peuvent ou qu'ils soient bien insérés dans une famille d'accueil, ils souffrent du même manque de parents.

Les enfants non adoptables : qui sont-ils ?

La cruauté des chiffres

Combien sont-ils, les enfants délaissés de la planète ? Nul ne le sait, nul ne peut ou ne veut le dire. Certaines statistiques des Nations unies semblent presque inimaginables, tant elles sont insoutenables : 60 millions d'enfants vivraient – ou plutôt survivraient – dans les rues des grandes villes du Tiers Monde, mais aussi des pays riches, sans aucun contact avec leur famille d'origine ; 13 millions d'enfants africains seraient orphelins de parents tués par le sida.

Dans les couloirs des ministères et des ambassades, dans les milieux de l'aide humanitaire et d'autres organisations non gouvernementales, des estimations analogues circulent, rarement démenties. Elles sont terribles : on compterait des centaines de milliers d'enfants errant dans les régions d'Afrique dévastées par les guerres et par les bouleversements démographiques et agricoles qu'elles entraînent ; quelque 150 000 enfants dans les orphelinats de Roumanie ; plus de 200 000 dans ceux du Vietnam (cette estimation, donnée par un haut fonctionnaire français en 2001, est considérée comme bien en deçà de la réalité par certaines organisations humanitaires) ; deux millions de fillettes en Chine seraient en attente d'une famille.

Et puis, il y a tous ceux qui n'ont pas pu attendre : plus d'un million d'enfants meurent tous les mois ; treize millions meurent par an ; 610 millions nous ont ainsi quittés en quarante ans.

Tout près de nous, en Roumanie, nous découvrions, il y a quelques années, « le drame de milliers d'enfants atteints massivement du sida, qui leur avait été transmis par l'utilisation de seringues non stérilisées et par du sang contaminé ; entassés dans des orphelinats, sous-alimentés, délaissés, ils témoignaient du niveau déplorable des services de santé, dont ils subissaient cruellement les lacunes* ».

Un million de personnes ont été déplacées de leur habitat, de leur village, voire de leur pays pendant la guerre ; plus de la moitié d'entre elles sont des enfants. Cent cinquante mille orphelins de guerre ont été assimilés par la communauté plus que véritablement adoptés par une seule famille. Le ministre de l'Intérieur [...] estime à cent mille le nombre de jeunes délinquants au Guatemala qu'il est décidé à combattre de front. Étonnante coïncidence des chiffres avec quinze ans de décalage.

Gloria Montenegro Chirouze,
ambassadeur du Guatemala en France
(1996-2000), oct. 2000

Victimes silencieuses...

Ailleurs, quand ils ne sont ni orphelins ni malades, c'est victimes de l'esclavagisme que nous les retrouvons. En Afrique, plusieurs pays s'efforcent depuis février 2000 d'élaborer une « convention sur le trafic transfrontalier des enfants en Afrique de l'Ouest et du Centre ». Les États signataires d'une telle convention, qui devrait voir le jour d'ici 2004, s'engageraient « à protéger tous les enfants présents sur le territoire ».

Selon un document préparatoire signé à Libreville en mars 2002, à l'issue d'une réunion organisée sous l'égide de l'Unicef et de l'Organisation internationale du travail, la lutte contre le trafic des enfants doit passer notamment par « la mise en place d'un cadre juridique approprié, l'amélioration de la prise en charge des enfants victimes de trafic [...] et le renforcement de la coopération intergouvernementale », ainsi que par la « sensibilisation des communautés » et « des mesures efficaces pour réprimer et poursuivre les trafiquants ».

Un autre traité, datant de la fin de l'année 2001, vise à éradiquer l'instrumentalisation des enfants dans les conflits des adultes : l'organisation non gouvernementale *Human Rights Watch* estime à environ 300 000 les enfants soldats, filles et garçons, enrôlés de force dans les armées et les milices de quelque quarante pays. Traumatisés par cette expérience, souvent orphelins, ils ont beaucoup de mal à se réinsérer dans le quotidien, même une fois libérés.

Rares sont ceux qui connaissent la chance du héros de *Allah n'est pas obligé* : dans ce roman picaresque et décapant

* Steven L. Jacobs, *Ceausescu, Nicolae, Le Livre noir de l'humanité*, dir. Israël Charny, Toulouse, Privat 2001.

d'Ahmadou Kourouma (Paris, Le Seuil, 2000), l'enfant parvient, au terme de pérégrinations hallucinantes, à retrouver une famille.

Enfin, sur tous les continents, Europe comprise, des enfants sont réduits au statut infâme d'objet sexuel : objets de consommation pour touristes en mal d'exotisme pervers, jouets interdits de parole, accumulant ce que Catherine Bonnet* appelle les « bleus psychiques » qui découlent des sévices sexuels infligés par un membre de leur entourage familial – père, beau-père, oncle, ami de la famille...

L'Unicef et les organisations humanitaires sont préoccupézs par l'augmentation de la prostitution infantile à travers le monde. Là encore, les chiffres avancés sont horrifiants : en 2001, 250 millions d'enfants auraient été victimes d'exploitation sexuelle. Aucun continent ni aucune culture ne sont épargnés.

Toute victime n'est pas forcément adoptable

L'indignation et les bons sentiments ne suffisent pas quand on évoque le drame des enfants privés de famille et d'enfance. Il ne suffit pas de repérer un enfant qui mendie sur un coin de rue à Bogota ou à Hanoï pour imaginer que

Il ne faut pas confondre les termes carencé et abandonné. La grande majorité des enfants pauvres d'Amérique latine, qu'ils vivent dans les rues ou dans les institutions publiques ou privées, ne sont pas légalement abandonnés.

Lidia Natalia Dobrianskyj-Weber, « Abandon et adoption : regards sur l'Amérique latine », *Le Bébé face à l'abandon, le bébé face à l'adoption* (dir. Myriam Szejer), Paris, Albin Michel, 2000, p. 264-282

En Afrique, on parle de « circulation des enfants » : ils circulent en effet d'une famille à une autre à un moment de leur vie, et l'enfant peut lui-même susciter son transfert. Il y a des villes d'Afrique où 40 % des enfants habitent chez des parents qui ne sont pas leurs parents biologiques. C'est vrai qu'il y a abandon des enfants dans les rues, mais cela est lié à la dégradation économique [...]. Mais quand on regarde la proportion d'enfants qui sont hébergés par des familles qui ne sont pas leur famille d'origine, celle-là est fortement supérieure à ceux qui sont dans la rue. Et heureusement, car s'il n'y avait pas ces traditions d'accueil, on aurait le triple d'enfants africains dans les rues.

Ferdinand Ezembé, psychologue, directeur d'Afrique Conseil

* Catherine Bonnet, *L'enfant cassé : l'inceste et la pédophilie*, Paris, Albin Michel, 2000.

l'on va pouvoir le prendre par la main et en faire son enfant.

L'adoptabilité ou non d'un enfant est régie par les lois de son pays, des lois strictes, ici comme ailleurs, qui cherchent à encadrer juridiquement le placement des enfants, pour éviter, sans toujours y parvenir, loin de là, les risques d'enlèvement pour des raisons inavouables, telles que la prostitution ou l'esclavagisme, voire, comme on le craint souvent dans les pays pauvres, le trafic d'organes.

Il ne faut pas oublier que certains enfants mendient pour leurs parents et pour leurs frères et sœurs, que d'autres ont été placés dans des pouponnières ou des orphelinats par leur famille, sans que celle-ci ait pour autant définitivement renoncé à eux. Les parents espèrent pouvoir un jour reprendre leur enfant ou, à défaut de cela, les confier à un autre membre de leur famille – pratique ancestrale encore courante en Océanie, en Amérique du Sud et en Afrique.

Néanmoins, des enfants qui ont pu être recueillis par des oncles ou des tantes, notamment en Afrique ou à Haïti, se trouvent contraints de travailler ou de mendier. La naissance d'un enfant, qui vient s'ajouter à tous ceux qui sont déjà là, peut déboucher sur une situation dramatique pour les aînés et, parmi eux, peut-être, le neveu ou la nièce que l'on avait recueilli. Ils peuvent ainsi se retrouver à la rue, s'il n'y a point d'autre membre de la famille vers qui les envoyer, ou de maître auprès duquel les placer.

Ailleurs, l'enfant orphelin à qui l'on veut bien donner un toit est employé comme domestique, ce qui est moins choquant qu'il n'y paraît, les enfants biologiques aînés étant eux aussi très tôt sollicités pour les tâches domestiques ou pour s'occuper des jeunes frères et sœurs.

Rappelons que le droit au jeu, à l'insouciance fut, en France, longtemps refusé aux pupilles de l'État, aux enfants placés, aux enfants pauvres. Dans les romans de la Comtesse de Ségur, comme dans de nombreux romans aujourd'hui oubliés des années 1920 et 1930, il apparaît tout à fait normal que certains enfants jouent tandis que d'autres aident aux tâches ménagères ou s'occupent du petit dernier pendant que leurs parents travaillent dans les champs.

« À la maison, chacun des aînés devait s'occuper d'un de ses petits frères. Jandira s'était occupée de Glória et d'une autre sœur qui avait été donnée à des gens du Nord. Antonio était son chouchou. Ensuite, Lalá s'était occupée de moi jusqu'à ces derniers temps. »

José Mauro de Vasconcelos,
Mon bel oranger,
Paris, Hachette, 1969

MYTHES ET HISTOIRES

Moïse dans son berceau, caché parmi les roseaux qui bordent le Nil, les jumeaux Remus et Romulus, allaités par une louve, le bébé laissé dans la nuit par des fées, l'enfant minuscule trouvé dans une fleur, qui évite à sa future mère les affres d'une grossesse aux conséquences trop souvent mortelles par le passé… le monde des mythes et des légendes est peuplé d'enfants venus d'ailleurs, d'enfants que des adultes découvrent un beau matin, sans s'y attendre.

Tels Moïse, qui mena son peuple hors d'Égypte, ou Remus et Romulus, qui fondèrent Rome, ces enfants sont, dans l'univers des mythes et de la littérature, souvent appelés à un destin extraordinaire.

L'histoire de Moïse est intéressante : on connaît sa filiation, les raisons chargées d'amour de son abandon, la compassion de celle qui le recueille et qui choisit de l'adopter, la passation d'une mère à l'autre.

Quand la mère adoptive offre l'enfant à la mère de naissance qui le lui rend…

« Alors Pharaon fit ce commandement à tout son peuple : "Jetez dans le fleuve tous les enfants mâles qui naîtront parmi les Hébreux, et ne réservez que les filles."

Quelque temps après, [une] femme conçut et enfanta un fils ; et voyant qu'il était beau, elle le cacha pendant trois mois. Mais comme elle vit qu'elle ne pouvait plus tenir la chose secrète, elle prit un panier de jonc, et l'ayant enduit de bitume et de poix, elle mit dedans le petit enfant, l'exposa parmi des roseaux sur le bord du fleuve. Et fit tenir sa sœur non loin de là, pour voir ce qui en arriverait.

En ce même temps, la fille de Pharaon vint au fleuve pour se baigner, accompagnée de ses filles, qui marchaient le long du bord de l'eau. Et ayant aperçu ce panier parmi les roseaux, elle envoya une de ses filles qui le lui apporta.

Elle l'ouvrit, et trouvant dedans ce petit enfant qui pleurait, elle fut touchée de compassion, et elle dit : "C'est un enfant des Hébreux."

La sœur de l'enfant, s'étant approchée, lui dit : "Vous plaît-il que je vous aille quérir une femme des Hébreux qui puisse nourrir ce petit enfant ?.

Elle lui répondit : "Allez." La fille s'en alla donc, et fit venir sa mère.

La fille de Pharaon lui dit : "Prenez cet enfant et me le nourrissez, et je vous en récompenserai." La mère prit l'enfant et le nourrit ; et lorsqu'il fut assez fort, elle le donna à la fille de Pharaon.

Qui l'adopta pour son fils et le nomma Moïse ; parce que, disait-elle, je l'ai tiré de l'eau. »

La Bible, Exode, 1 : 22 – 2 :5-10
(trad. Louis-Isaac Lemaître de Sacy, XVIIe s.)

Souvent, on attribue à ces enfants trouvés une origine exceptionnelle ; on les rêve nés de dieux, de princesses, d'êtres féeriques, ou encore de dames de la bonne société.

Le pêcheur qui éleva les fils du sultan

« Le pêcheur, après avoir conduit les deux enfants abandonnés dans sa cabane, les avait élevés comme s'ils étaient ses fils. Étonné par leur grâce et leur belle allure, il décida un jour de les présenter à la cour du sultan, dont il avait entendu vanter la bonté et la justice. »

« La Vengeance de la colombe »,
conte de Célèbes, Ré et Philippe Soupault,
Histoires merveilleuses des cinq continents : au temps où les bêtes parlaient,
Paris, Robert Laffont, 1975,
Pocket, 1997

« Alors on le déshabilla devant le feu. C'était un beau garçon de cinq ou six mois, rose, gros, gras, superbe ; les langes et les linges dans lesquels il était enveloppé disaient clairement qu'il appartenait à des parents riches. C'était donc un enfant qu'on avait volé et ensuite abandonné. Ce fut au moins ce que le commissaire expliqua. Qu'allait-on en faire ? »

Hector Malot, *Sans Famille*, 1878

Plus proche de nous, combien de familles, dans nos campagnes et nos villes de province, ont, parmi leurs ancêtres, un « enfant du tour », c'est-à-dire un nourrisson déposé par une main anonyme dans ce guichet tournant, cette « boîte à bébés » jadis aménagée dans la porte des hospices, des couvents et des églises, et qui, à partir du XVIIIe siècle, épargne au nouveau-né les dangers d'être « exposé » sur les marches de l'église ou de quelque autre lieu public ? Cette main, ils la rêvent blanche et fine, celle d'une jeune fille « de bonne famille », trompée par un séducteur trop entreprenant. Parfois, c'était le cas. Le philosophe d'Alembert, qui fut ainsi trouvé, était le fils d'une aristocrate et d'un général. Ce type de situation existe encore dans certains pays en voie de développement.

« Notre fille est née à Bombay. La directrice de l'orphelinat nous a expliqué que tous les enfants ne venaient pas nécessairement des bidonvilles aux environs. Certains lui étaient confiés par des familles de la bourgeoisie qui ne voulaient pas de ces enfants au teint plus foncé, qui trahissaient une liaison interdite avec un homme d'une caste considérée comme inférieure. »

Des parents adoptifs

L'enfant pouvait aussi être celui d'une servante, séduite par le maître de maison ou par l'un des fils. Le plus souvent, c'était la misère qui poussait les parents, comme ceux du Petit Poucet, à abandonner leurs enfants.

Ces enfants trouvés, la langue anglaise les a baptisés du nom de *foundling* (du verbe *find*, trouver) et le français, plus joliment encore, de *champi*.

« *– Un instant [...] Champi n'est pas français.*
– Je te demande bien pardon, répondis-je. Le dictionnaire le déclare vieux, mais Montaigne l'emploie [...]. Je n'intitulerai donc pas mon conte François l'Enfant-Trouvé, François le Bâtard, mais François le Champi, c'est-à-dire l'enfant abandonné dans les champs. »

George Sand, *François le Champi*, 1850

Saint Vincent de Paul, qui fonda l'œuvre des Enfants trouvés en 1638, lia explicitement le sort des enfants trouvés à celui du Christ, portant sur eux un regard empreint à la fois de réalisme et de compassion.

Le Christ et les Enfants trouvés

« *Comme Lui souffrit du voyage de sa mère sur le point d'accoucher, ils endurent les manœuvres des leurs afin de cacher, voire d'interrompre des grossesses. Comme Lui encore, ils viennent au monde dans des conditions marquées par l'inconfort et la précarité.* »

Saint Vincent de Paul
cité par Marie-France Morel,
« Les Enfants abandonnés dans la France ancienne », *Le Bébé face à l'abandon, le bébé face à l'adoption* (dir. Myriam Szejer), Paris, Albin Michel, 2000, p. 19-45

Tous, pourtant, n'eurent pas à leur égard la même générosité. Longtemps, leur sort n'a été guère plus enviable que celui des enfants que l'on croise dans les rues et sur les routes des pays pauvres de notre planète. Rebaptisés enfants de la patrie par la Révolution, puis enfants de l'Assistance par Napoléon, qui créa l'Assistance publique et ses hospices, les enfants sans famille ignoraient presque tout de la tendresse, du confort matériel, et souffraient de surcroît du mépris des autres.

« *Il y avait au village deux enfants qu'on appelait "les enfants de l'hospice" ; ils avaient une plaque de plomb au cou avec un numéro ; ils étaient mal habillés et sales ; on se moquait d'eux ; on les battait. Les autres enfants avaient la méchanceté de les poursuivre souvent comme on poursuit un chien perdu pour s'amuser, et aussi parce qu'un chien perdu n'a personne pour le défendre.*
Ah ! je ne voulais pas être comme ces enfants ; je ne voulais pas avoir un numéro au cou, je ne voulais pas qu'on courût après moi en criant : "À l'hospice ! À l'hospice !"
Cette pensée seule me donnait froid et me faisait claquer les dents. »

Hector Malot, *Sans Famille*, 1878

Le sort de ces enfants est un indice de la misère que subit une proportion importante de la population. En 1846, sur 991 226 naissances, il y aurait eu 32 000 expositions d'enfants, soit une exposition pour trente naissances.

Alphonse Esquiros raconte dans *La Revue des deux mondes* (1846) que « le chiffre total des malheureux qui vivent au milieu de nous privés de famille et d'état civil dépasse le million ».

La vie des enfants pauvres, même quand ils avaient une famille, n'était guère facile au XIXe siècle, et celle des enfants de l'Assistance l'était encore moins, comme le rappelle Catherine Rollet* : « L'âge de douze ans, puis de treize ans, marque la fin de la prise en charge de l'enfant pour l'administration, donc la fin de l'enfance. À partir de cet âge, l'enfant qui reste chez ses nourriciers travaille en principe pour eux gratuitement jusqu'à vingt-cinq ans. »

Rejetés par la société environnante, les enfants étaient corvéables à merci, placés pour travailler dans les fermes, les manufactures, ou, pour les garçons, envoyés dans la marine.

« – Un petit garçon de neuf ans ne peut habiter seul, tu as déjà vu des enfants tout seuls dans une maison ?

– Mais quand ils n'ont plus de papa ni de maman, alors qu'est-ce qu'on en fait ? Mme Durnal ne dira pas ce qu'on en fait, c'est trop triste. Les petits enfants qui n'ont plus de parents sont envoyés à l'Assistance Publique, ils deviennent des numéros que l'on place à la campagne dans les fermes où ils n'ont pas toujours de bons patrons. Jusqu'à vingt et un ans, ils appartiennent à cette Assistance et doivent rester là où ils ont été placés. »

T. Trilby, *Dadou, gosse de Paris,* Flammarion, 1936

* Catherine Rollet, *Les enfants au XIXe siècle,* Paris, Hachette, 2001.

Les enfants non adoptables en France

Les enfants placés

Il est important de rappeler, pour lever des malentendus répandus, que tous les enfants placés en institution ou en famille d'accueil en France ne sont pas des pupilles de l'État, que tous ne sont donc pas juridiquement adoptables.

En effet, si la France comptait 3 237 pupilles en 2001, contre 63 000 en 1949, et 150 000 en 1910, le nombre d'enfants confiés provisoirement à l'Aide sociale à l'Enfance en 2001 s'élevait à 111 474 (chiffres officiels devant être affinés à la fin de l'année 2002, et ne tenant pas compte des 24 204 placements directs ordonnés par un juge, qui peuvent être auprès d'un particulier ou d'une institution privée).

L'approximation des chiffres qui circulent ici et là peut surprendre. En ce qui concerne les pupilles, certaines variations sont dues au fait que les enfants placés en vue d'adoption dans les six derniers mois de l'année (et pour lesquels le jugement d'adoption n'a donc pas été prononcé) sont toujours recensés comme pupilles. D'autres variations sont dues aux changements de critères qui peuvent intervenir. Ainsi, quand l'âge de la majorité a été abaissé de 21 à 18 ans, les pupilles correspondant à cette tranche d'âge ont été soustraits des statistiques, d'une année sur l'autre, puisqu'ils étaient désormais considérés comme majeurs. Or, ceux qui perçoivent une allocation de jeune majeur continuent de figurer dans certaines statistiques.

Cette relative imprécision montre que la méconnaissance dont font l'objet les enfants en détresse n'existe pas seulement dans les pays pauvres. La décentralisation, le morcellement des politiques de placement, le partage des

France : pupilles, placements et adoptions

Année*	1910	1949	1977	1987	1999**	2001**
Pupilles de l'État	150 000	63 000	24 000	7 600	3 340	3 237

	Enfants placés à l'ASE***	Enfants placés en vue d'adoption*	Agréments en cours de validité
1999	111 461	1 133	19 660
2001	111 471	1 196	22 986

* Statistiques publiées tous les deux ans
** avec les DOM-TOM (pas de chiffres avant 1999)
*** Aide sociale à l'enfance

responsabilités entre les services sociaux et les œuvres privées autorisées par l'État à recueillir des enfants, font qu'il est difficile d'établir des statistiques qui soient un reflet totalement fidèle de la réalité. Certains enfants sont comptés deux fois, d'autres passent entre les mailles du filet. Les services sociaux d'un département rural nous ont dit savoir combien d'enfants ils avaient sous leur responsabilité, mais ignorer combien vivaient dans ce même département, placés auprès de familles d'accueil par des œuvres privées ou des associations travaillant avec les services sociaux d'Île-de-France.

Des placements… provisoires ?

Le provisoire peut être une question de semaines ou de mois, mais aussi d'années. Trop d'enfants placés jeunes n'en sortent qu'à leur majorité, pour s'installer dans la précarité.

L'article 350 du Code civil prévoit qu'une « demande en déclaration d'abandon [soit] obligatoirement transmise par le particulier, l'établissement ou le service de l'Aide sociale à l'Enfance qui a recueilli l'enfant à l'expiration du délai d'un an dès lors que les parents se sont manifestement désintéressés de l'enfant » ; mais les juges ne s'accordent pas sur ce qui constitue un désintérêt manifeste des parents, ne considérant pas toujours que l'intérêt de l'enfant constitue en soi une condition suffisante pour déclarer judiciairement l'abandon. Même dans des cas de maltraitance avérée ayant entraîné une condamnation, certains hésitent à franchir le pas, à déchoir définitivement le parent de ses droits et à rendre ainsi l'enfant adoptable, comme s'ils se sentaient dans l'incapacité de placer la grande détresse des enfants avant celle présumée des parents et de rompre les liens de dépendance destructrice qui se sont tissés, comme s'ils ne croyaient plus dans la possibilité d'une relation (re)constructive avec de nouveaux parents.

La famille d'accueil

Pour l'enfant dont les parents de naissance connaissent des difficultés matérielles, médicales ou psychologiques, pour celui qui a été victime de maltraitance ou de délaissement affectif, la famille d'accueil est souvent une bouée de sauvetage, un refuge, un lieu pour lui. Nombreux sont les enfants placés dans une famille d'accueil aimante qui lui témoignent une reconnaissance profonde et qui conservent avec elle des liens après leur majorité, qui disent la considérer, affectivement à défaut de juridiquement, comme leur famille.

Mais ils sont nombreux aussi à témoigner, avec tout autant de force, de leur regret de ne jamais avoir été adoptés : ils connaissent un deuxième délaissement, le sentiment d'être abandonné une fois de plus, quand l'assistante maternelle décide de ne pas continuer d'assumer leur garde, ou quand elle prend sa retraite. C'est alors que sont parfois bricolés hâtivement des projets d'adoption : l'enfant subit la situation au lieu d'être le protagoniste d'un projet familial qui aurait dû être pensé pour lui.

> « *Tu resteras un imbécile et un pauvrard à la charité de mes parents, comme tu l'es depuis un an, ce qui n'est agréable ni pour eux ni pour moi, car tu as beau faire, tu resteras toujours un étranger qu'on peut chasser d'un jour à l'autre.* »
>
> Comtesse de Ségur,
> *Le Mauvais Génie*

Un cas à part : les parents ne pouvant consentir à l'adoption

Le cas des parents souffrant d'un handicap mental pose un dilemme particulier et délicat.

Dans le cas où les parents se voient retirer leurs droits, l'autorité parentale est exercée par l'Aide sociale à l'Enfance (ASE), à laquelle sont confiés les enfants. Ceux-ci ne sont toutefois pas adoptables. Les parents, pour des raisons de santé mentale, sont dans l'impossibilité de consentir à l'adoption ; l'ASE non plus ne peut y consentir, puisqu'elle n'exerce pas de tutelle sur l'enfant.

Ce n'est que si le juge est convaincu qu'il y a délaissement effectif, sans doute irréversible, qu'il peut déclarer l'abandon ; l'enfant devient pupille et, par là, adoptable.

La catégorie « jeune SDF » comprend une surreprésentation d'enfants de l'ASE, qu'ils aient été abandonnés par leurs parents ou retirés à leur famille.

Les 4/5ᵉ des clochards « cristallisés » ont vécu au moins deux ans dans des structures de prise en charge de l'enfance inadaptée.

Source : documents de la Fédération nationale des ADEPAPE (Associations départementales des pupilles et anciens pupilles de l'État et de l'ASE)

Les enfants non adoptables, à l'étranger

Tout enfant qui est temporairement ou définitivement privé de son milieu familial, ou qui, dans son propre intérêt, ne peut être laissé dans ce milieu, a droit à une protection et une aide spéciales de l'État.
Les États parties prévoient pour cet enfant une solution de remplacement conforme à leur législation nationale.
Cette protection de remplacement peut notamment avoir la forme du placement dans une famille, de la *Kafala* de droit islamique, de l'adoption ou, en cas de nécessité, du placement dans un établissement pour enfants approprié.

Convention internationale
des droits de l'enfant, art. 20

Interdits d'adoption… le temps d'une guerre

Jetés sur les routes, séparés de leurs parents, rassemblés dans des campements de fortune par les équipes de secours, quand elles sont autorisées à œuvrer sur le terrain, les enfants pris dans une situation de guerre suscitent une pitié qui, chaque fois qu'un conflit fait irruption dans le quotidien des journaux télévisés, se traduit par une augmentation des demandes d'information sur l'adoption auprès des services sociaux et des associations de familles.

Or, la guerre n'est pas le contexte le plus favorable pour accueillir un enfant. Le haut-commissariat aux Réfugiés s'efforce de réunir parents et enfants séparés lors des conflits et des déplacements de populations, de trouver, dans la famille élargie, des adultes (oncles, tantes, grands-parents) susceptibles de recueillir les orphelins. Cela peut prendre du temps, plusieurs années.

L'exemple du Rwanda

Des placements ou des adoptions trop rapides peuvent déboucher sur des drames déchirants pour les enfants qui, après avoir été les otages d'un conflit d'adultes, se retrouvent des pions dans l'enjeu de batailles diplomatiques : c'est le cas d'enfants rwandais parrainés et adoptés au moment du génocide de 1994 par des ressortissants français, belges et italiens, entre autres.

Dans les années qui ont suivi, les autorités rwandaises ont demandé le retour de ces enfants auprès d'oncles, de tantes ou de grands-parents qui avaient survécu et dont on disait qu'ils souhaitaient les recueillir : ce désir, souvent sincère, aurait aussi été « dicté » par les autorités rwandaises.

Ce retour, forcé dans de nombreux cas, a cruellement mis en évidence les limites de la traditionnelle « circulation d'enfants » en temps de crise. Il a débouché sur des situations dramatiques pour les enfants, dont certains étaient déjà adolescents : habitués à un niveau de vie, de santé et d'études confortable auprès des familles européennes qui les avaient accueillis, ils se retrouvaient chez des parents collatéraux qu'ils n'avaient peut-être jamais connus auparavant. Certains étant fort démunis, ils se sont vus contraints de vivre dans la rue, les plus jeunes étant placés… dans des institutions parrainées par leur ex-famille européenne.

En revanche, une fois la paix revenue, les orphelins de guerre peuvent devenir adoptables. C'est ainsi que de nombreux enfants de Corée, du Vietnam, du Liban ont été adoptés au cours des dernières décennies. Les traumatismes qu'ils ont vécus sont parfois lourds et durables.

> Les enfants, ici, sont en recherche de maman, ils s'agrippent à nous… ils sont terriblement carencés sur le plan affectif ; et il y a la peur, on sent leur petit cœur qui bat trop vite quand on les prend dans les bras.
>
> Une religieuse au Liban

Interdits d'adoption : la loi coranique

Dans certains pays, l'adoption par des ressortissants étrangers est interdite ; dans d'autres, l'adoption telle que nous la connaissons n'existe pas. C'est le cas par exemple des pays régis par des lois d'inspiration coranique, où la législation tente, peu ou prou, de s'accommoder des interdits sur l'adoption que d'aucuns lisent dans le Coran (de même qu'il s'en trouvera – plus rarement – pour tenter de lire des interdits analogues dans la Bible ou le Talmud).

> De vos enfants adoptifs, il [Allah] n'a point fait vos fils. Donnez-leur le nom de leur père : c'est plus équitable auprès de Dieu ; si vous ne connaissez pas leur père, qu'on les tienne pour vos frères en religion et vos compagnons…
>
> Coran, sourate 33, versets 4 et 5

Certains pays, comme la Tunisie, le Liban ou la Somalie, ont institué l'adoption telle que nous la connaissons. D'autres, comme le Maroc, l'Algérie, la Libye, la Mauritanie, le Pakistan ou le Soudan, l'interdisent. Ce refus repose sur des craintes qui relèvent de croyances et de pratiques ancestrales que l'on a connues dans d'autres cultures : peur de l'inceste (très vive également dans l'Europe médiévale) ; peur de la naissance illégitime, perçue comme un déshonneur qui entache toute la famille, comme une transgression qui serait la source de futurs malheurs.

Un cas parmi des centaines

Le comédien français Smaïn a eu de la chance, et il le dit. Né en Algérie en

1958, en pleine guerre d'indépendance, il a pu être adopté – ce n'est qu'en 1963 que l'adoption sera suspendue, avant d'être interdite en 1984 : « L'adoption est interdite par la chari'a et la loi » (art. 46 du Code de la famille algérien).

L'hommage qu'il rend à ses parents adoptifs dans son récit autobiographique *Sur la vie de ma mère* (éd. Flammarion), se double d'une remontée dans le temps. Adulte, il se rend en Algérie ; il apprend que dans l'hôpital civil de Constantine où il est né, il y avait plus de deux cents enfants, « tous abandonnés ». À la question : « Combien ont été adoptés ? », on lui répond : « Quelques-uns » ; Smaïn, songeur : « Seulement ? »

Quelques années plus tard, dans l'Algérie indépendante, une centaine de nourrissons étaient « en dépôt » à la maternité du CHU d'Alger : laissés là, oubliés presque, en attendant que soit terminée la rénovation de la pouponnière départementale, certains y avaient grandi et étaient âgés de dix-huit mois ou plus.

La *kafala*

Le droit algérien, marocain et, plus généralement coranique, prévoit toutefois l'accueil des enfants privés de parents : la *kafala* est une forme de garde gratuite ou de « recueil légal », « établi par acte légal », par lequel un adulte s'engage à « prendre bénévolement en charge l'entretien, l'éducation et la protection d'un enfant mineur, au même titre que le ferait un père pour son fils » (Article 116 de la loi algérienne, chap. VII).

La *kafala* judiciaire équivaut à une tutelle, dont l'effet est, sur le plan juridique, limité dans le temps, jusqu'à la majorité de l'enfant, même si, le plus souvent, les liens affectifs qui se créent deviennent permanents : « la personne assurant la *kafala* […] veille à l'exécution des obligations relatives à la protection de l'enfant abandonné et doit assurer son éducation dans une ambiance familiale saine tout en subvenant à ses besoins essentiels jusqu'à ce qu'il atteigne l'âge de la majorité légale » (art. 23 de la loi marocaine de 1993 relative aux enfants abandonnés).

Être enfant abandonné n'est pas et ne peut être bien vécu, quel que soit le lieu, et l'être dans un pays arabo-berbéro-musulman risque de constituer un grand handicap. Ces enfants nous bousculent dans nos traditions et nos croyances. Durant deux décennies, la société algérienne a fonctionné sur le déni de cette réalité en cachant ces enfants dans des institutions éloignées de la ville. Bien peu de gens avaient connaissance de leur existence…

Badra Moutassem-Mimouni, *Naissances et abandons en Algérie*, Paris, Karthala, 2001

Petit lexique

Kafala	recueil légal
Kafil	père « adoptif »
Kafila	mère « adoptive »
Koufala	« adoptants »
Kafilet	familles « adoptives »
Mekfoul	enfant « adopté »

Au Maroc, comme dans la majorité des pays de loi islamique, la loi stipule que « l'enfant abandonné de parents inconnus doit porter un nom patronymique différent de celui de la personne qui en assure la *kafala* » (art. 22).

En Algérie, en revanche, un décret de 1992 autorise la « concordance de nom » entre l'enfant et celui qui l'a recueilli. Toutefois, si son père ne l'a pas reconnu, la mention « sans filiation » reste sur son état civil. Il est également inscrit sur l'extrait de naissance, non pas « fils de », mais « *kafil* et *kafila* » (adoptant et adoptante) – ce qui en soi n'est pas entièrement négatif, considère Témi Tidafi, président de l'Association Enfance et Familles d'Accueil Bénévoles, qui a créé deux pouponnières à Alger et une à Hadjout, et qui se donne pour mission de trouver des familles « adoptives » pour les enfants : « Le fait de ne pas avoir la filiation oblige les parents *kafil* à dire la vérité à l'enfant. Ce qu'ils seraient plutôt disposés à ne pas faire, parce qu'il y a une prégnance de la société qui fait que la stérilité est très mal perçue : ils auraient tendance à cacher le fait qu'ils n'ont pas eux-mêmes d'enfants. Et ils feraient passer leur enfant adopté pour leur propre enfant » (congrès Enfance et Familles d'Adoption, octobre 2000).

Cette possibilité pour le *kafil* de donner son nom à l'enfant représente une avancée dans le contexte des pays inspirés par les traditions islamiques. Selon Témi Tidafi, l'Algérie serait « le seul pays musulman qui autorise la possibilité de donner son nom à l'enfant… Toutes les familles adoptives [*kafilet*] demandent la concordance des noms ». Le *kafil* et la *kafila* doivent être musulmans et résider dans le pays au moment du recueil ; ils peuvent être un couple stérile ou avoir déjà des enfants. L'enfant qui bénéficie d'une *kafala* ne peut hériter, mais ceux qui l'ont recueilli ont peu de mal à contourner cet obstacle, puisque tout musulman peut disposer librement, par testament, du tiers de ses biens, notamment pour les « frères en religion » (toujours selon la sourate 33) ; les parents *koufala* n'hésitent donc pas à distribuer leurs biens de leur vivant.

Ces conditions relèvent somme toute d'un souci d'inscrire la garde des enfants privés de famille dans un contexte socio-culturel précis et de leur garantir un minimum de droits alignés sur ceux des autres enfants de leur pays. Comme le fait observer Témi Tidafi, la notion de filiation est, dans les pays musulmans, relativement secondaire, « dans la mesure où l'intérêt premier de l'enfant est qu'il soit pris en charge par une famille de façon permanente et continue ».

Les effets de la *kafala* en France

Plus discriminatoire est l'importation des aspects les plus restrictifs de la kafala dans la législation française, par le biais de la loi relative à l'adoption internationale publiée au Journal officiel le 8 février 2001, qui interdit aux juges français de prononcer l'adoption d'un mineur dont la loi personnelle, c'est-à-dire celle de son pays d'origine, la prohibe, « sauf si ce mineur est né et réside habituellement en France ».

Cette loi vise clairement les enfants de pays comme l'Algérie et le Maroc, et elle a suscité une vive indignation chez de nombreux magistrats. Des mouvements associatifs œuvrant pour l'enfance délaissée, dont Enfance et Familles d'Adoption, y voient une discrimination grave envers toute une population d'enfants de notre planète et, au-delà, une insensibilité quant à l'importance qu'occupe la famille dans la vie d'un enfant.

Des principes fondamentaux énoncés dans la Convention internationale des droits de l'enfant ont été oubliés, ce qui constitue un recul sur les avancées enregistrées tout au long de ce siècle. Désormais, avec cette loi, des enfants se voient dans l'impossibilité de rejoindre leur famille *kafila* vivant sur le sol français ; et dans l'hypothèse où ils se trouvent en France, ils sont privés des droits de tous les autres enfants vivant sur le même sol qu'eux sauf si des juges en disposent différemment (voir pages 232-233).

Oui, ils ont osé ! Nos parlementaires ont osé inscrire dans notre loi que des enfants (puisqu'il est bien précisé mineurs) sont interdits d'adoption. Que cette disposition puisse figurer dans des lois étrangères, nous le regrettions déjà, mais dans notre Code civil… A-t-on réfléchi à ce que peut signifier le non-accès à ce droit ? Enfant, c'est ne pas pouvoir appeler « papa », « maman », ne pas porter le nom de la famille avec laquelle on vit, ne pas avoir de vraie maison… Adulte, c'est ne pas pouvoir répondre aux questions de l'agent de mairie sur les dates de naissance de vos parents quand vous faites votre demande de passeport, c'est ne pas pouvoir faire le deuil de ses parents… *Dura lex sed lex,* « La loi est dure, mais c'est la loi ».

Marie-Christine Le Boursicot,
Conseiller à la cour d'appel de Versailles,
membre du Conseil supérieur
de l'adoption, *Accueil*, mai 2001

Le parrainage

Un espoir malgré tout : des parrains pour des enfants

Parce qu'adopter un enfant que l'on n'a pas conçu exige une certaine disponibilité non seulement de cœur mais d'esprit, une disponibilité psychologique et parfois, dans le cas d'une fratrie ou d'un enfant lourdement handicapé, une disponibilité matérielle ; parce qu'il importe avant tout de s'assurer que l'adoption présente la meilleure solution pour un enfant ; parce que, pour certains enfants, il est peut-être trop tard, leur vécu est trop loin de ce que devrait être celui d'un enfant ; parce que le lien, ténu, difficile, avec leurs parents biologiques est encore trop important pour eux, ou n'a jamais été juridiquement rompu : pour toutes ces raisons et pour d'autres encore, évoquées plus haut, certains enfants délaissés ne sont pas adoptables.

Aussi paradoxal que cela puisse paraître à des adultes qui désirent ardemment offrir un foyer à un enfant, il est des cas où l'adoption n'est peut-être pas la meilleure solution pour lui. Certains enfants ont été tellement « cassés » par des ruptures successives, par des placements multiples, par des aller-retour douloureux entre parents biologiques et famille d'accueil ou institutions, qu'il est désormais au-dessus de leurs forces de s'investir une fois encore dans la construction de liens familiaux.

Deux exemples d'enfants parrainés

Monica, parrainée à l'âge de 14 ans

Fille d'un couple marié, avec six enfants. À l'âge de 20 mois, elle connaît son premier placement (recueil temporaire de trois mois) à l'ASE. Elle est reprise par sa famille, mais Monica a à peine 6 ans lorsque ses parents se séparent. Cinq enfants sont recueillis par la grand-mère, en province, avant d'être placés à l'ASE, deux mois plus tard.

Sa mère, sa tante et sa grand-mère décèdent alors accidentellement.

Un placement chez une assistante maternelle durera deux ans, jusqu'au décès du père nourricier. Mme G. ne veut plus garder Monica, jugée trop – et de plus en plus – difficile.

La petite Monica a déjà connu sept placements successifs…

Le projet établi pour elle est le suivant : recherche d'un lieu de vie (ce sera un internat privé) avec transition en accueil familial momentané de dix jours. La qualité de ce placement et le désir de Monica transforment après quelques jours ce parrainage à temps partiel en parrainage à temps complet…

Charles, un garçon de 10 ans

Originaire d'un département d'outre-mer, il vit en institution à la suite de mauvais traitements. Il bénéficie par ailleurs d'un accueil de week-end et de vacances.

Charles est vif dans tous les sens du terme,

prompt à rire mais aussi à taper ou à crier. Cela donne des étapes successives :

1. Je veux rester et m'imposer dans cette famille idéale.
2. La vie de famille, c'est trop contraignant, je veux partir.
3. Silence total et séparation pendant 6 mois.
4. Rencontre au centre d'accueil lors d'une kermesse.
5. Décision du retour à la maison quatre mois après.
6. Le lien qui a failli se rompre paraît s'être renforcé. Charles semble de plus en plus trouver sa place lorsqu'il vient, non sans avoir parfois quelques périodes de déstabilisation.

L'intégralité de ces témoignages, et d'autres encore, se trouvent sur le site de Un Enfant Une Famille. Cette association, créée par Antoine et Janine Rebelo en 1978, témoigne du travail inlassable qu'ils ont mené pour l'enfance délaissée, notamment au sein d'Enfance et Familles d'Adoption, où ils ont également créé Enfants en Recherche de Famille.
http://unenfantunefamille.free.fr

C'est en ce sens que des actions de parrainage se multiplient dans de nombreux pays du monde, permettant à des enfants de rester dans leur pays et dans leur famille d'origine, dans une famille d'accueil ou en institution, tout en recevant de familles étrangères un soutien qui est plus que financier, qui leur permet de poursuivre leur scolarité sans culpabiliser et de préparer un avenir.

En France aussi, le parrainage s'est développé ces dernières années, dans une optique différente : celle de proposer à des enfants et à des adolescents, placés en institution ou en famille d'accueil, ou vivant, non sans difficultés, chez leurs parents biologiques, des « parrains » ou « grands parrains », qui les accueillent les week-ends, le temps des vacances, qui les conseillent, qui les aident, qui leur proposent un cadre de vie structurant.

C'est là une pérennisation, en quelque sorte, de la formule mise en place par certains organismes pour trouver des familles susceptibles d'accueillir un enfant pendant les vacances.

Définition du parrainage

Le parrainage consiste à tisser un réseau de solidarité autour d'un enfant ou d'un adolescent qui lui permet de s'ouvrir sur le monde et de lui préparer un avenir.
Dans une démarche de volontariat partagé entre parents, enfant et parrain, il se définit comme une relation privilégiée fondée sur la confiance.
Il apporte à l'enfant un soutien, une présence, un accompagnement dans son éducation et son développement à travers les liens affectifs qui se créent.
Le parrainage est fondé sur :

- le bénévolat du parrain, ce qui n'exclut ni compétence ni aide financière ;
- un engagement dans la durée ;
- une relation qui s'inscrit en complément de celle des parents ou des responsables légaux de l'enfant.

Il se concrétise généralement par un accueil au domicile du parrain, pour des temps très différents et variables au fil du temps. Selon les circonstances de la vie, cet accompagnement peut profiter à un enfant vivant dans sa famille, avec une partie de celle-ci ou en dehors d'elle. Il peut se décliner sous des formes diverses.

Cette définition a été proposée au groupe de travail mis en place par Ségolène Royal (2001) par le collectif des associations de parrainage. Ce collectif, créé le 29 septembre 2001, réunit les associations suivantes : Accueil et Partage – Centre français de Protection de l'Enfance – Comité Parrainage 17 – EFA 33 section parrainage – EFA 67 – Grands Parrains et Petits Filleuls – Un Enfant Une Famille.

Pour entrer en contact avec ces associations et connaître leurs spécificités, le mieux est de consulter le site du collectif : http://collectif.parrainage.free.fr

Un guide du parrainage est en cours d'élaboration. À suivre sur http://collectif.parrainage.free.fr

Une famille refuge pour tous

Les assises du parrainage, qui se sont déroulées en décembre 2001 à La Rochelle, ont permis d'apprécier et de comparer la diversité des solutions proposées dans divers pays, et notamment en France, mais aussi de mettre en relief les pesanteurs administratives qui continuent de s'ériger en obstacle entre les enfants et des parrains potentiels – même si, comme pour les parents adoptifs, la générosité ne saurait suffire. Un rapport remis à la fin de l'année 2001 à Ségolène Royal, alors ministre déléguée à la Famille, préconisait, entre autres mesures, d'élargir le champ du parrainage, sans l'enfermer dans un statut spécifique, tout en revoyant certaines dispositions légales, réglementaires ou législatives.

Le déroulement même de ces assises du parrainage est en soi un signe encourageant. Il n'y a pas si longtemps, l'idée d'adopter des enfants grands ou malades semblait si tristement saugrenue à ceux qui en avaient la charge qu'ils ne recherchaient pas de familles pour eux. Aujourd'hui et demain plus encore, l'idée que tout enfant, y compris celui qui n'est pas adoptable, puisse se voir proposer une famille refuge, rien que pour lui, est elle aussi en train de faire son chemin.

Les enfants adoptables : qui sont-ils ?

Histoires d'amour, passions d'un soir, partagées ou subies, pour beaucoup d'enfants abandonnés à la naissance, l'histoire de leur conception demeure un mystère. Et quand les faits sont connus, trop souvent, la misère sordide, économique, affective, l'emporte sur le merveilleux.

Accueillir un enfant, c'est l'accepter avec son histoire, ou avec les vides lancinants d'une histoire sur laquelle on ne sait rien ou presque.

Dans tous les cas, en France comme à l'étranger, seuls peuvent être adoptés les enfants qui auront au préalable été déclarés juridiquement adoptables. La législation de chaque pays définit les conditions d'adoptabilité ou non d'un enfant : orphelin, sans filiation connue, judiciairement abandonné, ou dont les parents ont consenti à l'adoption, etc. Il est donc essentiel de vérifier avant toute chose que l'enfant est juridiquement adoptable.

Les enfants adoptables en France

L'adoption est une avancée relativement récente. Les aménagements introduits en 1804, restés en vigueur jusqu'à 1923, réservaient l'adoption aux majeurs de plus de 21 ans ayant vécu au moins six ans dans la famille de l'adoptant (Code Napoléon, art. 345). La préoccupation première était d'assurer la transmission du patrimoine en faveur de personnes majeures.

Bonaparte aurait souhaité voir s'étendre ce droit aux mineurs, et c'est au cours des travaux préparatoires de la rédaction du Code civil qu'il donna, en 1804, sa définition, restée célèbre de l'adoption : « L'adoption est une fiction qui singe la nature, une espèce de sacrement destiné à établir des sentiments et des affections de la filiation et de la paternité entre deux individus nés étrangers l'un à l'autre : c'est dans l'essence de l'institution ainsi conçue qu'il faut rechercher son organisation. »

Ce n'est qu'en 1923 que le Code civil autorise l'adoption des mineurs, pour permettre aux nombreux orphelins de guerre de trouver un nouveau foyer. La loi de 1923 est l'expression d'une volonté nouvelle, qui va commander toute l'évolution juridique et sociale postérieure.

Les pupilles

Aujourd'hui, qui sont les pupilles de l'État, que l'on appelait autrefois enfants de l'Assistance publique (devenue Aide sociale à l'enfance en 1956) ?

Juridiquement adoptables

Article 347 du Code civil

Peuvent être adoptés :

1° Les enfants pour lesquels les père et mère ou le conseil de famille ont valablement consenti à l'adoption ;

2° Les pupilles de l'État ;

3° Les enfants déclarés abandonnés dans les conditions prévues par l'article 350.

Article 61 (Loi n° 84-422 du 6 juin 1984) du Code de la famille et de l'aide sociale

Sont admis en qualité de pupille de l'État :

1° Les enfants dont la filiation n'est pas établie ou est inconnue, qui ont été recueillis par le service de l'Aide sociale à l'enfance depuis plus de trois mois ;

2° Les enfants dont la filiation est établie et connue, qui ont expressément été remis au service de l'Aide sociale à l'enfance en vue de leur admission comme pupilles de l'État par les personnes qui ont qualité pour consentir à leur adoption, depuis plus de trois mois ;

3° Les enfants dont la filiation est établie et connue, qui ont expressément été remis au service de l'Aide sociale à l'enfance depuis plus d'un an par leur père ou mère en vue de leur admission comme pupilles de l'État et dont l'autre parent n'a pas fait connaître au service, pendant ce délai, son intention d'en assumer la charge ; avant l'expiration de ce délai d'un an, le service s'emploie à connaître les intentions de l'autre parent ;

4° Les enfants orphelins de père et de mère pour lesquels la tutelle n'est pas organisée selon le chapitre II du titre X du livre Ier du Code civil et qui ont été confiés au service de l'Aide Sociale à l'enfance depuis plus de trois mois ;

5° Les enfants dont les parents ont été déclarés déchus de l'autorité parentale en vertu des articles 378 et 378-1 du Code civil et qui ont été confiés au service de l'Aide sociale à l'enfance en application de l'article 380 dudit code ;

6° Les enfants confiés au service de l'Aide sociale à l'enfance en application de l'article 350 du Code civil. [...]

Article 350 (Loi n° 96-604 du 5 juill. 1996) du Code civil

L'enfant recueilli par un particulier, un établissement ou un service de l'Aide sociale à l'enfance, dont les parents se sont manifestement désintéressés pendant l'année qui précède l'introduction de la demande en déclaration d'abandon, est déclaré abandonné par le tribunal de grande instance sauf dans le cas de grande détresse des parents et sans préjudice des dispositions du quatrième alinéa. La demande en déclaration d'abandon est obligatoirement transmise par le particulier, l'établissement ou le service de l'Aide sociale à l'enfance qui a recueilli l'enfant à l'expiration du délai d'un an dès lors que les parents se sont manifestement désintéressés de l'enfant.

L'article 61 du Code de la famille et de l'aide sociale, qui renvoie aux articles 378, 378-1 et 350 du Code civil, les décrit : enfants trouvés, ou nés d'un accouchement anonyme, « dont la filiation n'est pas établie ou est inconnue » ; enfants remis au service de l'Aide sociale à l'enfance par leur père ou leur mère ; enfants orphelins de père et de mère pour lesquels aucune tutelle n'a été organisée ; enfants dont les parents ont été déclarés déchus de l'autorité parentale ; enfants dont les parents se sont « manifestement désintéressés » (art. 350 du Code civil).

Tous ces enfants sont adoptables, de même que « les enfants pour lesquels les père et mère ou le conseil de famille ont valablement consenti à l'adoption » (art. 347 du Code civil), ainsi que les enfants admis comme pupilles après avoir été déclarés abandonnés dans les conditions prévues par l'article 350, évoqué ci-dessus.

Le pupille est placé sous la tutelle du préfet, assisté du Conseil de famille des pupilles de l'État, et confié à l'Aide sociale à l'enfance, qui est chargée de sa prise en charge.

En 2001, 3 237 pupilles ont été placés en vue d'adoption. Rappelons ici que chaque année en France, environ 5 000 enfants font l'objet d'une adoption intrafamiliale ou par le conjoint de leur parent ; ces adoptions ne nécessitent pas d'agrément. Il en va de même pour les adoptions privées d'enfants de plus de 2 ans, où les parents signent un consentement devant un notaire ou un juge (voir page 198).

L'accouchement dit « sous X »

Environ 600 enfants naissent chaque année en France d'un accouchement anonyme, couramment appelé accouchement « sous X », même si, juridiquement, cette notion n'existe pas.

Ce nombre est en fort recul depuis quelques décennies. Ils étaient plus de 10 000 dans les années 1960, avant la légalisation de la contraception et de l'avortement, qui marqua un tournant au milieu des années 1970, en même temps qu'une évolution de la société voyait s'éroder la notion de faute longtemps associée à la naissance d'un enfant hors mariage. Selon différentes sources, 350 000 à 400 000 personnes actuellement en vie en France seraient nées « sous X ».

Nous reviendrons dans le chapitre suivant sur les mères qui choisissent d'accoucher dans l'anonymat ou de confier leur enfant à l'adoption dès sa naissance. Nous ne parlerons ici que des enfants. Tout nourrisson né « sous X » reçoit trois prénoms, donnés par la mère si elle le souhaite, par le personnel de la maternité, ou par l'officier d'état civil : le troisième sert de patronyme.

> La femme qui a demandé le secret de son identité lors de l'accouchement peut faire connaître les prénoms qu'elle souhaite voir attribuer à l'enfant. À défaut ou lorsque les parents de celui-ci ne sont pas connus, l'officier d'état civil choisit trois prénoms dont le dernier tient lieu de patronyme à l'enfant.
>
> Article 57 du Code civil, alinéa 2

Une fois enregistrée la déclaration d'abandon, l'enfant rejoint les rangs des pupilles de l'État. Placé en famille d'accueil, parfois en pouponnière, l'enfant devient adoptable au terme de deux mois si la mère n'est pas revenue sur sa décision, ou si le père n'a pas, au cours de ces deux mois, fait reconnaître sa paternité.

Les nourrissons nés « sous X » et en bonne santé, qui représentaient environ 600 des pupilles placés en vue d'adoption en 2001, trouvent sans difficulté une famille : le nombre de parents potentiels titulaires d'un agrément (22 986 en 2001) est bien supérieur au nombre d'enfants à placer. Chaque fois que cela est possible, l'enfant est apparenté à des personnes vivant dans son propre département, mais dans une ville autre que le lieu de naissance.

Les orphelins

Les pupilles de l'État comptent aussi des orphelins, qui n'ont pas pu être recueillis par des ascendants (grands-parents) ou des collatéraux (oncles, tantes), ou pour lesquels l'absence de famille élargie n'a pas permis la constitution d'un conseil de famille privé qui aurait pu choisir un tuteur.

Parmi ces orphelins, on trouve souvent des fratries de plusieurs frères et sœurs que, dans la mesure du possible, on évite de séparer.

Les enfants abandonnés ou maltraités

Pour d'autres, l'état effectif d'abandon a été constaté : c'est le cas d'enfants confiés à des institutions ou à des familles d'accueil, qui ne reçoivent plus aucun signe de vie de leurs parents. Le juge peut alors déclarer judiciairement l'abandon (art. 350), ce qui entraîne une rupture avec la famille biologique et rend l'enfant adoptable.

Dans d'autres cas, enfin, les droits de l'autorité parentale ont été totalement retirés par un juge, pour des motifs très graves (viol, inceste, tentative d'infanticide, etc.) et peuvent éventuellement être déclarés adoptables, en l'absence d'amendement des parents.

Les enfants malades ou porteurs de handicaps

Un pupille peut aussi être un enfant que les parents ont choisi de confier à l'État, parfois en ayant appris qu'il souffrait d'une malformation ou d'un handicap grave qu'ils ne se sentaient pas la force d'assumer : c'est ainsi qu'un certain nombre d'enfants souffrant d'une trisomie 21 deviennent chaque année pupilles de l'État.

Hypermédicalisés, ils sont encadrés dans une perspective techniquement irréprochable, dans des conditions institutionnelles si perfectionnées que l'on en viendrait presque à oublier qu'ils ont aussi besoin d'une famille : un projet d'adoption est élaboré, officiellement du moins, mais on ne recherche pas toujours assez activement une famille.

La recherche d'une famille pour un enfant

Les enfants dits « à particularité »

Pour certains enfants, il est parfois nécessaire de se tourner hors du département, voire hors de France (des enfants trisomiques français ont été adoptés par des familles belges), pour trouver des parents qui répondent le mieux à leurs besoins.

Ces enfants, si différents les uns des autres, parfois dits « à particularité », souffrent principalement du handicap à leur adoption que constitue la rareté des familles susceptibles d'exprimer le désir d'être la leur, de les accueillir à vie tels qu'ils sont, avec leur éventuel retard psychomoteur, leur traumatisme ou leur lourd vécu, mais aussi avec leur sourire, leur regard et leurs joies.

La nécessité de recenser au niveau national les enfants considérés comme difficilement adoptables, ainsi que d'identifier les postulants qui seraient susceptibles de leur convenir, est reconnue dans la loi du 5 juillet 1996. Bien qu'inachevée, la réalisation de ce double fichier est enfin en cours.

En attendant que ce dispositif se mette en place, les bonnes volontés s'efforcent de pallier le vide administratif ; les assistantes sociales se téléphonent entre départements. Dans l'est de la France a été créé un organisme régional, l'ORCA (Organisme régional de concertation pour l'adoption), qui travaille sur cinq départements. Un travail inlassable est mené par Enfants en Recherche de Famille (EFA-ERF), un service bénévole créé en 1981 au sein d'Enfance et Familles d'Adoption, fédération de familles adoptives et d'adoptés majeurs. En vingt ans, EFA-ERF a permis de faire connaître aux services départementaux des centaines de familles : c'est ainsi que plus de 350 enfants ont pu être adoptés, les conseils de famille ayant refusé de les considérer comme « non adoptables ».

Il existe aussi des œuvres privées qui s'efforcent de trouver des familles pour des enfants trisomiques ou présentant des handicaps mentaux sévères. À l'heure où la société s'interroge sur la question terrible du droit à la vie ou à la mort des bébés lourdement handicapés, des hommes et des femmes, des bénévoles, des organismes, des travailleurs sociaux, œuvrent avec difficulté mais ferveur pour tenter d'assurer à tout enfant, quel qu'il soit, le droit à une famille.

Parmi les enfants qui, en 2000, ont pu être adoptés grâce à EFA-ERF, on trouve : de grands prématurés (nés à 27-30 semaines), nés de grossesse non désirées ou non suivies (problème de toxicomanie ou alcoolisme, voir pages 251-253) ; des enfants porteurs de maladies génétiques ; des enfants victimes de maltraitance ; des enfants autistes ; des enfants souffrant de carences affectives ou de malformations opérables.

Les demandes reçues par EFA-ERF concernaient deux grands groupes d'enfants : le premier groupe était constitué d'enfants âgés de 0 à 3 ans, qui présentaient des problèmes de santé, avérés ou possibles ; le deuxième était celui des enfants âgés de 8 à 12 ans, le plus souvent devenus tardivement adoptables.

Les fratries

Parmi ces enfants, on trouve des fratries. Ces groupes de frères et sœurs fonctionnent souvent comme de véritables « familles » : les « grands » prennent l'habitude de s'occuper des petits, rôle qu'ils occupaient parfois déjà avant de se retrouver privés de parents et dont ils ont parfois du mal à se défaire quand ils sont adoptés, tous ensemble, pour redevenir, au terme d'un travail familial infini, souvent difficile, tissé d'amour et de patience, les enfants d'un papa et d'une maman.

La société reconnaît ainsi que tout enfant, et non seulement un nourrisson, a droit à la stabilité, à la solidarité et à l'amour d'une famille. Mais pas de n'importe quelle famille. De la famille qui saura le mieux répondre à ses besoins. Que l'on aura cherchée pour lui, dans son intérêt, en choisissant pour lui des parents qui sauront intégrer son histoire, ou son absence d'histoire, qui l'accueilleront tel qu'il est et non tel qu'ils l'ont rêvé.

Les métissages de l'adoption

Contrairement à ce que pensent encore beaucoup de personnes, les bébés nés en France et confiés à l'adoption ne sont pas tous des bébés de type européen, c'est-à-dire des bébés blancs.

L'accouchement dit « sous X », comme tant d'autres phénomènes sociaux, permet de mieux connaître les réalités de notre société, et notamment sa diversité ethnique : les enfants sont donc à l'image de la France, et surtout, des couches sociales plus modestes ou plus récemment installées dans notre pays.

Naguère de sang portugais, italien, polonais ou espagnol, ils sont aujourd'hui souvent nés d'une mère dont la famille est issue du Maghreb, des Antilles ou de l'Afrique sub-saharienne.

Donnant lieu à un métissage tout à fait caractéristique, l'adoption nationale ressemble en cela de plus en plus à l'adoption internationale. Au lieu de deux parents d'ethnie différente, avec un enfant qui serait un cocktail de leurs origines, on trouve des familles où la diversité ethnique est générationnelle : des parents de type européen avec des enfants d'origine asiatique, africaine, amérindienne.

Et même si de plus en plus de couples mixtes et leurs enfants adoptés viennent joyeusement brouiller les cartes, la famille adoptive est, très souvent, une famille « qui se voit », invitant par là regards, sourires, interrogations, face auxquels elle apprend tôt à se façonner une réponse – ou une absence de réponse.

À la question : « Pensez-vous que vous pourriez vous sentir parent d'un enfant d'une ethnie différente de la vôtre ? », certains postulants nous répondent : « Nous préférerions un enfant français. » Souvent, ils veulent dire par là « un enfant blanc ». Nous les amenons alors à réfléchir à ce qu'est « un enfant français », et dans nos réunions d'information, nous n'hésitons pas à rappeler que tous les enfants adoptables en France ne sont pas des bébés de type européen. Certains sont grands, d'autres sont petits, et leurs origines ethniques sont très diversifiées.

Des parents chargés de l'accueil des postulants
dans une association départementale d'Enfance et Familles d'Adoption

Les enfants adoptables à l'étranger

L'adoption internationale : chiffres et évolution

L'adoption d'enfants étrangers a fortement augmenté ces vingt dernières années, passant de 935 en 1980 à 3 777 en 1998.

Certaines années ont vu un léger recul, comme en 1999-2001, une cause récurrente découlant des changements de politique des pays en matière d'adoption. Ainsi, la suspension des procédures d'adoption au Vietnam, au Cambodge et en Roumanie ont contribué à ce qu'en 2000, le nombre d'adoptions (2 964) passe sous la barre des 3 000, pour remonter légèrement en 2001, avec 3 094 visas pour adoption délivrés par le ministère des Affaires étrangères.

Tous les continents sont représentés par ces enfants arrivés en France pour y rejoindre leur famille adoptive.

Les enfants adoptés ou placés en vue d'adoption sont majoritairement très jeunes (moins de 3 ans). Toutefois, le nombre d'enfants plus âgés qui trouvent des parents pour les aimer ne cesse d'augmenter : chaque année, de plus en plus d'enfants âgés de 5 ans ou plus trouvent une famille en France.

Il y a quelques années, dans notre département, l'immense majorité des enfants qui arrivaient étaient des nourrissons. Ma fille, qui avait 3 ans quand nous l'avons adoptée, était considérée comme une grande. Ces deux dernières années, le nombre de bébés adoptés a reculé : nous avons vu l'arrivée de fillettes de 4 ans, de garçonnets de 5 et 6 ans, d'une fratrie de huit et dix ans, d'un garçon de neuf ans… Ajoutés à ceux qui étaient arrivés petits et qui ont grandi, cela nous fait une bande très métissée, et animée, de pré-ados, qui ont plaisir à se retrouver entre eux lors de nos rencontres familiales.

Un père adoptif
dans un département rural

L'adoption internationale : visas d'entrée délivrés pour des enfants adoptés à l'étranger

Année	1980	1985	1990	1995	1998	1999	2000	2001
Visas	935	1 988	2 856	3 034	3 768	3 597	2 971	3 094

De l'inconvénient d'être fille

Dans certains pays, les filles représentent une proportion importante des enfants proposés à l'adoption. L'obligation de payer une dot pour pouvoir les marier fait qu'elles sont considérées comme une malédiction, surtout si elles sont plusieurs à naître dans une même famille. En témoignent par exemple des romans comme ceux de Tahar Ben Jelloun. Les réticences à l'égard des filles sont liées à l'idée, mondialement admise mais heureusement contestée chaque fois que progressent les droits de l'homme, qu'elles sont moins importantes, plus aisément remplaçables que les garçons.

> Depuis l'Inde antique jusqu'à l'époque actuelle, notre société a été dominée par les hommes, d'où l'importance accordée à la naissance d'un fils, qui est accueilli comme un véritable don de Dieu. [...] Un foyer hindou nécessite en son sein la présence d'un fils, d'où un statut nettement plus élevé que celui d'une fille. Les filles sont donc perçues comme un fardeau lourd à porter.
>
> Rakesh Kapoor, avocat indien spécialisé dans l'adoption

Ce mépris à l'égard des filles peut donner lieu à des politiques qui relèvent quasiment du démocide. En Chine, confrontées à l'interdiction d'avoir plus d'un enfant, qui est draconienne dans les provinces surpeuplées, les familles tentent de contourner la loi si l'enfant interdit est un fils, espérant rencontrer une certaine clémence auprès des autorités ; en revanche, les filles ne peuvent espérer aucun salut en dehors de l'adoption. Presque littéralement jetées dans des orphelinats, quand elles ne périssent pas avant, elles attendent, dans un dénuement matériel et affectif total – quoi ? l'adoption, la prostitution, la mort...

Les jumeaux

Ailleurs, c'est la naissance de jumeaux qui est reçue comme une calamité. Outre les risques, parfois mortels, que présente ce type d'accouchement dans des sociétés où les femmes n'ont pas aisément accès à une maternité, les mères sont confrontées à la difficulté d'allaiter deux enfants simultanément tout en menant les nombreuses tâches qui leur incombent. Enfin, élever deux enfants peut s'avérer économiquement presque impossible. Des parents adoptifs peuvent donc se voir proposer des jumeaux en adoption.

> Récemment, une femme qui a accouché de jumeaux est morte ; son mari n'a pas voulu des enfants ; il les a placés dans une pouponnière. Je suis très vigilante quand il y a une naissance de jumeaux. Il n'y a pas longtemps, j'ai pu empêcher une mère qui a tenté de se sauver de la maternité avec les enfants : elle voulait les jeter au fleuve.
>
> Une sage-femme de Bamako (Mali)

L'adoption : une réponse à la souffrance

Nés en France ou à l'étranger, adoptés à l'âge de quelques semaines ou de quelques années, tous ces enfants arrivent avec leur blessure, leur lot de souffrances. Pour certains, à la séparation avec la mère de naissance suivra une deuxième séparation, avec le personnel de la crèche, la nourrice, les autres enfants de l'orphelinat. Aimer un enfant ne suffit pas à le guérir de l'absence de sa première mère, à remplir la béance que laisse sa disparition ; l'idée d'un nouvel attachement peut être accueillie avec défiance par un enfant qui a déjà connu une ou plusieurs ruptures successives.

Les réponses à ces souffrances ne sauraient être les mêmes. Si, pour certains nourrissons, il peut apparaître souhaitable que le passage de sa famille biologique à sa famille adoptive se fasse le plus rapidement possible, ce n'est pas nécessairement la solution la meilleure pour un enfant plus grand. Pour l'orphelin, à la cruauté de perdre ses parents s'ajoute celle de devoir quitter son foyer, l'entourage jusque-là sécurisant dans lequel il a grandi. La famille d'accueil peut lui offrir un sas, un lieu où il pourra se donner le temps d'envisager éventuellement une nouvelle relation familiale.

Apparenter un enfant, lui trouver des parents, exige donc de connaître, autant que faire se peut, son histoire personnelle. Même dans le cas d'un enfant trouvé, des éléments peuvent être réunis : son âge approximatif, son état de santé, son origine ethnique, son niveau psychomoteur. L'abandon effectif d'un enfant, son adoptabilité, seront également vérifiés avant qu'un projet d'adoption puisse être élaboré pour lui : c'est pourquoi, afin de permettre aux parents de naissance de reprendre leur enfant, de nombreux pays imposent un délai entre le moment où un enfant abandonné est recueilli et le moment où il pourra être éventuellement adopté.

Tout cela permet d'en dresser un portrait, incomplet certes, à partir duquel on cherchera des parents qui sauront le recevoir tel qu'il est. D'où l'importance, en parallèle, de bien connaître ces parents potentiels, d'évaluer leur capacité à l'accueillir. Ouvrir sa maison à un enfant peut apparaître comme une aventure généreuse et passionnante ; mais elle doit se faire avant tout dans « l'intérêt supérieur de l'enfant », pour citer la Convention internationale des droits de l'enfant. C'est la raison pour laquelle les candidats à l'adoption devront, avant de pouvoir adopter, se soumettre à une démarche qui leur permettra d'obtenir un agrément. Les autorités doivent bien connaître ceux à qui ils pensent confier un enfant. En outre, le passé d'un enfant délaissé est parfois chargé de souffrances telles que l'aventure n'a rien d'un conte de fées, même si c'est ainsi qu'elle apparaît souvent, dans l'imaginaire collectif.

Chapitre 2

Ici et ailleurs, des parents qui abandonnent leurs enfants

Elle offre son enfant. Dans ses couches archaïques, il reposait comme la vérité dans un lointain chapitre biblique.

Boualem Sansal, *L'Enfant fou de l'arbre creux*, Paris, Gallimard, 2000.

Les parents de naissance

Qu'il soit trouvé, abandonné ou confié, l'enfant est né de l'union d'un homme et d'une femme*. Conçu par les uns avant de devenir celui des autres, l'enfant fait d'un adulte un parent.

En adoption, le parcours des parents géniteurs et celui des parents adoptifs se rencontrent et se prolongent l'un l'autre en l'histoire de l'enfant. Parents géniteurs et parents adoptifs jouent chacun un rôle : d'une part concevoir et mettre au monde, d'autre part élever, soigner, protéger, aider à grandir et aimer. Ces deux rôles sont à la fois scindés et intimement liés. C'est l'enfant qui fait qu'on est parents. On devient parents quand l'enfant est là.

« Mères de l'ombre » (pour reprendre le nom d'une association créée par des mères de naissance qui n'ont pas élevé leurs enfants), parents de l'inconnu… Qui sont les géniteurs des enfants adoptables ? Souvent, les parents adoptifs se posent la question, non pour violer le désir d'anonymat des parents biologiques ni par voyeurisme, mais par souci de recueillir des informations qui pourront les aider, le moment venu, à répondre aux interrogations probables de leur enfant : « C'est parce que nos enfants portent leurs traits, même s'ils

* Nous laisserons ici de côté les enfants conçus à la suite d'une procréation médicalement assistée, avec ou sans don de sperme ou d'ovules – même si, pour ces enfants-là aussi, on peut imaginer que la question « d'où je viens ? » se posera aussi un jour, comme pour les enfants adoptés.

finissent par nous ressembler aussi, qu'il est important que nous, parents adoptifs, puissions les aider à mettre des visages, des vies, sur ces parents biologiques, à savoir pourquoi ils ont été placés en adoption. »

Comprendre l'abandon

Tenter de comprendre les raisons qui ont motivé l'abandon de l'enfant par ceux qui l'ont mis au monde n'est pas facile, quand on est soi-même « en mal d'enfant », que l'on désire un enfant et que l'on s'interroge sur l'éventualité d'en adopter un.

Trop souvent, quand on entend parler d'abandon d'enfant, et plus encore s'il s'est produit dans notre pays, le premier mouvement, simplificateur mais compréhensif, est de dire : « C'est honteux ! Comment peut-on faire une chose pareille de nos jours ? »

Dans la mesure où il est possible, voire probable, que l'enfant qui sera confié aura été abandonné, il est important d'essayer d'admettre les circonstances qui poussent une femme, ou un couple, à renoncer à être les parents de l'enfant qu'ils ont conçu.

Une venue au monde acceptée

Un enfant, même abandonné, est un enfant dont la venue au monde a été acceptée – y compris, pensent certains psychologues, dans le cas du déni de grossesse : « Ce déni de grossesse qui permet à l'enfant de grandir clandestinement nous renvoie à cette pulsion de vie fondamentale, le désir*. »

En effet, il n'y a pas eu avortement, il n'y a pas eu infanticide. Le refus de cet enfant, une fois qu'il est né, peut être violent, même s'il n'a pas été extrême au point d'entraîner un acte irréversible avant sa naissance. La grossesse a été menée à son terme, l'enfant est né. La vie a été plus forte que le refus de donner la vie.

Parents de naissance, parents biologiques : quel nom leur donner ?

Par définition, les parents de naissance et les parents biologiques donnent la vie, mais l'expression « parents de naissance » est de plus en plus utilisée par les parents adoptifs, les psychologues et les travailleurs sociaux, dans la mesure où elle paraît mieux exprimer le don de vie qu'est une naissance.

Le terme « parents d'origine » renvoie aux racines de l'enfant, à son histoire première, et donne une image plus complète de ces parents premiers que la notion de « parent de sang » ou de « parent biologique ».

Certaines assistantes sociales font une

* Sophie Marinopoulos, psychologue clinicienne, *Accueil*, septembre 1996.

différence entre la « mère de naissance » et le père de l'enfant, qu'elles désignent comme le « géniteur » lorsque la mère le décrit comme quelqu'un ayant eu un rôle fugace ou non désiré dans sa vie, quelqu'un « qui n'a fait que passer ». Son rôle, toutefois, ne saurait être gommé, puisque l'enfant a été mis au monde.

Les parents adoptifs, quant à eux, ont tendance à parler avec leurs jeunes enfants de la « dame qui [l'] a porté dans son ventre », de « maman du ventre », de « dame qui [lui] a donné la vie », ou de « première mère ».

Les assistantes sociales non adoptantes sont généralement plus catégoriques : un enfant ne peut avoir qu'une maman, et pour elles, cette « maman », c'est celle qui prend la relève.

L'important, pour l'enfant, est de sentir dans la voix et dans l'attitude de ses parents adoptifs un respect, une compréhension, pour ceux qui lui ont donné la vie et auxquels, physiquement, il ressemble ; c'est essentiel. L'enfant sentira très vite si ses « parents » sont gênés par l'évocation de ceux par qui il est venu au monde.

Les choses sont moins simples quand il y a eu violence, quand l'enfant recueilli a été victime de viol(s), d'inceste, ou qu'il a été martyrisé : l'important, dans ces cas-là, est de connaître le passé de l'enfant, pour mieux aider et mieux expliquer, sans que l'on doive se sentir forcé d'admettre ni de comprendre l'inacceptable.

Parents de naissance et parents adoptifs : deux expressions pour deux rôles

L'étude de la langue tahitienne permet de comprendre les structures familiales. Le même terme, *metua tane*, est utilisé pour désigner le père, mais aussi les frères de celui-ci ou encore les cousins du père. Par contre, il existe des termes précis pour désigner les parents biologiques : *fanau* (littéralement : donner la vie), et les parents adoptifs : *fa'a'amu* (littéralement : donner à manger)*.

* Docteur Jean Vital de Monléon, *Accueil*, mai 2002

Le « confiage », entre cultures et traditions

Le don d'enfant

Chez les Polynésiens, comme chez les Maoris, tous deux peuples d'Océanie, ou encore chez les Hawaïens, le don d'enfant est une tradition solidement ancrée, tellement bien ancrée que les dons parfois s'entrecroisent, créant des réseaux multiples d'appartenance et de solidarité : telle famille polynésienne donnera son enfant à une autre famille, avant d'en adopter un elle-même un jour, qui lui aura été offert par une troisième famille…

Ainsi parle une femme polynésienne : « Aussi étrange que cela puisse paraître, la mère d'une de nos filles est mère adoptive de sa nièce et n'a pas d'autre enfant. »

La dynastie royale d'Hawaii se compose indifféremment d'enfants biologiques et d'enfants adoptés : plusieurs rois du XIXe siècle étaient des enfants adoptés. L'arbre généalogique de la dynastie Pomare (1793-1880) indique une proportion importante d'enfants adoptés.

La famille élargie

Le don d'enfant se rencontre dans des cultures où le clan, la famille élargie – que ce soit celle dont on est issue ou celle que l'on rejoint par mariage – constitue la base des relations sociales. Le fait d'appartenir à une même

Marianne, une jeune Française, se trouvait en Mauritanie, invitée au mariage de son beau-frère et d'une Mauritanienne.
Dans le quartier des femmes, la conversation a inévitablement porté sur les enfants. En réponse aux questions de sa belle-sœur et des autres femmes, Marianne a expliqué qu'elle n'avait pas d'enfants, qu'elle et son mari ne pouvaient pas en avoir, mais qu'elle comptait adopter. Surprise générale : « Tu n'as pas de sœur qui puisse te donner un enfant ? » Et les autres femmes de lui expliquer la tradition du don d'enfant au sein des familles.
Marianne n'oubliera pas ; et c'est en Polynésie qu'elle rencontrera ses enfants – et la mère de chacun d'entre eux.

Une mère adoptive

« La mère de Rarahu l'avait amené à Tahiti, la grande île, l'île de la Reine, pour l'offrir à une très vieille femme du district d'Apiré qui était sa parente éloignée. Elle obéissait ainsi à un usage ancien de la race maorie, qui veut que les enfants restent rarement auprès de leur vraie mère. Les mères adoptives, les pères adoptifs sont là-bas les plus nombreux, et la famille s'y recrute au hasard. Cet échange traditionnel des enfants est l'une des originalités des mœurs polynésiennes. »

Pierre Loti, *Le Mariage*

génération, ou à un même espace social, est également un facteur constitutif de liens et de solidarités.

De même qu'en Polynésie un seul mot désigne non seulement le père mais les frères et les cousins, en Afrique on appellera « père » ou « mère » tout adulte susceptible d'avoir l'âge de ses propres parents. De surcroît, une mère ne dira pas « mon » enfant, pour ne pas attirer le malheur, sur elle et sur lui. L'enfant se verra attribuer le nom d'un ancêtre, prenant ainsi sa place dans la famille.

Un Africain fréquentant un marché en Afrique ou même le métro parisien peut se faire interpeller en terme de frère, même quand il ne connaît pas son interlocuteur. La fréquentation du même espace social qu'est la France crée un lien de parenté. Au sein de la communauté noire aux États-Unis, les termes de *brothers* et de *sisters* révèlent la persistance de cette forme de parenté sociale.

Ferdinand Ezembé,
« Don et abandon des enfants en Afrique »,
Le Bébé face à l'abandon, le bébé face à l'adoption (dir. Myriam Szejer),
Paris, Albin Michel, 2000

Il est intéressant de noter au passage que les pupilles de l'État français s'appellent volontiers « frères » et « sœurs » entre eux.

Un don d'amour

Pourquoi donne-t-on un enfant ? L'amour ou le respect que l'on porte à quelqu'un constitue une motivation puissante. On donne, comme en France naguère, un enfant à sa sœur qui n'en a pas, à une cousine dont l'enfant vient de mourir, à une voisine qui ne peut plus avoir d'enfant.

En Océanie, on donne également un enfant à ses propres parents. Selon Marie-Noël Charles, maître de conférences en droit privé à l'université de Polynésie française, cette coutume « s'appuie sur le culte des aînés et plus précisément sur le fait que les grands-parents sont considérés comme ceux qui ont le temps, la sagesse et l'expérience nécessaires pour élever un enfant* ».

Ce don ne se fait pas toujours sans un certain déchirement ; dans la revue *Accueil* de mai 2002, qui consacre tout un dossier à la Polynésie, le docteur Jean Vital de Monléon raconte comment une toute jeune femme polynésienne a donné à sa mère son premier enfant, auquel elle tenait beaucoup : « Dès sa naissance, celui-ci a été accaparé par sa propre mère qui désirait avoir un autre enfant à la maison. Chose rare en Polynésie, et qui laisse supposer des problèmes de fécondité, cette femme n'a

* Marie-Noël Charles, « Comment la filiation adoptive s'organise autour du don d'enfant en Polynésie française », *Le Bébé face à l'abandon, le bébé face à l'adoption* (dir. Myriam Szejer), Paris, Albin Michel, 2000.

eu qu'une fille unique, Victorine. Elle aurait souhaité garder cet enfant, mais il est dur de refuser quelque chose à ses parents. »

Donner son premier enfant à la grand-mère maternelle n'est pas rare dans la société maorie : on peut y lire une forme de reconnaissance à la vie.

Un certain pragmatisme

Le don aux grands-parents n'a rien de surprenant. De tout temps, en France, des enfants ont été élevés par leurs grands-parents. Les mères qui travaillaient confiaient alors leurs enfants à leur mère ou à leur belle-mère. Même si l'on ne saurait parler de don ou d'adoption, ces enfants disent souvent avoir été élevés par leurs grands-parents.

Autre facteur relevé par Marie-Noël Charles et applicable ailleurs qu'en Polynésie, « l'enfant est parfois donné aux grands-parents, et même réclamé par eux, pour pallier la solitude de la vieillesse et assurer aide et soutien ». On rejoint là le proverbe malien, qui définit l'enfant comme « un bâton de la vieillesse ».

Aider ses parents aujourd'hui, dans l'espoir d'être aidé un jour… Une famille nombreuse africaine ayant du mal à joindre les deux bouts sera tentée de confier un de ses enfants à un proche, à un cousin plus aisé vivant à la ville, pour qu'il assure son éducation, fasse en sorte qu'il apprenne un métier, ait un avenir. L'intérêt inavoué des parents, qui est celui d'avoir un enfant sur lequel pouvoir s'appuyer quand ils seront âgés, rejoint alors l'intérêt de l'enfant.

Sentiments et considérations pragmatiques se recoupent dans cette circulation d'enfants. Une jeune femme polynésienne qui trouve du travail et qui sent qu'elle ne peut pas élever son enfant en même temps, surtout si elle est seule ; une jeune mère africaine non mariée, qui sait que son enfant ne sera pas bien reçu par son futur mari ; une famille pauvre, d'Océanie ou d'Afrique, qui sait qu'elle ne peut pas élever le petit dernier : chaque fois, ces mères, ce couple, vont chercher des parents qui prendront le relais. Les dons de cette nature sont fréquents en Polynésie et en Afrique, bien que l'accélération mondiale de l'urbanisation de la société ait contribué à distendre les liens de solidarité au sein des familles.

Si aujourd'hui l'idée de donner un enfant peut surprendre, voire indigner, il ne faut pas oublier que ce don d'enfant existait aussi chez nous, en France, jusqu'à une époque encore relativement récente. De nombreuses personnes, âgées de 60 à 80 ans, racontent avoir été données à une parente ou même à une voisine, qui n'avait pas d'enfant. Ce geste n'était pas dénué d'arrière-pensées, puisqu'on avait bon espoir de récupérer ainsi un héritage, d'agrandir un jour la ferme, de reconstituer un patrimoine familial morcelé lors de quelque succession antérieure.

Une protection et un lien

L'enfant était perçu comme appartenant à une famille dont l'intérêt global devait dépasser celui des individus la constituant. C'est la raison pour laquelle l'ethnologue Doris Bonnet préfère parler de « confiage » : « Système de protection sociale pour l'enfant qui se retrouve seul », le « confiage » a principalement pour but de « renforcer ou de créer des liens entre des familles plus ou moins proches ». Les deux ne sont pas perçus comme incompatibles : la dimension affective, psychologique, du transfert de l'enfant dans une nouvelle famille n'est pas prise en compte, dans la mesure où l'espace familial dans lequel il vit est un espace large, fait d'attachements multiples ; en revanche, les avantages matériels et pratiques sont valorisés.

« Dans beaucoup de cultures, et dans la culture africaine en particulier, l'enfant appartient au groupe familial large. Il est souvent partagé entre sa mère et les autres femmes du foyer, si bien que l'attachement est multiple dans la petite enfance. On peut comprendre le confiage comme une demande d'attachement complémentaire, sans rompre les autres pour autant*. »

Les limites du don

Ces dons ne sont évidemment pas des adoptions au sens où nous l'entendons ; ils sont « révocables » : telle fille « donnée » à un couple sans enfants peut être chassée de la maison faute d'avoir voulu épouser celui qu'on lui réservait ; tel enfant peut être reconduit chez ses parents pour ne pas avoir accepté de se plier aux règles de ses nouveaux « parents ».

Parmi les enfants de la rue, « on retrouve quelquefois un confiage à l'origine de leur sort ; mais c'est un confiage qui a échoué, soit parce qu'il se passait dans des conditions de crise économique, comme souvent en Amérique du Sud, soit parce que la cause en est une situation humaine dramatique, comme c'est le cas en Afrique centrale par exemple avec les problèmes liés au sida*. »

* Doris Bonnet, « Confier son enfant, données anthropologiques », *Enfance et psy* n° 1 (1997), *Questions d'origine.*

Détresse économique, détresse humaine

Assurer un avenir à son enfant

Même dans les pays où le don ou le confiage ne sont pas une coutume ancestrale, la décision de ne pas garder son enfant peut relever d'un même souci, celui de lui assurer un avenir.

C'est le cas des mères qui choisissent de donner leur enfant en adoption, telles qu'on les rencontre, par exemple, dans les pays d'Amérique latine.

Qui sont ces mères ? Voici le portrait type qu'en dresse la psychologue Lidia Natalia Dobrianskyj-Weber, qui s'appuie sur des études réalisées au Brésil et en Argentine : « Il s'agit de célibataires exerçant le métier de femmes de ménage, ayant jusqu'à 23 ans ; la majorité absolue a suivi jusqu'à quatre ans d'études, et la grossesse survient dans un rapport occasionnel*. »

Derrière ce portrait type se cachent des visages de femmes, des histoires douloureuses, des choix déchirants.

Que peuvent en effet une mère et son enfant, seuls face à la misère économique ou sociale, ou aux conflits ? Quelles chances ont-ils de grandir ensemble ?

Ici, renoncer à élever son enfant apparaît comme la seule alternative ; ailleurs, le hasard jette sur leur chemin une personne, un organisme, qui pourra leur venir en aide.

Antigua, Guatemala, hôpital San Juan de Dios. Elle vient d'accoucher et pleure en donnant le sein pour une seule fois à un bébé tout nu. Pas de couche, pas de layette, elle n'a rien préparé car, depuis neuf mois, elle a décidé de le donner en adoption. [...] Elle déclare : « Oui, je veux offrir mon bébé, non pas que je ne l'aime pas, oui je l'aime, et parce que je l'aime, je veux qu'il soit heureux, qu'il mange à sa faim, qu'il soit bien habillé, qu'il aille à l'école, qu'il apprenne à prier. [...] Si j'ai pris cette décision, c'est parce que j'ai demandé trois fois de l'aide et trois fois on m'a dit non. "Non" du père, qui n'a pas voulu le reconnaître, "Non" de mes parents qui gardent déjà la sœur aînée de deux ans, "Non" de mes patrons qui allaient me licencier si j'amenais un enfant chez eux. »

Gloria Montenegro Chirouze,
ambassadeur du Guatemala
en France (1996-2000),

* Lidia Natalia Dobrianskyj-Weber, « Abandon et adoption : regards sur l'Amérique latine », *Le Bébé face à l'abandon, le bébé face à l'adoption*, (dir. Myriam Szejer), Paris, Albin Michel, 2000.

Élève studieuse, de famille pauvre, [elle] venait d'obtenir son bac lorsqu'un soir, alors qu'elle regagnait son bidonville, elle fut agressée, battue, violée… La première fois que je la vis, elle était d'une tristesse et d'une maigreur accablantes. Son fils, Stanley, marchait à peine. Elle n'avait pour l'élever aucune ressource… Son désir était de garder son enfant, mais elle se sentait si démunie, si fatiguée, si seule qu'elle avait pensé à l'adoption. Elle se disait qu'ainsi Stanley serait heureux et ne manquerait de rien. »

Josette Dufour, *Adopte-moi quand même*, Paris, Fayard, 1991

Marie-Elèn a eu de la chance. Elle a croisé des personnes qui l'ont secourue alors qu'elle voulait se suicider, qui l'ont aidée à mener à terme sa grossesse : parrainée, elle suivra une formation, trouvera du travail, puis épousera un enseignant, donnant ainsi un père à Stanley.

L'abandon « sauvage »

Malheureusement, il existe des milliers de femmes à travers le monde qui n'ont pas cette chance, qui ne savent pas vers qui se tourner, pour demander de l'aide ou pour confier leur enfant en vue d'une adoption. C'est ainsi que, trop souvent, la seule alternative est l'abandon « sauvage ». Comme le fait remarquer le psychologue Ferdinand Ezembé, l'abandon survient quand les autres possibilités de « confiage » de l'enfant, telles que la circulation traditionnelle des enfants en Afrique, échouent ou se font plus difficiles. Les situations de détresse extrême, fût-elle sociale ou psychologique, débouchent sur des abandons qui se font de manière sauvage : un enfant est laissé en un lieu public, exposé aux pires dangers.

Les difficultés auxquelles certaines mères se trouvent confrontées leur semblent insurmontables. Il peut s'agir d'une mère vivant dans un bidonville, désespérée de se voir déjà entourée par toute une marmaille d'enfants affamés, ou encore d'une jeune servante violée par le maître de maison et jetée dehors.

Dans les pays victimes de la pauvreté ou des tensions résultant de situations endémiques de guerre civile, de conflits interethniques ou de guérilla, on observe une réelle corrélation entre les abandons, les avortements et les infanticides.

Les mères isolées, mais aussi des couples légitimement constitués aux yeux de la société, se voient parfois contraintes d'abandonner leur enfant. Comment faire quand la loi pénalise ceux qui ont plus d'un ou de deux enfants (une résolution de janvier 1993 du Comité central du Parti communiste vietnamien vise à limiter à deux le nombre d'enfants par familles), alors que le pays n'est pas en mesure de proposer des moyens contraceptifs ou une politique de planification familiale adéquate ? Toutes les femmes ne peuvent pas avorter à temps ; beaucoup tentent envers et contre tout avec leur époux de garder l'enfant, sans déclarer sa naissance, pour éviter de s'attirer des pénalités ; certains couples renoncent dès la naissance, ou au bout de quelques mois ou années – quand la pression des difficultés quotidiennes s'avère trop forte, et potentiellement destructrice de liens. Dans ces conditions-là, l'adoption permet pour l'enfant l'accès à un état civil, puisque la famille, ne gardant pas l'enfant, ne sera pas pénalisée.

Même dans les pays dits « riches », la contraception reste insuffisamment connue des plus jeunes.
Selon une étude annuelle de l'Unicef intitulée « Mères adolescentes dans les pays riches », chaque année, environ 760 000 adolescentes vivant dans les 28 pays de l'Organisation pour la coopération et le développement économiques (OCDE) donnent naissance à un enfant et 500 000 autres ont recours à l'avortement.
Les taux de naissance d'enfants d'adolescentes les plus élevés enregistrés en 1998 se situent aux États-Unis (52/1 000), loin devant le Royaume-Uni (30,8) et la Nouvelle-Zélande (29,8). Le Canada, le Portugal, l'Islande, la Hongrie et la Slovaquie se situent également au-dessus des 20/1 000, le taux pour la France étant de 9,3/1 000.

La détresse extrême vécue par des familles dans les pays du Tiers Monde rejoint celle des familles qui se voyaient contraintes d'abandonner leurs enfants en France dans les siècles derniers.

Parmi les bébés trouvés, certains sont indemnes, enveloppés dans un lange, protégés par quelque étoffe ou quelque châle, seul lien, trop souvent voué à disparaître, avec celle ou celui qui l'a laissé là, dans un lieu de circulation, de proximité avec une crèche, un hôpital, un lieu de culte. D'autres parfois portent des blessures ou des cicatrices, autant de traces de maltraitance ou de négligence.

Certains reviennent de loin, sauvés *in extremis*, alors qu'ils étaient sur le point d'étouffer dans le sac poubelle qui les contenait, quelque part en France. Dans *Adopte-moi quand même* (éd. Fayard), Josette Dufour raconte comment une religieuse de Haïti a trouvé un nourrisson âgé de quelques heures, dont un animal avait déjà commencé à ronger les orteils.

Une même détresse partagée par tous les parents

L'hôpital des Enfants trouvés, à Paris, fut construit au XVIIIe siècle, pour remplacer l'Œuvre créée en 1638 par saint Vincent de Paul : dans les années 1770, il recueillera jusqu'à 7 000 enfants par an, nés à Paris et en province. Deux tiers environ des enfants abandonnés en France à cette époque (soit 2,5 % des naissances) sont illégitimes.

L'historienne Marie-France Morel, spécialiste de la petite enfance, s'est penchée sur les billets ou les médailles laissés par les parents, qui témoignent de leur extrême misère, de la détresse qu'ils ressentent en abandonnant leur enfant, ainsi que de la confiance qu'ils placent dans l'institution. Dans bien des cas, « abandonner son enfant ne signifie pas qu'on le rejette, mais au contraire qu'on lui donne une chance d'échapper au destin misérable de sa famille* ».

Des religieuses et d'autres responsables d'orphelinats ou de pouponnières d'Asie ou d'Amérique latine reconnaîtront là les préoccupations des parents qui leur remettent des enfants. À quelques siècles et à des milliers de kilomètres d'intervalle, les motivations sont les mêmes.

Les risques d'infanticide

Les guerres civiles entraînent des déplacements de population et un appauvrissement massif, qui mettent à mal les solidarités traditionnelles. Isolée, la mère peut se trouver dans une situation d'angoisse susceptible de provoquer une attitude de rejet de l'enfant.

La carence affective qui résulte d'une situation de stress est susceptible de se traduire par des actes de violence pratiqués à l'encontre de l'enfant, que l'on tentera parfois de « justifier » en se réfugiant derrière des croyances populaires : si l'on a maltraité ou abandonné l'enfant, c'est qu'il est un revenant ou un enfant sorcier. « Il apparaît cependant que l'explication de la sorcellerie ne soit qu'un prétexte : confrontés à la pauvreté et à la dilution de la solidarité familiale en milieu urbain, les parents invoquent la sorcellerie pour se séparer des enfants**. »

L'incapacité à être parents

En France aussi, des enfants sont rejetés par leur parent, ou maltraités : on leur fait subir tout le poids des désagréments de la vie, de l'incapacité des adultes à faire face. Certains ne parviennent jamais à se sentir parents, parfois parce qu'eux-mêmes n'ont jamais été autorisés à être enfants. D'autres sont incapables d'aimer, et pas forcément parce qu'ils n'ont pas été aimés.

Il convient alors de protéger l'enfant, rôle qui revient en France à la Justice. L'enfant ne saurait être condamné à endurer. C'est ainsi que, si des mesures d'assistance éducatives ne suffisent pas, le juge des enfants peut être amené à prononcer un retrait de l'autorité parentale. S'il y ajoute ultérieurement une déclaration d'abandon, l'enfant devient adoptable : s'ouvrira alors pour lui une porte d'avenir, une alternative de stabilité à des placements plus ou moins épisodiques, avec toute l'incertitude que cela suppose pour lui.

* Marie-France Morel, « Les enfants abandonnés dans la France ancienne », *Le Bébé face à l'abandon, le bébé face à l'adoption* (dir. Myriam Szejer), Paris, Albin Michel, 2000.

** Ferdinand Ezembé, « Don et abandon des enfants en Afrique », *Le Bébé face à l'abandon, le bébé face à l'adoption* (dir. Myriam Szejer), Paris, Albin Michel, 2000.

À parcourir l'histoire des attitudes maternelles, naît la conviction que l'instinct maternel est un mythe. [...] Ce sentiment peut exister ou ne pas exister ; être et disparaître. Se révéler fort ou fragile. Privilégier un enfant ou se donner à tous. Tout dépend de la mère, de son histoire et de l'Histoire. Non, il n'y a pas de loi universelle en cette matière qui échappe au déterminisme naturel. L'amour maternel ne va pas de soi. Il est « en plus ».

Élisabeth Badinter, *L'Amour en plus*, Paris, Flammarion, 1980

Du retrait de l'autorité parentale

Article 378 du Code civil

Peuvent se voir retirer totalement l'autorité parentale par une disposition expresse du jugement pénal les père et mère qui sont condamnés, soit comme auteurs, coauteurs ou complices d'un crime ou délit commis sur la personne de leur enfant, soit comme coauteurs ou complices d'un crime ou délit commis par leur enfant.

(Loi n° 96-604, art. 18) Ce retrait est applicable aux ascendants autres que les père et mère pour la part d'autorité parentale qui peut leur revenir sur leurs descendants.

Article 378-1 du Code civil

Peuvent se voir retirer totalement l'autorité parentale en dehors de toute condamnation pénale, les père et mère qui, soit par de mauvais traitements, soit par une consommation habituelle et excessive de boissons alcooliques ou un usage de stupéfiants, soit par une inconduite notoire ou des comportements délictueux, soit par un défaut de soins ou un manque de direction, mettent manifestement en danger la sécurité, la santé ou la moralité de l'enfant.

Peuvent pareillement (Loi n° 96-604, art. 19) se voir retirer totalement l'autorité parentale, quand une mesure d'assistance éducative avait été prise à l'égard de l'enfant, les père et mère qui, pendant plus de deux ans, se sont volontairement abstenus d'exercer les droits et de remplir les devoirs que leur laissait l'article 375-7.

L'action (Loi n° 96-604, art. 19) en retrait total de l'autorité parentale est portée devant le tribunal de grande instance, soit par le ministère public, soit par un membre de la famille ou le tuteur de l'enfant.

Le refus de la réalité

Le déni de grossesse

Un cas extrême de détresse humaine, de nature à entraver irrémédiablement la relation entre une mère et son enfant, l'un des plus difficiles à comprendre sans doute, pour qui ne l'a pas vécu ou accompagné, est le déni de grossesse.

Ce phénomène psychique affecte aussi de très jeunes mères, souvent des adolescentes. C'est une réalité à laquelle sont confrontés les proviseurs de lycée ou principaux de collège, quand une adolescente accouche, entre deux cours, dans les toilettes de l'établissement, au terme d'une grossesse dont personne ne semble s'être rendu compte. Ce fut le cas il y a quelques mois d'une jeune femme, déjà mère, qui accoucha seule dans les sous-sols d'un bâtiment public.

Mode de défense qui passe par le refus de reconnaître la réalité d'une situation traumatisante, le déni peut déboucher sur des comportements extrêmes porteurs de mort. Les femmes vivent comme si elles n'étaient pas enceintes, à tel point qu'elles réussissent à ne rien laisser paraître de leur état, ni physiquement ni psychiquement, s'induisant par là elles-mêmes en erreur, mais induisant également en erreur leur entourage, voire leur médecin traitant. Dans *Geste d'amour, l'accouchement sous X* (Paris, Odile Jacob, 1990), Catherine Bonnet raconte le cas de Maria, une jeune Portugaise enceinte de sept mois récemment arrivée en France, à qui le médecin conseille de retourner au Portugal, où elle aura sûrement de nouveau ses règles…

Un danger pour l'enfant

Souvent seules, elles ne vont non pas tant accoucher que se débarrasser de ce poids qui les encombre, laisser tomber l'enfant dont la réalité leur échappe.

Certaines s'enferment dans une indifférence apparemment totale envers l'enfant. Chez d'autres, les sages-femmes sont conscientes du risque concomitant d'infanticide, voire de violence sur l'enfant une fois né. Il existerait un danger réel à présenter l'enfant à la mère après l'accouchement, danger que doit évaluer le personnel soignant.

Chercher à convaincre la mère de garder son enfant, du moins sans un travail d'accompagnement psychologique, peut conduire à mettre l'enfant en danger, comme en témoigne l'histoire de nourrissons que les mères, une fois rentrées chez elle, maltraitent jusqu'à produire des séquelles irréversibles. Certains de ces enfants finissent dans des institutions ou dans des familles d'accueil, estropiés à vie ; quelques-uns sont

Christine a des difficultés avec un [...] enfant âgé de 5 ans, petit garçon qu'elle a eu d'une liaison de passage, alors qu'elle se trouvait très dépressive, ayant besoin de réconfort, après un divorce. Elle n'a jamais bien accepté cet enfant et se culpabilise beaucoup de ne pas pouvoir l'aimer comme on le lui demande autour d'elle. Au moment de sa naissance, elle aurait souhaité l'abandonner sachant qu'il pourrait être adopté, mais elle pense que personne ne l'a aidée (mais comment l'a-t-elle exprimé ?).
À la maternité, on lui aurait expliqué que ses sentiments changeraient lorsque l'enfant serait né. Depuis cette date, le petit garçon est placé à l'ASE épisodiquement. Elle est revenue quatre fois sur son acte d'abandon.
L'entourage proche, sa nouvelle belle-famille, n'admettraient pas, selon elle, qu'elle abandonne cet enfant. Elle le reprend donc périodiquement, mais avoue avoir, malgré elle, des gestes violents à son égard. Le petit garçon [...] devient de plus en plus instable, caractériel, difficilement « supportable » dans ses placements successifs, institutions ou nourrices.

Témoignage d'une assistante sociale

adoptés. La prudence actuelle tranche avec une politique longtemps encouragée, qui recommandait aux personnels soignants de tout faire pour « sauver les maternités », pour qu'une femme reconnaisse son enfant et le garde. Des pédopsychiatres comme Michel Soulé ont mis en évidence les carences affectives imposées aux enfants par les tentatives entreprises pour exiger de la mère une obligation de maternité, alors qu'elle n'a pas pu, ou eu le temps, de « personnifier le bébé et [de] reconnaître son individualité »*.

Apprendre à accepter sa grossesse

Prendre conscience de sa grossesse, décider de mettre au monde un enfant et, surtout, choisir de l'élever, c'est être animé de l'espoir, mieux, de la conviction que cet enfant existera pour soi mais aussi pour d'autres, qu'il trouvera sa place dans la famille élargie et, au-delà, dans la société environnante.

Au sein d'une association comme Ilithyie, où 400 femmes enceintes ont été hébergées ou accueillies depuis 1992, l'équipe s'attache à aider la mère à replacer cette « grossesse impossible » dans son histoire personnelle et familiale, à lui redonner un sens, pour qu'elle puisse esquisser une ébauche d'avenir pour elle et pour l'enfant, ensemble ou séparés ; mais aussi pour qu'elle puisse décider, et non plus simplement subir, s'éloignant ainsi de l'abandon pour approcher du don. Un abandon consenti est un acte de parent.

* *L'incroyable monsieur bébé :* du côté des mères (vidéo Didier Antenne 2/Match Images, 1989.

L'abandon, la séparation d'avec un enfant à la naissance peuvent être envisagés comme une forme de maternité possible, accueillie et reconnue en tant que telle.

Sylvie Babin, *Des Maternités impansables*, Paris, l'Harmattan, 2001

Anne Ter Minassian, psychologue et psychanalyste qui a longtemps travaillé à l'association Ilithyie, rapporte que, derrière le déni de grossesse, se profile souvent une histoire familiale faite de séparations subies (exils) ou non exprimées (deuils enfouis sous le silence), ou encore de relations forcées (grossesses imposées, violences matrimoniales ou incestueuses) ou interdites. C'est ainsi que certains cas de grossesses adultérines donnent lieu à un déni.

Un site Internet pour les femmes enceintes en difficulté

Histoire naturelle de la grossesse, droit des femmes enceintes, contraception, interruption volontaire de grossesse, adoption : tels sont les thèmes abordés dans ce site créé par SOS Grossesse, une association de bénévoles qui a pour mission l'information, la consultation et le conseil familial auprès des femmes enceintes. Cette association œuvre sous contrat avec la DDASS de Paris.

SOS Grossesse offre une assistance aux femmes enceintes en difficulté. Elle propose aussi un service d'écoute téléphonique (Tél. : 01 45 82 13 14).

Internet : http://www.sosgrossesse.org

Le poids de la religion et de la culture face à la famille

Le déni n'est pas propre à la future mère, il serait en quelque sorte collectif : il viendrait aussi du géniteur ou du partenaire sexuel, qui abandonne la femme enceinte et se dérobe ainsi à une confrontation avec la réalité.

Il peut venir de la famille de la future mère, qui ne voit pas la grossesse. Ce refus provient du fait que cette grossesse, souvent accidentelle, est vécue comme une tache, notamment quand la famille appartient à un milieu où la religion et la « norme » sociale façonnent les relations. C'était le cas, il y a une trentaine d'années, dans les familles catholiques ou protestantes françaises, pratiquantes ou pas, fussent-elles bourgeoises ou modestes.

C'est encore le cas pour des jeunes filles maghrébines ou françaises d'origine maghrébine, qui se sentent contraintes de cacher cette grossesse à leurs parents, et surtout à leur père, tout en souffrant d'un manque de communication avec leur mère qui les condamne au silence.

La souffrance extrême de quelques-unes de ces adolescentes résonne dans les témoignages recueillis par Catherine Bonnet dans *Geste d'amour : l'accouchement sous X* (Paris, Odile Jacob, 1990).

Il y a notamment le cas de Nadia, 14 ans, victime d'un viol collectif. Après une dispute avec son père, qui menace de la conduire chez un médecin pour s'assurer de sa virginité, elle cache sa grossesse à ses parents et à ses sept frères et sœurs, malgré l'exiguïté de leur logement. À la maternité, elle hurle son refus de l'enfant et, à travers lui, la situation bloquée dans laquelle elle se trouve.

Les mécanismes de méconnaissance [...] sont puissants et handicapants pour ces jeunes filles qui sont totalement abasourdies quand elles apprennent leur grossesse. Certaines n'en prennent conscience que six mois plus tard, d'autres disent ne pas avoir fait le lien entre « l'accident » – la relation sexuelle – et la grossesse. Il y a donc une sorte de déni de la réalité : ne pouvant concevoir leur sexualité avant le mariage, toute relation complète ou superficielle est vécue dans la culpabilité et est niée ou déniée d'où l'impossibilité d'envisager la contraception.

Badra Moutassem-Mimouni,
Naissances et abandons en Algérie,
Paris, éditions Karthala, 2001

La difficulté d'avorter

Les interdits qui pèsent sur ces jeunes femmes, nombreuses à demander une réfection de l'hymen après l'accouchement, renvoient aux interdits qui pèsent sur les femmes du Maghreb, et notamment sur celles d'Algérie, qui, enceintes hors mariage, vont dans un pays voisin pour se faire avorter – il y a quelques années, elles se rendaient en France, parfois *via* l'Italie ou la Suisse, pour accoucher dans le secret (accouchement dit « sous X »).

Les exactions commises contre les femmes, surtout celles qui ne sont pas mariées, dans un contexte de surenchère intégriste, et une politique de visas restrictive font qu'il est devenu quasiment impossible pour une Algérienne enceinte de venir aujourd'hui accoucher en France, soit dans l'espoir de rester et d'y élever son enfant, soit dans l'optique d'une naissance « aller-retour », l'enfant étant confié après un accouchement secret aux services sociaux français ou à une œuvre d'adoption.

Une étude récente de femmes qui accouchent en Algérie, soit dans un hôpital, soit de manière clandestine, fait apparaître le stress et la terreur qu'elles vivent pendant leur grossesse. Le paroxysme atteint au moment de la naissance est parfois tel qu'il affecterait leur équilibre mental. Certains spécialistes, dont Badra Moutassem-Mimouni, chercheur en anthropologie, s'interrogent en outre sur les effets hormonaux possibles que cette tension psychologique extrême pourrait avoir sur le fœtus.

Le poids de l'intégrisme

En France, le poids de l'union et de l'honneur de la famille pèse lourdement sur les jeunes filles vivant dans certaines communautés musulmanes : c'est ainsi que de jeunes maghrébines enceintes, souvent accompagnées du père de l'enfant, demandent l'anonymat au moment de l'admission à la maternité, ou le secret de filiation.

Les travailleurs sociaux français reconnaissent que la force du rejet est parfois telle qu'une grossesse extra-conjugale entraîne un risque de mort, non seulement sociale mais parfois physique, pour certaines jeunes filles et, si elles venaient à le conserver, pour leur enfant. La montée de l'intégrisme a accentué la pression qu'elles subissent, y compris en France, même si on voit, ici et là, un père cherchant à retrouver sa fille et prêt à l'accueillir avec son enfant, ou des jeunes couples n'hésitant pas à transgresser la tradition familiale pour tenter de vivre un amour et une relation familiale librement choisis par eux.

Dans le cas où ils optent pour confier leur enfant à l'Aide sociale à l'Enfance ou à une œuvre, afin qu'il soit adopté, ils s'impliquent dans le projet, choisissant un ou plusieurs prénoms pour l'enfant, laissant des éléments non identifiants, mais permettant d'expliquer leur démarche.

Organismes autorisés pour l'adoption (OAA) qui recueillent des enfants nés en France

À noter : le nombre d'enfants recueillis est très faible et certains de ces OAA n'ont pas d'enfants actuellement.

Voir aussi p.73 les OAA recueillant des enfants handicapés.

- Famille adoptive française :
90, rue de Paris
92100 Boulogne
Tél. : 01 48 25 61 86
Fax : 01 46 04 11 87
E-mail : contact@afaf.org
Site internet : http://www.afaf.org

- Lumière des enfants :
1, chemin de Crech-an-Taro, Beg Léger
22300 Lannion
Tél. : 02 96 23 00 77
Fax : 02 96 47 26 87
E-mail : luminance@club-internet.fr

L'anonymat

Le secret des origines

Si, dans de nombreux pays, l'abandon d'un enfant est proscrit par la loi et, plus intimement, par les coutumes et les croyances, cet interdit vient se heurter à d'autres interdits tout aussi puissants, passibles, sinon de mort, de ségrégation ou d'exclusion du corps social : celui, par exemple, d'adultère, ou de relations sexuelles prénuptiales, ou de liaison avec un homme ou une femme d'une autre ethnie, d'un autre clan, d'une autre caste, d'une autre catégorie sociale, d'une autre foi.

Le tour

Tour (1549) : armoire cylindrique tournant sur pivot. Le tour des couvents et hospices.

Dictionnaire Le Robert

En France et dans d'autres pays occidentaux, une façon de préserver l'anonymat fut, des siècles durant, de placer l'enfant dans le tour, aménagé dans les portes des couvents. En 1811, sur ordre de Napoléon, les hospices se dotèrent aussi d'un tour. Longtemps, l'abandon fut encouragé pour tenter d'empêcher les infanticides, pour protéger les géniteurs, sans doute aussi pour assurer de futurs soldats pour l'armée et la marine.

À partir des années 1840, toutefois, l'abandon fut découragé, car les mères abandonnaient leur enfant pour venir ensuite le reprendre en se le faisant attribuer en nourrice moyennant paiement.

Pour convaincre les mères de garder leur enfant, l'Assistance publique créa une pression psychologique sur elles en organisant le transfert des bébés vers d'autres départements – 32 000 nourrissons furent ainsi déplacés entre 1830 et 1838, dans des conditions souvent fatales pour eux, ce qui pourrait expliquer, ne serait-ce qu'inconsciemment, les réticences des services sociaux à rechercher pour les enfants qui leur sont confiés des parents vivant hors des limites du département.

Mais la crainte des infanticides et des avortements demeurait et, à partir de 1904, le système du « bureau ouvert », qui remplaça le tour, permettait d'accueillir la mère dans le secret absolu.

L'ambivalence sur le rôle de l'Assistance publique subsistait encore jusqu'à il y a quelques décennies : les mères qui déposaient leur enfant dans l'espoir de le reprendre un jour se voyaient encouragées à l'abandonner ; parfois, elles revenaient le prendre, pour découvrir que l'enfant avait été adopté – sans avoir le souvenir d'avoir signé le moindre papier.

Ce fut le cas de Jacqueline : « Dans le dossier de Laurence, il n'y avait aucun papier signalant que j'avais abandonné ma fille. En revanche, il y avait mes lettres, dont je ne me souvenais plus, dans lesquelles je réclamais ma fille et suppliais qu'on me la rende. C'était en 1948. » (Témoignage recueilli dans Georgina Souty et Pascal Dupont, *Destins de mères, destins d'enfants*.)

Le tour existe toujours dans certaines paroisses d'Italie. En Autriche, ces dernières années, un tour médicalisé a été créé dans certaines maternités ; il se présente comme un lieu équipé d'une couveuse reliée à une alarme. Des aménagements analogues ont été introduits en Allemagne. Le 18 avril 2000, la première *Babyklappe* (trappe à bébé) est installée à Hambourg.

Aujourd'hui, une vingtaine de *Babyklappen* ont depuis été installées dans autant de villes à travers l'Allemagne. Il en existe aussi en Suisse. Aux États-Unis, en 2000, les commissariats et les centres de sapeurs-pompiers ont reçu comme consigne de respecter l'anonymat de femmes venant remettre un enfant.

L'accouchement secret, en France et ailleurs

L'accouchement secret ou la « mise au monde d'un enfant impossible », pour reprendre la formule de la psychologue Anne Ter Minassian, se situe dans le prolongement d'une culture de l'anonymat et répond au souci de protéger la mère et de préserver l'enfant.

En France, le droit à l'accouchement dans des conditions dignes était déjà ratifié sous la Révolution, dans un décret-loi de 1793 : « La fille enceinte pourra se retirer secrètement pour faire ses couches… il sera pourvu par la Nation aux frais de la gésine [de l'accouchement] de la mère et à tous ses besoins pendant le temps de son séjour […]. Le secret le plus inviolable sera conservé sur tout ce qui la concerne. »

La notion de secret, apparue dans la loi de 1904, est renforcée dans le décret-loi de 1941, qui organise les conditions secrètes d'accouchement en maternité. Toute femme enceinte pouvait désormais accoucher dans un hôpital ou une clinique sans avoir à donner son identité. Elle bénéficiait en outre de soins

Quand je vois ce qui se met en place en Allemagne et en Autriche, ces tours et ces boîtes à bébés, je me demande dans quelles conditions accouchent ces femmes qui déposent ensuite leurs bébés et je me félicite que la France dispose – comme le Luxembourg et l'Italie – d'une législation sur l'accouchement sous X.

Véronique Neiertz, député, rapporteur du projet de loi relatif à l'accès aux origines personnelles (loi votée le 10 janvier 2002)

gratuits et d'hébergement. Cette mesure est connue sous le terme d'« accouchement sous X ». Un décret de 1953 reformule cette disposition, qui devient « secret de la grossesse et de la naissance ». Enfin, en 1993, cette forme de maternité est inscrite dans le Code civil (article 57) : « La femme qui a demandé le secret de son identité lors de l'accouchement peut faire connaître les prénoms qu'elle souhaite voir attribuer à l'enfant. » Elle est maintenue dans la loi sur l'accès aux origines personnelles du 10 janvier 2002.

Le droit à l'anonymat au moment de l'accouchement a été conservé en Algérie après l'indépendance. Il est également inscrit dans le droit luxembourgeois. Les femmes ont droit à l'anonymat en Italie et en Espagne si elles ne sont pas mariées. Sans être inscrites dans le droit, des mesures analogues sont pratiquées dans d'autres pays.

Le droit au secret inscrit dans la législation française

Article 341-1 du Code civil (loi n° 9322 du 8 janvier 1993)
Lors de son accouchement, la mère peut demander que le secret de son admission et de son identité soit préservé.

Article 20 du Code de la santé publique
Si, pour sauvegarder le secret de la grossesse ou de la naissance, l'intéressée demande le bénéfice du secret de l'admission, dans les conditions prévues par l'article 47 du Code de la famille et de l'aide sociale, aucune pièce d'identité n'est exigée et aucune enquête n'est entreprise.
Le directeur général doit alors informer de cette admission le directeur départemental de l'Aide sanitaire et sociale.

Article 47 du Code de la famille et l'aide sociale
Les frais d'hébergement et d'accouchement des femmes qui ont demandé, lors de leur admission en vue d'accouchement dans un établissement public ou privé conventionné, à ce que le secret de leur identité soit préservé, sont pris en charge par le service de l'Aide sociale à l'Enfance du département siège de l'établissement. [...] aucune pièce d'identité n'est exigée et il n'est procédé à aucune enquête.

Article 57 du Code civil (loi du 5 juillet 1996)
La femme qui a demandé le secret de son identité, lors de son accouchement, peut faire connaître les prénoms qu'elle souhaite voir attribuer à l'enfant.

Ce n'est pas le régime de Vichy qui a juridiquement organisé la naissance dans l'anonymat ; c'est un décret de la Convention qui a institué la procédure désormais inscrite à l'article 57 du Code civil. Si, au milieu des années 1970, on dénombrait environ 10 000 accouchements sous X, le développement de la contraception et la légalisation de l'avortement ont fait tomber ce chiffre à 500. Toutefois, le désir d'accoucher dans le secret n'a pas disparu et, dans les pays où cette faculté n'existe pas, des mécanismes alternatifs ont dû être institués.

Gilbert Gantier, député
(débat à l'Assemblée nationale
le 10 janvier 2002)

La vie privée de la mère continuera d'être protégée par la confidentialité et par la gratuité de l'accouchement. Ma conviction intime est cependant que parce qu'elles seront mieux accompagnées, de plus en plus de femmes choisiront l'option de la réversibilité du secret. Davantage de femmes encore feront, j'en suis convaincue, le choix de ne pas accoucher dans le secret et de consentir personnellement à l'adoption de leur enfant. L'initiative parlementaire consistant à consentir la gratuité de l'accouchement aux mères qui ne sont pas en mesure de garder leur enfant y contribuera certainement.

Ségolène Royal, ministre déléguée
à la Famille (débat à l'Assemblée nationale
le 10 janvier 2002 au moment du vote
sur le projet de loi relatif à l'accès
aux origines personnelles)

Une fausse identité

Ailleurs, comme en Amérique latine ou en Inde, l'absence de telles dispositions, liée à l'interdiction d'abandonner un enfant, fait que les femmes qui viennent accoucher déclinent souvent une fausse identité et donnent une fausse adresse.

Une solution parfois utilisée est celle de la fausse déclaration de grossesse, avec une confusion des générations, quand la grand-mère du nourrisson imprévu se fait passer pour la mère de ce dernier.

Selon le psychologue Ferdinand Ezembé, la puissance d'enfermement du carcan social et religieux dont sont victimes de nombreuses femmes de par le monde – et, en France, pas seulement celles issues de l'immigration –, est tel que l'abandon sauvage et parfois l'infanticide leur apparaissent comme moins grave que le rejet qu'entraîne la venue au monde d'un enfant « interdit ».

Les aménagements sur l'accouchement secret : la loi du 10 janvier 2002

Les débats qui ont eu lieu au Sénat et à l'Assemblée nationale au moment du vote de la loi sur l'accès aux origines personnelles (adoptée en deuxième lecture le 10 janvier 2002) ont reflété une connaissance de ces réalités.

C'est sans doute la raison pour laquelle, en dépit des demandes pressantes formulées par des groupes de mères de naissance et d'enfants (désormais adultes) « nés sous X », les parlementaires ont choisi de préserver, sur le sol français, la possibilité pour les femmes d'accoucher dans le secret si tel est leur désir.

Selon la loi française (art. 341-1 du Code civil, 20 du Code de la santé publique et 47 du Code de la famille et de l'aide sociale), toute femme peut demander l'anonymat au moment de son admission à la maternité ; mais elle peut choisir, et la loi sur l'accès aux origines personnelles du 10 janvier 2002 l'y incite, de consigner son identité dans une enveloppe scellée. La possibilité lui est aussi offerte de remettre ultérieurement cette enveloppe scellée ou non d'ailleurs, à tout moment.

La mère doit être informée de la possibilité qui lui est laissée de revenir à tout moment sur ce secret. Elle est également invitée à laisser des renseignements sur sa santé et sur celle du père de l'enfant, autant d'éléments souvent demandés par les médecins et plus souvent encore par les enfants : qu'ils soient ou non adoptés, le questionnement sur les antécédents familiaux les renvoient à leur capital génétique.

Des informations peuvent également être communiquées sur les circonstances de la grossesse et de la naissance. Enfin, l'importance pour l'enfant de connaître son origine est rappelée à la mère.

Autre avancée importante de la loi du 10 janvier 2002, la gratuité des frais afférents à l'accouchement est garantie à toute femme qui confierait son enfant à l'adoption, même sans consentir au secret.

La lecture de cette loi laisse transparaître une volonté de ne pas supprimer brutalement l'accouchement dit « sous X », mais d'encourager une évolution qui déboucherait à terme sur sa quasi disparition, l'espoir étant que les mères soient de plus en plus amenées à « consentir personnellement à l'adoption de leur enfant » – pour reprendre les propos de Ségolène Royal, alors ministre déléguée à la Famille, à qui revient l'initiative d'une loi qui se veut une tentative d'équilibrer et de réconcilier le droit d'accoucher dans la dignité et la liberté de connaître ses origines.

Le consentement à l'adoption est un désir de transmission et non de rejet. Même si, juridiquement, cela reste sans effet, dans la mesure où le placement de l'enfant est décidé par le conseil de famille des pupilles de l'État, il est souhaitable, pour la mère comme pour l'enfant, y compris quand elle opte pour l'anonymat au moment de l'accouchement.

Loi sur l'accès aux origines personnelles (votée en deuxième lecture à l'Assemblée nationale le 10 janvier 2002) : articles relatifs à l'accouchement anonyme

Article 2

I. - Il est inséré, au début de l'article L. 222-6 du Code de l'action sociale et des familles, un alinéa ainsi rédigé :

« Toute femme qui demande, lors de son accouchement, la préservation du secret de son admission et de son identité par un établissement de santé est informée des conséquences juridiques de cette demande et de l'importance pour toute personne de connaître ses origines et son histoire. Elle est donc invitée à laisser, si elle l'accepte, des renseignements sur sa santé et celle du père, les origines de l'enfant et les circonstances de la naissance ainsi que, sous pli fermé, son identité. Elle est informée de la possibilité qu'elle a de lever à tout moment le secret de son identité et, qu'à défaut, son identité ne pourra être communiquée que dans les conditions prévues à l'article L. 147-6 [voir p. 316]. Elle est également informée qu'elle peut à tout moment donner son identité sous pli fermé ou compléter les renseignements qu'elle a donnés au moment de la naissance. Les prénoms donnés à l'enfant et, le cas échéant, mention du fait qu'ils l'ont été par la mère, ainsi que le sexe de l'enfant et la date, le lieu et l'heure de sa naissance sont mentionnés à l'extérieur de ce pli. Ces formalités sont accomplies par les personnes visées à l'article L. 223-7 avisées sous la responsabilité du directeur de l'établissement de santé. À défaut, elles sont accomplies sous la responsabilité de ce directeur. »

II. - Le troisième alinéa du même article est ainsi rédigé :

« Pour l'application des deux premiers alinéas, aucune pièce d'identité n'est exigée et il n'est procédé à aucune enquête. »

III. - Le dernier alinéa du même article est ainsi rédigé :

« Les frais d'hébergement et d'accouchement dans un établissement public ou privé conventionné des femmes qui, sans demander le secret de leur identité, confient leur enfant en vue d'adoption, sont également pris en charge par le service de l'aide sociale à l'enfance du département, siège de l'établissement. »

Décret n° 2002-575 du 18 avril 2002 relatif aux organismes autorisés et habilités pour l'adoption

Décret n° 2002-575, article 12. - Lors du recueil d'un enfant sur le territoire de la République française, l'organisme autorisé pour l'adoption établit un document attestant que les père et mère de naissance, ou la personne qui lui remet l'enfant si sa filiation est inconnue, ont été informés :

1° Des mesures instituées, notamment par l'État, les collectivités territoriales et les organismes de sécurité sociale pour aider les parents à élever eux-mêmes leurs enfants ;

2° Des délais et conditions suivant lesquels l'enfant pourra être repris par ses père et mère, et notamment de leur droit de le reprendre sans aucune formalité pendant un délai de deux mois ;

3° Des conséquences du recueil et du placement en vue d'adoption de l'enfant, au regard notamment de l'article 352 du Code civil ;

4° De la possibilité de laisser, à l'occasion de l'établissement du document rédigé lors du recueil par l'organisme, tous renseignements concernant les origines de l'enfant ainsi que les raisons et les circonstances de ce recueil, et des modalités selon lesquelles ces renseignements sont recueillis.

Dans l'hypothèse où la femme a demandé lors de son accouchement la préservation du secret de son admission et de son identité, ces renseignements sont recueillis par le correspondant du Conseil national pour l'accès aux origines personnelles dans le département où l'enfant est recueilli ; la femme est également informée de la possibilité qu'elle a de déclarer son identité à tout moment ainsi que de lever le secret de celle-ci. À sa demande, le recueil d'information peut se faire en présence de la personne de l'organisme autorisé qui l'accompagne.
L'organisme donne aux parents ou à la personne qui lui remet l'enfant une copie du document établi conformément au premier alinéa.

Décret n° 2002-781 du 3 mai 2002 relatif au Conseil national pour l'accès aux origines personnelles et à l'accompagnement et l'information des femmes accouchant dans le secret pris pour l'application de la loi n° 2002-93 du 22 janvier 2002 relative à l'accès aux origines des personnes adoptées et pupilles de l'État (JO du 5 mai 2002)

TITRE II

Information et accompagnement des mères de naissance

Article 22

Les informations prévues à l'article L. 222-6 du code précité [voir article cité ci-dessus] et celles qui doivent être délivrées en application de l'article L. 224-5 du même code [tous renseignements concernant la santé des père et mère, les origines de l'enfant, les raisons et les circonstances de sa remise au service de l'aide sociale à l'enfance] et de l'article 12 du décret du 18 avril 2002 [relatif aux OAA : voir ci-dessus] susvisé font l'objet d'un document établi par le Conseil national.

Ce document est remis à la femme lors de son accouchement et, au plus tard, pendant son séjour dans l'établissement de santé.

Ce document précise :

• les effets juridiques de la demande expresse de secret ou de son absence ;

• les modalités de levée du secret ;

• les moyens de communiquer l'identité de la mère de naissance à l'enfant ou aux personnes mentionnées au 3° de l'article L. 147-2 du Code de l'action sociale et des familles [descendants de l'enfant, ou son tuteur, s'il est majeur et placé sous tutelle], de son vivant ou après son décès ;

• les conséquences de son choix en matière de filiation et notamment les modalités et le délai pendant lequel elle peut, le cas échéant, établir volontairement le lien de filiation ainsi que les effets qui s'attachent au placement et à l'adoption plénière de l'enfant ;

• le rôle du Conseil national pour l'accès aux origines personnelles et celui de ses correspondants dans le département ;

• la nature des renseignements qu'elle est invitée à laisser dans l'intérêt de l'enfant ainsi que les modalités de conservation et de transmission de ces renseignements et de ceux contenus dans le pli fermé.

Article 23
Le correspondant du Conseil national recueille sur un document établi en double exemplaire et conforme à un modèle défini par arrêté du ministre chargé de la Famille les renseignements prévus à l'article L. 223-7 du code précité.
Il atteste sur ce document :
• que la mère de naissance a été invitée à laisser son identité sous pli fermé et qu'elle a demandé expressément le secret de cette identité ;
• que lui ont été remis le document d'information prévu à l'article 22 accompagné des explications nécessaires ainsi qu'un modèle de lettre de demande de restitution de l'enfant comportant les coordonnées du service compétent.
Il y mentionne, le cas échéant, les objets laissés par la mère de naissance.
Un exemplaire de ce document est versé au dossier de l'enfant. Selon la situation de ce dernier, il est intégré ou annexé soit au procès-verbal d'admission de l'enfant en tant que pupille, prévu à l'article L. 224-5 du Code de l'action sociale et des familles, soit au document prévu à l'article 12 du décret du 18 avril 2002 susvisé. Un autre exemplaire est remis à la mère de naissance.

Qui sont les mères qui choisissent l'anonymat ?

Toutes les décisions de ne pas élever son enfant ne proviennent pas d'un déni, d'un refus de l'enfant. Dans de nombreux cas, la décision est assumée avec autant de lucidité que faire se peut en pareilles circonstances.

Il peut y avoir le souhait de poursuivre ses études chez les plus jeunes, qui prennent parfois cette décision en couple.

Ce peut être aussi une preuve de réalisme chez certaines femmes, plus âgées, mères déjà d'un ou de plusieurs enfants, qu'elles élèvent seules ou dans un contexte conjugal difficile (avec, en arrière-plan, un chômage endémique ou, pis, la violence).

Un portrait assurément incomplet des mères en difficulté peut être brossé à partir des données réunies dans des centres comme Ilithyie, la Consultation des femmes enceintes en difficulté du CHU de Nantes, ou le SAFED (Service d'accompagnement des femmes enceintes en difficulté) de l'Hôtel-Dieu de Rennes.

Parmi les 200 femmes reçues chaque année par le SAFED (dont une quinzaine choisissent l'anonymat au moment de l'accouchement), 90 % ont moins de 21 ans (ce qui correspond à la mission du service) ; 80 % vivent seules ; deux tiers d'entre elles logent chez leurs parents, sont sans domicile ou en foyer ; 63 % n'exercent aucune activité.

Parmi les causes qu'elles avancent, l'isolement revient très souvent. Soit elles n'ont pas de compagnon, soit elles ne reconnaissent pas ce dernier comme pouvant être un père pour l'enfant. Certaines souhaitent reprendre ou poursuivre leurs études.

Les données recueillies au CHU de Nantes permettent également de mieux connaître ces mères. Sur 40 femmes qui, entre 1996 et 2000, se séparent de leur enfant à la naissance, 5 sont mineures, 26 ont entre 18 et 30 ans, 6 plus de 30 ans (aucun renseignement sur l'âge n'étant recueilli dans trois cas).

Étudiantes, lycéennes, femmes au foyer, employées : 23 d'entre elles vivent seules ou séparées, 6 ne donnent aucun renseignement sur leur situation matrimoniale, enfin 11 sont mariées ou en concubinage, le père étant associé à la décision de ne pas garder l'enfant.

Si 16 ne laissent aucune identité, 13 laissent au moins un prénom, et 10 donnent une identité complète. Enfin, 22 choisissent au moins un prénom pour l'enfant*.

Un don d'amour

Ces femmes sont nombreuses à dire qu'elles voient dans l'adoption une « chance extraordinaire » pour l'enfant.

Myriam Szejer, psychanalyste qui accompagne les parents et leurs bébés à la maternité de l'hôpital Antoine-Béclère à Clamart, note leur « étonnante détermination à mener parfaitement leur grossesse à terme [...] leurs bébés sont en pleine santé. Comme si elles

Cela fait quelques années maintenant que je rencontre des mères qui souhaitent remettre leur enfant en vue d'adoption ; chaque fois, je suis frappée par l'amour qu'elles expriment. C'est un don d'amour qu'elles font pour leur enfant.

Une assistante sociale

Ni saintes ni monstrueuses, elles traversent cette crise de la mise au monde d'un enfant impossible avec beaucoup de souffrance. Toutes celles que j'ai pu rencontrer ont le souci de l'avenir de cet enfant qu'elles quittent, elles craignent énormément pour sa santé physique et psychique.

Anne Ter Minassian, « Accepter l'anonymat des mères », *Enfance et psy* n° 1 (1997), *Questions d'origine*, p. 97-102

* Voir les tableaux en fin de l'ouvrage de Sylvie Babin, *Des Maternités impansables*, Paris, l'Harmattan, 2001.

voulaient mettre toutes les chances du côté de cet enfant qu'elles n'élèveront pas. C'est pourquoi, dans la majorité des cas, elles sont favorables à laisser des informations sur l'histoire de l'abandon et même leur identité afin d'aider l'enfant* ».

Un abandon forcé

D'autres mères, en revanche, comme celles qui se sont regroupées pour créer des associations d'entraide, expriment, les années passant, une grande colère, un ressentiment envers ceux, fussent-ils parents, proches, responsables des services sociaux ou d'œuvres privées, perçus comme ayant « organisé » le secret autour d'elles.

Un très fort sentiment de s'être fait manipuler prévaut, l'impression d'avoir été dépouillée de tout pouvoir de décision. Vingt ans, trente ans après, elles estiment qu'elles n'ont alors pas choisi la séparation avec leur enfant, elles l'ont subie. Elles n'ont pas donné l'enfant, il leur a été pris.

Delphine, enceinte à quinze ans, anesthésiée avant l'accouchement, apprend au réveil que son nourrisson est mort. Plus de trente ans plus tard, elle découvre qu'il est encore vivant.
« Je considère ce que j'ai subi comme un viol. On a entravé ma liberté, on a décidé pour moi et, pour comble, on m'a volé mon enfant. »

Extrait de témoignage,
Georgina Souty et Pascal Dupont,
Destins de mères, destins d'enfants,
Paris, Odile Jacob, 1999.

D'où des réactions très fortes, une recherche de l'enfant qui, parfois, frise l'illégalité, viole le droit à l'intimité et à la sérénité de celui-ci (droit dont elles disent qu'il leur fut un jour nié), au risque de mettre en danger les retrouvailles dont elles espèrent tant. La création du Conseil national pour l'accès aux origines personnelles, en application de la loi du 10 janvier 2002, devrait permettre d'apporter un certain apaisement à des souffrances jamais anesthésiées (voir le chapitre Origines et construction de l'identité).

* Myriam Szejer, *Les femmes et les bébés d'abord*, Paris, Albin Michel, 2001.

Le consentement à l'adoption : l'enfant qu'on ne peut pas assumer

Une promesse d'avenir

Certaines femmes qui refont leur vie choisissent de confier à l'adoption l'enfant qu'elles ont reconnu, et qu'elles ont élevé un certain temps, parce que leur compagnon refuse de lui faire une place ou représente un danger pour son intégrité morale ou physique.

Confier l'enfant à l'adoption devient ainsi une façon de le mettre à l'abri, de lui proposer un avenir que la mère de naissance ne se sent pas capable de lui offrir, dans la mesure où vivre seule lui est désormais devenu impossible.

Le diagnostic médical

Au moment de l'accouchement, un diagnostic médical tombe comme un couperet : l'annonce d'une trisomie 21, d'une malformation grave ou d'un handicap lourd. Certains parents se sentent démunis devant une telle réalité, incapables de l'assumer. Ils se résolvent à confier l'enfant à l'Aide sociale à l'enfance ou à une œuvre privée.

Parfois, après avoir appris le diagnostic, ils demandent l'anonymat, ce qui peut être perçu comme un détournement de l'accouchement dit « sous X », dans la mesure où rien ne les empêche de donner leur nom à l'enfant et de le confier ensuite en adoption. Certains demandaient le secret après avoir reconnu l'enfant. Désormais, avec la loi du 10 janvier 2002, cette possibilité disparaît : dès lors qu'un enfant est reconnu, il est impossible de revenir en arrière.

Organismes autorisés pour l'adoption (OAA) recueillant des enfants handicapés

- Emmanuel : M. et Mme Alingrin
Mont Joie
49150 Clefs
Tél. : 02 41 82 80 62
- Le Chemin de Vie
10, rue de la Robertsau
67800 Bischheim
Tél. : 03 88 83 42 40
- Vivre en Famille : Mme Labaisse
La Source de Varenne
61700 Champ Secret
Tél. : 02 33 37 96 07

Consentement et possibilités de rétractation

Une mère, un père et une mère, qui décident de confier leur enfant en adoption, se voient informés de leurs droits et des effets qui découleront de cette décision, tant pour eux que pour leur enfant. C'est pour renforcer ces droits et pour tenter de prévenir des abus que la Convention de

La Haye consacre l'importance du consentement, qui devra être recueilli pour que l'enfant devienne adoptable. Les parents sont invités à consentir à l'adoption, après avoir été conseillés et informés des conséquences irréversibles de leur décision. C'est ce qu'on appelle le consentement éclairé.

Ces conséquences doivent être replacées dans le contexte culturel de la famille. Pour une famille vietnamienne, par exemple, il importera qu'elle ait bien compris que son fils n'assurera pas le culte des ancêtres. Ailleurs, l'idée que l'enfant ne sera pas élevé dans la même religion peut s'avérer un obstacle à donner son consentement. Une famille africaine vivant en Afrique ou immigrée devra clairement prendre conscience du fait qu'ils ne pourront pas attendre de l'enfant qu'il prenne soin d'eux à l'avenir : il ne sera pas leur « bâton de la vieillesse ».

La loi française apporte également des précisions sur les conditions de remise d'un enfant en vue d'adoption et sur les conditions de rétractation. Les parents sont informés des diverses mesures d'aide qui peuvent les aider à élever leur enfant, ainsi que des délais et des conditions dans lesquels ils peuvent se rétracter. Le délai de rétractation varie d'un pays à l'autre. En France, il est de deux mois ; au-delà de ces deux mois, les parents peuvent encore demander que l'enfant leur soit restitué, mais la réponse sera négative si l'enfant a déjà été placé en vue d'adoption. La restitution a pour effet d'annuler le consentement à l'adoption. Les demandes de recherche en paternité sont soumises au même délai que les rétractations et une reconnaissance n'entraîne pas la restitution, dans l'hypothèse où celle-ci serait demandée.

Dans l'intérêt de l'enfant, la période de transition, l'entre-deux, où il n'est plus avec ses parents de naissance et où il n'a pas encore rencontré ses parents adoptifs, ne saurait se prolonger. En 1996, la période de transition fut abaissée de trois mois à deux mois.

On peut considérer que jusqu'au moment du placement, la législation s'efforce de préserver les droits des parents. Une fois ce délai passé, une fois l'enfant placé, c'est de lui qu'on doit s'occuper en priorité.

Dans son intérêt, comme dans celui de ses parents de naissance, ces derniers sont, du moins en France, entendus, accompagnés, épaulés. Quand vraiment ils ne sentent pas qu'ils peuvent se projeter dans l'avenir avec cet enfant-là, ils sont encouragés à laisser des informations, à expliquer leur démarche. L'enfant peut ainsi être pensé, son avenir envisagé : un projet pour lui est esquissé, il devient réalité, en dehors de ses géniteurs. Il a droit à sa propre vie, physique mais aussi psychique, il est autorisé à exister, à vivre, car le passage a été autorisé par ceux qui l'ont conçu et mis au monde vers ceux qui l'élèveront.

Convention de La Haye (1993)

Article 4

Les adoptions visées par la Convention ne peuvent avoir lieu que si les autorités compétentes de l'État d'origine :

a - ont établi que l'enfant est adoptable ;

b - ont constaté, après avoir dûment examiné les possibilités de placement de l'enfant dans son État d'origine, qu'une adoption internationale répond à l'intérêt supérieur de l'enfant ;

c - se sont assurées :

1. que les personnes, institutions et autorités dont le consentement est requis pour l'adoption ont été entourées des conseils nécessaires et dûment informées sur les conséquences de leur consentement, en particulier sur le maintien ou la rupture, en raison d'une adoption, des liens de droit entre l'enfant et sa famille d'origine,
2. que celles-ci ont donné librement leur consentement dans les formes légales requises, et que ce consentement a été donné ou constaté par écrit,
3. que les consentements n'ont pas été obtenus moyennant paiement ou contrepartie d'aucune sorte et qu'ils n'ont pas été retirés, et
4. que le consentement de la mère, s'il est requis, n'a été donné qu'après la naissance de l'enfant.

Article 348-3 du Code civil

Le consentement à l'adoption est donné devant le greffier en chef du tribunal d'instance du domicile ou de la résidence de la personne qui consent, ou devant un notaire français ou étranger, ou devant les agents diplomatiques ou consulaires français. Il peut également être reçu par le service de l'aide sociale à l'enfance lorsque l'enfant lui a été remis.

Le consentement à l'adoption peut être rétracté pendant deux mois. La rétractation doit être faite par lettre recommandée avec demande d'avis de réception adressée à la personne ou au service qui a reçu le consentement à l'adoption. La remise de l'enfant à ses parents sur demande même verbale vaut également preuve de la rétractation.

Si à l'expiration du délai de deux mois le consentement n'a pas été rétracté, les parents peuvent encore demander la restitution de l'enfant à condition que celui-ci n'ait pas été placé en vue de l'adoption. Si la personne qui l'a recueilli refuse de le rendre, les parents peuvent saisir le tribunal qui apprécie, compte tenu de l'intérêt de l'enfant, s'il y a lieu d'en ordonner la restitution. La restitution rend caduc le consentement à l'adoption.

Chapitre 3

Ici et ailleurs, des parents adoptifs

Il n'y a pas une vraie mère qui est celle qui a mis cet enfant au monde et vous qui seriez une mère adoptive. Cet enfant n'aura jamais d'autre mère que vous.

Nazir Hamad, *L'Enfant adoptif et ses familles,* Paris, Denoël, 2001

Qui sont les parents adoptifs ?

Il n'y a pas de droit à l'enfant

À la « grossesse impossible » de la mère de naissance répond « l'impossibilité de grossesse » de celle qui n'a pas eu d'enfants biologiques et qui deviendra peut-être la mère adoptive. Mais la situation est loin d'être symétrique. Car si la femme enceinte ou les géniteurs ont le droit de consentir à l'adoption de leur enfant, la femme souffrant de stérilité, le couple sans issue, le ou la célibataire qui aspire à devenir parent, n'ont pas le droit de se voir confier automatiquement un enfant.

Le droit des premiers est un droit qui permet à la société d'assurer la survie de l'enfant dans des circonstances difficiles pour lui ; le droit des seconds, s'il était institué comme tel, indépendamment de toute autre considération, n'aurait pour but que d'assouvir une insatisfaction personnelle, en déclarant adoptables autant d'enfants qu'il y a de parents adoptifs potentiels.

C'est pour cela que l'on ne peut pas parler de droit à l'enfant. Peut-on parler de désir d'enfant ? Oui, bien sûr, à condition de se garder de toute dérive possible vers le droit à l'enfant, et ce d'autant plus dans notre société de consommation, où les désirs prennent la force du besoin et sont par là revendiqués comme des droits.

> *« Et la jeune femme, radieuse, emporta le marmot hurlant, comme on emporte un bibelot désiré d'un magasin. »*
>
> Guy de Maupassant, « Aux champs »,
> *Contes de la bécasse*, 1883

Quand l'enfant ne paraît pas

Un besoin de prolongement de soi-même

Fonder une famille, voilà un souhait commun à ceux qui vivent à deux et qui s'aiment, et à ceux qui vivent seuls. Dans tout amour, il y a quelque chose de narcissique : même en aimant l'autre pour ce qu'il est, on aime l'autre pour l'image de nous qu'il nous renvoie, on aimera l'enfant pour les traits physiques et psychologiques qu'il nous aura empruntés ou qu'il aura empruntés à celui qui nous aime, on l'aimera comme prolongement de ce qu'on est et de ce qu'on souhaite transmettre.

Un besoin de prolongement de sa famille

En fondant une famille, on répond aussi à ce besoin inconscient inscrit dans nos gènes depuis l'apparition de l'homme, celui de perpétuer sa race, sa lignée, sa famille, son patrimoine – génétique, culturel, religieux, immobilier.

Animés par la peur de disparaître, de se dissoudre dans un autre groupe, le clan, la tribu voyaient leur survie dans une reproduction soumise à des règles strictes, souvent endogamiques : les unions devaient se faire au sein de la tribu ou avec une tribu de même ethnie, parfois même entre cousins et cousines.

Si cela peut sembler de nos jours archaïque et révolu, il suffit, pour se convaincre que ces réflexes sommeillent au fond des êtres, même dans des pays occidentaux dits « modernes », de constater les réticences qu'entraînent encore chez certains les unions mixtes, entre personnes d'origines différentes ou les adoptions : cet enfant que l'on accueille au sein de la famille, ne vient-il pas « d'ailleurs », *a fortiori* quand il est d'une autre ethnie et que cela se voit ?

Donner la vie à un enfant, c'est poursuivre l'œuvre commencée par nos ancêtres, c'est s'inscrire dans la continuité, c'est aller vers l'avenir, défier cette mort que nous savons inéluctable.

Une absence difficile

Mais quand l'enfant ne paraît pas, le cercle de famille s'étrique, se recroqueville autour de l'absence d'enfant.

Les causes de cette absence, au sein d'un couple, peuvent être multiples : peurs refoulées ou inconscientes, dues parfois à des histoires familiales d'accouchements difficiles ou non voulus, à des abandons ou à des secrets de filiation tus, ou tout simplement à des raisons médicales.

La stérilité, un tabou

La stérilité hante les mythes. Longtemps, l'absence d'enfants ne pouvait être imputable qu'à la seule femme, à celle et celles dont Dieu semble se détourner dans la Bible, les faisant attendre longtemps avant de leur concéder un enfant.

Combien de femmes, aujourd'hui encore, sont-elles « accusées » de stérilité par leur belle-famille alors que le « coupable » est en fait le mari.

La stérilité masculine est longtemps restée un tabou car elle a souvent été associée, à tort, avec l'impuissance – idée que les parents adoptifs stériles doivent veiller à ne pas laisser s'installer chez leurs enfants. De nos jours, il en est qui, confrontés à un cas de couple adoptant, ne peuvent résister à la tentation de savoir si c'est « elle » ou « lui » qui n'a pas pu avoir d'enfant.

Il n'y a pas si longtemps, il importait d'enfermer cette stérilité à double tour dans le cabinet des secrets de famille inavouables. Une solution était de faire porter le fardeau à la femme et de la répudier pour en prendre une autre – ce que des monarques n'ont pas hésité à faire jusqu'au XXe siècle –, mais voilà que cela devenait gênant si la deuxième, elle non plus, ne parvenait pas à concevoir.

Dans ce cas-là, il fallait se tourner vers un tiers, qui viendrait offrir sa semence : un frère, un cousin, quelqu'un que, si l'on était suffisamment puissant et désireux d'assurer la survie de sa lignée, l'on pouvait éventuellement faire disparaître discrètement. C'était l'équivalent, pourrait-on dire, dans d'autres mœurs et d'autres temps, d'une procréation assistée avec don de sperme.

> Il ne faut pas oublier que la stérilité masculine était traitée de façon extrêmement pratique. Inutile d'aller voir un juge pour trouver quelqu'un pour faire un enfant à votre épouse. Il suffit d'un peu d'argent, éventuellement d'un coup de revolver…
>
> Bruno Décoret, sociologue,
> Congrès Enfance et Familles d'Adoption,
> octobre 2000

Dans les cas de stérilité féminine, une sœur parfois donnait un de ses enfants, situation qui se produit encore dans certains pays.

En Occident, on faisait aussi appel à l'occasion à la maîtresse (ou à l'une des maîtresses) de l'époux.

Benito Pérez Galdos, romancier espagnol du XIXe siècle, raconte dans *Fortunata y Jacinta* comment une jeune femme qui ne peut pas avoir d'enfant décide d'en avoir un quand même, de son mari volage, par maîtresse interposée – mère porteuse avant la lettre. Voilà qu'on lui présente un enfant ; or il s'avère qu'il n'est pas de son mari. Jacinta veut le garder, mais son entourage s'y oppose et le lui reprend pour lui remettre, plus tard, un enfant dont on l'assure cette fois qu'il est bien de son mari : Jacinta était prête pour accueillir l'enfant réel, son entourage ne l'était pas.

De façon plus prosaïque, la stérilité cachée, masculine ou féminine, débouche à l'occasion sur de fausses reconnaissances en paternité, les suppositions d'enfant et des arrangements délictueux : l'homme reconnaissant l'enfant d'une femme ne souhaitant pas garder son enfant, pour ensuite l'élever avec son épouse ; ou l'enfant déclaré sous le nom d'une femme autre que celle qui a accouché.

Les tests ADN, certes, rendent hasardeux un tel accommodement avec la vérité.

Fort heureusement, un couple qui n'a pas d'enfant n'est plus stigmatisé, dans la plupart des pays, comme il pouvait l'être jadis.

Cependant, autour du couple sans enfant se crée une certaine expectative, une attente faite, dans les cas les plus courtois, de non-dits.

Mais trop souvent cette attente se traduit par des insinuations, des reproches plus ou moins conscients, de la part de l'entourage familial, des plaisanteries lourdes et des silences gênés de la part des amis, et ce d'autant plus quand ces derniers commencent à avoir un, deux, voire plusieurs enfants et que les années passent…

> *« Oh, regarde, Henri, ce tas d'enfants ! Sont-ils jolis, comme ça, à grouiller dans la poussière. […] Il faut que je les embrasse ! Oh ! comme je voudrais en avoir un, celui-là, le tout petit. »*
>
> Guy de Maupassant, « Aux champs », *Contes de la bécasse*, 1883

La pression sociale

À la douleur intime du couple vient donc s'ajouter la pression sociale qui pousse à faire quelque chose.

Cette pression menace trop souvent de rendre difficile le dialogue du couple, ajoutant au désarroi personnel, aux aspirations intimes, un sentiment de devoir, de nécessité de se conformer à ce qui est présenté comme une norme, une exigence sociale : celle de fonder une famille.

Là où, nous l'avons vu, les pressions de l'environnement familial refusaient l'enfant à la femme dont la grossesse se situait hors convention, ici elles exigent implicitement un enfant du couple qui jouit d'une reconnaissance sociale.

Voir autour de soi les amies devenir enceintes presque par magie, juste au moment où elles le souhaitent, voir les couples que l'on fréquente devenir des parents-gâteau, accaparés par leurs enfants qui naissent les uns après les autres comme autant de petits champignons dans un terreau fertile : l'expérience est douloureuse, physiquement, affectivement et socialement.

Les efforts pour concevoir, avant même de demander une aide médicale à la procréation (AMP), peuvent mettre à mal l'intimité sexuelle d'un couple ; les traitements entrepris dans le cadre d'une AMP sont souvent épuisants – on en vient presque à oublier pourquoi on se soumet à tout cela si ce n'est, comme le dit crûment un mari, « parce qu'une vie sans enfants, c'est une vie de cons, et qu'on en a marre de voir tous les copains avec leurs gosses et d'entendre "Et vous, c'est pour quand ? Qu'est-ce que vous attendez ?" ».

Quand l'AMP ne réussit pas, certains se replient sur leur souffrance. D'autres divorcent. D'autres encore reportent leur désir frustré sur un animal de compagnie. D'autres, enfin, entament une procédure d'adoption, un cheminement vers l'enfant désiré aux traits encore flous, qui ne seront pas les leurs.

Je vis ce début de procédure d'agrément très sereinement (et il n'y a pas de raison que cela change…), beaucoup plus que mes quatre mois d'AMP que j'ai vraiment vécus comme un enfer. L'attente est mieux vécue car je sais qu'elle aboutira, de plus elle me permet de réfléchir à mon projet. Je me sens « future » maman, avec une grossesse plus longue que la normale, mais avec tout autant d'émotion. Je vais d'ailleurs bientôt demander des fraises à mon mari !

Une postulante à l'adoption

Les parents porteurs d'une maladie transmissible

Tous les couples sans enfants qui se tournent vers l'adoption ne connaissent pas forcément un problème de stérilité. Certains souffrent d'une maladie génétiquement transmissible : en se tournant vers l'adoption, ils choisissent d'épargner à leur enfant les risques associés à la maladie dont ils sont porteurs.

Cela ne veut pas dire, loin de là, que l'enfant adopté sera nécessairement à l'abri de tout problème de santé : comme tout enfant, il peut un jour ou l'autre avoir des soucis médicaux ; il peut aussi arriver avec ses propres pathologies, qui ne sont pas toujours détectées au début (voir le chapitre Santé). Pour autant, les parents n'en seront pas responsables.

Les couples qui ont déjà des enfants

On trouve aussi parmi les parents adoptifs des couples qui ont déjà un, voire plusieurs enfants, et qui décident d'adopter pour élargir leur famille.

C'est nouveau : avant 1966, il était impossible d'adopter un enfant s'il y avait déjà des enfants légitimes : l'adoption était réservée aux couples qui n'en avaient pas. Après 1966, les restrictions commencent timidement à tomber, jusqu'à ce que la loi du 22 décembre 1976 les balaie totalement ; la priorité désormais, comme le souligne depuis sa création Enfance et Familles d'Adoption, sera de donner une famille à un enfant qui en est dépourvu.

La présence d'enfants biologiques ou adoptés dans la famille est donc autorisée dans le cas des couples mariés et des célibataires.

Comme les couples souffrant de stérilité, ceux qui sont déjà parents doivent entreprendre un cheminement vers un enfant extérieur à eux-mêmes, un enfant qu'ils n'auront pas conçu. Mais le point de départ sera différent : dans leur cas, il leur faudra renoncer à leur fécondité, élargir leur regard et leur capacité de parents à un enfant que d'autres auront conçu à leur place.

Il leur faudra s'assurer qu'à travers cette façon différente de devenir parents, le désir d'enfant reste intact. L'enfant adopté est-il désiré tout autant que le furent les enfants conçus ? Sera-t-il accepté tel qu'il est, avec les différences ethniques, physiques, psychologiques, intellectuelles, qu'il pourra présenter avec l'enfant ou les enfants, qui sont déjà là et qui, eux, ressembleront sans doute physiquement aux parents ?

Parfois, le choix de l'adoption rejoint

un constat médical, quand une première grossesse difficile met fin à tout espoir de donner naissance à d'autres enfants.

Les célibataires

Les célibataires peuvent aussi choisir de renoncer, du moins momentanément, à une fécondité possible. Dans leur cas, ce renoncement est lié à l'absence d'un compagnon stable qu'il ou elle puisse imaginer parent de son enfant.

Là encore, une réflexion s'impose : l'enfant adopté ne saurait prendre la place et du compagnon « pour la vie » que l'on n'a pas, et de l'enfant biologique que l'on aurait pu avoir avec lui/elle.

En France, les célibataires sont autorisés à adopter depuis longtemps. En 1804, le Code Napoléon permettait l'adoption de majeurs par des hommes célibataires âgés de plus de 50 ans.

En 1923, confronté à la nécessité de trouver des foyers pour les orphelins de guerre, l'État français étend l'adoption aux mineurs ; beaucoup de ces orphelins furent adoptés par des femmes seules. Il en fut de même pour des enfants trouvés sous les décombres pendant la Seconde Guerre mondiale.

Les investigations sociales et psychologiques prennent souvent, en ce qui concerne les célibataires, une tournure spécifique. Au cours des entretiens, le travailleur social (assistante sociale ou éducateur) cherchera à s'assurer que cette personne vivant seule pourra assumer financièrement, matériellement, ainsi qu'au niveau de la gestion du temps, qu'elle a « la tête sur les épaules », pour reprendre l'expression d'une mère adoptive.

Il voudra aussi savoir si le parent potentiel a songé à qui prendrait le relais s'il venait à décéder. Les motivations du candidat, son insertion dans son milieu familial et social, seront examinées avec attention : y a-t-il, dans la vie de cette personne célibataire, des proches de l'autre sexe qui sauront s'impliquer dans le projet ?

La relation entre un seul parent et un enfant (adopté ou pas) ne doit pas se refermer sur elle-même. Le risque d'une relation trop fusionnelle entre l'enfant et le parent existe et cette relation, à l'adolescence, surtout si le parent et l'enfant sont du même sexe, peut se retourner en une confrontation cruelle et parfois destructrice, allant bien au-delà de l'opposition qui marque souvent le passage de l'enfance à l'âge adulte. Si l'enfant est du sexe opposé, le parent veillera à s'assurer qu'il aura des personnes proches, du même sexe, auprès desquelles l'enfant pourra établir une relation de complicité et trouver un modèle à partir duquel se construire.

La plupart des célibataires qui choisissent l'adoption sont des femmes qui ont vécu une relation qui se n'est pas concrétisée, qui ne veulent plus attendre « le prince charmant », comme disent certaines, même si elles n'excluent pas de rencontrer un jour quelqu'un qui partagera leur vie, et celle de leur enfant. Parvenues à une certaine stabilité, elles se sentent prêtes à assumer un rôle de parent et entreprennent avec dynamisme un projet d'adoption.

De plus en plus nombreuses ces dernières années, elles ont joué un rôle d'avant-garde, accueillant des enfants relativement grands ou en fratries alors que la tendance générale était à l'adoption d'enfants jeunes et isolés. Certaines se sont trouvées confrontées à des difficultés, qui ont fait dire ici ou là qu'il faudrait peut-être repenser ce droit ancien des célibataires à adopter.

Il est hasardeux de décréter que tous les problèmes rencontrés sont attribuables à l'adoption ou au modèle familial monoparental : certes, il est plus facile d'être deux pour endosser les problèmes, surtout ceux qui sont inattendus et qui ont un effet durable (tel qu'un retard de développement non diagnostiqué au départ). Dans le cas de célibataires ayant rencontré des difficultés, certaines reconnaissent avoir été encouragées à accepter une adoption qui ne correspondait pas à leur désir initial, avoir accepté trop hâtivement tel ou tel enfant.

Une fois de plus, il est important de prendre le temps de mûrir son projet, de se donner des limites, de ne pas cheminer en vase clos mais de rencontrer d'autres personnes qui ont une expérience de l'adoption monoparentale pour prendre conscience des éventuelles difficultés rencontrées.

L'homme avec qui j'espérais avoir des enfants s'est avéré ne pas être l'homme de ma vie… Le temps a passé, je me sentais toujours une mère potentielle. Mais j'ai compris que je devais aider mon enfant à combler le vide du père absent…
Nous sommes une famille très unie. D'emblée, mon frère et mon beau-frère ont bien accueilli mon projet et se sont sentis investis d'une mission. Ils prennent régulièrement ma petite avec eux, la conduisent parfois chez une copine ou à l'école… Grâce à eux, à cette complicité qui s'est installée, elle a relativement bien vécu mon hospitalisation il y a quelque temps, même si elle a été perturbée, comme tout enfant dans ce cas : ils l'ont prise chez eux, elle venait me voir tous les jours, et c'est chez eux, avec elle, que j'ai pu me reposer pendant ma convalescence. C'est essentiel d'assurer ses arrières, sur le plan affectif, pour l'enfant, et pour soi.

Une mère adoptive célibataire

Qui peut adopter ?

Que dit la loi ?

Les différents modèles parentaux esquissés sont ceux que reconnaît aujourd'hui le droit français. En effet, peuvent juridiquement adopter, à condition qu'ils obtiennent l'agrément, deux époux mariés depuis plus de deux ans ou âgés l'un et l'autre de plus de 28 ans, et toute personne âgée de plus de 28 ans.

Dans le cas des couples mariés, la demande d'adoption est généralement conjointe. Si elle émane d'un des deux époux, il est indispensable d'avoir le consentement de l'autre époux et d'être âgé de plus de 28 ans : les liens de filiation seront établis avec les deux parents.

L'âge minimum requis ne s'applique pas toutefois à l'adoption de l'enfant du conjoint.

Les étrangers vivant en France et les Français vivant à l'étranger

Tout étranger résidant sur le sol français et souhaitant adopter devra au préalable obtenir l'agrément ; un enfant adopté à l'étranger sans agrément ne sera pas autorisé à entrer sur le sol français.

La convention de La Haye prévoit que l'évaluation de la capacité des parents potentiels à adopter soit faite par le pays d'accueil de l'enfant, c'est-à-dire par le pays où il va résider. Néanmoins, avant de demander un agrément, il est essentiel de

Âge et loi

Article 343 (modifié, loi n° 96.604, 5 juill.1996, art. 1er). L'adoption peut être demandée par des époux non séparés de corps, mariés depuis plus de deux ans ou âgés l'un et l'autre de plus de vingt-huit ans.

Article 343-1 (modifié, loi n° 96-604, 5 juill. 1996, art. 2). L'adoption peut être aussi demandée par toute personne âgée de plus de vingt-huit ans.
Si l'adoptant est marié et non séparé de corps, le consentement de son conjoint est nécessaire à moins que ce conjoint ne soit dans l'impossibilité de manifester sa volonté.

Article 343-2 (loi n° 76-1179, 22 déc. 1976, art. 3). La différence d'âge prévue à l'article précédent n'est pas exigée en cas d'adoption de l'enfant du conjoint.

Article 344 – Les adoptants doivent avoir quinze ans de plus que les enfants qu'ils se proposent d'adopter. Si ces derniers sont les enfants de leur conjoint, la différence d'âge exigée n'est que de dix ans.

(loi n° 76-1179, 22 déc. 1976, art. 4)Toutefois, le tribunal peut, s'il y a de justes motifs, prononcer l'adoption lorsque la différence d'âge est inférieure à celles que prévoit l'alinéa précédent.

vérifier qu'il n'y a pas d'incompatibilité entre la loi française et la loi personnelle de l'adoptant. Certains pays interdisent l'adoption ou ne l'autorisent que pour les couples mariés. Or la filiation dépend de la loi nationale des adoptants.

Les mêmes règles valent, en sens inverse, pour les Français vivant à l'étranger. Il leur faut respecter la législation du pays de résidence en ce qui concerne les conditions régissant l'accueil d'un enfant, et celle de la législation française afin que l'enfant puisse être transcrit sur l'état civil français.

En mars 1998, le Conseil supérieur de l'adoption proposait les recommandations suivantes pour les Français vivant à l'étranger : soit ils y résident temporairement, et ils déposent une demande d'agrément dans le dernier département où ils résidaient avant de quitter la France ; soit ils se sont établis dans un pays, et c'est là qu'ils doivent demander l'agrément.

Y a-t-il une limite d'âge pour adopter ?

Certains pays fixent une différence d'âge maximale entre le parent adoptif et l'enfant adopté : 40 ans en Italie et en Inde. Certains pays fixent une limite d'âge pour les adoptants : 45 ans en Corée du Sud, 55 ans au Pérou, 60 ans au Chili.

La loi française n'en fixe pas. Dans la pratique, toutefois, la commission d'agrément ne recommandera pas que des postulants en âge d'être grands-parents (la soixantaine ou plus) soient autorisés à adopter : l'idée étant que l'on cherche des parents, et non des grands-parents, pour un enfant. C'est la raison pour laquelle des parents plus « âgés » se verront proposer un enfant plus « grand » : avoir la cinquantaine passée et demander à adopter un nourrisson peut s'avérer un projet difficilement réalisable.

Qui ne peut pas adopter ?

Le cas du PACS

Les concubins et les personnes ayant signé un PACS (Pacte civil de solidarité), qu'elles soient hétérosexuelles ou homosexuelles, ne peuvent pas adopter conjointement, dans la mesure où le seul couple reconnu sur le plan juridique en France est celui qu'unissent les liens du mariage. Le PACS est un contrat entre deux adultes, il n'institue pas un modèle familial.

Impossible en France, une adoption conjointe par deux personnes non mariées est irréalisable à l'étranger, puisqu'un jugement d'adoption prononcé pour deux personnes non mariées ne serait pas reconnu en France. Par ailleurs, les pays d'origine qui acceptent de confier des enfants à des concubins sont très peu nombreux.

Les concubins hétérosexuels

La seule possibilité pour les concubins, en dehors du mariage, est donc pour l'un des deux membres du couple d'adopter en célibataire – sachant que si certains départements ferment les yeux, d'autres refusent illégalement l'agrément à un ou une postulant(e) qui se présente en célibataire tout en disant vivre en couple.

Par ailleurs, il est des départements où les investigations se feront avec les deux concubins dont les noms apparaissent dans les rapports, mais l'agrément sera délivré à un seul des deux. Cela aura pour conséquence de fermer la porte de certains pays d'origine, dans la mesure où il y aura une incompatibilité entre un agrément délivré pour une personne seule et des enquêtes faisant apparaître une vie en couple.

Au-delà de la position que l'on est amené à prendre vis-à-vis de la démarche administrative se pose l'intérêt d'un tel projet pour l'enfant. En effet, aucun lien de filiation ne lie l'enfant et le membre du couple qui n'a pas adopté. Un mariage ultérieur ne suffit pas à créer automatiquement ce lien, puisqu'il faudra ensuite demander à adopter l'enfant du conjoint.

Or, pour le bien de l'enfant, il faut pouvoir envisager le pire. Si le parent qui a adopté vient à décéder, l'autre parent n'aura aucun lien de filiation avec l'enfant.

Si les deux viennent à décéder, les parents de celui qui n'avait pas adopté n'auront plus le droit de se voir attribuer la garde qu'il avait de fait : l'enfant perd ainsi non seulement ses parents mais le droit d'être accueilli ou recueilli par ses grands-parents paternels ou maternels, selon le cas.

Célibataires ou en couples, les homosexuels peuvent-ils adopter ?

La loi française ne précise pas l'orientation sexuelle ! Les célibataires en tant que tels, homosexuels ou hétérosexuels, ont donc le droit d'entreprendre une démarche en vue de l'obtention d'un agrément. Quant aux homosexuels vivant en couple et souhaitant adopter conjointement, ils se heurteront à la même impossibilité juridique que les couples hétérosexuels non mariés.

L'aspiration à être parent transcende les différences d'orientation sexuelle. Ces dernières années, en Amérique mais aussi en Europe, on assiste à une augmentation des couples homosexuels élevant leurs enfants – avec de grandes disparités régionales et culturelles : il est plus facile, pour soi et pour l'enfant, de vivre ouvertement sa condition de parent homosexuel à San Francisco, ou dans des quartiers « branchés » de Paris, que dans un quartier de forte immigration, où l'homosexualité est parfois mal perçue, ou dans une province dont la culture locale est fortement empreinte de références traditionnelles.

Souvent, les enfants de couples homosexuels ont été conçus par l'un des deux partenaires lors d'une précédente union hétérosexuelle : ces situations s'apparentent à celles des familles dites recomposées, avec circulation des enfants entre leurs deux parents de naissance et les partenaires de ces derniers. Chez d'autres couples, les enfants ont été conçus avec un partenaire de sexe opposé, vivant parfois aussi une relation homosexuelle, ou à la suite d'une fécondation *in vitro* réalisée à l'étranger, l'aide médicale à la procréation étant réservée en France aux seuls couples hétérosexuels, mariés ou pas.

Certains hommes ont fait appel à des mères porteuses. D'autres, hommes ou femmes, ont adopté. Leurs parcours, leurs expériences d'homosexuels et de parents, les difficultés rencontrées par les enfants pour intégrer cette « différence » vis-à-vis de leurs camarades, ont fait l'objet de nombreux témoignages ; parmi ces derniers, il convient de citer *Des Parents de même sexe*, d'Éric Dubreuil, où des parents et des enfants se racontent sans détours. Il en ressort un très fort désir de reconnaissance sociale, assorti d'un constat de blocages et de discriminations encore fortement ancrés.

> Des enfants qui ont à gérer des différences, il y en a une foultitude. Cela peut être douloureux [...], mais [...] c'est aussi un mode de construction de sa personnalité sacrément intéressant.
>
> Éric Dubreuil, Parents de même sexe, Paris, Odile Jacob, 1998.

Faut-il étendre aux homosexuels le droit à l'adoption ?

Après avoir obtenu, par le biais du PACS, une certaine reconnaissance du couple homosexuel, la revendication porte actuellement sur le droit à l'adoption, voie vers la reconnaissance de la famille homosexuelle.

La revendication aurait pu porter sur un droit à l'AMP élargie aux célibataires et aux couples homosexuels (mais voilà qui n'aurait pas aidé les couples d'hommes à devenir parents), ou sur la reconnaissance en France du statut de mère porteuse. Revendiquer le droit à l'adoption a semblé plus emblématique.

Ouvertement débattue dans les médias depuis la fin des années 1990, et notamment depuis la promulgation de la loi sur le Pacte civil de solidarité, la question de savoir s'il faut étendre aux homosexuels le droit à l'adoption a fait couler beaucoup d'encre. À la lecture de diverses études, ainsi que de témoignages personnels, il apparaîtrait que les enfants élevés par les homosexuels ne reproduisent pas le schéma sexuel de leurs parents et que leur évolution psychosociale ne diffère pas sensiblement de celle des autres enfants.

En février 2002, l'Académie américaine de pédiatrie, qui regroupe 55 000 médecins, se déclarait favorable à l'adoption par les homosexuels : aux États-Unis, à l'heure où nous écrivons, huit États autorisent un compagnon de même sexe à devenir juridiquement le deuxième parent. En Europe, les Pays-Bas autorisent l'adoption par un couple d'homosexuels ; en Allemagne, en Angleterre et au Pays de Galles, un dispositif juridique permet le partage de l'autorité parentale.

Au vu des enquêtes menées aux États-Unis, au Canada, dans les pays scandinaves et en France, et qui ne portent pas uniquement, loin s'en faut, sur les enfants adoptés, certains spécialistes iraient jusqu'à laisser entendre que les parents homosexuels réussissent mieux avec leurs enfants que les parents hétérosexuels ; on peut voir là, comme chez certains parents adoptifs, des résultats qui seraient à rattacher à un investissement actif, quasi « militant », dans un souci de « prouver » aux autres qu'on est tout à fait capable de « réussir » sa famille, même quand elle est atypique.

Pour ce qui est des enfants adoptés, un des « avantages » à être élevé par des homosexuels serait, toujours selon certains chercheurs, que ces parents-là ne pourront pas faire semblant d'être les parents d'origine, qu'ils ne pourront pas « tricher » avec la vérité. C'est là oublier que la grande majorité des parents adoptifs hétérosexuels ne cherchent nullement à masquer les origines de leur enfant, exercice d'autant plus difficile quand les enfants, comme c'est de plus en plus le cas, sont d'une ethnie autre que celle de leurs parents.

Tous les spécialistes, pourtant, ne sont pas unanimes. Certains, comme le psychanalyste Jean-Pierre Winter, estiment qu'« il faudrait trois ou quatre générations pour savoir ce que devient un enfant élevé par un couple d'homo parents ». Bruno Décoret, chercheur en sciences de l'éducation, va dans le même sens, tandis que le professeur Jean-François Mattéi maintient qu'il faut à l'enfant « deux référents, l'un paternel, l'autre maternel ».

La psychologue Claude Halmos s'est penchée sur les enfants adoptés : « L'adoption est, pour un enfant que ses géniteurs n'ont pas pu élever, la possibilité d'avoir des parents équivalents à ses parents biologiques. Permettre son adoption par un couple homosexuel reviendrait donc à lui dire que ses parents adoptifs (homosexuels) peuvent être l'équivalent de ses parents de naissance (forcément hétérosexuels) ; donc que la différence des sexes n'existe pas. » (*Psychologies*, mai 1999).

Ces réticences se sont récemment exprimées sur le plan juridique : en février 2002, la Cour européenne des droits de l'homme donnait raison à l'administration française, qui avait refusé l'agrément à un enseignant homosexuel – tout en indiquant dans les exposés joints à l'arrêt les divergences d'interprétation ayant opposé les magistrats. Les uns, majoritaires, se sont « en quelque sorte fondé[s] sur le principe de précaution [et] les intérêts supérieurs de l'enfant à adopter (la primauté des droits de l'enfant sur le droit à l'enfant), en l'absence de consensus de la communauté scientifique sur l'impact d'une adoption par un célibataire ou un couple homosexuel ». Les autres ont rappelé que « le motif du refus de l'agrément opposé au requérant par les autorités judiciaires repose uniquement sur l'homosexualité du requérant et donc sur l'opinion qu'être élevé par des parents homosexuels serait, en tout état de cause et dans toutes les situations, dommageable pour l'enfant ».

Une construction occidentale ?

À travers le monde, un père et une mère, une mère seule, quelles que soient les cultures, à quelques différences près, sont des modèles universels. L'idée d'instituer un modèle familial homosexuel est une construction occidentale, un exemple de ces « bricolages de la parentalité », pour reprendre l'expression de la sociologue Anne Cadoret, auxquels s'essayent les pays riches, avec des effets encore indéterminés sur les enfants qui les subissent.

À supposer que l'adoption soit étendue aux couples homosexuels, ces derniers ne peuvent espérer se voir proposer des enfants du jour au lendemain. La Convention de La Haye, qu'ont signée ou ratifiée plus d'une cinquantaine de pays, limite l'adoption aux couples mariés et aux célibataires.

Certains pays d'origine, dont le Pérou, ont d'ores et déjà interdit l'adoption par des couples de même sexe. En France, où il y a actuellement quelque 20 000 candidats à l'adoption titulaires d'un agrément pour environ 3 000 pupilles de l'État, les difficultés risquent d'être analogues…

Et l'enfant dans tout ça ?

L'enfant adopté, déjà fragilisé par son histoire, n'a-t-il pas besoin de parents sécurisants ? Devra-t-il de surcroît défendre ses parents et leur faire acquérir une reconnaissance sociale ?

Les célibataires disent combien leurs enfants sont parfois déstabilisés par les remarques dont ils font l'objet (« T'as pas de père/ de mère ? Comment ça se fait ? »). Les discriminations, dans beaucoup d'endroits et surtout dans les cours de récréation, sont encore réelles et violentes, les propos échangés entre enfants véhiculent une agressivité parfois inquiétante : tout cela doit être combattu avec énergie par les adultes. Il n'est pas sûr que l'adoption soit le meilleur angle d'attaque. Beaucoup d'enfants élevés par des couples homosexuels racontent avoir dû cacher cette situation à leurs camarades d'école.

Dans la société actuelle, dans trop d'endroits encore, demander à l'enfant adopté d'affronter un double regard, celui sur sa propre condition d'enfant adopté et celui sur sa condition familiale d'enfant d'homosexuels, revient à lui imposer un lourd fardeau : devoir protéger ses parents d'attaques injurieuses.

Or, comme l'a rappelé le philosophe Gunter Gorhan lors d'un colloque sur l'adoption en 2000, « le parent adulte est responsable pour son enfant, mais l'inverse n'est pas le cas : l'enfant n'est pas responsable pour son parent (adulte) ».

Lors du colloque « Parentés et différences de sexes », organisé par l'Association des Parents gays et lesbiens en octobre 1999, les représentants d'Enfance et Familles d'Adoption considéraient que l'on « ne peut pas exposer davantage les enfants adoptés ».

C'est dans ce contexte, et avant tout dans l'intérêt de l'enfant, que doit être pensée une éventuelle démarche d'adoption par un homosexuel, vivant seul ou en couple.

Deuxième partie

L'adoption

Chapitre 1

La démarche de l'adoption

Aller de l'enfant que l'on aurait voulu avoir « comme tout le monde », sans se poser tant de questions, vers celui que l'on décide d'avoir, soit par aide médicale à la Procréation, soit par adoption, suppose une démarche, une procédure, une obligation de mettre en paroles ce que d'autres se contentent de « faire » dans l'intimité.

Adopter un enfant, un engagement à vie

De l'enfant rêvé à l'enfant réel

Tout cela prend du temps et suppose d'accepter des contraintes médicales dans un cas, une démarche administrative dans l'autre, qui entraîne de surcroît le renoncement à une grossesse, à un enfant « né de soi ».

Dans le premier cas, même avec l'aide d'un tiers anonyme, on vit une grossesse, on donne naissance physiquement à un enfant ; dans le second cas, l'enfant existe déjà quelque part, né de quelqu'un d'autre. Il ne vient pas de l'intérieur, des tripes, il vient de l'extérieur, on ne sait pas très bien d'où ni de qui.

Intégrer cette idée, et tout ce qu'elle implique, ne se fait pas du jour au lendemain. Il faut se donner le temps de pouvoir cheminer de l'enfant désiré vers l'enfant réel, avec, entre les deux, l'enfant qu'il aura fallu imaginer autrement, puisqu'il n'aura pas forcément les traits du grand-père ou de la mère.

Ce cheminement n'est pas facile. Pour certains, il se fait assez rapidement, sans passer par le détour d'une AMP ; pour d'autres, il s'avère douloureux, voire impossible, d'autant plus qu'il implique d'admettre sa propre stérilité, restée tue au cœur de la vie du couple, comme un secret dont, par atavisme, on aurait presque honte. C'est seulement lors de rencontres avec d'autres parents ayant vécu le même parcours qu'on parvient à s'exprimer sur ces questions.

Aide médicale à la procréation (AMP) et démarche d'adoption : une certaine écoute

Le couple sans enfant se trouve en position vulnérable. Il peut trouver un appui et une aide à la réflexion auprès des équipes psycho-médicales, dans l'hypothèse où il demande une aide médicale à la procréation (AMP), avec ou sans don de gamètes (sperme ou ovules), ou auprès des psychologues et assistantes sociales de l'Aide sociale à l'Enfance, dans l'éventualité où il envisage une adoption.

Dans un cas comme dans l'autre, l'échange avec des personnes tierces, extérieures au débat, du moins dans sa dimension affective, permet de renouer avec une certaine sérénité, de se libérer et de s'exprimer.

Avec, toutefois, une différence notable entre les deux équipes, et les deux approches : dans le cas d'une AMP, l'équipe est l'ingénieur, le maître d'œuvre du projet, c'est par elle qu'arrivera la naissance souhaitée, si elle se produit ; dans le second cas, l'équipe sonde un désir d'enfant, évalue la capacité d'accueil d'un couple, mais ne sera en aucun cas le passeur direct.

Ce cheminement conduit de celui que les psychologues appellent l'enfant rêvé à l'enfant réel. Il implique une prise de conscience que tout enfant biologique ou adopté est un individu à part entière, un être extérieur à soi.

Un enfant dont il faut admettre que, même s'il vient à ressembler à ses parents, il est aussi, naturellement, différent et unique.

Telle jeune maman se plaindra volontiers de ce que sa fille ne lui ressemble pas assez, qu'elle est brune là où elle la voyait blonde. Les différences ne doivent pas pour autant relever du pittoresque, ni de l'esthétique.

Telle postulante à l'adoption dit rêver d'une jolie petite fille noire pour lui faire toutes ces magnifiques tresses…

Accepter l'enfant, tel qu'il est

L'enfant n'est pas une poupée Barbie ! L'enfant, c'est pour la vie, avec ou sans les tresses, pour le meilleur et pour le pire. Accepter l'enfant tel qu'il est, et non tel qu'on l'imagine, cela signifie grandir, sortir de soi pour aller vers l'autre.

Se donner le temps de laisser mûrir son désir d'enfant, pour faire sienne cette notion d'individualité, qui permettra à l'enfant d'occuper la place réelle qui lui revient et de grandir dans l'assurance de l'amour indéfectible de ses parents : cela est important pour tous les enfants, pour toutes les familles.

Dans le cas d'une adoption, c'est essentiel. Prendre conscience de cette individualité sera précisément une des conditions pour que la création des liens puisse s'opérer, pour que la greffe puisse prendre.

L'enfant existe déjà quelque part

À la différence de celui qui nous vient d'une conception naturelle ou d'une procréation artificielle, l'enfant que nous adoptons existe déjà quelque part, alors même que nous commençons à creuser notre désir d'enfant, sûrement avant qu'il ne nous soit confié, même s'il s'agit d'un nouveau-né. Il est là, quelque part : chez ses parents biologiques, dans une pouponnière, un orphelinat, une famille d'accueil, dans une ruelle de bidonville…

Physiologiquement, il nous vient d'ailleurs, de l'extérieur, même si, affectivement, il est déjà là, lové dans notre sein et notre cœur, et que son arrivée dans notre vie peut provoquer des sensations extrêmes analogues à celles que l'on ressent au moment de l'accouchement. Une mère qui n'a jamais accouché suscitera un sourire dubitatif lorsqu'elle raconte en ces termes l'arrivée de son enfant adopté ; mais des mères adoptives qui ont aussi connu une grossesse et un accouchement bien physiques sont là pour en témoigner.

Les parents d'enfants biologiques seraient-ils de meilleurs parents adoptifs ?

Certains psychologues se sont demandés si les meilleurs parents adoptifs ne seraient pas en fin de compte ceux qui ont déjà donné naissance à des enfants. Le danger d'une confusion entre enfant biologique et adopté, entre enfant désiré, imaginé et réel ne viendrait pas ainsi se télescoper avec autant d'intensité sur cet enfant né ailleurs et devenu sien.

L'expérience montre que les parents d'enfants biologiques qui ont adopté des enfants ne font « aucune différence » entre eux, comme ils disent – si ce n'est les degrés de connivence ou d'empathie variables que l'on peut avoir avec ses enfants, fussent-ils tous biologiques, tous adoptés, ou un mélange des deux !

Le risque, pourtant, serait de trop vouloir gommer les différences : l'enfant adopté arrivera avec son tempérament, son état de santé, son vécu. Il devra être accueilli et respecté dans sa différence,

> Quand Sarah est descendue de l'avion avec son père – je n'avais pas pu l'accompagner, j'étais restée avec nos deux enfants « faits maison » –, quand je l'ai vue, j'ai été saisie de douleurs violentes, et d'un mélange très fort d'émotions, comme au moment de l'accouchement des deux premiers. Sarah était là, elle approchait, elle avait neuf ans ; ce jour-là, dans l'aéroport, j'ai accouché d'elle, mon troisième enfant.
>
> Une mère adoptive

il aura besoin de temps pour s'adapter à un mode de vie qui pour les autres va de soi, pour acquérir selon les cas une langue, des conventions et des notions que les autres auront assimilées sans difficulté.

On aura beau accorder un amour égal, si on ne sait pas reconnaître ces différences propres à l'enfant, l'adoption pourra être un échec.

La place de l'enfant adopté

Que les futurs adoptants soient un couple stérile, un couple qui a déjà des enfants ou un(e) célibataire, ils devront tenter d'évaluer la place qu'occupera l'enfant adopté, de cerner les motivations qui font qu'ils souhaitent fonder ou élargir leur famille par le biais de l'adoption : cet enfant qu'ils se proposent d'accueillir, vont-ils vraiment le considérer comme le leur, au même niveau que les enfants biologiques qu'ils ont eu ou qu'ils auraient voulu avoir ?

Vont-ils le porter dans leur cœur et le sentir dans leurs tripes, quand il est malade ou malheureux ? Comment vont-ils réagir quand, adolescent, il dit les rejeter ou rejeter ce qu'ils représentent ? À travers ces interrogations, le dialogue avec d'autres, la découverte d'expériences multiples, l'enfant, peu à peu, devient réel…

La tentation humanitaire

Face à la détresse des enfants à travers le monde, la priorité pourrait sembler d'explorer toutes les pistes afin de trouver un foyer pour le plus grand nombre d'entre eux, le plus rapidement possible. La Convention internationale des droits de l'enfant (CIDE) rappelle que tout doit être fait dans un premier temps pour maintenir ce dernier dans son pays et sa culture d'origine – à condition que cela n'entrave pas son épanouissement, autre droit inscrit dans la CIDE. Dans certains pays, cela équivaut à une cruelle quadrature du cercle. L'adoption apparaîtrait donc comme l'une des réponses au problème.

Dans les années 1960 à 1980, face à la misère du Tiers Monde rendue plus visible par la télévision, des œuvres américaines et européennes travaillant sur le terrain ont encouragé l'adoption d'enfants qu'elles recueillaient. En France, à la même époque, il y avait des pupilles de l'État « oubliés » dans leurs familles d'accueil ou dans des institutions. Si certains parents se tournaient vers l'étranger plutôt que vers la France, c'était en partie parce que les services sociaux ne recherchaient pas toujours activement une famille pour les enfants dont ils avaient la charge. C'était aussi parce que les reportages dans les médias sensibilisaient le public davantage aux carences des enfants d'ailleurs qu'à celles – moins flagrantes et pourtant tout aussi réelles sur le plan affectif – des enfants d'ici.

De surcroît, la démarche pouvait apparaître comme plus simple, ayant plus de chances d'aboutir. L'autorisation d'adopter, ce que nous appelons aujourd'hui l'agrément, était obligatoire pour l'adoption nationale et internationale. Elle comportait dans les deux cas le même nombre de rencontres avec une assistante sociale et un psychiatre. Néanmoins, il y avait une différence notable. Afin que l'autorisation soit valable pour une adoption en France, son obtention était conditionnée au fait que le Conseil de famille des pupilles de l'État, qui, avec le préfet, assure leur tutelle, jugeât les candidats aptes à accueillir un enfant. Pour l'adoption internationale, l'obtention de cette autorisation était simplement conditionnée au fait que les candidats aient déjà trouvé un enfant, ou qu'un enfant leur ait été trouvé.

C'est ainsi que, s'étant vus proposer un enfant par une œuvre humanitaire, certains couples demandaient et obtenaient une autorisation. Ces enfants, assurément, ont été aimés et chéris, et sont aujourd'hui de jeunes adultes épanouis et bien insérés dans la société française.

Quelques-uns, toutefois, adoptés trop hâtivement dans un élan de générosité qui n'a pas survécu aux assauts du quotidien, ont été confiés aux services sociaux et ont grandi douloureusement dans des institutions ou dans des familles d'accueil françaises, sans savoir ce qui leur avait valu d'être là.

En même temps, dans la discrétion, de nombreux couples, qui refusaient une vision humanitaire de la famille, entreprenaient, souvent seuls, avec ténacité, un cheminement personnel vers un enfant dont ils aspiraient tout simplement à devenir les parents – rien de plus ni de moins. Sans le savoir, ils ouvraient les portes de l'adoption internationale à des milliers de couples, ce qui allait permettre d'offrir à des enfants du monde entier une famille et une place à part entière dans la société française.

C'est là toute la différence entre action humanitaire et adoption. L'engagement humanitaire se définit selon les besoins d'une collectivité, même quand il soulage les difficultés des individus qui la composent ; il répond à des carences matérielles, sanitaires, culturelles, qu'il cherche à pallier à la fois dans l'urgence et sur le long terme.

L'adoption, en revanche, est une action au cas par cas, une réponse unique apportée aux besoins précis d'un enfant précis. Au sein d'une même institution, le cas de chaque enfant adoptable devra être traité de façon individualisée, ses besoins appréciés aussi bien que faire se peut : les parents qui pourront convenir à tel bambin ne conviendront peut-être pas du tout à tel autre.

Âge, ethnie, fratrie… s'imposer des limites

Un enfant adopté n'est pas forcément un nourrisson

Tous les enfants juridiquement adoptables ne sont pas des nouveau-nés, loin de là : les enfants âgés de plus de 3 ans représentent une proportion croissante des adoptions nationales et internationales.

La procédure d'adoption peut s'avérer bien plus longue que prévue, même après l'apparentement, c'est-à-dire après que l'enfant a été proposé aux parents.

> Deux ans se sont écoulés entre le moment où on nous a attribué Frank et le moment où il est enfin arrivé chez nous ! Nous avions accepté un enfant de 13 mois, nous nous trouvions face à un enfant de 3 ans. Il a fallu s'adapter, le recevoir tel qu'il était, et non tel que nous l'attendions au départ.
>
> Des parents adoptifs

Les parents potentiels devront réfléchir et répondre à des questions essentielles : l'âge (approximatif) de l'enfant, son origine ethnique, son état de santé, son appartenance ou non à une fratrie.

Le temps des hésitations

Il n'est pas rare que l'on hésite, que les désirs fluctuent d'un jour ou d'une semaine à l'autre.

Au sein d'un couple, les deux conjoints n'ont pas toujours la même vision. L'un se voit avec un nourrisson, l'autre avec un enfant plus grand ; l'une s'imagine accueillant un seul bambin, l'autre voit déjà arriver sa famille toute reconstituée ; l'un est prêt à accueillir un enfant d'origine maghrébine, l'autre s'inquiète de son intégration dans la France d'aujourd'hui…

D'où l'importance de se donner le temps, de se sonder, séparément et ensemble, de parler et de reparler de tout cela, pour enfin s'accorder, si besoin, sur ce que Danielle Housset, présidente d'Enfance et Familles d'Adoption, appelle le « plus petit dénominateur commun » : chacun des deux doit pouvoir être parent à part entière de l'enfant ; on ne peut attendre de l'un qu'il aille au-delà de ses limites pour faire plaisir à l'autre.

L'enfant doit pouvoir sentir que ses deux parents l'ont attendu et voulu tel qu'il est.

Rencontrer des familles adoptives

Parler, s'informer sur la réalité de l'adoption aujourd'hui, voir des familles adoptives avec leurs enfants : tout cela aide à donner de la substance au projet.

Ainsi, on découvrira rapidement que si l'on souhaite un bébé, on a peut-être plus de chances si on se tourne vers le Cambodge ou le Burkina Faso (pour prendre des exemples qui peuvent être sujets à changement !) que si on essaie du côté de la Pologne.

Se pose alors la question de savoir comment nous réagissons à l'idée de ce bébé qui n'aura pas notre apparence ethnique ; c'est une question essentielle, qu'il ne faut pas hésiter à explorer en toute sincérité.

Ceux qui vont élever l'enfant et le faire leur, ce sont les parents, et personne d'autre.

On ne doit pas se sentir obligé de dire « oui » là où on pense « non ».

Et autant une rencontre avec des familles adoptives peut aider des candidats à l'adoption à se dire : « Oui, un enfant comme celui-là, je n'y avais pas vraiment pensé mais, maintenant que je le vois, je sens que je pourrais l'aimer et être son parent » ; autant elle peut aussi avoir l'effet contraire… et tout aussi salutaire : « Non, décidément, un enfant comme celui-là, je ne sens pas que je pourrais l'aimer et en être le parent. »

L'âge de l'enfant

Rencontrer des familles, assister à des réunions sur l'adoption, c'est aussi apprendre, par exemple, que dans le monde de l'adoption, un « tout-petit », cela peut être un bouchon qui nous toise du haut de ses trois ans ; qu'un enfant d'âge préscolaire (jusqu'à 5-6 ans) est, encore, à de nombreux égards, un enfant qui a besoin d'être materné ; qu'un enfant de 7 ans n'est pas si « grand » que ça ; que tous ont forcément une histoire ; et que si ce n'est pas tous les jours simple avec un enfant arrivé « grand » qui a déjà un vécu chargé, il a peut-être intégré le pourquoi de son adoption, tandis que le nourrisson nous réserve – qui sait ? – des surprises…

Les fratries

Se sent-on, même si on est encore relativement jeune, l'énergie suffisante pour devenir, d'un seul coup, parents de deux enfants, dont l'un d'eux, à moins qu'il ne s'agisse de jumeaux, sera forcément plus grand que l'autre, alors qu'on n'a encore aucune expérience de parents ? Un enfant de 13 mois et un autre de quatre ans, est-ce qu'ils mangent la même chose, jouent aux mêmes jeux… seront-ils propres ou faudra-t-il leur mettre des couches à tous les deux ? Et auquel faudra-t-il consacrer le plus de temps ?

Les enfants victimes de maltraitance ou porteurs d'une particularité

Des parents seront tentés d'adopter un enfant ayant été victime de maltraitance, ce qui peut entraîner des troubles associés, ou un enfant avec un handicap moteur ou psychique. Mais qu'est-ce qu'un handicap ? Y a-t-il des difficultés physiques ou psychiques réparables ? (Voir le chapitre La santé de l'enfant pour quelques éléments de réflexion.)

Certains parents s'orientent dès le début vers un enfant présentant une particularité précise, souvent pour des raisons qui ont trait à leur histoire personnelle : ces personnes sont souvent prêtes pour une telle adoption. D'autres y viennent par un processus qui les conduit à imaginer un projet de vie familiale avec un enfant présentant un handicap, ou un traumatisme psychique ou affectif.

L'accueil d'un enfant à particularité est un projet auquel il convient de réfléchir et de se préparer avec beaucoup de soin. Tous les handicaps ne sont pas les mêmes, chaque personne a ses limites, ce qui est supportable pour les uns ne saurait l'être pour les autres. Certains, une fois bien informés de tout ce que peut supposer tel handicap, seront prêts à aller plus loin, d'autres reculeront.

Comprendre les parents qui adoptent un enfant particulier

Pourquoi ? C'est la question que l'on se pose mais que l'on n'ose pas toujours poser, quand on rencontre une famille qui a sciemment adopté un enfant présentant un handicap ou porteur de difficultés diverses. Pourquoi l'ont-ils adopté ? Cette question fait sourire les parents. Voici quelques réponses :

- C'est une rencontre. Inexpliquée, inexplicable : notre enfant a une dimension étonnante. Elle nous fait découvrir la vie autrement.
- Nous avons été gâtés par la vie, au fil du temps, nous avons élevé plusieurs enfants, nous pensons avoir acquis un savoir-faire, alors nous nous sommes dits : « Pourquoi pas ? »
- Nous avons été touchés par la notion d'enfants sans famille : l'idée d'un enfant grandissant sans famille alors que nous pouvions être ses parents nous était insupportable.
- C'est un cheminement qui a pris plusieurs années, qui nous a permis de voir plus loin que le handicap, de rencontrer l'enfant au niveau émotionnel et intuitif.
- Nos enfants [trisomiques] nous offrent une qualité de relation exceptionnelle. Ils fonctionnent par un mode intuitif et affectif. Et je vous dirai que la vie est simple avec eux ! Offrez-leur un carambar ou un nouveau pyjama, ils vous sauteront au cou. Ils sont toujours contents !

La meilleure façon de réfléchir à cette forme d'adoption est de rencontrer des médecins, des familles, des personnes chargées de placer des enfants dits « à particularité », ce avant ou pendant la démarche d'adoption, pour mieux évaluer la prise en charge que peut supposer l'accueil de cet enfant, l'adaptation matérielle de la maison que peut supposer son arrivée, le suivi qu'il faudra assurer, les complications possibles liées au handicap, les questions de son avenir qu'il faudra envisager.

Tout cela, et bien d'autres aspects, quand ils sont abordés au préalable, permettent de mieux définir le projet qui sera abordé avec les travailleurs sociaux chargés des investigations. Cela est d'autant plus important que ces derniers n'ont pas toujours l'expérience requise : dans leur département, ils n'ont peut-être jamais rencontré auparavant de familles engagées dans une démarche de cette nature. Ils peuvent aussi, pour des raisons personnelles, manquer de recul face à un tel projet, et manifester des réticences, voire un blocage : il appartiendra alors aux candidats de savoir les convaincre.

Le mieux est d'entrer en contact avec des structures d'accueil et de placement d'enfants à particularité, ou avec les œuvres ou organismes qui ont recueilli des enfants ou qui proposent des familles aux ASE auprès desquelles les enfants sont placés.

Organismes autorisés pour l'adoption spécialisés dans le placement d'enfants dits à particularité

• Chemin de vie (1993)
Resp. : Mme Fonteneau
10, rue de la Robertsau, 67800 Bischeim
Tél. : 03 88 83 42 40
E-mail : adopt@altern.org
Enfants grands, enfants petits et grands avec handicap moteur ou mental, hépatites, cardiopathies, bec de lièvre, fratrie de grands enfants, enfants victimes de maltraitance (avec troubles associés possibles tels que le retard mental).
Nombre d'enfants placés en vue d'adoption : environ 30 depuis 1995.
Dons acceptés pour les frais divers, estimés à 381,12 €.
Accepte les candidatures des couples mariés, des concubins et des célibataires.

• Emmanuel (1975)
Resp. : M. et Mme Alingrin
Montjoie, 49150 Clefs
Tél. : 41 82 80 62 – Fax : 02 41 82 83 28
Nombre d'enfants placés en vue d'adoption depuis la création de l'œuvre : 1 700, dont 400 enfants trisomiques français, enfants avec troubles sensoriels, ou fratries de grands enfants, originaires de l'étranger.
Accepte les candidatures des couples mariés et des célibataires.
Frais : 76,22 €. Dons possibles.

• L'eau de vie (1983)
Resp. : Mme Leguet
5, venelle de Beaumont, 45000 Orléans
Tél. : 02 38 62 74 46

E-mail : dominique.leguet@wordonline.fr
Nombre d'enfants placés en vue d'adoption depuis la création de l'œuvre : plus de 450 enfants trisomiques, enfants polyhandicapés, enfants très prématurés, syndromes génétiques inconnus.
Accepte les candidatures des couples mariés, de préférence, et des célibataires.
Frais : aucuns ; dons éventuels à l'association (après adoption plénière).

• Notre-dame des tout-petits (oct. 1999)
Resp. : M. et Mme Vert
Goze, 23230 Gouzon
Tél./fax : 05 55 62 95 73
Enfants trisomiques, malades ou handicapés.
Nombre d'enfants placés en vue d'adoption depuis sa création : aucun.
Accepte les candidatures des couples mariés de préférence, des célibataires.
Frais : aucuns ; dons à l'association.

• Vivre en Famille (1997)
Resp. : Mme Labaisse
La Source de Varenne
61700 Champ Secret
Tél. : 02 33 37 96 07 – Fax : 02 33 37 96 10
Enfants trisomiques, HIV hépatite C, syndrome alcoolo-fétal (SAF) diagnostiqué (voir chapitre Santé).
Nombre d'enfants placés en vue d'adoption depuis sa création : 70.
Accepte les candidatures des couples mariés, de quelques célibataires.
Frais : aucun ; dons possibles.
(À noter : Vivre en Famille cherche aussi des familles pour des enfants de Djibouti, dont des enfants séropositifs. Frais : 1 829,39 €.)

• Enfants en recherche de famille (ERF-EFA) (1981)
Enfance et Familles d'Adoption
Resp. : M. et Mme Morin
221, rue Lafayette, 75010 Paris
Tél. : 01 40 05 57 70
Sur le travail mené par ERF-EFA et les enfants placés par l'action de ce service créé au sein d'Enfance et Familles d'Adoption (voir pages 38-39).
Grands prématurés (nés à 27-30 semaines), enfants porteurs de maladies génétiques, enfants victimes de maltraitance, enfants autistes, enfants souffrant de carences affectives, grandes fratries.
Nombre d'enfants placés par le biais d'ERF-EFA depuis sa création : 350.
ERF-EFA recueille des candidatures de postulants qu'elle propose ensuite aux ASE qui recherchent des parents pour des enfants.
Frais : aucuns.

• ORCA : Organisme régional de concertation pour l'adoption (1981)
Resp. : Mme Cornelia Burckhardt
48, rue du Sergeant-Blandan, 54000 Nancy
Tél. : 03 83 27 47 74
Service d'État, l'ORCA regroupe 5 départements de l'est de la France en vue de la préparation à l'adoption des enfants à particularité. L'organisme assure également le suivi après l'adoption de ces enfants et de leur famille.
Grands enfants perturbés par leur histoire, présentant des troubles du comportement, etc. ; enfants avec handicap physique important ; enfants trisomiques ; enfants avec incertitude sur leur avenir (hépatite C ou prématurés).
Nombre d'enfants placés à ce jour : 150 enfants. Frais : aucuns.

Un passeport pour l'adoption : l'agrément

À chacun son rythme

Une procédure d'agrément doit être commencée quand on se sent prêt. Ce moment varie selon l'histoire de chacun. Au sein d'un couple, un conjoint peut se sentir prêt avant l'autre : là encore, mieux vaut, pour que la suite se déroule dans de bonnes conditions, attendre que l'autre fasse son chemin avant de le contraindre à pousser la porte de l'Aide sociale à l'Enfance.

> Mon homme a mis plus d'un an avant de me dire : « Bon, OK pour l'adoption », et là je me suis retrouvée au pied du mur et je me suis demandée si j'étais bien prête !
>
> Il ne ressent pas le même besoin que moi de rencontrer d'autres parents adoptants, de se renseigner… Par contre, il est heureux de savoir que je me renseigne et que je peux avoir les réponses à ses questions… Ces hommes !
>
> Candidates à l'adoption

Quand on a commencé à se renseigner sur ce que suppose l'adoption, quand on a déjà rencontré des familles qui ont adopté, l'expérience tend à montrer que plus on a réfléchi et sondé ses capacités avant de commencer la démarche, mieux on est préparé. Le temps est un allié précieux : alors même que l'on est pressé d'avoir un enfant, il faut savoir se donner le temps de préparer son arrivée dans notre vie, et pas simplement sur le plan matériel. C'est pour cela qu'une démarche d'adoption peut prendre plusieurs mois : le délai fixé par la loi pour instruire la demande est de neuf mois. Mais il ne faut pas se tromper : à l'issue de ces neuf mois, délai qui devrait toujours être respecté, on n'accouche pas d'un enfant ; on accouche, au mieux, d'un document indiquant que l'on est apte à accueillir un enfant.

Certains se tournent spontanément vers l'adoption. D'autres y sont doucement conduits, parfois par leur entourage ou par des amis qui connaissent des familles adoptives, parfois par leur médecin généraliste ou leur gynécologue : une loi de 1994 (L. 152-10 du Code de la santé publique) prévoit avant toute mise en œuvre d'une AMP des entretiens qui « permettent de vérifier la motivation de l'homme et de la femme formant le couple et de leur rappeler les possibilités ouvertes par la loi en matière d'adoption ». Jean Michaud, membre du Comité consultatif national d'éthique, voit là « un rappel qui tendrait à montrer que l'AMP est subsidiaire à l'adoption ».

Peut-on mener de front une AMP et une procédure d'agrément ?

De nombreux couples entament une procédure d'agrément alors qu'ils poursuivent une AMP. Légalement, rien ne s'y oppose. Mais est-ce souhaitable ?

Ce qui importe avant tout, c'est d'être « clair dans sa tête » et de distinguer les deux « démarches ». Dans le cas d'une AMP, on fabrique un enfant, on vit une maternité (et le futur papa sentira et verra chaque jour son enfant grandir), on désire mettre un enfant au monde. Dans le second cas, on se propose de devenir parents d'un enfant fabriqué par d'autres, on s'interdit de juger ces autres qui seront toujours les parents de naissance, on reconnaît cette histoire passée et on admet que ce passé rejaillira dans notre futur commun. L'adoption n'est donc pas la suite logique des AMP manquées.

C'est parce que les travailleurs sociaux et les psychologues ou psychiatres chargés des investigations savent qu'il y a un risque de confusion que cette double démarche menée en parallèle suscite parfois chez eux une certaine méfiance : elle fera donc nécessairement l'objet de questions poussées ou, tout aussi déroutant, d'un simple « pourquoi ? ». Dans certains départements, la double démarche, à moins d'être vraiment clairement débattue et expliquée, peut être un motif de refus d'agrément.

Quel est le meilleur moment pour se « lancer » ?

C'est peut-être au moment où la personne vivant seule aura assumé sa condition de célibataire, où le couple sans enfants sera parvenu, non sans souffrance, à envisager un avenir sans enfants, à dépasser cette absence pour tenter de construire une nouvelle relation à deux, qu'elle ou il sera prêt à accueillir un enfant.

Accueillir l'enfant tel qu'il est : deux histoires, deux réponses

Première histoire

Un pauvre paysan était assis, le soir, au coin du feu, attisant les braises, tandis que sa femme filait près de lui.

« Comme c'est triste que nous n'ayons pas d'enfant ! lui dit-il. Tout est si morne chez nous, alors que chez les autres il y a de la joie et de l'animation…

– Oh, oui ! soupira sa femme, n'en aurions-nous qu'un seul, et serait-il même minuscule, tiens : pas plus grand que le pouce, j'en serais déjà bien heureuse. Et nous l'aimerions de tout notre cœur ! »

Or, il advint que la femme après cela ne se sentit pas bien. Sept mois plus tard, elle mettait au monde un enfant parfaitement formé, mais qui n'était pas plus grand que le pouce.

« Il est ainsi que nous l'avions souhaité, dirent les parents, et il sera notre enfant bien-aimé. »

Contes de Grimm, *Tom Pouce*

Deuxième histoire

Il était une fois un paysan qui avait de l'argent et des biens en suffisance ; mais aussi riche qu'il fût, il manquait pourtant quelque chose à son bonheur ; sa femme et lui n'avaient pas d'enfant. Bien souvent, les autres paysans, quand il allait avec eux à la ville voisine, se moquaient de lui [...]. *Un jour, cela finit par le mettre en colère, et de retour chez lui, il prononça ces mots : « Je veux un enfant, quand bien même ce devrait être un hérisson ! »*

Par la suite, sa femme mit au monde un enfant : le haut de son corps était celui d'un hérisson, et le bas, celui d'un garçon. Sa mère [...] *: « Tu vois ! Tu nous a jetés un mauvais sort !* [...] *Je ne vois pour lui qu'un seul nom de baptême : Hans-mon-Hérisson. » Hans-mon-Hérisson coucha derrière le fourneau pendant huit ans. Son père en avait assez et ne souhaitait qu'une chose : le voir mourir. Mais non, il ne mourait pas : il était toujours là, couché derrière le fourneau.*

Contes de Grimm, *Hans-mon-Hérisson*

Enceinte alors qu'on a entamé une démarche d'adoption

Dans *Un bébé mais pas à tout prix* (Paris, J.-C. Lattès, 2001), la journaliste Brigitte-Fanny Cohen raconte le parcours qui l'a menée des tentatives infructueuses de fécondation *in vitro* à l'adoption. Ce qui ressort de son récit, c'est l'effet libérateur qu'a eu sur elle la décision d'adopter, effet tellement libérateur qu'il lui a permis de devenir maman de deux fillettes, d'une petite Daria née en Russie, et d'une petite Mila qu'elle a mise au monde cinq mois plus tard.

Son cas est loin d'être rare : de nombreuses femmes se découvrent enceintes au moment d'une adoption ou peu de temps après. C'est enceintes, après avoir longtemps désespéré d'avoir un enfant, qu'elles vont accueillir celui ou celle qu'elles adoptent. Pour d'autres, l'enfant biologique arrive à point nommé quand l'aîné adopté commence à réclamer un petit frère ou une petite sœur.

Déblocage de barrières psychologiques, disparition du stress, réveil hormonal ? Probablement un mystérieux mélange de ces différents facteurs, auquel s'ajoute une projection vers l'avenir : la mère oublie le tic-tac inexorable de son horloge biologique qui la rapproche du moment où la ménopause lui interdirait toute grossesse. Mais il ne faut pas pour autant croire que le seul fait de décider d'adopter entraîne nécessairement une grossesse. On n'adopte pas pour tomber enceinte !

Plusieurs mères par adoption parlent de crampes, de changements hormonaux lorsqu'elles reçoivent leur enfant par adoption. Le système reproductif s'éveille pour accueillir cet enfant. Il peut ainsi débloquer une barrière psychologique ou physique et permettre une grossesse par la suite. Mais ce n'est pas automatique... même si ça arrive fréquemment.

Claire-Marie Gagnon, présidente de la fédération des Parents adoptants du Québec

Commencer une démarche d'adoption : l'agrément

Où se renseigner ?

C'est le service de l'Aide sociale à l'Enfance (ASE) qui est chargé des investigations en vue de l'obtention d'un agrément. C'est donc ce service qu'il faut contacter pour tous renseignements. Vous trouverez ses coordonnées auprès du Conseil général de votre département.

En même temps, il est utile de commencer en parallèle une réflexion sur l'adoption auprès d'une association de parents adoptifs comme Enfance et Familles d'Adoption (EFA), qui organise des rencontres avec les postulants à l'adoption.

Pour trouver l'adresse d'EFA dans votre département, contactez les bureaux de la fédération au 01 40 05 57 70, ou consultez le site www.adoptionefa.com.

À quoi sert l'agrément ?

Avec la démarche d'adoption, le couple retrouve une maîtrise, une autonomie, une capacité d'initiative et de décision auparavant déléguée, souvent pendant des années, au corps médical : dans une AMP, on est « pris en charge », on vit au rythme des examens et des traitements dont décident les médecins. En adoption, il faut se penser parent et, c'est sans doute là le plus difficile : on attend de nous que nous sachions exprimer ce désir d'enfant pour en convaincre ceux qui ont la responsabilité de l'enfant adoptable. L'attente, jusqu'alors passive, devient active.

Avec l'adoption, ce désir si intime d'enfant devient une question dont il faut débattre avec autrui, une question qui affecte la collectivité. En effet, celle-ci est responsable de l'enfant et elle a pour devoir de s'assurer, autant que faire se peut, que les parents auxquels il sera confié seront ceux qui lui conviennent le mieux. En 2001, Marylise Lebranchu, alors garde des Sceaux, rappelait que « l'adoption, c'est une responsabilité collective des adultes ». Les autorités sont redevables envers la collectivité, envers les parents biologiques, envers l'enfant lui-même, du devenir de ce dernier.

Le souci de s'assurer de l'aptitude des parents à élever un enfant confié n'est pas nouveau. Aux États-Unis, déjà en 1851, une loi du Massachusetts prévoyait qu'un juge devait s'assurer que « les parents adoptifs potentiels étaient adéquats et convenables* ».

* E. Wayne Carp, « Les caractéristiques principales de l'histoire de l'adoption aux USA », *Parents de sang, parents adoptifs* (dir. Agnès Fine et Claire Neirinck), Paris, L.G.D.J., 2000, p. 25-43.

L'agrément : une démarche obligatoire

L'agrément est délivré par le président du conseil général (qui délègue ce droit au directeur des services sociaux), sur avis d'une commission.

L'agrément est obligatoire. Il est valable cinq ans, dans toute la France (y compris les DOM-TOM) et pour l'adoption internationale, à condition que l'on confirme chaque année que l'on est toujours engagé dans une procédure d'adoption.

Une fois que l'on possède l'agrément, on peut postuler pour adopter un pupille de l'État en France. On peut en même temps déposer des dossiers pour adopter un enfant à l'étranger.

Tel qu'il existe aujourd'hui, l'agrément n'est pas infaillible, loin de là ; mais il offre une assurance, certes imparfaite, qu'une enquête a été menée auprès des familles candidates à l'adoption. L'article 5 de la convention de La Haye impose au pays d'accueil, c'est-à-dire le pays où résidera l'enfant adopté, de constater que « les futurs parents adoptifs sont qualifiés et aptes à adopter », qu'ils « ont été entourés des conseils nécessaires », montrant que l'adoption est un acte réfléchi.

L'article 15 précise que l'évaluation doit concerner « leur situation personnelle, familiale et médicale, leur milieu social, les motifs qui les animent, leur aptitude à assumer une adoption internationale, ainsi que les enfants qu'ils seraient aptes à prendre en charge ». Les dispositions prises en France, qui s'appliquent tant à l'adoption nationale qu'à l'adoption

« Allez chez M. Le curé, chez le boucher, le charron, le maréchal, le maître d'école, le boulanger, l'épicier et bien d'autres encore : ils vous diront tous que je ne suis pas une méchante femme. Je suis veuve ; j'ai vingt-six ans ; je n'ai pas d'enfants, je suis seule avec ma sœur qui a dix-sept ans ; nous gagnons notre vie sans trop de mal ; [...] *il me manque des enfants ; en voilà deux tout trouvés. Je ne vous demande rien, moi, pour les garder ; je n'en fais pas une affaire. Seulement, je sais que je les aimerai, que je ne les rendrai point malheureux et que vous aurez la conscience tranquille à leur égard. »*
Moutier se leva, serra les mains de l'hôtesse dans les siennes et la regarda avec une affectueuse reconnaissance.
« Merci, dit-il d'un accent pénétré. Où demeure votre curé ? »
[...] *Il faut croire que les renseignements ne furent pas mauvais, car Moutier revint un quart d'heure après, l'air calme et joyeux.*
« Vous aurez les petits, mon excellente hôtesse, dit-il en souriant. Je vous les laisserai... demain. »

Comtesse de Ségur, *L'Auberge de l'ange gardien*

internationale, vont dans le même sens. L'agrément est délivré par le président du conseil général, sur avis d'une commission appelée commission d'agrément.

L'agrément est donc obligatoire pour entreprendre une démarche d'adoption, en France comme à l'étranger. Sont cependant dispensées de l'obtention d'un agrément les familles d'accueil souhaitant adopter un enfant qui leur a été confié.

L'article 63 du Code de la famille et de l'aide sociale prévoit que les pupilles de l'État pourront être adoptés par « les personnes à qui le service de l'Aide sociale à l'enfance les a confiés pour en assurer la garde lorsque les liens affectifs qui se sont établis entre eux justifient cette mesure ».

Dans ce cas, le Conseil de famille (voir pages 141-142), qui est chargé de choisir des parents, examinera en premier le dossier de la famille d'accueil : rappelons que les assistantes maternelles doivent obtenir un agrément avant de se voir confier des enfants par l'Aide sociale à l'Enfance.

L'instruction de la demande d'agrément comprend une série d'investigations sociales et psychologiques. Si ces enquêtes semblent marquer le début de ce que certains appellent le « parcours du combattant », elles se situent en fait à une étape charnière de la réflexion des futurs parents adoptifs.

Préparez vos entretiens

Bien préparer les entretiens, c'est déjà se préparer à l'arrivée de l'enfant. N'attendez pas d'être convoqué pour votre premier entretien pour commencer à réfléchir à votre projet.

Le mieux sans aucun doute est de rencontrer des familles adoptives qui partageront avec vous leur expérience, de se poser et de leur poser toutes les questions, y compris celles que parfois on n'ose pas formuler.

Enfance et Familles d'Adoption organise des points rencontre et autres types de réunions d'information, ainsi que des entretiens privés avec des familles formées pour accueillir les postulants. Elles sont là pour vous écouter, pas pour vous juger.

Comment se déroule l'instruction de la demande d'agrément ?

L'instruction de la demande d'agrément comporte la constitution d'un dossier administratif, des visites médicales et d'investigations sociales et psychologiques faites par des travailleurs sociaux (assistantes sociales ou éducateurs) et des psychologues (ou psychiatres) désignés par l'Aide sociale à l'enfance.

Une fois obtenu l'agrément, on peut postuler pour adopter un pupille de l'État en France. On peut en même temps constituer des dossiers pour adopter un enfant à l'étranger. Pour que l'agrément conserve sa validité durant cinq ans, il ne faut pas oublier d'écrire à l'Aide sociale à l'enfance chaque année pour confirmer que l'on est toujours engagé dans une procédure d'adoption (même si l'on n'a pas encore de projet définitif), et préciser que, même si l'on pense se tourner vers l'adoption internationale, l'on serait éventuellement heureux d'adopter un pupille de l'État.

Les modalités de la procédure peuvent varier d'un département à l'autre, mais partout, la procédure se déroule en trois temps : phase d'information, instruction de la demande et avis de la commission d'agrément.

Pièces à fournir en vue de l'obtention de l'agrément

- Une copie intégrale de l'acte de naissance du ou des postulants et, si vous avez déjà des enfants, les pièces justificatives (actes de naissance, copie du livret de famille).
- Le bulletin n° 3 du casier judiciaire.
- Un certificat médical établi par un médecin figurant sur une liste établie par le président du conseil général.
- Une attestation de ressources (bulletin de salaire...).

Pour obtenir l'agrément

• En règle générale, pour l'agrément et pour la suite, prenez la peine de conserver les originaux ou, si on vous les demande, une photocopie de tous les documents. Les envois recommandés avec accusés de réception permettent également de conserver des traces.

• Une demande écrite doit être adressée au président du conseil général de votre département de résidence, indiquant le souhait d'entamer une procédure d'adoption. Si vous résidez à l'étranger, adressez-vous au président du conseil général de votre dernier département de résidence, ou d'un département où vous avez conservé des attaches.

• Dans un délai de deux mois, vous recevez une information générale sur l'adoption portant notamment sur :
- les dimensions psychologiques, éducatives et culturelles ;
- les procédures administratives et judiciaires ;
- les principes en matière d'adoption internationale ;
- le nombre d'enfants adoptables dans le département, leur âge, situation, etc.

• Après avoir pris connaissance de ces informations, données soit lors d'une réunion collective, soit lors d'un entretien particulier, vous devez faire parvenir une confirmation de votre demande au président du conseil général. C'est à partir de ce moment que commence l'instruction, qui est censée ne pas dépasser neuf mois.

• L'instruction de cette demande d'agrément comporte la constitution d'un dossier administratif, une visite médicale et des investigations sociales et psychologiques faites par des travailleurs sociaux et des psychologues (ou psychiatres) désignés par l'Aide sociale à l'Enfance.

Lors de la phase d'information, les candidats à l'adoption sont informés sur les réalités de l'adoption : aspects juridiques, nombre de postulants dans leur département, nombre de pupilles de l'État, nombre d'adoptions ayant abouti au cours de l'année écoulée, déroulement de l'enquête, listes des organismes autorisés pour l'adoption agréés dans le département, liste des pièces à fournir, coordonnées (dans de nombreux départements) de l'association Enfance et Familles d'Adoption.

Suite à la confirmation de demande d'adoption par les candidats, la demande d'agrément est instruite dans un délai qui ne doit pas dépasser neuf mois. Les délais sont illégalement longs dans certains départements où des services sous-encadrés doivent faire face à de nombreuses demandes.

Il est utile de savoir que la fiche de renseignements que l'on demande aux candidats de remplir sur leur projet d'adoption devrait toujours n'être remise qu'en fin de démarche. Trop souvent, les postulants la remplissent immédiatement – or il suffit de la remettre à la fin des investigations. C'est d'autant plus conseillé qu'au cours de ces neuf mois, le projet mûrit, l'idée chemine, et la perception que l'on a de la famille que l'on souhaite fonder ou élargir n'est plus la même. Certaines personnes savent d'emblée, ou croient savoir, ce qu'elles veulent ou peuvent faire, d'autres ont besoin de se donner le temps pour mieux réfléchir à l'âge et à l'origine ethnique de l'enfant, à leurs aptitudes à accueillir ou non une fratrie. S'engager par écrit sur le choix d'un seul pays risque de poser des problèmes si le projet s'oriente par la suite vers d'autres pays, ou si celui initialement choisi vient à suspendre les adoptions : l'univers de l'adoption internationale est un monde très mouvant où la situation peut changer du jour au lendemain.

Ce sont ces investigations sociales et psychologiques qui vont permettre d'instruire la demande.

Si les candidats à l'adoption sentent que les entretiens tournent trop sur le passé, sur la famille en amont, libre à eux de reprendre l'initiative et de se recentrer sur leur projet d'adoption – cette attitude dynamique sera en général portée à leur crédit. Dans la mesure où souvent l'initiative de l'entretien est laissée aux candidats (parfois déroutés par ce professionnel assis devant eux, qui les regarde sans rien dire), ils n'ont pas à se « déshabiller » devant le psychologue, à se laisser aller à dire plus que ce qu'on est en droit d'attendre d'eux. L'accueil d'un enfant, biologique ou adoptif, nous renvoie pour partie à l'enfant que nous fûmes, et revisiter, dans notre intimité, notre enfance peut nous aider à avancer vers notre enfant ; mais c'est avant tout de l'accueil de ce dernier dont il est important de parler.

Instruction de la demande

• Vous devez remplir une fiche de renseignements sur le projet. Remettez-la à la fin des investigations.
• Un travailleur social (assistante ou éducateur) est tenu de visiter le lieu de résidence des postulants au moins une fois. Un psychologue (souvent de l'ASE) ou un psychiatre évalue le contexte psychologique. Trois à quatre rencontres sont prévues avec chaque professionnel.

Ces enquêtes, qui font souvent peur aux postulants, ont pour objet d'évaluer la stabilité de la personne ou du couple souhaitant adopter, d'examiner la situation professionnelle (ressources), son aptitude à faire une place à un enfant, à s'adapter à lui, tel qu'il sera. Elles dresseront un portrait de ces parents potentiels, pour permettre aux services français ou étrangers chargés de placer un enfant de les connaître.

De nombreux postulants s'inquiètent de cette rencontre avec un psychologue, surtout si c'est la première fois qu'ils se trouvent face à face avec un « psy ». Certains font état de ce qu'ils ressentent comme une enquête poussée dans leur vie privée, leur passé, leur famille, leur intimité.

Y a-t-il des choses à ne pas dire lors des entretiens ?

Les entretiens doivent amener les postulants à réfléchir à l'accueil d'un enfant qu'ils n'ont pas mis au monde et qui a déjà un passé, même s'il a été adopté très jeune. Les entretiens doivent donc permettre de voir si les postulants peuvent intégrer cet aspect particulier à la filiation adoptive. Taire ses motivations ou ses craintes risque de fausser le processus et d'amener à un échec, même dans l'éventualité où l'agrément serait donné.

Peut-on faire modifier les résultats de l'enquête, ou demander une contre-enquête ?

Les rapports d'évaluation rédigés à l'issue des investigations doivent être présentés aux postulants avant que la demande ne soit examinée par la commission d'agrément.

Il est très important de prendre connaissance de ces rapports, éventuellement de demander à faire modifier certains points.

Pour les erreurs matérielles (âge, profession, description du logement), il n'y a en général aucun problème.

Parfois, on peut se trouver devant des jugements à l'emporte-pièce. Dans ces cas, si un blocage est constaté, il y a possibilité de demander une deuxième investigation, portant sur l'un ou l'autre volet, social ou psychologique, parfois sur les deux. Cette nouvelle enquête devra être instruite par un autre professionnel.

> Il ne faut jamais baisser les bras, et pourtant c'est ce que nous avions envie de faire. La première psychologue s'est penchée surtout sur notre enfance. Ma femme ne travaillant pas, moi ayant eu un père dépressif, elle a déconseillé l'adoption pour motif de « fragilité », et a dit que nous ne « voyions » pas l'enfant – alors que nous en avions très peu parlé, nous en avions pourtant envie, mais elle ne faisait que revenir en arrière, et c'est vrai qu'on n'osait pas trop changer de sujet.
>
> Sur le conseil de familles adoptives, que nous avions rencontrées lors d'une réunion d'information organisée par Enfance et Familles d'Adoption, nous avons demandé une seconde enquête psychologique. Et nous avons profité de ce temps pour continuer les rencontres avec des familles adoptives et pour assister à d'autres réunions d'information. Puis nous avons rencontré un deuxième psychologue. Il nous a dit qu'il estimait que son rôle était d'évaluer notre capacité à accueillir un enfant et nous a invités à parler de notre projet. À l'issue des entretiens, il a émis un avis favorable.
>
> Un couple de postulants

Qui prend la décision d'attribuer l'agrément ?

Elle est prise par le président du conseil général, après consultation de la commission d'agrément, qui comprend obligatoirement deux représentants du Conseil de famille des pupilles de l'État : un représentant de l'Association d'entraide des pupilles et anciens pupilles de l'État et de l'ASE (ADEPAPE) et un de l'Union départementale des associations familiales (UDAF).

Vous devez en être informé au moins quinze jours avant cette consultation et vous pouvez prendre connaissance des documents établis lors de l'enquête.

Vous pouvez demander à être entendu par la commission d'agrément.

> L'agrément est accordé pour 5 ans, dans un délai de 9 mois, par le président du Conseil général. Tout refus ou retrait d'agrément doit être motivé. Après un refus ou un retrait d'agrément, le délai à partir duquel une nouvelle demande peut être déposée est de 30 mois, refus ou retrait demeurant opposables en cas de déménagement. En cas de changement de département, l'agrément (ou son refus) demeure valable, sous réserve d'une déclaration adressée au président du Conseil général du nouveau département de résidence dans le mois suivant le déménagement.
>
> Article 63 du Code de la famille et de l'action sociale

Important

N'oubliez pas de confirmer chaque année par écrit au président du conseil général que vous maintenez votre projet d'adoption.

Même si vous songez à l'adoption internationale, n'oubliez pas de préciser si vous accepteriez d'accueillir un pupille de l'État.

Quels sont les motifs pour lesquels l'agrément est refusé ?

Globalement, environ 10 % des candidats se voient refuser leur demande d'agrément – sachant qu'environ une personne sur deux ne confirme pas son désir d'entamer une procédure en vue de l'obtention de l'agrément à l'issue de la première phase d'information.

• La mauvaise santé des parents

Si nul n'est à l'abri d'un malheur, l'état de santé des parents est évalué dans le but de mesurer leur capacité à élever l'enfant, à prendre soin de lui, à l'accompagner sur le chemin de sa vie jusqu'à ce qu'il devienne adulte à son tour.

L'état de santé ne peut être un motif de refus d'agrément que dans des cas extrêmes, tels qu'une maladie mentale ou une maladie à pronostic réservé ou en phase terminale.

• L'âge

C'est dans cette même perspective que peut être refusé l'agrément à une personne ou à un couple âgé, qui plus est quand il exprime clairement le désir d'adopter un bébé. L'âge en soi ne peut être motif de refus, dans la mesure où la France ne fixe pas de limite d'âge.

Un couple âgé de 65 ans, désireux de se voir confier un bébé et qui ne parvient pas à envisager l'enfant autrement, peut se voir communiquer un refus d'agrément – bien que dans certains départements il est possible qu'il obtienne l'agrément ; la commission d'agrément, se dérobant en quelque sorte à ses responsabilités, estimera que de toutes façons il est improbable que ce couple se voie jamais confier un enfant...

Il faut bien comprendre qu'il s'agit de trouver des parents pour un enfant, et non des grands-parents. Ces personnes, pourtant, peuvent jouer un rôle précieux auprès d'enfants délaissés, celui de parrains ou de grands parrains : des formules de parrainage existent, permettant d'ouvrir son foyer et d'offrir son temps et sa tendresse à un enfant, y compris le temps des vacances ou des week-ends. Le parrainage, qui se développe en France (voir p. 31-33), peut être une excellente façon de rebondir, tout en apportant chaleur, sécurité et affection à un enfant.

Quand on est allés à une réunion d'information sur l'adoption, tout le monde a cru qu'on était les parents de quelqu'un qui n'avait pas pu se déplacer, les grands-parents du futur gamin, quoi… Sur le coup, ça a été dur ; mais, maintenant, on se rend compte qu'ils avaient raison, c'est vrai qu'on n'a plus le tonus… On a une grande maison à la campagne, vous comprenez, ma femme ne travaille pas, je suis retraité, on pensait qu'on aurait le temps de s'occuper d'un gosse qui n'a rien… Et puis on nous a parlé de parrainage, alors depuis, on accueille des enfants de la ville tous les étés, ils découvrent tout, et moi je me régale. C'est vrai qu'ils ne sont pas toujours calmes, mais la maison est pleine de vie…

Des parrains qui se sont vu refuser l'agrément

Devenir grands-parrains/marraines

Offrir un peu de sa disponibilité, de sa tendresse, partager son expérience avec des enfants, des adolescents, de jeunes familles…

Contacts :

- Grands Parrains
15, rue des Épinettes
94240 L'Hay-les-Roses
Tél./Fax : 01 45 46 60 66
E-mail : grandsparrains@chez.com
Sites Internet :
http://www.chez.com/grandsparrains
http://www.multimania.com/grandsparrains

- Grands Parrains/Marraines Filleuls/Petits Filleuls
Marc Meyer
Bel Air
86230 Saint-Christophe
Tél. : 06 82 26 83 08
E-mail : grands.parrains.marraines@wanadoo.fr

• Une instabilité psychologique et familiale

Consommation d'antidépresseurs, arrêt de travail, relations sociales irrégulières… Des raisons parmi d'autres qui font qu'un couple ne présente pas des garanties suffisantes ni des conditions d'accueil pour un enfant.

De même que dans certains couples, on décide parfois « d'avoir un bébé » pour pallier des troubles ou des vides apparus dans la relation de couple, certains peuvent être tentés de se tourner vers l'adoption dans des situations analogues. Or, en aucun cas, l'enfant ne peut être, ne doit être, une thérapie pour panser les plaies du mal-être des adultes.

• Une motivation humanitaire

C'est le cas de certains couples qui, émus par un reportage à la télévision ou un drame international, songent à l'adoption, sans toutefois parvenir à s'imaginer parents de l'enfant qu'ils se proposent d'accueillir. Les services sociaux notent une augmentation des demandes de ce type chaque fois que l'actualité internationale est dominée par un drame humanitaire majeur.

Pour la plupart, elles sont pensées en termes humanitaires et non en termes de projet familial.

Dans le même esprit, la psychologue Françoise Maury (qui a exercé des responsabilités au sein de l'organisme non gouvernemental Terre des Hommes-France) classe parmi les « motivations irrecevables » ce qu'elle appelle « le militantisme » de ceux pour qui « la demande d'adoption, le choix de l'enfant étranger, visent avant tout à démontrer quelque chose : l'antiracisme, le dévouement des candidats, la sympathie pour un pays ou une politique* ».

« Candidature militante » ou « candidature de militant » ?

Selon Françoise Maury, il est important de distinguer entre les deux candidatures. Car si on trouve parmi les parents adoptifs de nombreuses personnes engagées dans la lutte des droits de l'homme, dans l'antiracisme, ou encore dans l'aide aux pays en voie de développement, ils sont néanmoins adoptants avant d'être militants : « En général, ils ne poussent pas en avant leur progéniture pour montrer à quel point leur militantisme est efficace*. »

Important

Juridiquement, l'agrément n'est utilisé que lorsque le jugement est définitif.

L'adoption en présence d'enfants biologiques ou adoptés

Les parents qui ont déjà adopté un enfant, ceux qui en ont mis au monde, s'étonnent, s'indignent parfois de constater que l'Aide sociale à l'enfance n'avance pas plus vite sur leur dossier que sur celui de parents n'ayant pas encore d'enfants.

• Connaître ses motivations

Comme pour un premier enfant, les motivations doivent être bien analysées. Pour certains parents, l'idée du deuxième enfant s'impose au moment où ils se rendent dans une institution pour adopter le premier : là, ils rencontrent celui qui leur est proposé, ils commencent à tisser autour de lui ce cocon d'amour protecteur dont il a tant besoin et, qui, inévitablement, laissera les autres enfants à l'extérieur.

Combien de parents ont ressenti un mélange de détresse et de désarroi, en partant avec « leur enfant », combien ont pensé « si seulement je pouvais les adopter tous » … « je reviendrai » ; combien l'ont fait, agrément en poche, pour en adopter un autre…

Mais alors, la motivation est-elle la même ? Il est important d'y réfléchir, de se sonder.

* Françoise Maury, *L'adoption interraciale*, Paris, L'Harmattan, 1999.

• Agrandir la famille

Si les parents décident d'élargir le cercle de leur famille, c'est parce qu'ils se veulent parents de plusieurs enfants, qu'ils souhaitent donner un frère ou une sœur au premier. Le cheminement vers leur deuxième, leur troisième enfant, les conduira peut-être vers un enfant français ou originaire d'un autre pays, vers un enfant porteur d'un handicap. Là encore, le projet ne sera pas nécessairement le même qu'au moment de la première adoption.

Il faut aussi s'assurer que l'équilibre atteint avec le premier enfant ne sera pas brisé, même s'il est un temps bousculé. En général, les parents se voient conseillés, quand ils réfléchissent à ces adoptions, de préserver l'ordre « d'entrée » dans la famille : le premier arrivé sera l'aîné, ceux qui le suivent seront donc plus jeunes que lui.

Tout n'est pourtant pas si simple : l'enfant qui arrive, plus jeune, sera peut-être adopté plus grand que ne l'avait été le premier, il peut déjà avoir acquis une apparente autonomie, supérieure à celle de son aîné, et il cherchera à « s'imposer » avec d'autant plus de force. L'enfant déjà là devra être rassuré sur le fait que son frère ou sa sœur ne lui « prend » pas ses parents, que ces derniers ont assez d'amour pour tous : les parents peuvent s'attendre à ce que la répartition des câlins soit comptabilisée par les uns et par les autres avec une efficacité jalouse. Et quand l'aîné est lui aussi un enfant adopté, l'arrivée du ou des suivants peut le renvoyer à sa propre histoire, faire remonter des interrogations ou des souffrances, soit parce que les histoires se ressemblent, soit parce qu'elles sont diamétralement opposées.

Dans certains cas, l'enfant qui arrive est plus grand que celui ou que ceux qui sont déjà là. Un équilibre délicat devra être préservé entre les besoins et les inquiétudes des uns et des autres. L'aîné qui devient benjamin, *a fortiori* s'il était jusque-là enfant unique, doit sentir qu'il n'a rien perdu de ses relations privilégiées avec ses parents, doit être autorisé à exprimer ses frustrations, son irritation ou son désarroi, tout en découvrant peu à peu tout ce que va lui apporter la présence d'un frère ou d'une sœur.

Celui qui, par son âge, est devenu l'aîné ne doit pas se voir imposer toutes les contraintes de ce rôle : il doit être autorisé à régresser, à redevenir enfant, bébé même, pour mieux repartir (voir le chapitre sur l'arrivée de l'enfant) ; les parents doivent eux aussi apprendre à voir cet enfant, sur le seuil parfois de l'adolescence, comme un grand bébé, qui a besoin d'être pouponné – ou à le respecter s'il refuse de se laisser approcher, toucher, câliner.

Ce travail d'apprivoisement mutuel peut être difficile et avoir des répercussions sur toute la famille. Une deuxième adoption se passe généralement tout aussi bien que la première. Mais elle ne va pas de soi, d'où la nécessité d'une réflexion approfondie au moment de la procédure d'adoption, qui devra donc être tout aussi rigoureuse que la première, d'où la nécessité de prendre du temps, de réfléchir à ce qu'on peut offrir à la famille agrandie.

Françoise Hallet, présidente de l'association belge Pétales (Parents d'enfants présentant des troubles de l'attachement : voir pages 254-257) et mère de trois enfants, regrette avec le recul de ne pas avoir « attendu deux ou trois ans entre chaque adoption, pour avoir le temps de tisser avec chaque enfant un lien exclusif, [de ne pas avoir] cessé toute activité professionnelle pour m'en occuper [...] au lieu de les confier à une jeune fille au pair pendant que j'étais au travail et [...] renforcer ainsi leur sentiment d'abandon ».

Quelles sont les possibilités de recours en cas de refus d'agrément ?

En cas de refus d'agrément, il faut attendre trente mois avant d'entamer une nouvelle procédure.

Les possibilités de recours existent (voir encadré), mais ils sont très longs. Avant d'en arriver là, il peut être judicieux de demander une deuxième évaluation et de se renseigner, tant auprès des services sociaux que d'une association de familles adoptives.

Que faire en cas de refus ?

- Déposer une nouvelle demande 30 mois après notification du refus d'agrément.
- Déposer un recours gracieux auprès de l'Aide sociale à l'enfance, un recours hiérarchique auprès du président du conseil général et enfin un recours contentieux auprès du tribunal administratif, dans un délai de deux mois à compter de la notification de refus d'agrément.

La procédure judiciaire peut être longue, et remonter jusqu'au Conseil d'État ; il convient donc de s'interroger sur l'utilité d'un recours avant d'entamer la procédure.

Ne vaut-il pas mieux retenter sa chance en faisant une nouvelle demande d'agrément ?

Un avis favorable

Le jour où l'on reçoit un coup de téléphone nous annonçant que la Commission d'agrément a donné un avis favorable est un de ces jours que l'on n'oublie pas. C'est un premier constat de réussite, d'autant plus important pour ceux qui ont vu entravé jusque-là leur désir d'être parent.

C'est le signe qu'une première étape a été franchie, que l'on avance vers l'enfant. Le parcours ensuite est encore long, complexe, douloureux parfois. Mais la voie est ouverte. Munis de ce passeport qu'est l'agrément, des parents sont là pour un enfant qui attend quelque part, ici ou ailleurs.

Chapitre 2

La constitution du dossier

L'adoption ne saurait se réduire à un simple dossier. C'est un projet de vie qui implique de remplir certaines formalités incontournables.

Adoption nationale ou internationale ?

Un choix… qui a du poids

Au moment de demander l'agrément, les postulants sont invités à indiquer s'ils souhaitent se tourner vers l'adoption nationale (c'est-à-dire vers l'adoption d'un enfant de métropole ou des départements d'outre-mer) ou vers l'adoption internationale. Quelques-uns optent pour l'une ou l'autre possibilité, au risque de ne pas pouvoir un jour réorienter leur choix ; la plupart disent clairement être ouverts aux deux.

Que l'on s'imagine parent d'un enfant en France, que l'on se tourne vers l'étranger, que l'on explore en parallèle les deux voies, les efforts vont porter sur la meilleure façon de concilier le projet que l'on se sent capable de mener à terme et les réalités de l'adoption. Conserver au projet une souplesse qui permette de s'adapter à une réalité insuffisamment connue et souvent fluctuante, sans dépasser les limites que l'on s'est fixées, faire preuve de pragmatisme sans renoncer à son désir intime, veiller à ne pas s'enfermer dans un projet trop étroit, ou alors savoir en assumer les risques : tout cela est assurément difficile.

Quelques exemples de dossiers « bloqués »

• Jacqueline et Olivier ont demandé un agrément pour un pupille de l'État, un nourrisson de type européen. Ils attendent depuis 1999. Ils n'ont aucun moyen de savoir s'ils ont un espoir d'aboutir. Le dernier bébé placé dans leur département (en février 2002) est un enfant d'origine maghrébine.

• Solange et Jérôme, qui ont déjà un enfant, souhaitent adopter un bébé. Ils déposent un dossier en Lettonie, qui ne donne rien, puis en Roumanie : leur enfant grandit, ils ont évolué, ils sont maintenant prêts à accueillir un enfant de deux-trois ans. Mais la Roumanie suspend les adoptions en 2001... Ils hésitent à commencer un autre dossier. Ils ont leur agrément depuis 1998.

• Christian et Marianne ont déposé un dossier au Vietnam, dossier qui se trouve parmi les 1 400 dossiers en souffrance depuis que les adoptions ont été suspendues et les procédures modifiées (voir pages 163-165). Pour Christian et Marianne, leur enfant doit venir du Vietnam : ils ne parviennent pas à entreprendre des démarches ailleurs, au risque de devoir renoncer à l'adoption.

Un contexte incertain...

La réalité de l'adoption fluctue au gré des transformations sociales et des événements géopolitiques et diplomatiques. Certains changements sont progressifs : baisse du nombre d'enfants abandonnés à la naissance en France, augmentation parmi eux de la proportion d'enfants d'origine maghrébine, afro-antillaise ou métis ; baisse du nombre d'enfants proposés à l'adoption par l'Inde ou le Sri Lanka.

D'autres changements sont brutaux : baisse soudaine des adoptions décidée par les autorités coréennes avant les Jeux olympiques de Séoul ; suspension des procédures dans tel ou tel pays, ou fermeture à l'adoption (voir quelques exemples p. 154).

En dépit des volontés régulièrement affichées par les ministres et des réformes qui peuvent être envisagées, la situation n'est pas près de se simplifier du jour au lendemain. Nul ne peut, d'un coup de baguette magique, garantir qu'il y aura demain autant d'enfants adoptables par des familles françaises que de candidats à l'adoption.

Les enfants adoptables en France, nous l'avons vu, ne sont pas toujours ceux que souhaitent prendre les adoptants. Les pays d'origine ont leurs priorités, leur vision de l'adoption, ils privilégient les pays auxquels ils souhaitent confier des enfants, et les pays d'accueil comme la France semblent avoir peu de prise sur leurs décisions : tout au plus pourraient-ils témoigner de la qualité de l'accueil, de l'intégration, de l'égalité de statut qui est accordé à leurs enfants.

L'adoption en chiffres

Il y a actuellement en France plus de 20 000 personnes titulaires d'un agrément, pour environ 1 200 adoptions par an et 3 000 adoptions internationales. D'où une moyenne d'attente qui est actuellement de quatre ans pour l'adoption en France et de trois ans pour l'adoption à l'étranger.

La validité d'un agrément étant de cinq ans, cela signifie,statistiquement, que certains ne verront jamais aboutir leur projet.

Pourtant, en dépit des barrages qui semblent se lever ici et là sur les chemins de l'adoption, les postulants ne doivent pas se décourager. Certes, on ne maîtrise pas les décisions prises par les autorités ni les délais de procédure qui se rallongent parfois au-delà de ce qu'on a pu nous laisser entendre.

Ces délais sont très difficiles à vivre quand ils interviennent après que l'on s'est vu proposer un enfant précis à des parents potentiels.

… mais des projets qui aboutissent

Il n'empêche : les chiffres sont des statistiques derrière lesquelles se cachent des histoires d'aboutissements heureux, comme en témoignent les quelques témoignages récents qui suivent le milieu des années 2001-2002.

Dans tous les cas évoqués, le projet a été mûrement réfléchi, les capacités d'accueil ont été évaluées avec réalisme et une certaine flexibilité ou une capacité d'adaptation à la réalité des enfants en attente d'une famille ont prévalu.

Le contact avec des associations de familles adoptives pendant et après la démarche d'agrément s'est avéré déterminant, ne serait-ce que pour l'encouragement que les futurs parents y ont trouvé à persévérer, ce qui, selon eux, leur aurait permis d'attendre avec un peu moins d'angoisse.

Des démarches assorties de succès rapides

- Quatorze mois après avoir obtenu leur agrément, Denise et Jacques accueillaient un petit garçon du Burkina Faso, en mars 2001.
- Dominique est célibataire. En avril 2001, dès qu'elle a su qu'elle allait avoir l'agrément, elle a constitué un dossier pour Haïti. Six mois plus tard, elle était maman.
- François et Marie ont un fils. En avril 2002, dix-huit mois après avoir obtenu leur agrément, ils accueillaient deux frères orphelins, que leur confiait l'ASE d'un département français. Leur projet a été élaboré avec le soutien d'Enfants en Recherche de Famille (voir pages 38-39).
- Céline et Pierre ont adopté leur premier enfant au Vietnam. Ils avaient déposé un deuxième dossier au Vietnam… où les adoptions ont été suspendues. Ils ont repris espoir quand les démarches ont repris, mais ont dû déchanter. Le hasard d'un coup de téléphone les a orientés vers le Guatemala où ils se rendaient six mois plus tard (en octobre 2001), pour aller chercher leur deuxième enfant.
- Martine a un fils biologique. Elle a demandé un agrément en tant que parent célibataire et a rencontré Christian, qui a adhéré au projet d'enfant porteur d'un handicap moteur avec enthousiasme. Bien qu'opposé au mariage pour des raisons personnelles, il s'y est résolu pour renforcer les garanties d'accueil de l'enfant à venir. Au bout de quelques mois, en mai 2002, l'ASE d'un département leur confiait Thomas, 8 ans, qui est malvoyant.

Bien s'informer

Le détail des démarches, nous le verrons, varie selon qu'il s'agit d'une adoption nationale ou internationale (avec des spécificités selon les pays). Dans un cas comme dans l'autre, aucune information n'est à négliger ; il importe d'être à l'affût de toutes les confirmations possibles, qu'il faut ensuite croiser et vérifier pour s'assurer toujours que l'on reste dans la légalité, dans la transparence, pour soi et pour l'enfant qui voudra connaître son histoire. Il est essentiel de s'informer des changements qui peuvent se produire en matière de législation, de procédure, mais aussi de s'entourer de conseils, pour décider ensuite. En fait, un postulant déterminé devient vite un détective infatigable, une sorte de Tintin ou de Sherlock Holmes, avec pour seules armes sa patience, sa ténacité et la conviction que, tôt ou tard, il aboutira.

Sources d'informations possibles et complémentaires qu'il est utile de consulter

• Les associations de parents adoptifs

Elles se répartissent en deux grands groupes : les associations Enfance et Familles d'Adoption qui regroupent des familles ayant adopté en France et à l'étranger (ainsi que des adoptés majeurs) ; des associations par pays d'origine des enfants (APPO), dont certaines sont regroupées au sein du Mouvement de l'Adoption sans Frontières (MASF).

Toutes ces associations de parents adoptifs permettent d'avoir des informations en direct et quasiment en temps réel sur la situation de l'adoption en France et à l'étranger. Les rencontres avec des familles constituées remettent le projet dans une perspective vivante et réaliste ; les contacts avec d'autres parents permettent de savoir quels dossiers ont des chances d'aboutir ; le savoir-faire des associations permet de vérifier la légalité de la démarche entreprise ou de telle proposition d'apparentement, de connaître les conditions dans lesquelles sont recueillis les enfants selon les pays, les principaux facteurs de santé, etc.

• Les services et organismes spécialisés dans l'adoption

La Mission de l'adoption internationale (voir plus loin, p. 180-181) renseigne sur la législation stricte et la procédure des pays d'origine ; les services de l'Aide sociale à l'enfance savent s'il y a des enfants adoptables dans leur département ; les organismes autorisés pour l'adoption (voir plus loin, p. 174-178) connaissent particulièrement les enfants des pays avec lesquels ils sont en relation.

• Les médias

La presse et la télévision permettent de connaître la situation sociopolitique de tel ou tel pays, et d'évaluer l'intérêt de s'orienter éventuellement ailleurs : un coup d'État qui éclate dans un pays peut laisser supposer des troubles susceptibles de rendre difficile, voire impossible un séjour ; une guerre civile signifie également la suspension des adoptions pendant le temps nécessaire pour s'assurer de la disparition effective des parents. L'amélioration des conditions de vie dans un pays peut laisser présager une augmentation de l'adoption nationale, et donc d'un nombre moindre d'enfants proposés à des parents étrangers. Si certains journaux ou reportages sont friands d'un sensationnalisme qui peut nuire au sérieux, d'autres font un suivi plus rigoureux des réformes et de la législation françaises en matière d'adoption, de placement d'enfants, de droit de la famille.

• Le bouche à oreille

Très diffus, jouant à l'occasion un rôle décisif, il prend diverses formes : échanges entre familles adoptives au sein d'un département, informations reçues par le biais de parents, d'amis ou d'un médecin.

• Les listes de discussion sur l'adoption

Sources de renseignements sérieux, le contenu de certains messages est cependant parfois sujet à des réactions émotives personnelles ; une fois encore, il est important de vérifier, de croiser les informations.

• Le hasard, qui fait parfois si bien les choses…

Prenez votre bâton de pèlerin, explorez toutes les pistes, Soyez à la fois exigeants sur tout ce qui a trait à la légalité, et réalistes… et ne vous laissez pas décourager.

Et si, le temps passant, on souhaite modifier l'agrément ?

Il arrive qu'après avoir obtenu l'agrément, après avoir pris soin de remplir la fiche de renseignements en fin de procédure, l'idée que l'on se fait de l'enfant évolue encore. Il est alors possible de demander une modification de la notice qui accompagne l'agrément ou, dans les départements où il n'y a pas de notice jointe, un avenant (un complément) aux enquêtes sociales et psychologiques.

Quelles peuvent être les raisons de modifier un agrément ?

• Un changement de situation familiale

« Au départ, nous avions demandé notre agrément pour un seul enfant, plus jeune que notre fils (âgé de 8 ans). Puis, mon mari a pu bénéficier d'une cessation progressive d'activité. Cette plus grande disponibilité nous a encouragés à envisager l'adoption d'une fratrie. »

• Un enfant plus grand

« À l'origine, nous étions attachés à l'idée d'accueillir un enfant jeune (moins de trois ans) ; puis nous nous sommes liés d'amitié avec un couple qui avait accueilli un enfant de cinq ans, nous les voyions régulièrement, nous avons pu constater que toutes les activités, le soutien qu'ils lui apportaient, réveillaient en nous une fibre sensible, les aller-retour de l'enfant entre la petite enfance et son désir d'avancer, ses colères même (!) : tout cela était si riche et si fort ; et puis, nous n'avions plus vingt ans… changer les couches, se lever dans la nuit, était-ce vraiment notre truc ? »

Ces changements reflètent une réévaluation de la capacité d'accueil de l'enfant au vu d'une évolution de la situation personnelle, d'expériences nouvellement acquises depuis l'agrément, et ils prennent compte d'une réflexion qui a évolué avec le temps.

Généralement, l'assistante sociale demande à rencontrer les postulants, afin de s'assurer que la nouvelle orientation demandée a effectivement été réfléchie, qu'elle correspond à un désir authentique et qu'elle n'est pas le reflet d'une fuite en avant, d'une décision prise « en désespoir de cause », par crainte de ne pas aboutir.

Quand nous avons commencé notre démarche d'agrément, notre aîné avait trois ans. Pour nous, notre deuxième enfant devait être plus jeune que le premier, pour respecter l'ordre d'arrivée dans la famille. Nous sommes donc partis sur l'idée d'un bébé. Le temps a passé. Notre fils a maintenant six ans. Est-ce vraiment un bébé que nous attendons ? Après réflexion, nous demandons à ce que la notice de renseignements jointe à l'agrément fasse apparaître notre souhait d'adopter un enfant plus jeune que notre fils, indiquant que c'est là la seule limite d'âge que nous nous fixons désormais.

Des candidats à l'adoption

La lettre de motivation

Mettre des mots sur le désir d'enfant

La démarche d'agrément exige des postulants qu'ils mettent des mots sur leur désir d'enfant, sur la famille qu'ils rêvent de fonder, sur l'enfant qu'ils souhaitent accueillir. Qu'ils se tournent vers un département français autre que celui où ils résident ou vers l'adoption internationale, les candidats à l'adoption doivent se présenter au moyen d'un courrier.

Une des pièces importantes du dossier est la lettre de motivation, c'est-à-dire la lettre dans laquelle ils exprimeront les raisons pour lesquelles ils se sentent en mesure d'accueillir tel ou tel enfant, où ils décriront ce qu'ils peuvent offrir en termes de disponibilité, de cadre de vie, d'environnement familial, physique, social, etc.

S'il existe un enfant adoptable dans un département, les dossiers des personnes titulaires d'un agrément résidant dans ce même département sont automatiquement examinés : en dehors de la lettre annuelle à la date anniversaire de l'agrément, il n'est donc pas nécessaire de « faire acte de candidature » ; mais il n'est pas interdit non plus de donner de ses nouvelles, de faire savoir qu'on est toujours motivé.

Inutile d'attendre d'avoir l'agrément pour commencer à y réfléchir : certains parents disent s'être penchés sur leur lettre de motivation vers la fin de la procédure d'agrément, quand ils savaient que les enquêtes étaient favorables. Souvent, ces parents ont déjà une idée du pays, du département ou de l'organisme autorisé pour l'adoption vers lequel ils comptent s'orienter et ils n'attendent pas d'avoir l'agrément pour commencer à constituer un dossier.

Une lettre comme prolongement du projet

Cette lettre doit être en harmonie avec les enquêtes qui ont été menées : le projet évoqué doit être celui qui a été décrit lors de l'investigation sociale et psychologique, et qui est normalement consigné dans les rapports (rappelons qu'il est possible de demander des modifications en cas de désaccord avec quelque élément des rapports, au moment où ils sont communiqués).

Il ne s'agit pas pour autant de recopier ce qu'ont dit des postulants les professionnels ! C'est aux futurs parents de parler d'eux-mêmes afin que le lecteur ait l'impression de les avoir rencontrés, de les connaître.

Cette lettre, très personnelle, doit être écrite avec le cœur, avec sa raison, avec tout ce qu'on est. Ce n'est pas un exercice de style qui est recherché, c'est un ressenti. Seuls les parents potentiels peuvent l'écrire, personne d'autre à leur place. Toutefois, s'ils craignent de laisser passer quelque maladresse de style qui leur causerait des soucis inutiles, si l'orthographe n'est pas leur fort et que cela les angoisse, ils peuvent, pour se rassurer, la montrer à quelqu'un de confiance pour relecture.

Il ne faut pas hésiter à y consacrer du temps, à l'écrire, à la réécrire, jusqu'à en être satisfait, jusqu'à s'y reconnaître. Il vaut mieux ne pas envoyer le premier « jet », mais le garder, pour le relire quelques jours plus tard.

Cette lettre sera sensiblement la même quelle que soit la démarche choisie, avec bien évidemment des modifications qui seront apportées, selon le destinataire.

Être sincère

La sincérité est essentielle. Plus on est vrai avec soi-même, plus cela sera ressenti comme tel par le lecteur – directeur des services sociaux, responsable d'un OAA, directeur d'orphelinat, avocat, membres du Conseil de famille ou de la commission (selon les pays) qui décideront ou non de l'apparentement, juges…

Manuscrite ou imprimée ?

Si vous ne devez envoyer que quelques lettres, il est préférable d'écrire à la main : une lettre manuscrite donne plus de force aux sentiments exprimés qu'une lettre imprimée, dont on peut soupçonner qu'elle a été reproduite à plusieurs exemplaires.

La lettre imprimée permet de joindre plus de personnes à la fois.

Si vous optez pour cette dernière solution, songez à personnaliser votre lettre, en indiquant le nom et les coordon-

Chaque fois, nous nous sommes enfermés tout un week-end pour écrire notre lettre de motivation : comme trame, nous avons utilisé le questionnaire de l'ASE, mais nous avons ajouté plein de choses. Nous avons parlé de notre désir d'enfant, de nous, de notre éducation, de notre enfance, de la façon dont nous souhaitions élever notre enfant, des cousins qu'il aurait…

Tout cela a donné une lettre assez longue, de cinq à six pages. Nous étions partis sur l'idée qu'à la fin, le lecteur devait avoir l'impression d'avoir passé une heure à dialoguer avec nous.

Je crois qu'il ne faut pas hésiter à « vendre » sa capacité à être parent. Si nous ne le faisons pas, personne d'autre ne le fera pour nous.

Les parents de trois enfants adoptés

nées de votre destinataire et en ajoutant chaque fois quelques phrases particulières.

N'oubliez pas de signer la lettre, d'une couleur différente de celle utilisée pour imprimer, afin de bien montrer qu'il ne s'agit pas d'une photocopie.

Des photos jointes à la lettre permettent aussi de se faire connaître et de montrer le futur cadre de vie de l'enfant. Les clichés sont plus « vivants » et plus flatteurs que des photos d'identité.

Les meilleures photos sont celles qui montrent les parents de façon relativement détendue et naturelle : il y a un juste milieu à trouver entre la photo raide, où l'on est coincé dans son meilleur costume, et les tenues ou les poses trop relâchées autour d'une table chargée de bouteilles vides, à la fin d'une fête.

Pour les enfants qui sont déjà dans la famille, il est inutile de les conduire tout endimanchés pour une séance chez le photographe ; celles qui les montrent jouant ou se livrant à leur passe-temps favori conviennent bien mieux.

Conseils

Conservez toujours les originaux des documents demandés.

Dans presque tous les cas, on vous demandera les pièces suivantes :

- agrément (avec ou sans notice)
- enquête sociale
- évaluation psychologique
- lettre de motivation
- le cas échéant, photos des parents potentiels, du cadre de vie, etc.

Rappel : n'oubliez pas de confirmer chaque année que vous êtes toujours candidat à l'adoption et si vous souhaitez toujours accueillir un pupille de l'État.

Et après ?

N'hésitez pas à téléphoner : d'une part cela peut débloquer une situation en limitant les malentendus, d'autre part, prendre des nouvelles apporte aussi un certain soulagement. Mieux vaut entendre que sa candidature ne sera pas retenue que de rester dans l'attente.

Au départ, on nous avait dit que notre dossier avait très peu de chances d'aboutir : imaginez, un projet pour un enfant jeune, alors que nous en avions déjà deux. Mais il en fallait plus que cela pour nous décourager. Tous les quinze jours, nous prenions le téléphone et nous appelions. Huit mois plus tard, nous étions sur place, pour rencontrer notre enfant. La responsable du service nous a alors dit que notre dossier était tout d'abord au bas de la pile, sous les dossiers des couples sans enfants. Au bout de quelques coups de fil, elle l'avait ressorti, pour l'étudier, puis pour le replacer en haut de la pile.

Des parents adoptifs

Un coup de téléphone, sous prétexte de s'assurer que la lettre est bien arrivée, permet d'en savoir un peu plus. L'expérience de certains adoptants montre qu'il n'est pas inutile de renouveler les appels et les courriers, en veillant toujours à rester courtois. Il faut éviter le harcèlement tout en communiquant son désir profond de devenir parent.

Certains organismes ou interlocuteurs invitent les parents potentiels à donner régulièrement de leurs nouvelles, d'autres ne le font pas ou décrivent la situation de façon décourageante, sans pour autant dire clairement que le dossier est refusé.

Dans ces deux cas, il ne faut pas se décourager mais reprendre l'initiative. Cet équilibre est très difficile à trouver, surtout quand on est dans l'attente du premier enfant ; pour le second, que l'on désire tout aussi fort, une certaine sérénité semble plus fréquente, du moins en début de démarche…

Nous avons envoyé notre dossier dans un département français, sur le conseil d'Enfants en Recherche de Famille (ERF-EFA), avec lesquels nous avions mûri notre projet : l'ASE de ce département avait contacté ERF. Le temps a passé. Pas de réaction, pas de réponse. Nous avons donc appelé l'ASE : oui, ils avaient bien reçu notre dossier, oui, notre candidature les intéressait beaucoup, mais ils hésitaient à nous faire déplacer depuis l'autre bout de la France ! Deux jours plus tard, nous étions dans le bureau de l'assistante sociale. Une semaine plus tard, le Conseil de famille décidait de nous confier un enfant.

Des parents adoptifs

L'adoption, combien ça coûte ?

Prévoir un budget

Un enfant n'a pas de prix mais son arrivée dans une famille entraîne forcément des coûts. Il y a quelques années, une enquête nationale estimait à environ 700 € le coût mensuel d'un enfant (tous frais inclus).

Il faut prévoir la chambre – mais pour un enfant adoptif, ne la prévoyez pas trop tôt : qui sait ? Il sera peut-être plus grand que prévu, et ne voudra pas de petits moutons roses et blancs se bousculant sur la tapisserie ; ou bien il arrivera avec un frère ou une sœur. Il y a le jardin à clôturer, pour qu'il n'aille pas sur la route, un sèche-linge à acheter, une voiture plus grande à prévoir, etc.

Un enfant ne se pense évidemment pas en termes matériels, mais commencer à réfléchir à ces détails, à mettre un peu d'argent de côté, ne serait-ce que symboliquement, c'est une façon de se préparer à l'arrivée de l'enfant, de lui ouvrir une place, de s'adapter déjà à lui.

Considérer la dimension financière et matérielle de l'accueil de l'enfant tout en réfléchissant à la vie qu'on veut lui offrir, c'est se libérer d'angoisses matérielles qui pourraient jeter une ombre sur la rencontre, c'est aussi une façon de mieux sonder ses désirs.

L'adoption suppose également des frais additionnels que n'entraîne pas l'arrivée « biologique » d'un enfant. Dès le début, et quelle que soit l'orientation que prendra ensuite le projet, il faut prévoir que l'on va dépenser bien plus qu'à l'ordinaire en téléphone (surtout s'il faut appeler à l'étranger), en courrier, en photocopies, en reproduction de photos, en achats éventuels de livres (encore que beaucoup d'associations départementales de parents adoptifs mettent une bibliothèque à disposition de leurs adhérents), en déplacements éventuels pour rencontrer des familles adoptives ou des organismes.

Au-delà de ces frais communs à toutes les procédures, le budget à prévoir varie beaucoup selon que l'on adopte en France ou à l'autre bout du monde, selon que l'on doive effectuer un long séjour dans un pays ou payer des honoraires importants aux personnes sur place qui vont accomplir les démarches (avocat), selon l'aide que l'on versera à l'orphelinat où a été placé l'enfant.

Le coût d'une adoption en France

En France, l'adoption d'un pupille de l'État n'entraîne aucun coût administratif ni juridique pour la famille adoptante. L'État étant le tuteur, les frais afférents aux besoins de l'enfant sont pris en charge par les pouvoirs publics, et les formalités à accomplir sont considérées comme faisant partie du travail habituel des services sociaux concernés.

L'enfant a été suivi médicalement, il a reçu les vaccinations obligatoires et son carnet de santé est tenu à jour.

Les seuls frais éventuels que devra prendre en charge la famille seront des frais de déplacement, si l'enfant confié vit dans un autre département (de métropole ou d'outre-mer) : déplacements pour rencontrer l'ASE, puis pour rencontrer l'enfant, ainsi qu'un billet de train ou d'avion, éventuellement, pour le ramener à la maison.

Nous avons adopté notre petit garçon à l'autre bout de la France. C'était un enfant qui avait subi des sévices et qui avait été placé en famille d'accueil. Enfant très meurtri, dans sa chair et dans son esprit, il dut être préparé très progressivement à l'idée d'une famille. Nous avons fait de nombreuses visites, avec des séjours à l'hôtel.

Financièrement, ce fut très dur. Aussi, quand nous sommes arrivés chez nous avec l'enfant, l'ASE de notre département nous a « versé » pendant deux mois l'équivalent des frais de garde d'un enfant en nourrice : ça nous a beaucoup aidé.

Des parents adoptifs

Si l'enfant adopté en France a été confié à un organisme autorisé pour l'adoption (OAA), ce dernier demandera des frais pour couvrir une participation au fonctionnement de l'OAA, aux frais de placement de l'enfant ainsi qu'à l'aide apportée à la mère (hébergement éventuel de celle-ci avant l'accouchement, dans le cas d'un nourrisson). Tous ces frais, qui doivent être détaillés, peuvent être évalués d'environ 1 500 à 2 500 €.

Certains OAA, notamment ceux qui confient des enfants handicapés, ne font pas payer de frais : les parents sont alors libres de leur faire un don.

Le coût d'une adoption à l'étranger

Aux différents coûts évoqués ci-dessus, viennent s'ajouter deux sortes de frais, qui interviennent au moment de la démarche, avant l'apparentement : ce sont les frais de communication et les frais de dossiers.

Les frais de communications (téléphone) seront plus importants que pour une adoption en France. Renseignez-vous auprès des opérateurs : il existe des formules spéciales qui permettent de réduire la facture.

Pour les frais d'envoi de dossiers, ne cherchez pas les modes d'envoi les plus économiques. Pour éviter les lenteurs et le risque de voir s'égarer les dossiers, il est vivement conseillé d'utiliser un acheminement suivi et garanti offert par un service spécialisé, type Chronopost, DHL ou autres. Ce type d'envoi est également conseillé quand vous habitez en province et que vous devez envoyer vos passeports au consulat du pays d'origine de l'enfant pour obtenir les visas d'entrée et de séjour.

Le coût de tels envois peut aller de 25 à 75 €, selon les garanties proposées : toutes ne sont pas toujours nécessaires, certaines, telles qu'une remise en main propre, peuvent être précieuses suivant les situations.

Selon le pays, les frais de dossiers comprendront le coût de traduction du dossier : cela peut s'élever à plusieurs centaines d'euros, dans la mesure où toutes les pièces doivent être traduites par un traducteur officiel ou assermenté, dont la liste est communiquée par la MAI ou par l'ambassade du pays. Demandez des devis comparatifs (qui peuvent varier du simple au double), bien que pour certaines langues plus rares, les traducteurs assermentés ne soient pas nombreux.

Ces frais se multiplient parfois par deux, puisqu'il faut aussi payer la traduction en français du jugement d'adoption et des pièces d'état civil de l'enfant. En outre, il faut parfois prévoir d'avoir recours sur place à un traducteur/interprète qui vous accompagne dans vos déplacements et vos démarches.

Pour certains pays, le dossier doit être en règle au départ de la France (la mairie peut s'en charger gracieusement) puis surlégalisé par le pays de l'enfant, pour une somme préétablie, qui fait partie le plus souvent des coûts de procédure versés à un avocat, à un OAA ou aux autorités compétentes. (Voir pages 171-178 l'explication de ces démarches.)

Les frais de voyage

Une fois que l'apparentement est fait, c'est-à-dire qu'un enfant a été proposé aux postulants et accepté, il faut penser au voyage.

Que l'on se rende dans le pays ou pas, il faut prévoir au moins un billet aller-retour pour un adulte (le parent ou la personne qui aura été chargée d'accompagner l'enfant : dans ce cas le voyage se fera en sens inverse), et un aller simple pour l'enfant.

On trouve des billets à prix réduit, mais ils supposent des contraintes (ils sont souvent non modifiables ou non remboursables, ou imposent un départ ou un retour par un autre pays de l'Union européenne) auxquelles il est important de réfléchir : le départ est parfois retardé au dernier moment ; ou alors, une fois sur place, la procédure prend parfois plus de temps que prévu. De tels contretemps peuvent obliger à acheter un nouveau billet (plein tarif cette fois-ci), et par là alourdir le budget bien au-delà de ce qu'on avait envisagé au départ.

J'habite en province… J'étais à l'aéroport quand on m'a appelée : c'était l'avocat, le dossier avait pris du retard car il était parti au mauvais tribunal : l'adoption qui aurait dû être prononcée le lendemain ne le serait que quinze jours plus tard. Il me conseillait donc d'attendre… Je suis rentrée chez moi, dans l'état que vous pouvez imaginer. Heureusement, j'avais fait l'effort financier d'acheter un billet normal, je n'ai donc pas eu de problème pour le modifier – ce qui était d'autant plus appréciable que je suis seule, et que j'avais un « budget » assez serré.

J'ai acheté des billets à tarif réduit, pour moi et pour l'enfant : la date de retour n'était pas modifiable. Jamais je ne le referai ! J'ai passé mon séjour là-bas à angoisser que toutes les formalités ne soient pas accomplies à temps, qu'il me faudrait acheter de nouveaux billets… Quand on adopte, pour la première fois, dans un pays qu'on ne connaît pas, on n'est pas dans son assiette, dans son état habituel, il faut donc tout faire pour minimiser les soucis, et pas en ajouter.

Une mère adoptive

Le séjour sur place

Ceux qui se rendent à l'étranger devront prévoir les frais d'un séjour sur place.

Ces frais varient d'un pays à un autre et selon la formule d'hébergement prévue. Dans certains cas, l'orphelinat, la pouponnière, ou la structure ayant accueilli l'enfant dispose d'hébergements, parfois sommaires, qui sont proposés aux parents.

On peut aussi trouver à se loger dans une mission religieuse ou humanitaire, mais là encore, le confort peut être très sobre (absence de climatisation ou de salle de bains).

Beaucoup d'adoptants, et des spécialistes de l'adoption, dont le docteur québécois Jean-François Chicoine qui dirige une consultation spécialisée dans l'accueil d'enfants nés à l'étranger, incitent les parents à s'installer dans un lieu confortable, par exemple un hôtel aux normes internationales, pour qu'ils puissent se consacrer tout entiers à l'accueil de l'enfant dans des conditions optimales, semblables à celles auxquelles ils sont habitués, et non pas dans des

Les autres adoptants étaient dans une mission religieuse, en plein centre-ville : c'était sympathique, pour pouvoir se promener, mais il n'y avait pas de climatisation et, surtout, pas de salle de bains. Quand je suis rentrée la première fois de la pouponnière avec mon fils, je l'ai déshabillé, je me suis déshabillée, et nous avons pris un long bain ensemble. Après ce bain, déjà, le petit visage se décrispait, les yeux commençaient à perdre leur regard anxieux…

Une mère adoptive

conditions où l'aspect matériel du quotidien viendrait à leur peser. L'enfant, de surcroît, commencera à s'habituer à un nouveau cadre de vie, ce qui favorise la transition vers son nouveau foyer. Un hôtel confortable peut coûter moins cher à l'étranger qu'un hôtel équivalent en France, mais pas toujours.

Les autres frais

À tout cela viennent s'ajouter d'éventuels frais de procédure, d'honoraires pour l'avocat chargé de représenter la famille au jugement d'adoption (obligatoire dans certains pays), de timbres fiscaux, d'obtention du passeport pour l'enfant, du visa de sortie, etc.

Dans le cas d'une adoption par un OAA, à tous ces coûts, qui devront être précisés, viendront s'ajouter les frais de gestion de la procédure, qui doivent, eux aussi, être décomposés au moment de l'acceptation du dossier. Les OAA ont pour obligation de détailler tous les coûts dès le début de la démarche. Les candidats éventuels peuvent déjà avoir une idée approximative du montant total en consultant les fiches concernant les OAA publiées sur le site Internet de la Mission de l'adoption internationale (voir page 181).

La prudence s'impose toutefois. Pour certains pays, notamment ceux où l'adoption n'est possible que par un OAA, les montants avancés par la MAI sont sensiblement analogues à ceux qui seront effectivement versés par les adoptants. Il n'en va pas de même pour tous les pays.

En outre, de grandes disparités peuvent exister au sein d'un même pays, selon le mode d'adoption choisi, voire même selon la région ou la ville. Nous avons vu que le mode de transport ou d'hébergement retenu et la durée du séjour pouvaient aussi peser sur le budget. Le mieux est de prendre contact avec des familles qui se sont rendues récemment dans le pays pour y adopter.

Il est impossible de détailler ici, pays par pays, le coût moyen d'une procédure. La fourchette se situe approximativement entre 4 500 € pour le Congo et 15 000 € pour le Guatemala ou la Bulgarie.

Les frais décrits ci-dessus représentent dans leur majorité des dépenses objectivement quantifiables. Certaines sommes demandées peuvent être tout à fait légales et cependant exorbitantes : c'est le cas, par exemple, des honoraires demandés par certains avocats au Guatemala, ce qui les placent parmi les mieux rémunérés au monde, avant même certains avocats exerçant aux États-Unis ; c'est le cas également des sommes que réclamaient les fondations en Roumanie, jusqu'à ce que les adoptions internationales soient suspendues en octobre 2001.

Peuvent s'ajouter, selon les circonstances, des frais de garde de l'enfant, de son suivi médical – parfois de celui de la mère de naissance.

La question des frais de garde d'un enfant suscite des interprétations fort diverses. Si une quelconque participation était liée à la durée du séjour de l'enfant dans l'orphelinat, ce dernier pourrait être tenté de le garder plus longtemps afin de s'assurer une « rentrée » d'argent plus importante.

Poussée à son extrême, cette logique aurait pour effet de rendre encore plus difficile l'adoption des enfants plus grands, puisque le coût de leur adoption serait plus important que celui d'un enfant petit.

C'est la raison pour laquelle Enfance et Familles d'Adoption préfère évoquer la notion de coût moyen lié à l'adoptabilité d'un enfant : les parents participeraient ainsi à la même hauteur, qu'ils adoptent un nourrisson ou un enfant plus grand ; les frais couvriraient non seulement la garde de l'enfant et sa prise en charge matérielle, mais aussi le suivi médical qui, lui donnant une chance de survie, permet de le rendre adoptable.

Les procédures qui conduisent à choisir des familles françaises pour les enfants doivent se dérouler dans le respect des parents et des enfants.

- Respect des enfants, qui ne sont pas des marchandises ; on ne choisit pas pour eux des parents à la loterie du carnet de chèques ou du numéro d'arrivée de dossier.
- Respect des parents d'origine par la certitude des volontés.
- Respect des parents adoptants qui ont le droit de dire quels enfants ils peuvent prendre pour leurs, par quelle voie ils choisissent de rejoindre ces enfants qui attendent ; respect de leur choix de s'engager ou non ultérieurement dans une aide (humanitaire) particulière en faveur du pays de leur enfant (ou d'un autre) ; respect enfin de l'angoisse de ceux qui se proposent parents à des enfants sans espoir.

Un contrôle des coûts

Quel que soit le pays ou la démarche retenus, la vigilance est essentielle : les parents doivent exiger de savoir à quoi sont destinées les sommes demandées.

En cas de doute, ils peuvent se renseigner auprès de la MAI, de

Les dons en nature permettent d'éviter les excès et les dérives. Une autre possibilité est d'acheter sur place des articles de première nécessité pour la pouponnière ou l'orphelinat, tels que des draps, des matelas, de la nourriture : on encourage ainsi l'économie locale tout en offrant à l'établissement des objets qu'il reconnaît.

Danielle Housset,
présidente d'Enfance et Familles d'Adoption

l'ambassade de France dans le pays, de l'ambassade du pays d'origine en France ou auprès de parents les ayant précédés dans cette démarche.

Certains actes liés à l'adoption ne sauraient en aucun cas être monnayés : c'est le cas, rappelons-le, du consentement à l'adoption.

La convention de La Haye souligne que les consentements, tant des parents de naissance que de l'enfant, lorsque le sien est requis en raison de son âge ou de sa maturité, doivent être reçus avant l'apparentement et ne sauraient être obtenus « moyennant paiement ou contrepartie d'aucune sorte » (art. 4).

Des notions telles que « gains matériels indus », « honoraires raisonnables » ou « rémunération disproportionnée » (voir encadré) restent encore à définir.

C'est la raison pour laquelle de plus en plus de voix s'élèvent pour demander un contrôle plus rigoureux des coûts liés à l'adoption : si les futurs parents se doivent d'être extrêmement vigilants, l'éthique en matière d'argent est une responsabilité qui incombe aux autorités des différents pays, et non aux seuls candidats à l'adoption.

Un moment particulièrement sensible

La vigilance doit être particulièrement vive au moment où les parents sont sur place, où ils se sont vus confier l'enfant et que des « imprévus » surgissent : placés dans une situation d'extrême vulnérabilité affective, les adoptants vivent souvent avec angoisse les délais administratifs, la lenteur de la démarche, qui peuvent leur paraître excessifs mais être normaux dans le pays où ils se trouvent.

La tentation est alors grande de faire avancer les choses à coups de « bakchich », de s'en remettre à quelque intermédiaire qui se présenterait, conseillé par le réceptionniste de l'hôtel ou par un chauffeur de taxi…

Cela dit, comme le reconnaît Johanne Lemieux, assistante sociale québécoise

> J'ai apporté un grand sac de médicaments de première nécessité, sur le conseil d'un pharmacien et d'un médecin qui partaient chaque année travailler dans le pays où j'allais adopter… Je savais que le dentifrice était très cher là-bas, que la directrice de l'orphelinat avait une fille scolarisée, j'ai donc apporté des tubes de dentifrice, un dictionnaire et un livre de grammaire française… Quand nos amis ont su que nous partions chercher notre enfant, ils ont organisé une collecte de jouets : des jouets en plastique, légers, faciles à transporter et à laver, à la différence des jouets en tissu ou des peluches. Ils y ont ajouté des vêtements… Nous sommes partis avec deux immenses sacs !
>
> Des parents adoptifs

qui fut un temps bénévole dans une agence d'adoption, « il y a toujours de l'argent échangé, mais cela peut être fait raisonnablement ».

À tout moment, il convient de se rappeler que l'argent n'a pas la même valeur partout, de comparer ce qu'on pourrait être amené à payer au salaire minimum, au salaire d'un instituteur ou d'un juge de ce pays. Ainsi, 50 € peuvent nous sembler peu de chose ; or il est des pays où cette somme permet de faire vivre une famille un mois.

La facilité à laquelle on peut être tenté de céder crée ou alimente la corruption et, par là, contribue à compliquer, ralentir et alourdir artificiellement les procédures, sinon pour soi du moins pour les adoptants qui suivront.

Gare aux amalgames !

On doit la transparence la plus totale à notre enfant qui, intuitivement, sentira si ses parents esquivent les questions. S'il est un point sur lequel les enfants adoptés ont besoin d'être rassurés, c'est précisément celui de l'argent.

Dans l'opinion populaire, l'amalgame entre adoption et trafic est fréquent, et il n'est pas rare qu'ils se voient demander si leurs parents les ont « achetés ».

Les textes internationaux invitent à la vigilance

Convention internationale des droits de l'enfant (CIDE), 1989

Les états parties qui admettent et/ou autorisent l'adoption s'assurent que l'intérêt supérieur de l'enfant est la considération primordiale en la matière, et :

[...] prennent toutes les mesures appropriées pour veiller à ce que, en cas d'adoption à l'étranger, le placement de l'enfant ne se traduise pas par un profit matériel indu pour les personnes qui en sont responsables. (art. 21)

Convention de La Haye, 1993

Les Autorités centrales prennent, soit directement, soit avec le concours d'autorités publiques, toutes mesures appropriées pour prévenir les gains matériels indus à l'occasion d'une adoption. (art. 8)

1. Nul ne peut tirer un gain matériel indu en raison d'une intervention à l'occasion d'une adoption internationale.
2. Seuls peuvent être demandés et payés les frais et dépenses, y compris les honoraires raisonnables des personnes qui sont intervenues dans l'adoption.
3. Les dirigeants, administrateurs et employés d'organismes intervenant dans une adoption ne peuvent recevoir une rémunération disproportionnée par rapport aux services rendus. (art. 32)

Comment financer son projet d'adoption ?

Si les postulants s'interrogent sur les coûts de l'adoption, ils restent souvent pudiques sur la façon dont ils espèrent pouvoir financer leur chemin effectif vers l'enfant. Pour la plupart, ils y songent très tôt, car ils savent que leurs chances de se voir proposer un enfant dans leur propre département sont relativement minces, eu égard au nombre de candidats à l'adoption.

> Je suis célibataire, je vis avec un salaire moyen, je sais que je pourrai subvenir aux besoins de mon enfant ; mais pour adopter, n'ayant personne sur qui m'appuyer financièrement, j'ai dû faire un emprunt sur six ans. C'est vrai que c'est dur… Mais je n'avais pas le choix.
>
> Une candidate à l'adoption

L'argent est, certes, un aspect incontournable de l'adoption internationale, un aspect parfois discriminatoire ; pourtant, chaque année, des candidats à l'adoption aux revenus proches du SMIC mènent à terme des procédures lointaines.

Quelques conseils

- Si vous devez faire un emprunt pour l'achat d'un bien immobilier ou d'une voiture, essayez de vous réserver une marge de manœuvre pour, le cas échéant, négocier un prêt personnel qui permettra de financer une partie des frais (des adoptants racontent avoir trouvé un soutien chaleureux auprès du personnel de leur agence bancaire, des mutuelles, entreprises ou conseils généraux…).
- La famille, les futurs grands-parents viennent parfois en aide : dans ces cas-là, il est important de mesurer la dimension affective que représente cette aide. Autant elle peut être perçue comme une façon

Exemple d'une aide financière accordée par un conseil général

En 2002, le conseil général du Finistère accordait une aide financière à l'adoption. Le prêt accordé était d'un montant maximum de 4 600 € sans intérêt, remboursable sur 4 à 6 ans. La famille devait remplir les critères suivants : le quotient familial ne devait pas dépasser 1 200 € ; l'arrivée de l'enfant devait être imminente ou effective. Les pièces à joindre au dossier comprenaient :

- une attestation de l'organisme autorisé pour l'adoption ou de tout autre organisme certifiant l'arrivée de l'enfant ;
- les photocopies des bulletins de salaire ;
- des documents permettant de justifier la demande (état des dépenses engagées : frais de l'organisme, traduction, voyage, hébergement, etc.) ;
- un questionnaire à remplir.

Pour savoir si de telles aides existent dans votre département, adressez-vous à l'Aide sociale à l'enfance.

pour la famille élargie de s'impliquer, de s'ouvrir à l'enfant, autant elle ne doit pas peser dans les relations ultérieures, ni entraîner un quelconque « droit de regard » sur l'éducation de l'enfant ou son avenir, ni risquer des petites phrases assassines du style : « Heureusement qu'on était là pour prêter de l'argent à tes parents ! »

Songer à tous ces aspects communs à toutes les démarches d'adoption permet de continuer à avancer vers l'enfant et de se préparer à son arrivée. C'est encore la meilleure façon de gérer l'attente parfois si longue.

Continuer de vivre, de vaquer à ses occupations quotidiennes et de profiter de ses loisirs habituels, tout en concentrant un maximum de ses énergies sur le projet d'adoption afin qu'il se réalise est un équilibre difficile qu'il faut tenter de conserver, afin d'être dans les meilleures conditions possibles pour accueillir l'enfant.

Les candidats trouveront autour d'eux des personnes pour les épauler et pour entendre leur impatience, tout particulièrement parmi des familles qui ont déjà vécu ce moment particulier. Toutefois, ils ne peuvent espérer trouver ailleurs qu'en eux-mêmes l'énergie et la ténacité indispensables à l'heureux aboutissement de leur rêve. Dur et difficile défi que nous lance notre enfant, avant même d'être physiquement là. Sachant qu'au bout du compte, nous oublions les difficultés quand nous le rencontrons.

Chapitre 3

L'adoption nationale

L'enfant venu d'ailleurs n'arrive pas toujours d'un pays étranger. Il peut nous attendre dans une ville voisine, dans un département de métropole ou d'outre-mer, quelque part en France.

Les pupilles de l'État

Une évolution significative

Il y a encore quelques décennies, l'adoption par des familles françaises était essentiellement tournée vers des enfants français, principalement les pupilles de l'État : c'est dans le but de trouver des familles pour les orphelins de la guerre de 1914-1918 que l'adoption, jusque-là réservée aux majeurs et à des fins essentiellement successorales, fut étendue aux mineurs en 1923.

Afin d'assurer à l'enfant une place centrale, irremplaçable, dans sa nouvelle famille, il sembla à l'époque prudent au législateur que les adoptants n'eussent pas d'enfants et fussent en âge, du moins pour la mère, de ne plus procréer : la crainte était qu'en présence d'un enfant biologique, l'enfant adopté connaisse un second délaissement, affectif cette fois-ci, au sein de sa famille adoptive.

On l'a vu, l'âge minimum requis a été abaissé ; et, depuis 1966, l'adoption en présence d'enfants (biologiques ou adoptés) est autorisée.

L'image de la famille dont l'enfant délaissé a besoin ressemble désormais à la « famille moyenne ».

Cet élargissement de l'éventail des adoptants possibles, dont le nombre a augmenté d'année en année, et le fort recul du nombre des pupilles a conduit les postulants à s'orienter de plus en plus vers l'adoption internationale.

Où s'adresser ?

Pourtant, il y a des enfants adoptables en France, c'est-à-dire en métropole et dans les départements d'outre-mer.

La grande majorité sont des pupilles de l'État (les autres étant essentiellement des enfants adoptés au sein de leur famille élargie, ou bien par le conjoint de leur parent).

Au sein de chaque département, la tutelle des pupilles est assurée par le préfet, assisté du Conseil de famille des pupilles de l'État). Ils assument ensemble la responsabilité des décisions majeures pour le devenir de l'enfant (mode de placement, traitement médical, orientation scolaire) comme le ferait un père ou une mère de famille.

Le suivi de la prise en charge de l'enfant (dans l'institution ou en famille d'accueil, suivi scolaire, psychologique ou médical, ou tout autre geste de « garde et d'attention » au quotidien) incombe au service de l'Aide sociale à l'enfance (ASE), qui dépend du conseil général.

L'ASE rend compte au Conseil de famille de la situation et de l'évolution de l'enfant. C'est le Conseil de famille qui sera chargé, le moment venu, de lui choisir une famille.

D'autres enfants sont confiés dès leur naissance, par leurs parents d'origine ou sur leur demande, à une œuvre privée, un organisme autorisé pour l'adoption (OAA). Dans ce cas-là, l'organisme qui a recueilli l'enfant est chargé d'organiser sa tutelle : il constitue un conseil de famille privé (avec le juge des Tutelles dépendant du lieu de naissance de l'enfant), qui choisira des parents pour l'enfant.

L'apparentement par l'Aide sociale à l'enfance, dans le département où réside le postulant

Choisir une famille pour un enfant, lui trouver des parents : telle est la délicate mission d'apparentement que devront prendre un nombre restreint de personnes.

Que la tâche incombe au Conseil de famille des pupilles de l'État ou à un conseil créé par un organisme autorisé pour l'adoption, seuls seront examinés les dossiers de postulants titulaires d'un agrément valide, c'est-à-dire obtenu il y a moins de cinq ans et confirmé chaque année.

La seule exception qui pourra être faite concernera le cas d'une famille d'accueil auprès de laquelle l'enfant a été placé, et qui aurait manifesté son désir de le garder auprès d'elle et d'en devenir ses parents. Le dossier sera alors examiné avant celui des autres candidats. Maintenir l'enfant auprès de l'assistante maternelle représente pour lui un avantage incontestable, lorsque se sont noués, avec tous les membres de la famille, des liens affectifs suffisamment solides pour qu'on les envisage comme permanents.

Le Conseil de famille des pupilles de l'État doit connaître tous les agréments en cours. Cependant, tous ne sont pas étudiés chaque fois qu'un projet d'adoption est fait pour un enfant. Les responsables de l'ASE préparent trois à quatre dossiers pour chaque cas à examiner. Le Conseil peut toutefois exiger d'autres présentations (dossiers plus « anciens », ou de parents « plus jeunes » ou de « familles avec enfants », familles acceptant expressément des enfants maghrébins, noirs, etc., dossiers de postulants résidant hors du département).

Si, au moment de la démarche en vue d'obtention de l'agrément, un postulant a indiqué son souhait d'accueillir un pupille, le dossier ne sera présenté au Conseil de famille que s'il est susceptible de correspondre à l'attente et aux besoins de l'enfant : ainsi, le dossier d'un postulant souhaitant adopter un nourrisson ne sera pas étudié si l'enfant à confier a six ans.

L'apparentement par l'Aide sociale à l'Enfance, dans un autre département

Les postulants peuvent aussi chercher à savoir si leur projet est susceptible de retenir l'attention d'autres départements ; il convient dans ce cas de prendre contact avec leurs services d'aide sociale à l'enfance.

Les informations par téléphone étant généralement lacunaires et laconiques, le mieux est de laisser une trace de sa démarche, en envoyant une photocopie de l'agrément, de la notice (si le département en délivre une), du bilan psychologique et du rapport de l'enquête sociale, ainsi qu'une lettre de motivation avec, le cas échéant, des photos de la famille et du cadre de vie.

Si l'on désire devenir parents d'un enfant « jeune et en bonne santé », une telle démarche a peu de chances d'aboutir : ce projet-là constitue la majorité des demandes d'adoption que reçoivent tous les départements.

Par ailleurs, il est souvent inutile d'envoyer un courrier si l'ASE déclare catégoriquement ne pas avoir d'enfant correspondant aux souhaits des postulants.

En revanche, si la réponse semble laisser une porte ouverte, les adoptants ne doivent pas hésiter à faire connaître leur candidature, à communiquer leur motivation sincère et à décrire leur projet et son évolution depuis la procédure d'agrément. Mieux vaut écrire pour rien que laisser passer une chance pour ce département de trouver enfin la famille qu'un enfant attend.

Des informations complémentaires

Le détail de la procédure peut varier d'un département à un autre. Avant que le Conseil de famille se réunisse, l'assistante sociale de l'Aide sociale à l'enfance peut reprendre contact par téléphone avec les postulants dont les dossiers ont été retenus, pour s'informer d'éventuelles démarches entreprises ailleurs, du stade où elles en sont (le dossier ne sera pas étudié si les adoptants ont déjà été apparentés avec un enfant), et pour s'assurer que la motivation demeure intacte. Elle peut également souhaiter savoir si des changements se sont produits dans la situation familiale depuis la confirmation de l'agrément (par exemple, l'annonce d'une naissance).

Selon le dossier, l'assistante sociale peut demander à rencontrer les postulants, surtout s'ils résident dans un autre département : elle n'aura en effet pas eu l'occasion de les connaître au moment des investigations sociales.

Le Conseil de famille

Qui siège au Conseil de famille ?

Selon l'article L. 224-1 du Code de l'action sociale et des familles, le Conseil de famille est composé « des représentants du conseil général désignés par cette assemblée, sur proposition de son président ; des membres d'associations à caractère familial, notamment issus de l'union départementale des associations familiales, d'associations d'assistantes maternelles et d'associations de pupilles et anciens pupilles de l'État [...] ; de personnalités qualifiées désignées par le représentant de l'État dans le département. » Parmi ces personnalités qualifiées peuvent figurer le procureur de la République et l'inspecteur d'Académie.

Le Conseil de famille réunit donc tant des professionnels que des parents et anciens pupilles, c'est-à-dire des personnes directement concernées par les liens familiaux et les questions de délaissement. Ses membres, nommés pour un mandat de six ans renouvelable une fois, sont tenus au secret professionnel.

L'annonce de la décision

La décision prise par le Conseil de famille est notifiée quinze jours plus tard à la famille par l'assistante sociale, qui envoie un courrier recommandé, mais aussi qui téléphone, surtout quand elle pense que les personnes peuvent être difficilement joignables par courrier : il est important de toujours indiquer dans le dossier plusieurs numéros de téléphone où l'on peut être contacté (domicile, travail, portable, etc.).

Elle informe les postulants retenus que le Conseil de famille se propose de leur confier un enfant, et elle les invite à la rencontrer pour avoir plus d'informations. Cette rencontre ne les engage pas d'emblée à prendre l'enfant. Elle a pour but de leur donner des éléments leur permettant de décider librement.

Les organismes autorisés pour l'adoption (OAA) en France

Un organisme privé

Ces organismes privés se voient confier des enfants par des parents ne souhaitant pas les remettre à l'Aide sociale à l'Enfance.

Les raisons qui peuvent conduire un parent à préférer un OAA à l'ASE sont diverses. Pour certains, les services sociaux sont encore assimilés à l'ancienne Assistance publique : ils ont l'impression d'« abandonner » l'enfant s'ils le laissent à l'État ; ils ont peur d'être jugés, d'être considérés comme de « mauvais parents », et préfèrent donc le « confier » à un OAA.

Pour d'autres, surtout des jeunes femmes en difficulté qui ont caché leur grossesse et qui craignent pour leur vie ou pour celle de leur enfant, l'OAA représente un refuge : une prise en charge de la mère, avec hébergement, est mis en place par certains organismes.

Les OAA qui recueillent des enfants nés en France œuvrent également à l'étranger, et le nombre d'enfants nés en France qu'ils ont à placer est relativement faible, quelques dizaines pour des centaines de dossiers de candidature.

OAA recueillant des enfants nés en France

Voir pages 102-103 le nom des OAA qui se voient confiés des enfants handicapés nés en France.

Autres OAA recueillant des enfants nés en France :

- La Famille adoptive française
90, rue de Paris
92100 Boulogne
Tél. : 01 48 25 61 86
Fax : 01 46 04 11 87
E-mail : contact@afaf.org
Site Internet : http://www.afaf.org

- Les Nids de Paris
83, avenue de Saint-Mandé
75012 Paris
Tél. : 01 43 43 25 38

Pour savoir si ces OAA sont autorisés à accepter des candidatures dans votre département, contactez l'Aide sociale à l'Enfance.

Un OAA agréé

Quand un OAA retient une candidature de postulants, c'est lui qui décide s'il garde le dossier pour la France ou pour un autre pays dans lequel il œuvre ; c'est lui également qui choisit la famille selon les besoins de l'enfant.

Dans tous les cas, un conseil formé par les responsables de l'organisme est mis en place pour étudier les dossiers des candidats et des enfants et pour procéder à un apparentement. Des contacts auront été pris au préalable avec les candidats, par téléphone, avant de fixer une rencontre pour un entretien.

Pour savoir si votre dossier est susceptible d'intéresser un OAA, il est nécessaire d'entrer en contact avec son secrétariat. La première chose à faire toutefois est de vous assurer que cet OAA est agréé dans votre département, c'est-à-dire qu'il est compétent pour accepter des candidatures des personnes y résidant. En effet, le conseil général délivre un agrément aux OAA qui ont (ou doivent avoir) des familles référentes à proximité ; celles-ci rencontreront les candidats à l'adoption, puis assureront un suivi postadoption, deux obligations de ces organismes autorisés.

Si l'OAA est agréé dans votre département, le dossier à constituer est le même que pour les ASE, avec une lettre de motivation, l'agrément, le rapport de l'enquête sociale et le bilan psychologique, ainsi que des photos des parents et du cadre de vie. Si la candidature intéresse l'OAA, cette dernière proposera une première rencontre avec le couple référent, puis des entretiens avec des responsables nationaux pour approfondir le projet d'adoption.

> On est plus serein à partir du moment où on sait que l'association nous garde… On n'est plus dans un rapport de demande. C'est l'attente, mais on sait qu'on aboutira…
>
> Des parents adoptifs

La première rencontre

La mise en relation

Qu'elle se fasse par l'ASE ou par un OAA, la mise en contact d'un enfant et de sa famille est sensiblement la même. Dans ce dernier cas, les futurs parents sont d'abord reçus par l'assistante sociale ou par un autre membre du service de l'Aide sociale à l'enfance chargé des adoptions, qui leur apporte des éléments d'information sur l'enfant. Elle décrit également les circonstances de l'abandon de l'enfant, son vécu jusque-là, son âge, son état de santé, etc. Les parents sont ensuite invités à réfléchir avant de prendre une décision.

Une fois que les parents se sont engagés, une photo de l'enfant leur est montrée, voire donnée, pour qu'ils puissent l'emporter chez eux. Si certaines assistantes sociales montrent la photo avant que les parents n'aient confirmé leur décision, la plupart s'y refusent, pour des raisons éthiques et psychologiques : on ne répond pas « oui » ou « non » en fonction d'une photo, on ne « choisit » pas un enfant sur sa simple apparence physique ; pour les parents potentiels, en outre, qui éventuellement seraient amenés à refuser l'adoption qui leur est proposée pour une raison quelconque, ils garderaient en eux les traits de cet enfant, avec tout ce que cela suppose de douloureux.

Et puis, un jour, l'OAA nous a dit : « À partir de maintenant, si vous avez l'intention de partir, prévenez-nous. » Alors là, on s'est douté que l'enfant était né, et que l'OAA avait décidé que nous devions en être les parents…

Des parents adoptifs

C'est le directeur du service des adoptions qui nous a reçus. L'assistante sociale était en vacances. Il nous a parlé de Matthieu. En fait, il nous a dit peu de choses, il ne voulait pas sortir du juridique. C'était très administratif, et assez réfrigérant.
Puis il nous a dit : « Vous n'êtes pas obligé de répondre tout de suite. » Il y a eu un silence. Nous étions là, assis autour de la table. Au bout d'un moment, nous avons demandé si nous pouvions parler en tête-à-tête. Il nous a ouvert la porte.
Nous nous sommes retrouvés dans le couloir. Pas une chaise, pas un endroit où s'asseoir et parler. Nous avons fait quelques pas, nous nous sommes regardés, et nous avons éclaté de rire. Nous étions euphoriques.
Nous sommes rentrés, et nous avons dit : « Voilà. Matthieu a des parents. »

Des parents adoptifs

La première rencontre

Dans le cas d'un enfant jeune, un deuxième rendez-vous est pris, pour permettre aux parents de rencontrer l'enfant, en présence de l'assistante maternelle et de l'assistante sociale (ou d'un représentant de l'OAA et des personnes ayant à charge l'enfant).

L'heure choisie est généralement une heure où l'enfant a été nourri, où il est censé être reposé. Il a été préparé à la venue de ses parents.

Ces visites sont renouvelées, laissant aux parents et à l'enfant le temps de s'apprivoiser. Les parents pourront, par exemple, donner le biberon, changer la layette, donner le bain. Cette première rencontre se déroule chez la nourrice (c'est généralement le cas pour un bébé placé en famille d'accueil) ou à la pouponnière.

Dans le cas d'un enfant plus grand, la mise en relation est progressive. Un entretien téléphonique et une deuxième rencontre avec l'assistante sociale qui a accompagné le placement de l'enfant permettent d'obtenir plus d'informations. L'image de l'enfant se précise, surtout quand l'assistante sociale arrive avec un album de photos. Les détails de son quotidien, chez sa nourrice ou en institution, permettent d'entrer un peu plus dans sa vie.

La première rencontre se déroule en présence de l'assistante sociale ou de la puéricultrice chargée de l'enfant, dans des locaux neutres, si possible connus de l'enfant : seuls sont présents les parents, l'enfant, l'assistante sociale et éventuellement le psychologue.

La rencontre chez la nourrice viendra plus tard : c'est une rencontre délicate, tant pour elle que pour les parents. Même si la nourrice a choisi de ne pas adopter l'enfant, elle s'est attachée à lui, elle voit arriver des personnes qui viennent le lui « prendre » : les réactions ou réflexions de la famille d'accueil sont

Nous avons adopté notre fille par un OAA… Elle était dans une pouponnière… On nous a conduits dans la pièce… Elle était dans son petit lit. Je l'ai prise dans les bras, j'ai pris mon bébé, je l'ai mis contre moi. « On est papa et maman, on est venus te chercher pour toute la vie. » Je le lui ai dit tout de suite. On est restés toute la journée, tard dans la soirée. Dans l'après-midi, pendant qu'elle dormait, nous sommes allés nous promener en ville, nous sommes passés devant un magasin de puériculture, et là nous avons craqué. Nous sommes entrés et nous avons acheté toute sa layette. Quand nous sommes revenus, elle était réveillée : je me souviens de ce regard inquiet. Nous lui avons donné le biberon et son bain. Nous lui avons mis le pyjama et nous sommes partis quand elle dormait, en laissant dans son lit un cadeau.

Un père adoptif

parfois difficiles à entendre pour les parents (« il/elle va nous manquer », « on l'aurait bien gardé si on avait pu », etc.). Il ne faut en aucun cas culpabiliser. Cet enfant attendait des parents ; il les a désormais.

Ces visites se font ensuite en sens inverse : c'est l'enfant qui vient visiter son nouveau domicile, en compagnie de l'assistante sociale qui, rapidement, le confie pour la journée entière à ceux qui se sentent désormais pleinement les parents.

La mise en relation se fait progressivement et s'intensifie. Vient le moment où l'enfant est prêt à entrer définitivement dans sa nouvelle maison.

Des sentiments particuliers

La première rencontre est un instant qu'on n'oublie jamais. Tout bascule.

Pourtant, le sentiment éprouvé n'est pas toujours comparable au coup de foudre des contes de fées ; comme pour n'importe quelle rencontre d'amour, cet instant merveilleux a tellement été attendu et imaginé que la réalité est souvent autre.

Il n'y avait que cinq mois que nous avions l'agrément… Nous nous étions dit qu'il nous faudrait trois ans pour adopter, nous avions demandé un agrément en Lettonie, nous travaillions beaucoup tous les deux. Et puis, un soir, il y a eu un message sur le répondeur, de l'assistante sociale, nous demandant de la rappeler. Et quand on l'a rappelée, qu'elle nous a dit qu'un petit garçon nous attendait… on est tombés des nues. Le lendemain, elle nous a reçus, elle nous a décrit le bébé, nous a montré une photo. Elle nous a dit qu'il était né sous X. Deux jours après, elle nous a menés chez l'assistante maternelle qui le gardait. Et là, j'ai craqué. L'assistante maternelle le tenait, elle m'a dit : « Dites-lui que vous êtes sa maman. » Je ne pouvais pas, je pleurais, j'étais tétanisée ; alors c'est elle qui le lui a dit. Au bout d'un moment, je l'ai pris dans les bras, je lui ai donné le biberon, fait des câlins, l'assistante maternelle l'a baigné. On était arrivé vers 3 heures de l'après-midi, il devait être 10 heures quand on est repartis.

Après ça, on a pratiquement squatté chez l'assistante maternelle : mon mari y allait le matin, pendant que je travaillais, je le rejoignais l'après-midi, et nous y passions toute la soirée. L'ASE avait prévu un temps d'adaptation de dix jours : le délai pour un précédent enfant avait été trop court, et le nourrisson avait fait de l'anorexie. Mais je crois que chaque situation est différente… Au bout d'une semaine, on lui a dit qu'on en avait assez, qu'on voulait prendre Philippe chez nous. Et c'est ce qu'on a fait.

Une mère adoptive

On se sent ému et attendri, on a les larmes qui coulent peut-être, la gorge sèche, on se sent humble et gauche devant cet enfant qu'on nous présente, on est pris de crampes, comme pour un accouchement, ou alors, on est (on se croit) calme, détaché presque, c'est plus tard que viendront les émotions.

Quelle que soit la réaction, il ne faut surtout pas s'inquiéter ! L'instinct maternel ou paternel, on le sait désormais, n'est pas toujours inné, l'attachement n'est pas toujours aussi spontané ou exprimable qu'on nous le dit. Une fois l'angoisse passée, les témoins sortis, l'intimité retrouvée, le temps fera son travail.

Inutile surtout de se sentir un mauvais parent si l'on éprouve un sentiment d'hésitation ; l'amour se tisse au fil du temps. Attention cependant au sentiment de déception, au geste de recul que le temps de la mise en relation devrait faire disparaître. Il faut admettre, de rares fois toujours douloureuses, qu'on ne peut pas être parent de tous les enfants de la terre. Encore faut-il pouvoir exprimer ce ressenti si besoin est.

Mais, de façon générale, les rencontres se rapprochent dans le temps, se prolongent. Puis vient le jour où les séparations deviennent impossibles : les parents sont autorisés à repartir avec l'enfant. La période transitoire est terminée ; la porte se referme sur cette nouvelle intimité à trois…

La première rencontre était dans les locaux de l'ASE, dans une pièce préparée à cet effet, avec des jouets et une petite table pour le goûter. Catherine avait l'habitude d'y aller, pour rencontrer la psychologue ou l'assistante sociale. Celle-ci avait préparé la rencontre avec l'enfant, comme elle l'avait préparée avec nous. Elle nous a dit que la petite avait monté un scénario, elle allait arriver, frapper à la porte et dire : « Qui c'est ? » Et elle s'attendait à ce que nous répondions : « Papa et maman ! »
Nous étions tous tendus, l'assistante sociale presque autant que nous. Elle nous avait prévenu que les enfants prennent parfois du temps avant d'appeler leurs parents « Papa » et « Maman », qu'il se pourrait qu'au lieu de frapper à la porte, elle s'enfuie dans le couloir…
Dans la cour, nous avons vu une voiture arriver. La porte s'est ouverte, une fillette est sortie comme une bombe, un bouquet de fleurs à la main. Elle a foncé dans la pièce, s'est jeté sur Gérard, et a dit : « Papa, c'est pour Maman ! »

Des parents adoptifs

L'adoption d'un enfant à particularité

Dans le cas des enfants handicapés ou présentant des problèmes de santé, la disponibilité des parents et le cadre de vie sont des éléments déterminants. Un projet de cette nature fait l'objet d'échanges approfondis au moment de la demande d'agrément.

Quand une famille semble convenir aux besoins d'un enfant précis, les questions sont de nouveau reprises, les aspects médicaux, psychologiques ou autres abordés en détail. Après cet échange, les parents sont invités à réfléchir de nouveau aux limites qu'ils se sentent ou non capables de franchir.

La mise en relation se fera de façon progressive, là encore, jusqu'au moment où l'enfant est prêt. Lorsque l'enfant est placé par un organisme, les parents peuvent rencontrer d'autres familles ayant accueilli des enfants présentant un handicap analogue.

Nous avons reçu un courrier de l'ASE nous demandant de prendre contact avec l'assistante sociale. Le lendemain, elle nous recevait et nous décrivait l'enfant, son âge, son ethnie, ses difficultés de santé. Elle nous a demandé d'y réfléchir et de reprendre contact avec elle deux semaines plus tard. Cette fois, nous avons rencontré le psychiatre qui suivait cette enfant, qui était aussi celui avec qui nous avions préparé notre agrément. Nous avons eu un historique plus détaillé ; on nous a montré sa photo ; nous avons dit que nous souhaitions être ses parents, mais on nous a imposé une nouvelle semaine de réflexion. Nous l'avons donc occupée à prendre nos dispositions, à annoncer l'arrivée d'une petite sœur à notre fils. Nous pensions que nous allions trouver ce temps très long, en fait nous l'avons employé à préparer l'arrivée de notre enfant. Nous sommes arrivés à la pouponnière. On nous a de nouveau raconté son histoire, on nous a mis en garde : il est probable qu'elle vous refuse, elle ne vous regardera peut-être pas. Quand je me suis trouvée devant elle, je lui ai parlé, elle m'a regardée et elle s'est glissée sur mes genoux. Je me suis dit : « C'est bon, ma petite, on est partis. » Elle s'est endormie dans mes bras. On nous avait dit qu'il fallait prévoir un temps d'adaptation de quinze jours avant que nous puissions envisager de la prendre à la maison. Nous venions tous les jours à la pouponnière. Une semaine après la première visite, elle était chez nous. Elle était prête.

Une mère adoptive

L'adoption en présence d'enfants

Quand il y a déjà des enfants dans le foyer, l'annonce de l'arrivée d'un nouvel enfant suppose un choc. Bien que préparés, ils n'ont pas vécu cette attente avec la même intensité que leurs parents, et la démarche reste pour eux abstraite. Même quand il s'agit d'une volonté familiale collective, le projet reste celui des parents. Comme le note Marcel Rufo*, les parents s'entendent dire, dès la première fatigue ou difficulté : « Tu l'as voulu, tu assumes. »

L'annonce de l'arrivée est donc le moment où les enfants prennent vraiment conscience de l'événement : si certains prennent cela avec philosophie, d'autres expriment de la joie, de l'agitation ou de l'angoisse, cherchant à se rappeler à l'attention de leurs parents pour calmer l'inquiétude qu'ils éprouvent de se voir déboulonnés par celui ou celle qui doit arriver.

Il y avait un message sur le répondeur, nous invitant à contacter une Madame X. Ce nom ne me disait rien, mais Martine a tout de suite dit : « C'est l'assistante sociale. » Notre fils, qui avait douze ans, a sursauté : « Au secours ! On va nous proposer un gosse ! » Et il a filé chez son copain.

Un père adoptif

La démarche, les visites et les rencontres sont organisées de la même façon pour l'accueil d'un enfant dans une famille où l'attendent des frères et sœurs. Ces derniers peuvent assister aux rencontres, et y participent souvent de façon active. La première rencontre doit être préparée avec soin.

Parfois intimidés au début, les enfants reprennent rapidement l'initiative et parviennent souvent à un échange intuitif avec celui ou celle qui va les rejoindre au sein de la famille – même si, ultérieurement, dans la phase d'acclimatation, quand ils se retrouveront tous ensemble à la maison, des petites tensions et des jalousies passagères peuvent se manifester.

Notre fille nous avait dit qu'elle voulait bien d'un petit frère, à condition qu'il ne sache rien faire, mais alors rien du tout, pour qu'elle lui apprenne tout, qu'elle reste l'aînée. Nous l'avons signalé à la directrice de la pouponnière. Quand nous sommes arrivés, la directrice lui a parlé de son petit frère, lui a dit qu'il allait bien, mais qu'elle était très ennuyée car il ne savait rien faire, mais alors rien du tout. L'attente un peu tendue de notre fille s'est dissipée en rires.

Des parents adoptifs

* Marcel Rufo, *Frères et sœurs*, Paris, Fayard, 2002.

Le placement en vue d'adoption

Une sécurité juridique

La date du placement en vue d'adoption est fixée par le Conseil de famille. Désormais, l'enfant séjourne sous le toit de ses futurs parents adoptifs – futurs aux yeux de la loi.

Car si l'enfant et les parents se consi dèrent comme désormais unis, la loi prévoit que l'enfant séjourne au moins six mois auprès des adoptants avant que le jugement d'adoption ne soit prononcé.

Ce placement préalable doit permettre au Conseil, toujours responsable légal de l'enfant, d'apprécier que des liens familiaux sont effectivement créés avant que le juge n'intervienne pour établir la filiation adoptive (art. 353 du Code civil.)

> L'adoption est prononcée à la requête de l'adoptant par le tribunal de grande instance qui vérifie dans un délai de six mois à compter de la saisine du tribunal si les conditions de la loi sont remplies et si l'adoption est conforme à l'intérêt de l'enfant.
>
> **Article 353 du Code civil**

Un suivi est assuré par une assistante sociale pendant la durée du placement, avec des visites périodiques au domicile de la famille. Dans le cas d'un OAA, c'est celui-ci qui assure le suivi.

Dès le placement en vue d'adoption, la stabilité du lien affectif qui se crée est donc juridiquement protégée. La loi s'efforce de créer des conditions satisfaisantes permettant d'assurer un maximum de sérénité pour toute la famille.

En application de l'article 352 du Code civil, l'enfant ne peut plus être reconnu et ne peut pas être restitué à la famille biologique durant ces six mois. La sécurité du placement est essentielle pour favoriser la constitution et la consolidation de liens au sein de la nouvelle famille.

> Le placement en vue de l'adoption met obstacle à toute restitution de l'enfant à sa famille d'origine. Il fait échec à toute déclaration de filiation et à toute reconnaissance.
>
> **Article 352 du Code civil**

Chapitre 4

L'adoption internationale

Les textes internationaux incitent chaque pays à trouver des solutions à l'enfance délaissée, à mieux organiser les cas où il n'y a pas d'autre solution que de recourir à l'adoption internationale.

La situation actuelle

L'adoption internationale en essor

À mesure que baissait, dans les pays occidentaux les plus développés, le taux de natalité et le nombre d'enfants jeunes adoptables, l'adoption internationale prenait son essor. La courbe descendante des adoptions nationales croisait la courbe ascendante des adoptions internationales.

Au fil de ces dernières décennies, les parents désireux de fonder une famille par l'adoption ont été de plus en plus nombreux à regarder au-delà de leurs frontières. Actuellement, environ 35 000 enfants sont adoptés chaque année par des ressortissants d'un pays autre que le leur.

Ce nombre est resté relativement stable et peut paraître infime, eu égard au nombre d'enfants délaissés dans le monde. Toutefois, on peut considérer que, globalement, le nombre d'adoptions a augmenté, dans la mesure où, chaque jour, des couples se proposent comme parents dans des pays tels que la Corée, l'Inde, le Brésil, la Colombie, la Pologne ou l'Ukraine (pour n'en citer que quelques-uns), où jadis les enfants étaient majoritairement confiés à des familles étrangères.

Les pays adoptants

De par le nombre d'enfants adoptés à l'étranger, les États-Unis figurent en première place. Longtemps, la France a occupé la deuxième place ; mais la suspension des procédures au Vietnam, avant une reprise au compte-gouttes, s'est traduite par une baisse du nombre d'enfants adoptés par des Français, qui est tombé sous la barre des 3 000.

En Espagne, en revanche, le nombre d'adoptions internationales, pratiquement inexistantes il y a quelques années, a triplé en quinze ans, pour se situer autour de 3 000 pour l'année 2000.

Les pays scandinaves et le Luxembourg sont, eux, les pays où la proportion d'enfants adoptés par rapport au nombre total d'enfants est la plus élevée. En Suède et au Danemark, le nombre d'enfants adoptés chaque année représente environ 1 % des naissances pour la même période : le taux est de 0,38 % en France, où 57 257 enfants nés à l'étranger ont été adoptés depuis 1979.

En 2002, la ministre déléguée à la Famille et à l'Enfance, Ségolène Royal, reconnaissait que l'adoption faisait désormais partie intégrante de la politique familiale française.

Les pays d'origine

Si plus d'une soixantaine de pays sont disposés à confier leurs enfants en adoption à des parents étrangers, on note en pratique qu'une proportion importante des enfants proviennent seulement de quelques pays.

Selon les années, les adoptants, qu'ils soient français, américains, canadiens ou d'un autre pays, ont massivement adopté en Corée, au Brésil, en Roumanie, au Vietnam ou au Cambodge. Cette convergence dans un nombre restreint de pays de nationalités différentes s'explique en partie par des facteurs économiques, politiques et démographiques inhérents à l'État d'origine. Il n'en demeure pas moins que l'explosion de l'adoption dans un pays doit inciter à la prudence, surtout dans le cas d'adoptions d'enfants très jeunes (c'est-à-dire de moins de 6 mois). Les pays qui confient des enfants de moins d'un an se font de plus en plus rares.

Même quand il n'y a pas démarche directe (pas de contact avec les parents de naissance avant le consentement à l'adoption), même quand c'est une institution ou une personne autorisée telle qu'un avocat qui recherche une famille pour un enfant, une angoisse parfaitement légitime des adoptants est de ne pas avoir la certitude que l'enfant n'a pas été fabriqué pour l'adoption, ou que son adoptabilité n'a pas été possible sans contrepartie financière. Cette angoisse est d'autant plus prégnante si l'adoption par des familles étrangères a fait décupler le nombre d'adoptions dans un pays en particulier.

Un adoptant qui se rend dans un pays où il voit dans les orphelinats des enfants, et à qui on propose un nouveau-né, est en devoir d'exiger de connaître son histoire et celle de sa mère : certes, les abandons existent, et ce dans des pays où relativement peu d'adoptions sont réalisées ; mais dans un pays où affluent des adoptants, mieux vaut vérifier, par orphelinat ou avocat interposés, que l'enfant n'est pas né d'une mère porteuse.

Au Guatemala, par exemple, on peut craindre que certaines femmes subissent des pressions pour mener leur grossesse à terme ou pour consentir à l'adoption de leur enfant, qui peut leur être retiré dès la naissance pour être placé dans des crèches surnommées *casas a engordar*, (maisons d'engraissement) par les Guatémaltèques.

Peut-on penser que cette situation existe ailleurs ? Les rencontres entre parents de naissance et adoptifs ont assurément donné lieu à des dérives au Vietnam. En Polynésie, des adoptants tentent de monnayer le « don » d'enfant. Au Cambodge, des nourrissons sont proposés à des couples alors que, dans les orphelinats, des enfants de un, deux, trois ans, attendent toujours…

La vigilance incombe donc aux États, qui ont la responsabilité de tout faire pour que les enfants proposés à l'adoption soient effectivement des enfants délaissés et déclarés adoptables. Certains pays devraient s'interroger sur les risques qu'ils prennent en laissant les adoptants « choisir » les enfants.

Il n'en demeure pas moins que les candidats à l'adoption ont aussi leur part de responsabilité et le devoir de veiller à ce que leur désir d'être parents ne les place pas dans une situation qu'il leur sera un jour difficile d'expliquer à leur enfant.

Telle l'ouverture d'une brèche dans laquelle s'engouffre un torrent, l'adoption massive dans un pays – même si elle reste presque insignifiante en proportion des enfants délaissés – doit faire réfléchir ceux qui sont en démarche d'adoption : ce n'est peut-être pas le meilleur moment de se tourner vers ce pays, sur le plan éthique, mais aussi pratique.

À un moment ou à un autre, en effet, le nombre d'adoptions risque de ralentir, voire, s'il y a eu des reportages ou des rapports critiques, de s'arrêter net devant le mur implacable d'une suspension des procédures, dont les enfants sans famille seront les premières victimes.

C'est ainsi que, pour diverses raisons, un ralentissement ou une suspension des procédures a frappé à divers moments le Brésil, le Sri Lanka, le Vietnam, la Roumanie ou le Cambodge, et menace dorénavant d'autres pays.

Sans que ce soit là une règle générale, un pays ayant connu une flambée adoptive n'est pas le meilleur pays où entreprendre une procédure d'adoption. On peut s'attendre à moins de surprises dans des pays où le nombre d'adoptions progresse lentement ou reste relativement stable (par exemple, la Colombie, la Corée du Sud, Djibouti, Madagascar, la Thaïlande) ; les délais d'attente, toutefois, risquent d'être estimés « trop longs » par des familles mal informées : en effet, il est habituel, dans l'adoption internationale, d'attendre entre 1 an et demi et trois ans pour voir aboutir la démarche.

Par ailleurs, il est intéressant d'observer l'évolution de pays nouvellement arrivés sur la scène de l'adoption internationale. C'est le cas par exemple de la Chine, qui s'est ouverte à l'adoption en 1998 : le nombre d'enfants adoptés par des familles françaises est passé de 23 en 1998 à 130 en 2001 – nombre dérisoire si l'on songe aux 2 millions de fillettes rejetées dans ce pays, en raison de la loi de l'enfant unique ; dans le même temps, ce sont 1 000 à 3 000 enfants qui sont adoptés chaque année par des familles des États-Unis et du Canada.

Certaines régions de Russie et les anciennes républiques de l'Union soviétique sont elles aussi en train de proposer l'adoption pour leurs enfants.

Quant au continent africain, le nombre de pays recherchant des familles pour leurs enfants est sans doute appelé à augmenter. Dans des régions entières, des dizaines de milliers d'enfants n'ont pas de famille à eux : toutefois, traumatisés par les ravages démographiques dus à l'épidémie du sida, de nombreux gouvernements africains font tout pour garder leurs enfants, y compris ceux qui n'ont plus personne pour s'occuper d'eux, préférant des formules de parrainage à l'adoption.

Quant aux pays de loi coranique ou inspirée par le Coran, qui s'autorisent tous à rechercher des familles pour leurs enfants délaissés par *kafala* (voir pages 28-30) ou adoption, ils les confieront peut-être un jour à des parents non musulmans.

La convention de La Haye

La nécessité d'une éthique

Face à cet essor de l'adoption internationale, il est apparu nécessaire de mettre en place des principes éthiques communs et de définir des pratiques, pensées dans le respect de l'enfant, de ses parents de naissance et de son avenir dans sa famille adoptive.

Ainsi, dans le prolongement de la Convention internationale des droit des enfants (CIDE) de 1989, plusieurs textes relatifs à l'adoption ont été élaborés, dont le plus important est la convention de La Haye, signée le 29 mai 1993 et appliquée en France.

Cette convention définit les grands principes sur la protection des enfants et la coopération en matière d'adoption internationale.

Les grands principes de la convention

• Droit de l'enfant à grandir dans une famille

Dans le préambule, les états signataires expriment leur volonté de traduire en dispositions concrètes les principes énoncés dans la CIDE relatifs au droit de tout enfant, « pour l'épanouissement harmonieux de sa personnalité, [à] grandir dans un milieu familial, dans un climat de bonheur, d'amour et de compréhension » (CIDE et CH), en reconnaissant que « l'adoption internationale peut présenter l'avantage de donner une famille permanente à l'enfant pour lequel une famille appropriée ne peut être trouvée dans son État d'origine » (CH). La convention reconnaît ainsi que le placement familial en institution ne saurait être une solution à long terme.

• Prévenir l'enlèvement, la vente ou la traite d'enfants

À deux reprises, la convention souligne la nécessité de « prévenir l'enlèvement, la vente ou la traite d'enfants » (préambule et art. 1). La meilleure façon de s'assurer que « les adoptions internationales aient lieu dans l'intérêt supérieur de l'enfant et le respect de ses droits fondamentaux » (préambule) passe donc par un « système de coopération entre les états contractants » (art. 1-b) et l'établissement d'un ensemble de « dispositions communes » (préambule), avec la création dans chaque État d'une autorité centrale chargée de veiller à l'application de la convention et de coopérer en matière de législation et de protection de l'enfance.

La convention présente l'adoption internationale comme un contrat entre l'État d'origine où réside l'enfant adoptable, et l'État d'accueil où résident habituellement ses futurs parents et où l'enfant est appelé à résider.

Pour que le déplacement de l'enfant puisse se faire dans la légalité, l'État d'origine doit établir son adoptabilité qui lui permettra de quitter le pays tandis que l'État d'accueil doit tout faire pour qu'il soit « autorisé à entrer et à séjourner de façon permanente dans cet état » (art. 5 c).

• L'intérêt supérieur de l'enfant

L'État d'origine doit s'assurer que l'adoption internationale répond à l'intérêt supérieur de l'enfant : ce dernier est consulté s'il est assez grand ou s'il a une maturité suffisante pour comprendre les enjeux de son adoption.

L'adoption doit permettre à un enfant né à l'étranger d'avoir une famille et des droits identiques à ceux d'un enfant adopté dans le pays où il résidera.

C'est ce que souligne l'article 26-2 : « Si l'adoption a pour effet de rompre le lien préexistant de filiation, l'enfant jouit, dans 1'État d'accueil et dans tout autre État contractant où l'adoption est reconnue, des droits équivalents à ceux résultant d'une adoption produisant cet effet dans chacun de ces États. »

• Dispositions relatives aux parents

Ce travail de vérification et de contrôle suppose de s'intéresser aux parents, ceux de naissance et ceux qui adoptent.

Le pays d'origine doit veiller à ce que les parents de naissance ont donné leur consentement, sans contrepartie financière, après la naissance de l'enfant, en comprenant les conséquences qu'entraîneront pour eux et pour l'enfant le maintien ou la rupture des liens juridiques (art. 4).

C'est ce qu'on appelle un consentement éclairé (voir pages 73-74), pièce essentielle du dossier de l'enfant, tant pour le jugement d'adoption que pour l'obtention du visa long séjour qui lui permettra d'entrer dans le pays d'accueil.

Celui-ci a pour mission de s'assurer que « les futurs parents adoptifs sont qualifiés et aptes à adopter » (art. 5 a), et qu'ils ont été « entourés des conseils nécessaires » (art. 5 b).

L'agrément, l'enquête sociale et le bilan psychologique attestent que ce travail a été mené ; ce sont des pièces incontournables dans toute démarche d'adoption, pour laquelle l'État d'accueil doit mettre en place un accompagnement.

• Un suivi de la procédure d'adoption

Que ce soit par le biais des autorités publiques ou d'organismes autorisés, l'Autorité centrale de chaque pays a pour mission de « faciliter, suivre et activer la procédure en vue d'adoption » (art. 9) en s'assurant que toutes les informations « relatives à la situation de l'enfant et des futurs parents adoptifs » ont été rassemblées, conservées, échangées entre pays d'accueil et pays d'origine. En France, ce travail de suivi incombe, selon la démarche choisie par les adoptants, à la Mission de l'adoption internationale (MAI) ou aux organismes autorisés pour l'adoption (OAA).

Pays et Convention

Pays ayant ratifié la convention

(En avril 2002, 34 des 47 pays signataires de la convention l'ont ratifiée et mise en vigueur.)

- Pays d'accueil (même si certains sont aussi des pays d'origine : c'est le cas de la France, pour les enfants trisomiques notamment, dont certains ont été adoptés en Belgique et en Suisse) : Allemagne, Australie, Autriche, Canada, Danemark, Espagne, Finlande, France, Israël, Italie, Norvège, Pays-Bas, Suède.
- Pays d'origine : Albanie, Bolivie, Brésil, Burkina Faso, Chili, Chypre, Colombie, Costa Rica, el Salvador, Équateur, Mexique, Panama, Pérou, Philippines, Pologne, République Tchèque, Roumanie, Slovaquie, Slovénie, Sri Lanka, Venezuela.

Pays ayant adhéré à la convention de La Haye (avec entrée en vigueur) : 12 pays

- Pays d'accueil : Andorre, Islande, Monaco, Nouvelle-Zélande.
- Pays d'origine : Bulgarie (sept. 2002), Burundi, Estonie, Géorgie, Lituanie, Maurice, Moldavie, Mongolie, Paraguay.

La Convention de La Haye est-elle un label de qualité ?

Non. Certains États n'ont pas signé la convention parce qu'ils sont conscients de ne pas avoir les moyens matériels de la mettre en place ou parce que cela exigerait des modifications législatives trop importantes.

Cela ne veut absolument pas dire que les adoptions y sont moins « sûres », plus sujettes à des dérives.

Certains de ces pays ont passé des conventions bilatérales ou des accords plus informels avec la France, ainsi qu'avec d'autres pays d'accueil : c'est le cas par exemple du Vietnam ou de la Chine.

En revanche, il ne faut pas chercher à adopter dans des pays qui interdisent l'adoption ou qui ont suspendu l'adoption. En cas de doute, consulter la Mission de l'adoption internationale.

Y a-t-il plus d'enfants adoptables dans les pays qui ont signé la convention de La Haye que dans les autres pays ?

Non. Le nombre d'enfants adoptés en provenance des pays conventionnés a baissé au cours des deux dernières années.

Il semblerait y avoir trois raisons :

• Certains pays qui rejoignent l'espace convention de La Haye hésitent à reconnaître désormais qu'ils ont encore des enfants adoptables et à mettre en place une politique volontariste en matière d'adoption, comme si c'était « mal vu » pour un pays du « club » de La Haye d'avoir des enfants sans famille : distorsion regrettable des principes qui ont présidé à la rédaction de la convention, quand l'adoption nationale ne se développe pas et que l'adoption internationale diminue.

• La mise en place de la convention a conduit dans de nombreux pays à une suspension provisoire des adoptions internationales. La vérification de l'adoptabilité des enfants est devenue plus administrative, plus lourde, donc plus lente dans des États où les moyens matériels manquent parfois, cela en contradiction avec le principe énoncé dans l'article 35 de la convention : « Les autorités compétentes des États contractants agissent rapidement dans les procédures d'adoption. »

Citons le cas d'un nourrisson du Burkina Faso, apparenté en novembre à un couple français : en avril, l'enquête sociale n'était toujours pas faite, le consentement de la mère n'avait pas été recueilli. Le jugement a été finalement prononcé en juillet.

L'intérêt supérieur de l'enfant, certes… Malheureusement, il n'est pas rare qu'un enfant décède en cours de procédure ; cet enfant a déjà été apparenté ; une personne, un couple ont commencé à se sentir parent (s) pour s'entendre dire : « Ce n'est pas grave, nous vous en trouverons un autre… » L'application de la convention, on le voit, n'a pas (encore) que des effets positifs.

• Autre raison, positive celle-là : l'adoption nationale se développe, comme en Pologne. C'est ce qu'on appelle le principe de subsidiarité.

Le principe de subsidiarité

La Convention internationale des droits de l'enfant incite les États à tout mettre en œuvre pour encourager l'adoption nationale, c'est-à-dire l'adoption par des ressortissants du pays où réside l'enfant : « L'adoption à l'étranger peut être envisagée comme un autre moyen d'assurer les soins nécessaires à l'enfant, si celui-ci ne peut, dans son pays d'origine, être placé dans une famille nourricière ou adoptive ou être convenablement élevé » (art. 21).

C'est la raison pour laquelle la convention de La Haye rappelle, dans son préambule, que « l'adoption internationale peut présenter l'avantage de donner une famille permanente à l'enfant pour lequel une famille appropriée ne peut être trouvée dans son état d'origine ».

Une certaine souplesse doit toutefois prévaloir, afin que le pays d'origine ne s'interdise pas de rechercher des familles pour ses enfants au-delà de ses frontières.

L'adoption internationale ne devrait donc être proposée qu'aux enfants pour lesquels aucun projet d'adoption nationale n'a pu aboutir, selon le principe de subsidiarité. Il a permis, dans certains pays comme l'Inde ou la Pologne, signataires ou non de la convention de La Haye, que la proportion d'enfants adoptés sur place augmente tandis que diminuait la proportion d'enfants confiés en adoption internationale.

En mai 2002, des représentants des services d'adoption ukrainiens informaient leurs homologues français que le nombre d'adoptions internes augmentaient dans leur pays, et qu'il était donc prévisible que le nombre d'enfants pour lesquels serait recherchée une famille à l'étranger baisserait.

L'augmentation des adoptions nationales peut s'expliquer par la baisse du nombre de naissances en Ukraine, par une amélioration plus ou moins générale du niveau de vie (Portugal, Pologne), par l'émergence d'une classe moyenne (Inde), ou encore par la prise de conscience de la nécessité de créer ou d'améliorer une politique de la famille et de l'enfance.

L'Inde offre l'exemple d'un pays où l'adoption internationale est devenue subsidiaire à l'adoption nationale. Plusieurs facteurs ont contribué à renverser la tendance, notamment un arrêt de la Cour suprême, qui avait pour but non de stopper l'adoption internationale mais d'obliger les organismes chargés des apparentements à examiner en priorité les demandes des postulants indiens.

Outre qu'elle offre, en l'absence d'autres solutions, une famille à un enfant, l'adoption internationale a un effet d'entraînement, comme l'explique Danielle Housset, présidente d'Enfance et Familles d'Adoption : « Dans certains pays qui s'ouvrent à l'adoption, donc qui comprennent que l'enfant doit vivre dans une famille, l'adoption internationale est un révélateur, qui ensuite fait que l'on peut appliquer le principe de subsidiarité ».

Ici encore, l'exemple de l'Inde est significatif. Rakesh Kapoor, avocat indien, spécialisé dans l'adoption, explique : « Les magistrats sont parfois très étonnés, quand on vient déposer une requête pour une adoption internationale, de constater que les enfants indiens qui vont être adoptés par des parents étranger sont des enfants grands, avec parfois des particularités psychologiques ou mentales, parfois des fratries. Ce sont tous des enfants que les parents indiens refusent aujourd'hui d'adopter ; il y a encore beaucoup d'Indiens à la peau très sombre qui se dirigent vers une agence pour adopter, et qui souhaitent un enfant à la peau très claire. Dans les zones urbaines, toutefois, la situation est en train d'évoluer. La presse, la radio, la télévision, Internet diffusent la perception qu'on peut avoir de l'adoption à l'étranger. Si les motivations des parents étrangers étonnent encore en Inde, notamment quand ils adoptent des enfants grands, on assiste néanmoins à une évolution des familles, notamment dans les milieux les plus cultivés qui sont de plus en plus nombreuses à comprendre que l'adoption n'est pas une question de race, d'âge ou de sexe, mais de cœur » (congrès Adoption et Éthique, Enfance et Familles d'Adoption, octobre 2000).

Un effet de subsidiarité analogue apparaît aussi entre l'adoption internationale et l'adoption nationale dans les pays d'accueil. Ainsi, en France, l'adoption internationale a permis aux responsables d'adoption de prendre conscience que toutes les familles ne se proposaient pas uniquement en parents pour des enfants jeunes et en bonne santé, mais aussi pour des enfants d'ethnies différentes, des enfants grands, des fratries, des enfants porteurs d'un handicap ou souffrant d'un problème de santé. Cela a permis, progressivement, et sous l'impulsion d'associations de parents adoptifs ainsi que de travailleurs sociaux, de porter un autre regard sur les pupilles de l'État français dont on avait tendance à croire jusque-là qu'ils ne trouveraient jamais de familles prêtes à leur offrir leur amour – raison pour laquelle ces familles partaient à l'étranger. En rencontrant au-delà de nos frontières leur enfant dit « à particularité », en revenant avec lui en France, des familles ont offert à des enfants français semblables l'espoir de rencontrer eux aussi des parents.

Où les Français adoptent-ils ?

Une double spécificité

Les Français adoptent dans des pays qui ont ratifié la Convention de La Haye ainsi que dans ceux qui n'y ont pas adhéré. Même s'ils sont nombreux à se rendre dans les mêmes pays que les ressortissants étrangers, ils accueillent aussi des enfants venus d'horizons géographiques très divers.

Par ailleurs, les adoptants français restent attachés à l'idée de pouvoir choisir le chemin qui les mènera vers leur enfant : celui de la démarche individuelle, où ils avancent par leurs propres moyens, ou celui du passage par un organisme autorisé pour l'adoption (OAA), où ils avancent accompagnés.

Une grande variété de pays d'origine

Ce qui caractérise les adoptants français, on vient de le dire, c'est la grande variété des pays d'origine de leurs enfants. Moins d'une dizaine en 1976, ces pays étaient une trentaine en 1990 et s'élevaient à 63 en 1999, ce qui fait de la France l'État qui accueille la plus grande diversité d'enfants adoptés.

Du Guatemala à la Russie, du Sri Lanka à la Colombie, de la Thaïlande au Pérou, en passant par le Vietnam, le Liban et l'Éthiopie, tous les continents sont représentés, même si la carte de l'adoption internationale présente des trous évidents, dus aux situations géopolitiques évoquées ci-dessus.

De grands cycles

L'adoption internationale en France a connu de grands cycles, liés tant aux événements historiques ou politiques qu'aux initiatives individuelles qui ont présidé à l'ouverture des pays à l'adoption.

Le témoignage de couples ou de célibataires partis à la rencontre de leur enfant, l'action menée par des organismes non gouvernementaux puis par des organismes autorisés pour l'adoption (OAA), un changement de régime ou une modification de la législation du pays… autant de facteurs qui peuvent être à l'origine d'une accélération rapide de l'adoption dans tel ou tel pays.

Le continent asiatique

• C'est vers l'Asie, principalement la **Corée du Sud**, que se tournèrent les premières familles françaises pour l'adoption internationale entre 1979 et 1986. La guerre des idéologies que se livraient les superpuissances et qui avait ravagé la Corée avant de la couper en deux, se solda par des dizaines de milliers d'enfants en détresse, soit parce qu'ils étaient orphelins, soit parce que leurs parents n'avaient plus les moyens de s'occuper d'eux.

Ils furent nombreux à trouver un foyer adoptif auprès de familles nord-américaines et européennes (7 805 enfants pour la seule France). De 1979 à 1986, 639 à 734 enfants en moyenne furent adoptés chaque année par des familles françaises ; depuis, environ 70 enfants sont accueillis chaque année en France.

• Dans les années 1980, deux autres pays d'Asie s'ouvrent aux familles adoptives françaises : l'Inde et le Sri Lanka.

L'**Inde** (avec 2 756 enfants adoptés depuis 1979) fut, avec la Corée du Sud, l'un des premiers pays d'adoption pour les Français. Pour l'année 1979, 168 adoptions ; pour 1981, 256 adoptions. Actuellement, le nombre d'enfants adoptés avoisine plutôt 40. L'obligation de recourir à un OAA et la politique menée, visant à encourager les adoptions par des parents indiens, expliqueraient en partie cette baisse, mais en partie seulement, dans la mesure où un pays comme le Canada adopte bien plus d'enfants indiens que la France...

Le **Sri Lanka** n'est pas en reste, avec 1 595 enfants adoptés entre 1983 et 1993. Ce sont entre 70 et 290 enfants qui furent adoptés chaque année, avec deux grandes périodes, 1984-1987 et 1990-1993. La première époque coïncide avec des conflits opposant les deux grandes communautés ethniques de ce pays, les Tamouls et les Cinghalais. La deuxième suit le retrait de la force de paix envoyée par l'Inde en 1987, devant l'échec de sa mission. Depuis 1995, le nombre d'adoptions a fortement baissé.

> Aujourd'hui, moins de 10 adoptions sont réalisées chaque année au Sri Lanka. Et pourtant...
> Lorsque nous sommes revenus avec notre fils sur son sol natal, nous avons rendu visite aux responsables de l'orphelinat de C. Visite douloureuse, pour nous comme pour eux : rencontre avec des dizaines d'enfants et des femmes qui venaient d'accoucher.
> Si j'avais eu un agrément en poche, j'aurais tout fait pour emmener un de ces enfants-là : les plus grands qui s'accrochaient à nous, ceux que les mères nous tendaient, regardant notre fils avec envie : « lucky boy ! » combien de fois l'avons-nous entendue cette petite phrase ! Un désespoir infini. J'entends, je vois encore la grille se refermer : l'impression d'une fuite coupable malgré un don, bien minime aide matérielle...
>
> Une mère

• Depuis 1987, le **Vietnam** s'est rouvert à l'adoption. Avec, en arrière-plan, les décombres d'une guerre dont les effets se font encore sentir, le pays devenant en une décennie le premier pays d'origine par nombre d'adoptions annuelles, le deuxième après la Corée du Sud pour le nombre total d'enfants adoptés : 7 644.

Nombre d'enfants adoptés par année au Vietnam par des familles françaises

1987	1988	1989	1990	1991	1992	1993	1994	1995	1996	1997	1998	1999	2000	2001
4	10	16	57	65	258	446	877	1069	1393	1328	1343	731	3	44

Entre 1996 et 1998, les adoptions au Vietnam représentaient plus du tiers de toutes celles menées à terme à l'étranger par des Français.

Tout a contribué à ce que le nombre d'enfants adoptés au Vietnam par des Français augmente d'année en année : les liens d'amitié et de culture qui unissent ce pays à la France ; le regard positif que portent de nombreux Français sur les Vietnamiens (au risque que les attentes ainsi suscitées, ne serait-ce qu'inconsciemment, ne pèsent sur l'enfant s'il ne réunit pas toutes les « qualités » qu'on leur attribue volontiers) ; la passion qu'éprouvent pour ce pays ceux qui le connaissent ; et surtout, la législation, qui pénalise les familles vietnamiennes ayant plus d'un enfant.

Or une pression adoptive sur un pays ouvre la porte aux abus, aux rumeurs, aux accusations qui, même si elles sont infondées, nuisent au bon déroulement des procédures, injectant la suspicion à chaque étape de la démarche.

En 1999, la France décidait de suspendre unilatéralement les procédures d'adoption au Vietnam et exigeait l'élaboration et la signature d'une convention franco-vietnamienne. Les procédures ont repris en 2001, officiellement du moins – car cette interruption, très mal ressentie par le Vietnam, a eu pour effet de freiner presque totalement les adoptions vers des familles françaises : à peine une vingtaine d'enfants ont été attribués l'année de la reprise, alors que pour cette même année, 1 400 adoptants français avaient constitué des dossiers et que, sans aucun doute, beaucoup d'enfants sont encore en attente.

Certains aspects de la Convention franco-vietnamienne, signée en 2000 dans le souci de mettre fin à ce qui apparaissait comme des dérives (intermédiaires trop présents et, pour certains, peu scrupuleux, doutes sur la nature de certains consentements et la façon dont ils avaient été recueillis), devront sans doute être revus, notamment ceux afférents aux « frais d'adoption », avant que les adoptions puissent reprendre dans l'intérêt de l'enfant.

La réaction des familles qui avaient placé leurs espoirs dans le Vietnam oscille entre inquiétude, incompréhension et colère. La situation est particulièrement cruelle pour les familles qui attendent le frère ou la sœur de naissance d'un enfant précédemment adopté, qui savent que le dossier est prêt et que l'enfant attend quelque part. Constatant l'impasse, certains couples ont choisi de repenser leur projet familial et de se tourner vers un autre pays ; certains s'accrochent à l'espoir de voir les adoptions reprendre à un rythme plus soutenu ; d'autres ont sacrifié au rêve du pays impossible leur espoir de pouvoir adopter un jour.

> La situation au Vietnam a mis en évidence les difficultés d'information en matière d'adoption. Les autorités françaises sont à ce jour dans l'impossibilité de renseigner les associations de familles adoptives et les OAA sur le nombre d'enfants adoptables au Vietnam et, plus précisément, sur le nombre d'enfants que les autorités seraient susceptibles de confier à des familles françaises.
>
> Enfance et Familles d'Adoption
> Site Internet : www.adoptionefa.com

• Certaines familles ont tourné leur regard vers le **Cambodge**, où les adoptions ont augmenté à mesure qu'elles ralentissaient au Vietnam : 62 en 1998, 129 en 1999, 228 en 2000. Là encore, la pression adoptive a eu un effet négatif. Les adoptions ont été suspendues un temps, suite à des témoignages de familles adoptives françaises, choquées de constater que certains intermédiaires ne respectaient pas les procédures d'apparentement et que les orphelinats s'occupaient des bébés qu'ils considéraient plus adoptables (c'est-à-dire plus vigoureux et clairs de teint), au détriment des autres. Un décret cambodgien a redéfini la procédure d'adoption.

• Plus discrète, la **Thaïlande** confie, année après année, des enfants à des familles françaises : une quarantaine de 1990 à 1998, entre 70 et 80 depuis cette date ; 762 enfants ont ainsi été adoptés depuis 1980.

Le continent américain

• Le « géant » américain de l'hémisphère sud, à plus d'un titre, est le **Brésil**, où le rythme annuel des adoptions internationales entre 1988 et 1993 se situait aux alentours de 470, atteignant 683 en 1990 : 5 544 enfants ont été adoptés depuis 1981 par des familles françaises.

Derrière le carnaval de Rio de Janeiro et son décor futuriste de gratte-ciel, les adoptants découvraient les *favelas*, ces ruelles des bidonvilles où s'entassent les détritus et où les enfants sont livrés à eux-mêmes. La pauvreté est telle que l'appât du gain s'installe presque irrésistiblement, certains intermédiaires peu scrupuleux s'avançant vers ces étrangers qui semblent prêts à tout pour repartir avec des enfants dont on ne sait que faire ici.

La misère est loin d'avoir déserté les *favelas*, et pourtant, depuis que le Brésil a ratifié la convention de La Haye (en 1999), un peu moins d'une centaine d'enfants sont adoptés chaque année.

• Entre 1984 et 1991, 90 à 190 enfants furent adoptés au **Chili** ; on compte 1 540 adoptions depuis 1981. Bien avant l'entrée en vigueur en 1999 de la convention de La Haye, le nombre d'adoptions a chuté, avoisinant une quinzaine par an, alors que des témoignages attestent qu'il y a toujours des enfants sans famille dans les orphelinats et les missions de ce pays.

• À la différence du Brésil, la **Colombie** (5 833 enfants adoptés depuis 1979) connaît, sur le plan de l'adoption si ce n'est sur celui de la paix civile, une stabilité relative et une réputation assez exceptionnelle : entre 200 et 300 enfants y sont adoptés chaque année depuis 1988.

Bien avant la ratification de la convention de La Haye, la Colombie avait mis en place un service centralisé de l'adoption (le Bienestar), devenu depuis autorité centrale. Les adoptions s'y déroulaient avec toute la transparence possible et sans transaction financière indue. À la différence d'autres pays, il apparaît clairement que la Colombie n'a jamais profité de l'adoption pour faire entrer des devises.

• Moins nombreuses, des familles françaises ont également adopté au **Mexique** (589 enfants depuis 1981), au **Pérou** (542 enfants depuis 1980), en **Bolivie** (147 enfants depuis 1982), au **Salvador** et en **Équateur**.

• Depuis 1999, les adoptions ont augmenté à **Haïti** : 151 en 1999, 275 en 2001, pour un total de 1 744 enfants. La majorité des enfants viennent de crèches ; ils ne sont pas orphelins, ils sont généralement placés par leur famille, en raison de l'extrême pauvreté de ce pays qui provoque une mortalité infantile importante et de graves carences alimentaires chez les jeunes enfants.

• Au **Guatemala**, comme au Brésil, les adoptions font apparaître au grand jour des contrastes choquants entre le dénuement extrême dans lequel vivent tant d'habitants, notamment les mères isolées, et la richesse scandaleuse d'une minorité. Les honoraires demandés par les avocats sont exorbitants. Un rapport très critique de l'ONU fait état d'une recherche de nourrissons et de femmes enceintes, dans les quartiers pauvres.

Ces accusations terribles sembleraient toutefois être trop souvent basées sur des témoignages de deuxième main ; le rapporteur a d'ailleurs reconnu que certaines de ses conclusions étaient peut-être hâtives. Les témoignages d'adoptants, ainsi que de personnalités de premier plan, font pour leur part état d'une réelle détresse et d'enfants sans avenir.

Une mère, qui se prostituait pour vivre, souhaitait trouver une famille pour ses deux fillettes, âgées de 2 ans et demi et 4 ans. Elle les avait placées auprès d'une nourrice, qu'elle devait payer sur ses maigres revenus, mais les petites se plaignaient de mauvais traitements.
Non sans mal, l'avocat a trouvé une famille française prête à accueillir les deux sœurs et a constitué un dossier.
La procédure a été engagée puis arrêtée net : une tante s'était présentée, se proposait d'élever les petites, à la grande joie de la mère qui, ainsi, ne les verrait pas partir définitivement.
La démarche en vue d'adoption a sans aucun doute permis de débloquer la situation sur place.

Des parents adoptifs

Le continent africain

L'adoption en Afrique est récente. Auparavant, les enfants étaient pris en charge par la famille élargie et le village. Mais l'urbanisation a créé un éclatement du clan familial, et l'évolution du sida a accéléré la disparition des parents.

Aussi, la proportion d'enfants adoptés en Afrique par des familles françaises ne cesse d'augmenter : en 1979, les enfants africains représentaient 3,5 % des enfants adoptés contre 20,5 % en 1993.

Les conflits de la région des Grands Lacs ont eu un double impact : si des adoptions se sont concrétisées au moment des conflits ethniques qui déchirèrent le Rwanda et le Burundi, certaines ne peuvent encore aujourd'hui se réaliser en raison de la confusion qui règne toujours dans cette partie du continent.

• Entre 1985 et le début des années 1990, période où éclatent de violents conflits ethniques, les adoptions au **Rwanda** et au **Burundi** se déroulaient dans une relative sérénité : les enfants étaient regroupés dans des orphelinats tenus par des congrégations religieuses européennes. Entre 20 et 40 enfants des deux pays confondus trouvaient chaque année une famille.

En 1993, le nombre d'enfants adoptés au Rwanda passa de 65 à 121. L'année suivante, le génocide embrasa le pays : 57 enfants purent tout de même être adoptés avant les troubles. Depuis, les adoptions ont pratiquement cessé, hormis une quinzaine d'enfants qui quittèrent le Burundi en 1995 dans un contexte de troubles.

En exigeant le retour d'enfants recueillis au moment du génocide sans pouvoir leur garantir un avenir stable au niveau affectif, éducatif et matériel, les autorités rwandaises ont fait preuve d'une maladresse qui marquera longtemps les familles adoptives françaises mais aussi belges et italiennes.

• La guerre civile et la famine ont laissé l'**Éthiopie** exsangue : l'adoption, pour de nombreux enfants, est presque littéralement la dernière chance et des organismes autorisés à l'adoption (OAA) s'efforcent de leur trouver des familles : c'est la seule démarche autorisée dans ce pays. Le nombre d'adoptions a doublé entre 1997 (110 adoptions) et 2000 (228 adoptions).

• Les adoptions ont commencé à **Madagascar** en 1981 (2 476 enfants adoptés depuis cette date), avec près de 200 adoptions par an ces cinq dernières années. Ce sont des enfants de tous âges, souvent confiés par les familles à des structures d'accueil. Compte tenu de la crise politique que traverse ce pays en 2002, les démarches sur place sont menacées.

• D'autres pays, comme le **Mali** (environ 60 enfants par an), **Djibouti** (une cinquantaine d'adoptions par an depuis 1988), le **Burkina Faso** (environ 60 enfants par an), font preuve d'une certaine continuité et stabilité dans le domaine de l'adoption internationale : le Burkina Faso est le seul pays du continent africain qui, à ce jour, a ratifié la convention de La Haye.

• D'autres enfants arrivent du **Congo** (une vingtaine par an depuis 1999) ou du **Togo** (entre 10 et 15 par an depuis 1997), quelques-uns des îles du **Cap-Vert** ou du **Tchad**.

Le continent européen

Certaines familles sont désireuses d'adopter un enfant qui corresponde à leur type physique.

Une des conséquences de la chute du communisme en Europe de l'Est et de l'effondrement de l'Union soviétique a été l'ouverture à l'adoption, avec des fluctuations selon l'évolution politique des pays. La plupart des pays d'Europe de l'Est exigent que ces enfants proposés à l'adoption aient été refusés par des nationaux avant d'être proposés à l'adoption internationale. La plupart de ces pays demandent que les familles confirment leur désir d'adopter leur enfant après l'avoir rencontré physiquement.

• Jusqu'en 1988, le président de la **Roumanie**, Nicolae Ceausescu, utilisait l'adoption pour faire entrer des devises dans son pays. Les procédures étaient très aléatoires et les déplacements des familles « obligatoires » et nombreux. Puis, après l'assassinat de Nicolae Ceausescu, le monde découvrait avec horreur les orphelinats roumains, où vivaient dans des conditions inhumaines des dizaines de milliers d'enfants. En 1990, 311 enfants étaient adoptés par des familles françaises, 688 l'année suivante. Tous, pourtant, ne provenaient pas d'orphelinats ; certains étaient confiés directement à des couples par des parents qui ne pouvaient pas s'en occuper. Certains se sont avérés séropositifs, ayant été vaccinés à tour de bras avec les mêmes seringues. D'autres étaient des bébés carencés. Un certain nombre d'entre eux ont été remis aux services sociaux français.

Après une suspension des procédures due à la nécessité de procéder à une refonte des textes législatifs, les adoptions reprenaient, remontant progressivement pour se situer aux alentours de 200 à 300 enfants par an jusqu'en 2001 : 3 272 enfants ont ainsi été adoptés en tout par des Français. Néanmoins, le système de financement des fondations et de répartition entre elles des enfants est vite apparu comme contraire aux principes de la convention de La Haye. Par ailleurs, en 2001, un rapport rédigé à la demande du Parlement européen dénonçait les dérives financières du système roumain d'adoption : les fondations étaient accusées de verser une partie des fonds reçus dans des comptes en Suisse au lieu d'utiliser cet argent pour améliorer le sort des enfants délaissés. Le gouvernement roumain a donc décidé de suspendre les adoptions et de préparer une nouvelle loi sur l'adoption internationale, depuis longtemps annoncée.

Une fois de plus, les victimes sont les enfants. Certains attendent leur famille connue depuis maintenant un ou deux ans ; beaucoup attendent en vain.

> J'ai pu me rendre dans le pays, voir celui qui est pour moi mon fils ; il a neuf ans, il en avait sept quand on me l'a proposé… Dans le même orphelinat, il y avait un enfant de onze ans. On lui avait promis une maman française : il y croit dur comme fer. Pourtant, j'ai pu savoir que la mère à qui on l'avait proposé a renoncé à ce projet. Trop dur ! Elle a adopté ailleurs. Combien de temps cet enfant va-t-il continuer de croire en cette adoption ? Comment réagira-t-il si jamais il apprend la vérité, ou quand il comprendra que plus personne ne veut de lui ?
>
> Une mère adoptive

• En **Pologne**, où 1 774 enfants ont été adoptés depuis 1979, les adoptions internationales ont baissé ces dernières années pour se situer autour d'une quarantaine par an. Il s'agit principalement d'enfants grands qui, outre les carences affectives à la suite de longs séjours en institution, présentent des troubles du comportement dont certains pourraient être liés au syndrome alcoolo-fœtal (voir chapitre Santé).

• La **Russie** s'est ouverte à l'adoption en 1992 : environ 150 enfants ont été adoptés chaque année depuis 1996. Différentes provinces acceptent progressivement de confier des enfants à l'adoption internationale, ainsi que d'anciennes républiques de l'ancienne Union soviétique dont l'**Ukraine**.

Ce pays a connu une augmentation rapide des adoptions (29 en 1998, 50 à 60 en 1999-2000, 130 en 2001), mais la courbe pourrait s'inverser. Les familles ukrainiennes adoptent plus que par le passé, les tutelles étant transformées en adoption. La nécessité de chercher à l'étranger des familles, notamment pour des enfants jeunes, est donc moindre.

Les autorités ukrainiennes reconnaissent que de nombreux enfants ont des problèmes de santé : problèmes cardiaques, hépatites B et C, syphilis congénitale (voir le chapitre Santé).

• En **Bulgarie**, 1 132 enfants ont été adoptés. Le nombre est passé de 110 en 1996 à 190 en 2001. Un ralentissement, sans doute provisoire, est à prévoir si, comme tout semble l'indiquer, la Bulgarie adhère à la convention de La Haye avant la fin 2002. En Bulgarie, comme en Roumanie, de nombreux enfants proposés à l'adoption internationale sont d'origine tzigane. En effet, la communauté tzigane est rejetée par les populations locales et leurs enfants ne sont adoptés qu'internationalement.

• En **Lettonie**, 430 enfants ont été adoptés depuis 1991, environ 70 par an depuis 1996. Les enfants, placés en institution, ont entre 1 an et 3 ans : ils sont désormais moins jeunes que les premiers enfants arrivés en France.

• Moins d'une dizaine d'enfants sont adoptés chaque année en Lituanie. Les autorités lituaniennes ont fait savoir qu'elles avaient beaucoup de dossiers en attente ; elles découragent donc les nouveaux candidats, sauf pour des enfants présentant des problèmes de santé.

Les autres pays à découvrir

Dans certains pays, seuls quelques enfants sont adoptés chaque année : Arménie, Bélarus, el Salvador, République Dominicaine, Moldavie, îles du Cap-Vert, Népal.

Dans ces pays-là, le plus souvent, seules les démarches individuelles sont possibles : elles impliquent de la part des parents adoptants une volonté et une capacité à mener eux-mêmes leur démarche de bout en bout, souvent avec très peu d'aide extérieure, dans la mesure où peu de familles ont adopté avant eux dans ces pays.

Et pourtant, certaines ont réussi, d'autres réussiront…

Les démarches

Deux démarches : individuelle ou par OAA (organisme autorisé pour l'adoption)

La France autorise les postulants à choisir entre deux démarches : la démarche individuelle ou le passage par OAA. Si certains s'érigent en défenseurs farouches de la démarche individuelle, à l'instar de certaines associations qui regroupent des parents ayant adopté dans un pays précis, d'autres n'envisagent l'adoption que dans le cadre d'un OAA.

La réalité est beaucoup plus complexe : au sein d'une même famille, un enfant peut avoir été adopté par démarche individuelle, un autre par un OAA. Tel enfant adopté en démarche individuelle l'aura été dans des conditions qui ne laissent planer aucun doute sur son adoptabilité et qui permettent d'avoir des renseignements sur son état de santé ; tel autre placé par un OAA n'aura pas été préparé à l'adoption et c'est seulement trois jours avant son arrivée qu'on aura notifié aux parents qu'il est porteur d'une hépatite B.

Dans la majorité des pays, les deux démarches coexistent : les adoptants qui verraient leur dossier rejeté par un OAA doivent donc savoir qu'ils pourront éventuellement adopter par démarche

La pluralité des voies de l'adoption internationale

« Nous avons la chance – et nous ne sommes pas les seuls ainsi – de rassembler des familles qui ont connu toutes les formes de démarches : de l'adoption par démarche individuelle à l'adoption par les "Œuvres" puis les OAA, réalisées sur tous les continents, dans des pays de droit coutumier ou de droit écrit, ayant ou non ratifié des accords ou la convention de La Haye. Nos enfants nous ont été amenés en France ou nous les avons rencontrés dans leur pays d'origine où nous sommes restés quelques jours ou plusieurs mois, seuls ou avec d'autres adoptants. C'est notre richesse de rassembler ceux qui se retrouvent dans le bonheur d'avoir formé ainsi leur famille selon leur choix, leur cœur, leurs capacités, l'endroit où ils sont allés trouver l'aide, le soutien et les témoignages dont ils avaient envie. Il existe deux voies de l'adoption en France. Tant mieux. Il n'est pas besoin d'opposer l'une à l'autre. Ainsi chacun a le choix. Nous souhaitons, tant que les futurs parents disent le souhaiter, que ce choix demeure possible. Les enfants, encore une fois eux, n'auront rien à gagner d'une voie unique qui en laissera forcément sur le bord de l'autre chemin. »

Site Internet d'Enfance et Familles d'Adoption (www.adoptionefa.com)

individuelle dans le pays pour lequel ils s'étaient portés candidats, s'ils sont convaincus que celui-là devra être celui de leur enfant et qu'il permet une telle démarche.

Des pays et des OAA

- Pays où il est obligatoire de passer par un OAA : Albanie, Bolivie, Chine, Corée du Sud, Éthiopie, Inde, Niger, Nigeria.
- Pays où aucun OAA n'est habilité à ce jour : Cambodge, Cameroun, Congo, Costa Rica*, Géorgie*, Lettonie, île Maurice, Paraguay, Surinam, Tchad, Tunisie, Venezuela *, Arménie.
- Démarche individuelle et OAA : Brésil*, Bulgarie*, Burkina Faso*, Chili*, Colombie*, Côte d'Ivoire, Djibouti, Équateur*, Guatemala, Haïti, Liban, Lituanie*, Madagascar, Mali, Mexique*, Pérou*, Philippines*, Pologne*, Russie, Sri Lanka*, Thaïlande, Togo, Vietnam.

Informations au 30 juin 2002.

La démarche individuelle

Par démarche individuelle, on entend la prise en charge de la procédure, du début à la fin, par les adoptants eux-mêmes. Cela signifie que les candidats contactent directement dans le pays d'origine l'organisme public ou privé habilité à trouver des familles pour des enfants délaissés.

Dans un premier temps, cela n'implique pas nécessairement un voyage : la première phase de recherche de renseignements et de prises de contacts se fait par téléphone ou par courrier. Les mises à jour publiées par la Mission de l'Adoption internationale permettent d'écarter les pays où une telle démarche n'est pas possible. L'ambassade du pays en France peut aussi être une source de renseignements.

C'est surtout par le biais d'échanges et de rencontres avec d'autres familles adoptives que les postulants sauront apprécier si leur projet est réalisable ou pas, qu'ils pourront obtenir des renseignements sur les enfants (santé, âge, etc.), sur la procédure, ainsi que sur une foule de détails matériels.

En outre, ces échanges permettent parfois d'obtenir des renseignements pratiques sur des pays où le nombre d'adoptions est faible, et qui donc, pour cette raison, ne figurent pas parmi les pays recensés par la MAI.

Certains parents opteront d'emblée pour la démarche individuelle parce que c'est la seule possible dans le pays où ils souhaitent adopter un enfant.

D'autres la privilégient car il leur apparaît indispensable de maîtriser eux-mêmes, autant que faire se peut, chaque pas de ce chemin qui les conduira vers leur enfant.

D'autres enfin s'y résignent car leur modèle familial ou leur projet ne

* Pays ayant adhéré à la convention de La Haye.

correspondent pas à ceux recherchés par les organismes autorisés pour l'adoption. C'est le cas des célibataires, des parents plus « âgés », des parents divorcés et remariés, des couples avec enfants.

Au cours de ces vingt dernières années, des associations par pays d'origine (APPO) ont vu le jour : elles informent sur les démarches d'adoption dans tel ou tel pays et aident les parents à conserver le lien avec le pays d'origine de leur enfant. Vous trouverez leurs coordonnées sur les fiches pays du site Internet de la Mission de l'Adoption internationale. (www.diplomatie.gouv.fr/mai)

> Avant notre départ, une chaîne d'amitié s'était constituée : des renseignements sur le climat, sur la meilleure façon de s'habiller pour faire face à la chaleur tout en respectant certains usages ; les médicaments à emporter, pour nous, mais aussi pour l'enfant, où changer de l'argent sur place, où trouver une borne publique Internet, une adresse d'amis en cas de pépins ; le nom d'une institution religieuse où nous pourrions loger, l'adresse d'un magasin où nous trouverions des couches si le séjour devait se prolonger et que celles que nous emportions (une pleine valise) ne suffisaient pas…
> Tout cela nous a aidés à nous préparer, à nous acclimater petit à petit, à nous rassurer.
>
> Des parents adoptifs

Où se trouvent les enfants adoptables susceptibles d'être confiés à des candidats menant une démarche individuelle ?

Parfois dans leur famille de naissance ou une famille d'accueil, le plus souvent dans des institutions, pouponnières, orphelinats ou villages d'enfants.

Les interlocuteurs des adoptants seront un avocat, une directrice d'orphelinat ou de pouponnière, les responsables du service adoption du pays, en fait toute personne, tout organisme public ou privé habilité par le pays d'origine à s'occuper du placement adoptif.

L'adoption par démarche individuelle représente environ 60 % du nombre total d'adoptions internationales réalisées par des personnes résidant sur le territoire français. La proportion a baissé ces dernières années, et continuera sans doute à baisser au cours des années à venir, des mesures ayant été prises pour ouvrir à un plus grand nombre de couples l'adoption par OAA.

Dans de nombreux pays d'accueil européens qui connaissent un fort taux d'adoptions par rapport au nombre d'habitants, la démarche par OAA (ou par intermédiaire autorisé) est obligatoire, mais leur fonctionnement est sensiblement différent de celui des OAA français.

La démarche par un organisme autorisé pour l'adoption

En France, le nombre d'OAA est particulièrement élevé : plus de 40. Du fait de cette diversité et de la compétence territoriale de chacun (un OAA peut couvrir quelques départements ou l'ensemble du territoire mais jamais les départements d'outre-mer), il est indispensable de consulter l'ASE pour savoir si un OAA est autorisé pour placer des enfants dans ce département précis. Cette habilitation peut varier d'une année sur l'autre, de même qu'un organisme peut se voir retirer son autorisation par la MAI (Mission de l'adoption internationale).

Associations à caractère bénévole, liées pour certaines à des organisations humanitaires, les OAA assurent environ 40 % des adoptions internationales menées à terme par des familles françaises. Habilités par le ministère des Affaires étrangères, ces organismes ont pour mission de proposer des familles aux pays d'origine, d'aider une famille à élaborer un projet d'accueil, d'acheminer le dossier des adoptants vers les institutions compétentes du pays, d'assurer l'accompagnement de la famille après l'arrivée de l'enfant, et le suivi de l'enfant pour le pays d'origine.

Certains OAA, à la structure familiale, ne placent qu'un petit nombre d'enfants par an (moins de 20) : ils agissent dans un seul pays, auprès d'une seule institution, et ne sont habilités que dans quelques départements (généralement celui où l'OAA a son siège et les départements limitrophes). D'autres, réalisant plus de 60 adoptions par an, couvrent la quasi-totalité du pays, et placent des enfants originaires de plusieurs pays.

Enfin, il y a de grands OAA, qui réalisent autour de 100 adoptions ou plus par an comme le Rayon de Soleil, les Amis des Enfants du Monde, l'Œuvre de l'Adoption Comité Lyon, Médecins du Monde, Enfants de Reine de Miséricorde.

Certains, comme La Cause, existent depuis des dizaines d'années et ont une compétence territoriale qui couvre, à quelques départements près, l'ensemble du pays. Parmi ces organismes, ceux qui œuvrent depuis un certain temps offrent désormais un accompagnement qui s'étend aux enfants devenus grands, voire adultes, leur proposant des rencontres avec d'autres adoptés, et organisant des voyages de découverte de leur pays d'origine.

Si nous ne donnons pas ici la liste exhaustive des OAA, c'est que leur compétence territoriale et les pays d'origine varient au gré des changements de politique en matière d'adoption et de leur propre évolution. Ainsi, un organisme comme Enfance Avenir, qui plaçait des enfants de Roumanie, a vu son activité s'étioler presque du jour au

La démarche par OAA est parfois présentée comme la seule démarche « sûre » ; et pourtant il arrive que l'histoire tourne mal...

Nous avons adopté avec un OAA en Roumanie en 1997, tout s'était très bien passé. Sur nos conseils, des amis adoptants se sont donc adressés à ce même OAA. Ils ont passé 15 jours en Pologne avec un petit garçon qui finalement n'était pas adoptable, ce qui semble pour le moins, de la part de l'OAA, une légèreté et une négligence coupables : c'était dur pour le couple, qui a depuis adopté un autre enfant. Le petit garçon polonais a eu moins de chance ; il est toujours dans un orphelinat ; il a aujourd'hui 5 ans. Se souvient-il du papa et de la maman qu'on lui avait présentés ?

Des parents adoptifs

Rôle des organismes autorisés pour l'adoption

Décret n° 2002-575 du 18 avril 2002 relatif aux organismes autorisés et habilités pour l'adoption

Article 1er

I. - Pour obtenir l'autorisation de servir d'intermédiaire pour l'adoption ou le placement en vue d'adoption de mineurs de quinze ans, une personne morale de droit privé doit être en mesure d'exercer l'ensemble des activités suivantes :
1° Aide à la préparation du projet d'adoption et conseils pour la constitution du dossier ;
2° Information sur les aspects techniques et juridiques de la procédure d'adoption ;
3° Accompagnement de la famille après l'arrivée de l'enfant dans les conditions fixées à l'article L. 225-16 du Code de l'action sociale et des familles.
La personne morale autorisée est dite « organisme autorisé pour l'adoption ».

II. - En outre, pour être habilité à exercer son activité au profit des mêmes mineurs de nationalité étrangère et résidant à l'étranger, l'organisme autorisé pour l'adoption doit être en mesure :
1° De déterminer, en relation avec les autorités compétentes du pays d'origine, les modalités de choix d'une famille adoptive ;
2° D'acheminer les dossiers des candidats à l'adoption vers des personnes ou institutions compétentes pour prononcer l'adoption ;
3° De conduire ou suivre la procédure prévue conformément au droit en vigueur.

III. - Les activités prévues au 3° du I et au II ne peuvent être exercées que par des intermédiaires autorisés ou habilités.

lendemain. Ailleurs, des OAA sont invités à venir dans un pays qui jusque-là n'autorisait que l'adoption par démarche individuelle. Certains organismes ont été habilités pour le Vietnam, même s'ils n'ont à ce jour pu faire aucun apparentement.

Une liste des OAA autorisés dans le département est remise par l'Aide sociale à l'enfance au moment de la démarche d'agrément ; la meilleure mise à jour est celle que les postulants trouveront sur le site Internet de la Mission de l'adoption internationale (www.diplomatie.gouv.fr/mai).

Une fiche pour chaque OAA indique les départements où il est autorisé à placer des enfants, les pays d'origine des enfants, les exigences de ces pays et les frais d'adoption, ainsi que les coordonnées des OAA.

Les délais d'attente peuvent varier d'un OAA à l'autre et, au sein d'un même OAA, d'un pays à un autre. Un délai de deux ans est assez fréquent.

Les candidats qui se tournent vers un OAA apprécient, nous le voyons à travers le témoignage ci-dessous, l'accompagnement dans la préparation et la réalisation du projet, ainsi que la prise en charge des démarches administratives et matérielles.

L'OAA est tenu d'offrir un service de soutien avant, mais aussi après l'arrivée de l'enfant, grâce à un réseau de correspondants locaux. De plus, de nombreux pays d'origine exigent d'eux un suivi d'une ou plusieurs années. La présence d'un correspondant local est un des critères qui déterminent les conseils généraux à autoriser ou non un OAA à prendre en charge des familles dans leur département : c'est aussi la raison pour

Un véritable accompagnement

Nous avons été très bien préparés. Nous avons été conviés à une première réunion et là, rien ne nous a été caché sur l'état de santé des enfants en Éthiopie, les carences, les difficultés que nous étions susceptibles de rencontrer, le risque de voir l'enfant qui nous était apparenté décéder avant que nous ne puissions le rencontrer… En quelques heures, nous avons appris l'existence de maladies et de troubles dont nous ignorions la réalité. Nous sommes sortis de là émus par tout ce que nous avions entendu… mais tout aussi résolus. Tout cela nous fut très utile et nous permit par la suite de relativiser : quand notre fillette arriva, elle ne présentait aucun trouble majeur autre que la gale. Il fallut soumettre la maisonnée entière à un processus intensif de « déparatisation », qui prit presque tout notre temps. Mais après tout ce que nous avions entendu, nous étions tellement soulagés. Nous sommes très reconnaissants à cet OAA d'avoir su nous parler vrai.

Des parents adoptifs

laquelle certains OAA sont sous-représentés dans des départements ruraux excentrés et absents dans les départements d'outre-mer.

Le décret relatif aux OAA du 18 avril 2002 les invite à « conclure entre eux des conventions [...], afin notamment de répondre aux exigences de proximité et de disponibilité des personnes qui accompagnent les familles » (art. 32).

Néanmoins, il serait illusoire de penser que les OAA français vont, du jour au lendemain, ouvrir grand leurs portes pour prendre en charge la totalité des adoptions internationales. La plupart disent ne pas vouloir dépasser la dimension humaine et familiale qui est aujourd'hui la leur ; d'autres considèrent que les exigences imposées par les pays d'origine qui leur confient des enfants sont d'elles-mêmes restrictives ; d'autres encore mettent en avant leurs objectifs éthiques, qui font que les enfants pour lesquels ils recherchent prioritairement une famille (enfants plus grands ou présentant des handicaps) ne sont pas ceux sur lesquels portent les attentes majoritaires des postulants.

On ne peut toutefois manquer de s'interroger sur les disparités entre les OAA français et les organismes des autres pays d'accueil qui œuvrent dans les mêmes pays d'origine : le Canada, par exemple, adopte trois fois plus d'enfants en Inde ou en Chine que la France.

Avant de contacter un OAA :

- Assurez-vous auprès de l'Aide sociale à l'enfance (ASE) que cet organisme est autorisé à placer des enfants dans le département où vous résidez ; si oui, cela signifie qu'il a des correspondants dans votre région qui reçoivent les candidats à l'adoption, puis qui assurent le suivi après l'arrivée de l'enfant.
- Vérifiez si vous remplissez les critères de l'OAA, qui doivent être ceux de la France et du pays d'origine : agrément, âge, état civil (marié ou célibataire), temps de mariage pour un couple, écart d'âge avec l'enfant, présence d'enfants dans la famille, etc.
- Renseignez-vous sur les pays d'origine où l'OAA est implanté : inutile de contacter un OAA qui cherche des familles pour des enfants de Haïti si vous êtes attirés par l'Amérique mais que vous ne souhaitez pas adopter un enfant noir.
- Cherchez à connaître le montant des frais : vérifiez si les sommes avancées comprennent votre déplacement éventuel (ou celui d'un représentant de l'OAA) et votre hébergement, mais aussi les frais de traduction et autres frais de nature administrative.

Où se renseigner ?

- Directement auprès de l'OAA (une liste à jour est remise aux postulants au moment de la démarche en vue de l'obtention de l'agrément).
- Auprès de la MAI (les fiches des OAA recensées sur le site permettent déjà de se faire une première idée, mais restent incomplètes).
- Auprès de familles ayant déjà emprunté la même voie.

Une famille, trois enfants, trois démarches

Nous avons adopté Marianne en 1987 au Pérou par démarche individuelle. Étant donné que nous étions un peu des pionniers à l'époque pour l'adoption dans ce pays, cela a été dur. Nous sommes très contents d'avoir vécu cette démarche, qui nous a permis de comprendre bien des choses, même si à l'époque nous rêvions d'être pris en main par un OAA. Nous avons adopté Christophe né en Corée en 1989 par un OAA. Nous avons été pris en main par un OAA qui a respecté notre projet, qui nous a expliqué en détail où passait le moindre centime, qui nous a assistés à chaque niveau du déroulement de la procédure, qui a fait un suivi de l'enfant (et de la famille) après son arrivée. Seul regret, indépendant de l'OAA, ne pas avoir vu le pays d'origine. Nous avons adopté Jennifer par l'ASE en France en 1994. Nous avons vécu cela difficilement car nous avions affaire à des responsables, certes pleins de bonne volonté, mais avec une vision de l'adoption non vécue, trop rigide. Résultat : l'arrivée de l'enfant a été perturbante pour elle, pour notre famille et pour la famille d'accueil agréée. Il nous a fallu un moment pour retrouver un équilibre. Chaque démarche correspond à un moment de notre vie. On était prêts pour l'une ou pour l'autre à un moment donné. Ce serait à refaire, nous referions probablement la même chose. Il est peu de dire que nos enfants en valent la peine et il y a peu de mots pour décrire notre bonheur…

Des parents adoptifs

Démarche individuelle et démarche par OAA : deux démarches complémentaires… dans l'intérêt de l'enfant

Dans le contexte actuel, chercher à obliger tous les adoptants à passer par un OAA provoquerait dans un premier temps une chute brutale du nombre d'adoptions. Sur le plus long terme, cela condamnerait sans doute les enfants de petits pays à ne pas trouver de famille puisque les OAA ne verraient pas l'intérêt, en termes d'efficacité et de rentabilité, à faire quelques adoptions par an dans un seul endroit, alors qu'ils pourraient en faire un plus grand nombre ailleurs, avec la même infrastructure.

Cela entraînerait, pour ces mêmes raisons, une rigidité qui, là encore, nuirait aux enfants : un couple apprenant que les adoptions ont repris ou sont désormais autorisées dans tel ou tel pays « peu fréquenté » par les postulants tentera sa chance et jouera ainsi un rôle de pionniers pour d'autres familles et peut-être un jour pour un OAA, qui mettra, lui, plusieurs années avant de pouvoir s'implanter. Dans des pays aussi divers que le Cap-Vert, la République Centrafricaine ou la Moldavie, des dizaines et des dizaines d'enfants ont pu trouver une famille, souvent grâce à une dynamique créée par un premier couple : c'est ainsi que l'on voit, dans un département donné, plusieurs familles adopter dans un même pays en un laps de temps relativement court.

Seule la démarche individuelle peut aider un nouveau pays à s'ouvrir à l'adoption : certains pays ne le feront jamais s'il faut attendre un OAA.

En revanche, les organismes, s'ils sont encouragés par les autorités françaises à augmenter le nombre d'apparentements, auront tendance à se marcher sur les pieds dans certains pays où, de surcroît, ils seront en concurrence avec des agences canadiennes, américaines ou les organismes très professionnels du nord de l'Europe. La pression qui pourrait en résulter entraînerait un risque de dérives, à une échelle autrement plus importante que celles, plus isolées mais dénoncées à grands coups d'éclat médiatique, que l'on a tendance à associer, parfois à raison, souvent à tort, à la démarche individuelle.

La Mission de l'adoption internationale (MAI)

Quel que soit le pays vers lequel s'orientent les adoptants et qu'il ait adhéré ou non à la convention de La Haye, quelle que soit la démarche choisie (individuelle ou par OAA), les adoptants seront amenés, à un moment ou à un autre de la procédure, à prendre contact avec la Mission de l'adoption internationale.

Il est important d'en connaître le rôle et les fonctions qui lui incombent.

Service interministériel dépendant des ministères des Affaires étrangères, de la Justice et de l'Emploi et de la Solidarité, la Mission de l'adoption internationale (MAI), créée en 1987, est placée sous l'autorité du ministère des Affaires étrangères et rattachée à la sous-direction de la coopération internationale en droit de la famille.

La MAI est le passage obligé pour toute démarche d'adoption internationale. Secrétariat permanent de l'autorité centrale française, la MAI informe sur les exigences des pays d'origine en matière d'adoption et sur leur législation et ses effets ; elle renseigne sur la façon dont doit être constitué un dossier (pièces, nombre de copies, traductions, légalisations, etc.).

Dans le cadre de la convention de La Haye, la MAI s'assure que le dossier est complet et en assure le transfert au pays d'origine choisi librement par la famille. Une fois qu'un apparentement a été proposé, elle donne son accord à la poursuite des procédures.

Que le pays ait ratifié ou non la convention de La Haye, c'est également la MAI qui, après vérification, donnera le feu vert pour que soit délivré le visa permettant l'entrée de l'enfant sur le sol français. Sans ce sésame, l'enfant, même s'il y a eu adoption dans son pays, ne peut pénétrer en France.

Dans le cadre de la convention de La Haye, la Mission de l'adoption internationale exerce un contrôle de légalité et non d'opportunité sur le dossier, c'est-à-dire qu'elle vérifie que le dossier est complet et qu'elle l'envoie dans le pays choisi par les candidats à l'adoption, sans avoir à porter d'appréciation sur ce choix.

À moins de disposer d'informations officielles (par exemple sur la suspension annoncée des adoptions dans le pays), elle n'a pas à porter de jugement de valeur, ni à chercher à convaincre les adoptants à se diriger vers un autre pays.

En revanche, on peut regretter que les responsables de la MAI ne connaissent pas ou ne fassent pas connaître le nombre d'enfants adoptables qui pourraient effectivement être confiés à des familles françaises par un pays d'origine, ni leurs caractéristiques (âge, santé, etc.).

Une information neutre de ce type permettrait aux candidats de choisir le pays en disposant de plus d'éléments ; cela éviterait aussi sans doute des situations d'« engorgement » de dossiers, comme au Vietnam durant les années 2001-2002.

Les fonctions essentielles de la Mission de l'Adoption internationale (MAI)

• Centraliser et diffuser l'information relative aux procédures judiciaires et administratives en vigueur dans les États d'accueil et aux organismes publics ou privés intervenant dans le domaine de l'adoption internationale.

• Habiliter et contrôler les organismes autorisés pour l'adoption (OAA) par délégation de l'autorité centrale.

• La MAI s'assure également de la transparence des conditions financières et des modalités de prise en charge des candidats. Elle répertorie les intermédiaires non habilités, tant en France qu'à l'étranger et, le cas échéant, dénonce des faits délictueux.

• Dialoguer avec les administrations des pays d'origine des enfants, les informant sur la législation française en matière d'adoption et négociant le cas échéant, en liaison avec les ministères concernés, des accords bilatéraux en matière d'adoption.

• Assurer le traitement et le suivi des procédures individuelles d'adoption internationale, dans le cadre de la convention de La Haye du 29 mai 1993 sur la protection de l'enfant et la coopération en matière d'adoption internationale.

• Enfin, une des tâches incontournables de la MAI est de délivrer aux enfants adoptés les visas nécessaires à leur établissement en France, après vérification des procédures françaises et étrangères. Cette dernière fonction est essentielle. Chaque fois qu'un consulat français est saisi d'une demande de visa en faveur d'un enfant adopté, la décision appartient à la MAI.

Source : d'après le site Internet de la MAI, www.diplomatie.gouv.fr/mai

Mission de l'Adoption internationale

244, bd Saint-Germain
75303 Paris 07
Tél. : 01 43 17 90 90 (de 9 h 30 à 12 h 30 et de 14 h 30 à 17 h 30)
Fax : 01 43 17 93 44
Site Internet : www.diplomatie.gouv.fr/mai
(fiches régulièrement mises à jour sur les pays et sur les OAA)
Accueil assuré du lundi au vendredi, de 9 h 30 à 12 h 30, à cette même adresse (sous réserve de modification par la MAI). Pour la remise des dossiers, il faut impérativement prendre rendez-vous.

Autres sources pour le suivi de l'adoption internationale

- Enfance et Familles d'Adoption
Site Internet : www.adoptionefa.com
Liste de discussion (accessible *via* le site)
- Associations de Parents par Pays d'Origine (APPO)
Leur nombre et leur activité fluctuent : le nom des principales APPO est donné en fin des fiches pays de la MAI.

L'étendue du rôle de la MAI varie :

- selon que l'état d'origine de l'enfant ait ratifié ou non la convention de La Haye ;
- selon que les adoptants optent pour une démarche individuelle ou sont pris en charge par un OAA.

Si le pays d'origine a ratifié la convention de La Haye

La convention interdit les démarches directes des futurs parents adoptifs auprès de l'autorité centrale, des autorités publiques, des organismes agréés ou des orphelinats de l'État d'origine, et *a fortiori* auprès des familles de naissance, avant que la MAI n'ait transmis le dossier dans le pays.

Les postulants doivent donc s'adresser soit à la Mission de l'Adoption internationale soit à un organisme autorisé pour l'adoption (OAA), qui a le droit d'œuvrer dans le pays d'origine et qui est habilité. Une fois le dossier constitué, c'est la MAI ou l'OAA qui l'enverra directement à l'autorité centrale ou à une instance autorisée dans le pays choisi.

Dans le cas où leur candidature ne serait pas retenue par un OAA, les postulants peuvent s'adresser à la Mission de l'adoption internationale, qui transmettra le dossier si le pays accepte les démarches individuelles. Cela ne leur interdit pas, une fois le dossier envoyé et effectivement arrivé à destination, de prendre des nouvelles par téléphone auprès des services compétents du pays et de faire connaître leur espoir de voir le projet aboutir.

Si le pays n'a pas ratifié la convention de La Haye

Les candidats à l'adoption préparent leur dossier (seul ou avec un OAA, selon les cas), qui sera directement envoyé dans le pays d'origine aux autorités locales compétentes, à l'institution ou à l'avocat chargés d'instruire leur demande.

Parallèlement, les candidats à l'adoption envoient à la MAI deux copies de leur agrément certifiées conformes (par leurs soins), ainsi qu'une fiche de renseignements dont ils auront obtenu le formulaire auprès de la MAI. Cette démarche est très importante pour permettre rapidement l'obtention ultérieure du visa d'entrée de l'enfant.

Dans tous les cas

Dans le pays d'origine, la procédure locale (judiciaire ou administrative) permet d'établir un lien de filiation entre le parent adoptant et l'enfant. Elle peut exiger la présence des adoptants sur le territoire. Une fois le lien de filiation établi par la décision judiciaire ou administrative, l'enfant pourra se voir délivrer un passeport de son pays, qui lui permettra de le quitter.

Les adoptants déposent ensuite une demande de délivrance de visa pour l'enfant adopté, sans lequel il ne saurait être autorisé à entrer sur le territoire français ou à y séjourner. Le consulat de France délivre ce visa sur autorisation de la MAI.

Ce visa de longue durée (un an) est apposé sur le passeport de l'enfant. Il permettra à l'enfant de vivre en France, et à sa famille de faire valoir ses droits sociaux (congé d'adoption, allocation parentale, etc.), mais surtout de conclure la procédure : les parents informent à leur retour le tribunal de grande instance dont ils dépendent s'il est nécessaire de déposer une requête en adoption, c'est-à-dire de demander un (nouveau) jugement en France ; dans le cas d'une simple transcription, c'est au tribunal de grande instance de Nantes, où sont conservés les états civils étrangers, qu'il faut s'adresser (sur les jugements d'adoption, voir pages 219-221).

Constituer le dossier

S'assurer que l'on remplit les critères

Avant de constituer un dossier pour un pays, la première chose à faire est de s'assurer que l'on remplit les critères exigés par le pays concerné. La plupart n'acceptent que des couples, et fixent une différence d'âge maximale entre les adoptants et l'enfant. Certains ne prennent en considération que les candidatures de couples stériles, d'autres confient des enfants en présence d'enfants biologiques ou adoptés.

Tous les renseignements juridiques et administratifs sont donnés sur les fiches par pays de la MAI, mais il conviendra toutefois de s'assurer des pratiques auprès des familles ou d'associations en contact avec les pays concernés.

Les pièces à joindre

Ces étapes préliminaires sont du ressort des adoptants. Une fois qu'ils se sont orientés vers un pays, qu'ils ont établi un contact et qu'ils sont invités à faire acte de candidature, ils doivent réunir un certain nombre de pièces qui leur est précisé pour la procédure locale par la MAI, par l'ambassade du pays s'il n'y a pas de fiche MAI, ou par l'OAA si leur candidature est retenue.

Le détail des pièces à joindre au dossier d'adoption varie d'un pays à l'autre, et selon que la démarche est individuelle ou effectuée par OAA. Certaines pièces sont systématiquement demandées.

Pièces les plus fréquemment demandées

Attention : veillez à envoyer des copies certifiées conformes ou légalisées.

- Lettre de motivation (aussi appelée lettre de candidature ou demande d'adoption : voir pages 125-127) ou formulaire d'adoption (selon les pays, la lettre de motivation aura été envoyée en premier pour demander le formulaire).
- Copie de l'agrément (et notice pour les départements qui délivrent une notice).
- Rapport d'enquête sociale et bilan psychologique.
- Copie du livret de famille.
- Acte ou extrait de naissance (daté de moins de trois mois).
- Acte de mariage (le cas échéant) daté de moins de trois mois.
- Certificat médical attestant de la bonne santé physique et mentale des adoptants.
- Justificatif de revenus ou feuille d'imposition.
- Extrait du casier judiciaire (bulletin n° 3) daté de moins de six mois. Pour obtenir un extrait du casier judiciaire, adressez-vous au service du Casier judiciaire national du ministère de la Justice, 44079 Nantes CEDEX 01 (possibilité de demande en ligne par Internet : www.cjn.justice.gouv.fr) ; pour les personnes nées dans les Dom-Tom, s'adresser au tribunal de grande instance dont dépend leur lieu de naissance.
- Photos.

Peuvent aussi être demandées les pièces suivantes :

- Certificat de stérilité.
- Certificat de nationalité.
- Certificat de moralité ou lettres de deux personnes (médecin, enseignant, notaire, employeur, maire, etc.) attestant de l'honorabilité de l'adoptant.
- Lettres d'une ou de deux personnes s'engageant à prendre en charge l'enfant en cas de décès du ou des parents adoptants.
- Attestation de travail ou de salaire.
- Attestation bancaire sur le fonctionnement régulier des comptes.
- Contrat de location ou titre de propriété.
- Procuration à un mandataire sur place, qui représentera le couple pour certaines démarches (avocat, représentant d'un OAA, etc.).
- Certains pays demandent en outre une attestation délivrée par l'ASE, qui s'engage à effectuer un suivi de l'enfant pendant une durée déterminée et à fournir un rapport concernant son développement physique et psychologique.

Note : dans le cas d'un couple adoptant, les pièces nominatives de chacun des conjoints seront jointes.

Copies certifiées conformes

Pour certaines pièces, les copies seront certifiées conformes par la mairie ou un notaire, ou par les services administratifs dont ils émanent (ASE pour agrément).

Les traductions seront signées par le traducteur, qui certifiera conformes les copies. Certains pays demandent qu'elles soient certifiées conformes par leur consulat. Des actes d'état civil plurilingues peuvent être demandés aux mairies pour éviter de les faire traduire.

Légalisation des pièces

La légalisation consiste à vérifier, pour le compte des autorités étrangères, que les pièces d'origine française constituant le dossier d'adoption, établies ou certifiées par un organisme public, sont conformes à la réglementation.

À défaut de convention particulière en matière de légalisation avec le pays concerné, cette formalité est exigée par l'autorité étrangère destinataire du dossier d'adoption.

Tous les documents remis par une personne (lettres, procurations, etc.) ou par un organisme (banque, employeurs, etc.) doivent être signés.

Les signataires doivent se présenter devant le maire ou un notaire pour faire certifier ou légaliser leur signature. La mention suivante sera apposée en français : « Vu pour la légalisation matérielle de la signature de M... » Le maire ou notaire apposera sa signature manuscrite et le sceau (tampon) de la commune ou notarial (avec effigie de la République).

Les extraits d'actes de naissance et de mariage, de casier judiciaire, les actes notariés et autres documents officiels, seront légalisés directement par le bureau des Légalisations du ministère des Affaires étrangères, 34, rue La Pérouse 75775 Paris CEDEX 16.

Renseignements téléphoniques de 14 h à 16 h au 01 43 17 64 64/70 68.

Messagerie vocale (24 h/ 24) : 01 43 17 61 16 /61 85.

Coût : 2 € par document ; 1 € pour les actes d'état civil.

Une fois les légalisations effectuées par le ministère des Affaires étrangères, les documents seront de nouveau légalisés par le consulat du pays en France. Là encore, vérifier sur la fiche pays de la MAI les exigences du pays relatives à cette procédure, elle aussi payante.

Une garantie supplémentaire : l'apostille

C'est la certification que le signataire de l'acte avait la compétence requise.

Certains pays, dont la Colombie ou la Russie, exigent que toutes les pièces du dossier soient apostillées par la cour d'appel du lieu où elles ont été établies (dans ce cas, elles peuvent être dispensées de légalisation par le ministère des Affaires étrangères). Procédure payante.

Suite de la démarche

Une fois le dossier constitué, l'étape suivante varie pour la démarche individuelle.

• Si le pays n'a pas ratifié la convention de La Haye

Les postulants envoient directement leur dossier aux autorités, à l'institution ou aux personnes compétentes, et en informent la MAI afin qu'elle puisse ensuite autoriser le consulat de France dans le pays d'origine à délivrer le visa qui permettra l'entrée de l'enfant sur le territoire français.

• Si le pays a ratifié la convention de La Haye

Le dossier doit obligatoirement être déposé auprès de la MAI. Il peut être envoyé par courrier ou déposé personnellement, auprès des services de la MAI à Paris.

La MAI ne reçoit les candidats à l'adoption que sur rendez-vous : « Afin de ne pas pénaliser les candidats ayant organisé leur déplacement, et de pouvoir vérifier, dans de bonnes conditions, l'exhaustivité des pièces constitutives [du] dossier, aucun dépôt de dossier ne sera accepté sans rendez-vous préalable. »

La MAI vérifie que le dossier est complet avant de le transmettre à l'autorité centrale du pays d'origine.

À partir de là, la démarche est la même. Les futurs parents téléphonent ou écrivent régulièrement (les courriers électroniques facilitent de plus en plus les contacts) pour obtenir des nouvelles sur l'avancement du projet ; le cas échéant, ils se rendent dans le pays pour prendre plus de renseignements, et même là, ils restent parfois sur leur faim. Ce voyage sur place permet de prendre connaissance avec le pays et les responsables de l'adoption, de comprendre à quel stade se trouve le dossier : l'enquête sociale a-t-elle été réalisée ? La mère, si elle est connue, a-t-elle signé un consentement éclairé sur les conséquences du jugement ? Autant de pièces sans lesquelles la décision d'adoption ne peut pas être prononcée. Parfois, le voyage permet de rencontrer l'enfant, si le consentement a été donné valablement et que l'apparentement a été décidé.

Le moment venu, les futurs parents recherchent (si la loi du pays l'exige) un avocat pour se faire représenter au moment du jugement auquel, selon les pays, ils sont tenus ou non d'assister. Un séjour d'une durée minimale leur est parfois imposé. Il peut correspondre à une période de vie commune avec l'enfant avant le jugement, ou au délai d'appel du jugement prononcé. Enfin, il y aura le dernier voyage, après le délai d'appel (un ou deux mois) : l'enfant est définitivement le leur aux yeux de la législation de son pays de naissance. Les parents peuvent désormais demander le visa qui autorisera l'enfant à entrer sur le territoire français.

Pour la démarche par OAA, une fois le dossier constitué, la procédure est prise en charge par l'OAA, qui peut aussi représenter la famille au moment du jugement. Cela réduit donc pour la famille le nombre de voyages. Selon les pays, l'OAA fera venir l'enfant en France, évitant ainsi à la famille tout déplacement – mais pas les frais, puisqu'elle prendra à sa charge les frais de l'accompagnant.

Décret n° 2002-575, article 28. – Lorsque l'organisme est en mesure de prendre en charge un dossier de candidature, compte tenu de ses capacités de fonctionnement et des conditions requises dans les pays dans lesquels il est habilité, il définit avec les futurs adoptants un projet de mise en relation entre ceux-ci et l'enfant, se référant notamment aux pays d'origines et à l'âge du ou des enfants qui pourraient être confiés conformément à l'agrément qui leur a été délivré. Une copie de ce projet est remise aux futurs adoptants. Aucune somme d'argent ne peut être demandée par l'organisme avant la définition du projet de mise en relation.

Décret n° 2002-575, article 24. – L'organisme habilité doit communiquer sans délai à la famille, avant qu'elle ne donne son accord pour la mise en relation avec celui-ci, le dossier de l'enfant qu'il envisage de lui confier, et notamment toutes les informations à caractère médical dont il dispose.

Pour que l'enfant puisse entrer en France

Un dossier pour l'enfant

Le consulat de France dans le pays d'origine délivre un visa après avoir consulté la MAI. Celle-ci, dès le début de la procédure, aura reçu des adoptants une fiche de renseignements (formulaire obtenu auprès de la MAI), avec deux copies conformes de l'agrément.

En outre, un dossier devra être constitué pour l'enfant, qui comportera un certain nombre de pièces.

Pièces exigées (le détail varie d'un pays à l'autre)

- 2 ou 3 formulaires jaunes de demande de visa long séjour (avec photographies).
- Le passeport de l'enfant (avec visa de sortie).
- L'agrément de l'ASE.
- L'acte d'abandon et/ou le consentement à l'adoption.
- Une enquête de police confirmant que les parents n'ont pas été retrouvés.
- La décision d'adoption.
- Le certificat de non-appel (délivré après la décision d'adoption : le délai varie d'un pays à un autre).
- L'acte de naissance d'origine de l'enfant.
- Le nouvel acte de naissance de l'enfant (après transcription de la décision locale sur les registres d'état civil de son pays).

Faut-il se rendre à l'étranger ?

Pour certains, il est inenvisageable d'adopter un enfant sans s'être rendu dans son pays : les futurs parents éprouvent le besoin de découvrir par eux-mêmes le contexte, de prendre conscience, violemment parfois, des réalités qui ont conduit à l'adoptabilité de l'enfant, de mesurer toute l'affection et la compétence dont il a été entouré dans un orphelinat bien tenu, de voir des visages comme le sien, des enfants, des adolescents, des adultes qui lui ressemblent.

Découvrir, sentir, toucher, goûter enfin ce pays dont on pourra ainsi lui restituer quelque chose, en attendant qu'il souhaite peut-être y retourner un jour lui-même.

Adopter un enfant à l'étranger n'oblige pas à adopter le pays, à faire siennes des croyances, des coutumes, des causes que l'on rajouterait à celles qui nous ont fait ce que nous sommes, dans un patchwork folklorique mais artificiel et au bout du compte encombrant.

Il n'en demeure pas moins que le pays de naissance de notre enfant ne nous laissera plus jamais indifférent, car il fait partie de son histoire et donc de la nôtre désormais. Là encore, il est important d'être sincère avec soi-même : saurons-nous trouver les mots justes pour lui parler de ses origines si nous n'éprouvons que mépris et condescendance pour le pays où il est né ?

La mise en disponibilité

Les parents adoptifs devant se rendre à l'étranger pour chercher leur enfant ont la possibilité de demander un congé non rémunéré. En effet, tout salarié titulaire d'un agrément en vue d'adoption a le droit de bénéficier d'un congé non rémunéré d'une durée maximale de six semaines pour se rendre dans les départements ou territoires d'outre-mer ou à l'étranger en vue de l'adoption d'un ou plusieurs enfants. Ces dispositions s'appliquent dans la fonction publique sous la forme d'une mise en disponibilité.

Par ailleurs, certains organismes de sécurité sociale acceptent de faire commencer le congé d'adoption (qui, lui, est rémunéré), une semaine avant l'arrivée effective de l'enfant dans son nouveau foyer (voir p. 216).

Pour d'autres, en revanche, partir chercher un enfant est inimaginable ; ce sentiment est assez répandu au début de la démarche, particulièrement chez des parents qui ont peu voyagé, qui ne se sont jamais rendus dans certaines régions du monde, qui ont vécu un voyage traumatisant ou qui ont une phobie de l'avion.

Un voyage pour adopter n'est pas un voyage culturel ou d'agrément. Peurs et inquiétudes face à l'inconnu viennent se mêler à l'angoisse qui sous-tend l'attente. Ce sentiment, pourtant, évolue souvent, et l'on voit des parents qui, au fur et à mesure que prend corps l'idée d'adopter dans tel ou tel pays, sont prêts à faire tomber toutes les barrières pour s'y rendre.

Néanmoins, pour certaines personnes, les obstacles entre eux et ce voyage peuvent paraître insurmontables, par exemple, pour des parents souffrant d'une phobie ou dont l'état de santé interdit les vaccinations pour maladies tropicales, le vol prolongé en avion, le séjour sous des climats très chauds ou implique un traitement régulier comportant des contraintes matérielles (piqûres, dialyses, etc.) Dans ces cas-là, il conviendra de trouver une démarche d'adoption qui autorise la non-présence des adoptants au moment du jugement, ou l'accompagnement de l'enfant pendant le voyage par une tierce personne.

Des renseignements peuvent être obtenus auprès de la Mission de l'adoption internationale, des ambassades ou d'un organisme autorisé pour l'adoption (OAA). Certains pays comme la Corée du Sud, Djibouti, l'Éthiopie ou l'Inde, interdisent ou ne souhaitent pas la présence des parents adoptifs sur leur sol. Dans ces cas-là, il faut se préparer à l'accueil, souvent difficile, à l'aéroport.

Comme dans les films, mon mari est arrivé à l'aéroport avec Myriam. J'attendais avec mon grand fils, qui n'avait jamais vu sa sœur. L'attente, les difficultés, tout fut oublié avec ce premier regard. Ce que l'on connaît à ces moments-là, personne ne peut nous le retirer…

Une mère adoptive

Trousse de voyage et liste d'équipement (non exhaustive !)

Pour l'enfant

- Paracétamol en sachets (50 mg) : pas de suppositoires (ils risquent de fondre) ni de sirop (pas pratique). Si fièvre ou douleur : 50 mg par kilo et par jour.
- En cas de diarrhées, prévoir du lait de remplacement pour nourrissons (préparation lactée pour nourrissons sans lactose, ou à base de soja) et des solutions réhydratantes, difficiles à se procurer sur place ; un antidiarrhéique spécifique pour nourrissons.
- Antibiotique large spectre pour infections.
- Collyre.
- Sérum physiologique (en pipettes individuelles) pour nettoyer yeux et muqueuses.

Pour l'adulte

- En cas de traitement personnel, prévoir large (ne pas oublier l'ordonnance pour justifier les médicaments et éventuellement les seringues auprès des douanes et au moment de l'embarquement (*cf.* normes de sécurité).
- Se renseigner auprès du centre de maladies tropicales du CHU le plus proche pour les vaccinations conseillées pour cette région du monde ; voir aussi la revue *Accueil*, août 2000.
- Traitement antipaludéen (si nécessaire pour cette région du monde ; voir *Accueil*, novembre 2000).
- Médicament antidiarrhéique, antalgique, antispasmodique et antinauséeux (indispensable dans le cas de *tourista*).
- Un calmant léger : les émotions sont parfois rudes !

Prévoir également

- Compresses désinfectantes (alcoolisées, sous sachet).
- Gel ou spray antibactérien pour les mains (permet de se désinfecter sans eau).
- Produits anti-moustiques (baumes et spray pour corps et vêtements si vous partez dans une zone de paludisme).
- Vaporisateur d'eau (pour se rafraîchir et rafraîchir l'enfant dans les pays chauds).
- Comprimés pour désinfecter l'eau.

Divers pour l'enfant

- Thermomètre digital.
- Biberons en PVC que l'on pourra faire bouillir (y compris pour les plus « grands », qui pourront ainsi faire comme les bébés et commencer leur régression – voir pages 279-280).
- Poussette pliante ou transat ou « kangourou ».
- Vêtements adaptés en coton, pratiques et sobres (pour les parents comme pour les enfants).
- Inutile d'emporter des chaussures : vous trouverez des sandales en plastique sur place (dans les pays chauds) ou des chaussures adéquates (Europe de l'Est).

> Inutile d'arriver avec un doudou, un jouet ou une poupée : ils ne connaissent pas, ça peut leur faire peur. Je suis arrivée avec un biberon d'eau. Elle s'est accrochée à ce biberon ; elle ne le lâchait pas, elle le tétait, il la rassurait ; au fil des jours, elle nous observait derrière son biberon… Et puis, il fait tellement chaud, cela permet de les réhydrater.
>
> Une mère ayant adopté en Afrique

La rencontre avec l'enfant

Un moment intense

Pour la rencontre avec l'enfant adopté à l'étranger, le temps suivra son cours, différent de celui auquel nous sommes habitués. Autant, en France, les visites peuvent commencer assez rapidement après la décision du Conseil de famille, autant, à l'étranger, l'attente peut sembler longue entre le moment où la décision est notifiée à la famille et la première rencontre physique avec l'enfant.

Le temps sera ponctué d'informations reçues par téléphone ou, de plus en plus, par Internet ; avec, un jour, cet instant extraordinaire où se met en place, sur l'écran de l'ordinateur, le visage de l'enfant : instant qui justifie à lui seul tous les progrès en matière de communication. L'envoi de photos, autrefois sombres ou floues, était aléatoire et l'est toujours selon les pays ou les conditions d'accueil de l'enfant ; nombreux sont les parents qui partent sans avoir la moindre idée des traits de leur enfant.

Certains organismes canadiens envoient, quand ils le peuvent, des vidéocassettes de l'enfant. Cela permet non seulement de commencer à visualiser son enfant mais, le cas échéant, de consulter un pédiatre, de préférence ayant une connaissance du continent d'origine de l'enfant ou de l'adoption (sur la santé des enfants, voir p. 235, 262).

Nous sommes entrés dans une cour, éclairée par un néon sur un mur. Il y avait un énorme manguier au centre de la cour, une natte posée au sol, des enfants qui couraient partout, des femmes assises.

Une femme d'un certain âge s'est avancée vers nous, vêtue d'une magnifique robe bleu ciel. C'était la nourrice, officielle, du moins ; j'ai su plus tard que toutes les femmes avaient materné notre bébé. On nous a salués, on nous a fait asseoir.

Je ne voyais pas de bébé, j'étais inquiète. Mais tout le monde était très calme. Je n'avais pas remarqué un tissu sur la natte. Depuis l'endroit où elle était assise, la nourrice a soulevé ce tissu ; et là, j'ai vu Marie, toute nue, un grigri autour du ventre, un gros bébé joufflu qui dormait.

La nourrice l'a attrapée par le bras, l'a levée comme un petit lapin, et l'a mise sur ses genoux. Marie s'est réveillée et s'est mise à pleurer. La nourrice a pris un biberon qui traînait par là, et l'enfant s'est calmée.

Alors, la nourrice m'a fait signe d'approcher. Je me suis agenouillée devant elle, j'ai regardé ma fille, j'ai doucement tendu la main vers elle. Elle m'a regardée, la tête penchée sur le côté, de ce petit air interrogateur qu'elle a gardé...

Des parents adoptifs

Un moment parfois difficile

La rencontre diffère d'un lieu d'accueil à un autre, d'un enfant à l'autre. Comme pour l'enfant adopté en France, ce moment, où l'on se trouve enfin devant son enfant réel, peut être un moment difficile : aux émotions viennent parfois s'ajouter un sentiment d'étrangeté, surtout quand on n'a jamais eu de photo et que l'enfant est d'une ethnie différente, un désarroi, un sentiment d'humilité et de responsabilité mêlées, un trop-plein d'émotions.

Pour l'enfant, face à ces personnes qu'on lui présente comme ses parents, le moment n'est assurément pas des plus faciles ! Tel enfant se jettera spontanément dans les bras de ses nouveaux parents ; tel autre s'accrochera aux bras de la personne qui s'occupe de lui ; certains pleureront, auront besoin de s'acclimater, là où d'autres partiront facilement – trop facilement ?

Certains accepteront de s'éloigner pendant la journée de l'institution, mais voudront la regagner le soir pour dormir avec les autres enfants. Les premières

Nous avions déjà un grand fils biologique et nous avons décidé d'adopter une « grande » fille. Notre interprète nous a conduits dans un orphelinat le lendemain de notre arrivée en Lettonie. Elle nous a dit que la petite fille s'appelait Irina, qu'elle avait 8 ans et qu'elle ne savait pas qu'elle allait être adoptée. Nous sommes montés, et nous l'avons vue, habillée comme une princesse, avec des habits et une coiffure datant de la révolution russe... Les dames avaient mis du temps à lui faire plein de nattes, on l'avait mise devant un livre ouvert pour nous faire bonne impression alors qu'elle n'avait jamais été à l'école... Elle nous a regardés, aussi intimidée que nous. Il y avait sept adultes autour d'elle, et nous avions le barrage de la langue. Nous sommes rentrés dans notre studio à Riga ; nous avions du mal à analyser nos sentiments. Ce quart d'heure était frustrant, nous ne pouvions pas lui montrer par des gestes que nous allions l'aimer, ne sachant pas si l'adoption aboutirait, car dans ces pays, les démarches ne commencent que quand les personnes se présentent...

Le lendemain, notre interprète ne pouvait pas être avec nous. Nous avons pris la décision de « débarquer » à l'orphelinat. Nous sommes montés voir la directrice ; celle-ci nous a fait comprendre en anglais qu'Irina était dans la cour. La première petite fille que nous avons rencontrée, c'était notre future fille : les cheveux défaits, vêtue d'un vieux jogging, un sourire radieux aux lèvres. Elle m'a sauté dans les bras... Pour une petite fille qui ne savait pas qu'elle allait être adoptée, elle paraissait avoir compris beaucoup de choses... Le contact était passé.

Nous sommes repartis en France, et nous avons attendu dix mois avant de la revoir...

Des parents adoptifs

nuits sont parfois éprouvantes : difficultés à se laisser aller, angoisses ravivées par la fatigue et l'obscurité, pleurs, colères. Le premier bain peut être un ressourcement, ou au contraire une source de cris et de terreurs.

Pour d'autres enfants, la passation se fait avec une tranquillité, une sérénité qui émeuvent les parents : c'est le nourrisson, se laissant aller dans leurs bras, qui leur signifie qu'ils sont désormais bel et bien ses parents et qu'il leur fait confiance ; c'est le plus grand, coulant sa tête dans leur cou.

Le retour

Puis vient le retour, le voyage en avion, pour regagner son foyer et, là encore, une nouvelle acclimatation mutuelle, une renaissance en famille. Dans le pays d'origine, on était dans une sorte de cocon, hors des contraintes habituelles, même si on était soumis à d'autres exigences, aux soucis matériels de visas, de formalités diverses.

Le retour à la maison impose de rentrer de nouveau dans la réalité qu'on avait laissée, mais qu'il faudra désormais organiser différemment puisque l'enfant est là, tout en complétant les procédures pour que, aux yeux de la loi et de l'administration françaises, il soit reconnu comme définitivement celui de ses parents (adoptifs).

Pour l'enfant aussi, toute une acclimatation commence.

Chapitre 5

Quand parents biologiques et parents adoptifs se rencontrent…

«J'ai eu à rencontrer les parents biologiques de ma fille. Ce fut l'entretien de ma vie, une expérience extrêmement touchante qui a démystifié bien des choses.»

Une mère adoptive canadienne

L'adoption culturelle

Un accord tacite

Circulation des enfants, don d'enfant, confiage : dans ces échanges traditionnels noués autour des enfants, la rencontre était inévitable entre les parents de naissance et ceux qui allaient élever l'enfant. Une tierce personne jouait parfois un rôle de médiateur, n'intervenant selon les cas que dans l'éventualité d'un désaccord entre les deux familles, après et non pas avant le placement de l'enfant. Le plus souvent, les familles se rencontraient et dialoguaient directement. L'échange reflétait un accord entre le couple ou le parent, qui « donnait » l'enfant et celui qui le « recevait » et qui s'engageait à l'élever. La parole donnée avait valeur de contrat.

Certaines procédures d'adoption aux États-Unis et au Canada autorisent, encouragent même, une forme de rencontre entre parents de naissance et parents adoptifs. Dans la majorité des pays, toutefois, une rencontre entre les parents de naissance et les parents tuteurs ou adoptifs est soit découragée par la législation internationale et nationale, soit aménagée, pour prévenir les risques de dérive. Sur le territoire français, une exception demeure, celle de la Polynésie, qui relève du droit coutumier.

Un usage coutumier

Chez les Maoris (Nouvelle-Zélande), la décision de confiage était parfois prise par la famille élargie, le *whanau*, et ce surtout dans les cas où les aînés de cette famille considéraient soit que les parents de naissance n'étaient pas compétents, soit que le fait d'être élevé par des parents plus expérimentés serait profitable à l'enfant, et par là au *whanau* tout entier.

Le confiage, ou don d'enfant, pouvait être amorcé dans un sens ou dans l'autre : par la famille biologique ou par la famille désireuse d'accueillir l'enfant. Dans la mesure où cette forme d'échange n'était pas envisagée comme une solution irréversible, le déplacement de l'enfant d'une famille vers une autre entraînait des liens familiaux supplémentaires et non une substitution, avec pour conséquence un élargissement des relations, toujours perçu comme bénéfique.

Dans la communauté maorie, les *Tamariki whangai* (enfants adoptés) pouvaient prendre le nom de leur famille adoptive. En Afrique, où l'enfant confié continue de rencontrer sa famille biologique et conserve la possibilité de la réintégrer un jour, il ne prend pas nécessairement le nom de sa famille nourricière mais peut en avoir l'usage temporaire. En Polynésie, l'enfant confié conserve sa place dans la fratrie. Ces pratiques diverses, qui n'ont pas totalement disparu, relèvent non pas de la législation mais d'usages coutumiers, et reposent sur des engagements oraux. C'est ainsi que des échanges de ce type échappent au contrôle des autorités du pays, dès lors qu'ils se produisent au sein de la communauté, entre Maoris ou Polynésiens, entre familles africaines qui se connaissent – ce qui n'est pas sans créer des problèmes en cas de difficultés ou d'abus dont sont victimes les enfants.

Pour les Polynésiens, les enfants passent sous l'autorité d'autres parents que les leurs, sans que les juges ou les services sociaux en soient nécessairement informés. On trouve une situation analogue chez les Maoris, où l'on estime que 20 % environ des enfants ne vivent pas avec leurs parents de naissance : cette circulation d'enfants se fait sans que quiconque en réfère aux autorités néo-zélandaises. En revanche, dans un souci de respect croissant des communautés, les travailleurs sociaux s'appuient sur l'expérience des représentants des *whanau* pour régler les cas d'enfants pour lesquels un placement hors de la famille de naissance s'avère nécessaire.

L'adoption d'enfants maoris par des non-Maoris est longtemps restée très minoritaire : comme exemple d'une telle adoption, notons celle de Kiri Te Kanawa, la célèbre soprano. Que ce soit en Nouvelle-Zélande, en Polynésie ou en Afrique, la remise d'un enfant à une personne « étrangère » à la communauté est régie par la législation nationale en vigueur en matière de placements et d'adoptions.

Traditionnellement, les rencontres entre

les parents de naissance et « adoptifs » se déroulent de façon assez sereine, dans la mesure où c'est une situation culturellement perçue comme normale. Le moment où l'enfant quitte sa mère de naissance est lui aussi culturellement défini. Autant en Océanie la décision est prise très tôt, souvent même avant la naissance du nourrisson ou dès les premières semaines de sa vie, autant en Afrique la séparation est inenvisageable avant le sevrage. Il n'y a pas de contrepartie : la famille qui accueille l'enfant accepte de le prendre en charge, de le nourrir, de l'habiller, de l'envoyer à l'école, mais ses obligations se centrent sur les besoins de l'enfant et n'englobent pas une quelconque notion d'obligation envers sa famille : on n'est redevable de rien. Dans une situation culturelle traditionnelle, le don d'enfant n'est pas subordonné à une transaction financière, même si parfois, par le passé, un enfant était placé en « gage » dans une autre famille, pour « solder » une dette quelconque – qui pouvait tout aussi bien être matérielle que morale.

Ici et là, toutefois, des dérives sont apparues, liées à un bouleversement des mœurs et des modes de vie. De façon assez typique, en Afrique, la famille biologique veillait, à distance, sur l'enfant placé. Dans la mesure où, désormais, ce dernier peut se retrouver, avec ceux qui l'élèvent, dans une ville éloignée, voire dans un autre pays, le contrôle et les liens se distendent. Le relâchement de la surveillance par les parents de naissance ouvre la porte aux abus, et c'est ainsi qu'un enfant placé peut se retrouver en France, dans le rôle de « petite bonne à tout faire » de la famille qui est censée l'élever ; au pire, il ou elle se voit parfois contraint(e) de se prostituer.

[En Polynésie] l'adoption n'a aucun caractère clandestin et aucun opprobre ne s'attache aux parents qui acceptent de se séparer de leurs enfants. Il s'ensuit que les enfants adoptifs connaissent très bien leurs parents biologiques et entretiennent des liens avec eux.

Paul Ottino, Rangiroa, *Parenté étendue, résidence et terres dans un atoll polynésien*, Paris, Éditions Cujas, 1972

« *Quand une mouette sur le point de mourir confie son œuf à un chat…*
– Promets-moi que tu ne mangeras pas l'œuf, dit-elle […].
– Je promets de ne pas manger l'œuf.
– Promets-moi de t'en occuper jusqu'à la naissance du poussin, croassa-t-elle […].
– Je promets de m'occuper de l'œuf jusqu'à la naissance du poussin, miaula Zorbas.
– Et promets-moi que tu lui apprendras à voler, croassa-t-elle en regardant fixement le chat dans les yeux. […]
– Je promets de lui apprendre à voler. »

Luis Sepúlveda, *Histoire d'une mouette et du chat qui lui apprit à voler*, trad. de l'espagnol par A.-M. Métailié, Paris, Métailié/Seuil, 1996

L'adoption directe

Une pratique découragée

Cette forme d'adoption, également appelée démarche directe, consiste en une rencontre entre les parents de naissance et les parents adoptifs qui débouche sur un projet commun : le renoncement à l'enfant chez les premiers, le recueil en vue d'adoption chez les seconds.

La démarche directe se pratique encore en Polynésie par des non-Polynésiens (voir pages 203 et 211, le détail des procédures) : aujourd'hui, elle est encadrée par les services sociaux et le juge des tutelles.

La démarche directe s'est longtemps pratiquée en adoption internationale. Certains intermédiaires non autorisés – souvent des personnes très dévouées, notamment des religieuses, mais aussi des personnes parfois peu scrupuleuses – permettaient la mise en relation des deux familles.

Dans la mesure où elle a pu donner lieu à des pressions ou à des contreparties financières (des témoignages croisés font état de villages entiers au Vietnam où les familles se sont ainsi défaits d'un enfant), la démarche directe est de plus en plus découragée.

Le risque de pressions est en outre accentué par le nombre croissant de postulants à l'adoption, en France et ailleurs, et par la stabilité relative du nombre d'enfants adoptés par des ressortissants autres que ceux de leur pays de naissance. Dans des pays comme le Vietnam, le Cambodge ou le Guatemala, les adoptants français se retrouvent en « concurrence » avec des adoptants américains, canadiens, scandinaves…

La convention de La Haye de 1993, relative à l'adoption internationale, interdit les contacts entre les familles avant que ne soit vérifiée l'adoptabilité de l'enfant, sans imposer une quelconque limite quant à l'âge de l'enfant. Ainsi, elle est moins stricte que la loi française pour les enfants de moins de 2 ans (qui interdit toute remise directe) mais plus stricte pour les enfants plus âgés : les deux règles ne concordent pas exactement.

La convention interdit aussi tout consentement à l'adoption entre les adoptants et les parents de naissance avant la naissance de l'enfant. Dans la plupart des pays, des mesures de protection et de prévention sont érigées autour de l'adoption et des enfants – au risque, certes, d'aller à l'encontre de traditions fortement ancrées.

L'obligation d'avoir un agrément pour toute adoption constitue déjà une première précaution.

On m'a parlé d'un cas au Vietnam où tout avait été organisé avant la naissance de l'enfant. Une fois né, la mère n'a plus voulu donner son enfant en adoption. Mais le père allait toucher le prix d'une année de salaire, alors les gens sont partis avec l'enfant pendant que la mère hurlait qu'elle voulait le garder. Où est l'humanité chez ceux qui font cela, et quelle humanité respectent-ils chez cet enfant ? Comment pourront-ils le regarder plus tard dans les yeux ?

Chantal Saclier, responsable des programmes du Service social international, octobre 2000

Aux yeux de certains spécialistes français de l'adoption internationale, cette disposition est insuffisante ; ils préconisent que les enfants adoptables jeunes (de moins de 2 ou 3 ans) soient placés en structure d'accueil pour empêcher toute rencontre entre parents de naissance et candidats à l'adoption.

Ces préoccupations éthiques sont louables et compréhensibles dans une perspective occidentale, où l'on a une vision que l'on voudrait universelle de l'aide sociale à l'enfance, avec ses mécanismes de placement en pouponnière ou en famille d'accueil. La réalité, malheureusement, est souvent bien différente dans de nombreux pays, où les chances de survie d'un jeune enfant sont inversement proportionnelles au temps qu'il aura passé en institution.

Que dit la législation française ?

En France, la législation impose depuis 1965 la remise obligatoire à l'Aide sociale à l'enfance ou à un organisme autorisé pour l'adoption de tout enfant

Les adoptions visées par la Convention ne peuvent avoir lieu que si les autorités compétentes de l'État d'origine :
a - ont établi que l'enfant est adoptable ;
b - ont constaté, après avoir dûment examiné les possibilités de placement de l'enfant dans son État d'origine, qu'une adoption internationale répond à l'intérêt supérieur de l'enfant ;
c - se sont assurées […] que le consentement de la mère, s'il est requis, n'a été donné qu'après la naissance de l'enfant.

Article 4 de la convention de La Haye (1993)

Principe fondateur de l'article 348-5

Éviter d'odieux marchandages ou d'odieuses combinaisons qui pourraient conduire une mère seule à abandonner son enfant en bas âge à un particulier ou à une œuvre ne remplissant pas toutes les conditions prévues par la loi.

Extrait de l'exposé du rapport Zimmerman à l'Assemblée nationale le 17 novembre 1965 âgé de moins de 2 ans, dont les parents consentiraient à l'adoption, sauf dans le cas où il existe un lien de parenté ou d'alliance jusqu'au sixième degré inclus entre l'adoptant et l'adopté (art. 348-5).

Le type de dérives que cherche à empêcher la législation française

En 2001, le cas de jumelles américaines vendues et achetées par Internet défraya la chronique, mettant au jour les pratiques douteuses de certains organismes privés pour l'adoption aux États-Unis, et la tentation financière que ces mêmes organismes pouvaient représenter pour une mère de naissance en désarroi.

Les deux petites furent cédées à un couple américain et placées chez lui, avant d'être reprises par la mère pour être finalement confiées à un couple britannique « plus offrant »... qui n'avait pas d'agrément, pourtant obligatoire au Royaume-Uni. Retirées à ce dernier couple sur ordre d'un magistrat britannique et placées dans une famille d'accueil, les jumelles furent ensuite rapatriées aux États-Unis pour être confiées à une nouvelle famille d'accueil, en attendant qu'un magistrat prenne une décision sur leur sort : les deux parents biologiques, en instance de divorce, réclamant une garde partagée. En six mois, les enfants avaient changé cinq fois de bras...

L'adoption de gré à gré

En revanche, l'adoption de gré à gré, qui demeure très rare, est possible pour un enfant âgé de plus de 2 ans. L'enfant a été reconnu par sa mère ou par son père et sa mère. S'ils consentent à son adoption, ils expriment le souhait de le voir confié à telle ou telle famille, soit devant le tribunal, soit devant un notaire.

Le consentement qu'ils signent est nominatif, c'est-à-dire qu'il est accordé à des parents précis : une adoption de ce type rejoint en quelque sorte celle qui a cours en Polynésie.

Selon l'article 348-4, nous l'avons vu (voir page 142), c'est un conseil de famille qui décide du choix de l'adoptant pour tout enfant remis à l'Aide sociale à l'enfance ou à un organisme autorisé pour l'adoption (OAA).

Le Conseil de famille – celui des pupilles de l'État ou celui désigné par un organisme autorisé – peut entendre le souhait éventuellement exprimé par les parents (par exemple que l'enfant reste dans sa famille d'accueil si celle-ci s'est portée candidate) mais il n'est pas tenu de s'y plier.

Protéger l'enfant de tout commerce autour de son placement

S'assurer de l'authenticité du consentement

Le contact direct est donc déconseillé, pour éviter les risques de pression, la tentation de faire n'importe quoi pour avoir l'enfant (car à un moment pareil, on est tellement vulnérable !). Le souci principal est de protéger la famille de naissance de l'enfant ; en même temps, on protège les parents adoptants, pour qu'un jour ils n'aient rien à cacher à leur enfant.

Il est des cas néanmoins où, même si l'attribution de l'enfant n'est pas décidée par la famille de naissance, la rencontre peut être une façon pour les adoptants de s'assurer par eux-mêmes que celle-ci a personnellement consenti à l'adoption, que le consentement qu'elle a signé est donc authentique. Ce genre de précaution peut s'avérer réconfortant dans des pays où circulent des rumeurs, pas toujours justifiées d'ailleurs, sur les rapts d'enfants, où les frais d'avocats représentent une part importante des coûts de procédure d'adoption, si large que ceux-ci pourraient être tentés de « chercher » des enfants.

Ces pratiques eurent longtemps cours au Brésil. Au Guatemala, pays qui a fait l'objet de critiques très vives en matière d'adoption, des contrôles ADN effectués, à la demande de l'ambassade des États-Unis, sur des enfants adoptés et leur mère de naissance, ont permis de vérifier que, chaque fois, il s'agissait bien de leur enfant. Dans ces cas, aucune fraude ne semblerait avoir été décelée ; mais ces mères ont-elle subi des pressions pour confier leur enfant en vue d'adoption ?

Vérifier l'adoptabilité

Dans beaucoup de pays, la vérification de l'adoptabilité de l'enfant précède la recherche de parents adoptants. Dans d'autres États, il existe un double consentement. La famille consent à faire adopter son enfant, ce qui entraîne la déclaration d'adoptabilité et permet de rechercher des parents acceptant d'adopter l'enfant. Vient ensuite un second consentement en faveur d'une famille nommément désignée lors de la décision ou lors du jugement, avec remise officielle ou non de l'enfant. La présence des parents de naissance est exigée au moment du jugement. C'est le cas au Sri Lanka.

Selon la législation du pays, les parents se rencontrent au moment du jugement, ou juste avant. Ces rencontres sont des moments puissants, inoubliables.

Devant ces mères contraintes de laisser partir leur enfant, des parents adoptifs disent avoir ressenti un douloureux sentiment d'injustice, ombre au soleil de leur bonheur personnel.

Nous avons rencontré les mères de nos [...] enfants. C'est peut-être pour cette raison que je suis incapable de parler d'elles comme étant « la dame qui t'a donné la vie » et que je dis « ta maman de Sri Lanka ». Avec la mère de notre premier enfant adopté, il y avait une certaine complicité : timidité et rires réciproques, dans la salle d'attente du « Commissionner », pleurs et émotions à la sortie du tribunal, mélange de bonheur, tristesse, soulagement et sentiment d'injustice.

J'étais par contre déconcertée par le détachement et le sang-froid de la mère de notre aînée (6 ans au moment de la première rencontre). On aurait cru qu'il s'agissait d'une simple formalité administrative, ce passage devant le juge, avant de reprendre son travail de tous les jours. Pourtant, c'est elle qui a eu le plus beau geste envers son enfant en lui prenant la main, puis s'enfonçant avec elle dans la mer jusqu'aux cuisses, tout habillées... Quel symbole !...

Dans nos albums de photos figurent également celles de ces femmes. C'est, avec quelques souvenirs, ce que nous pouvons offrir à nos enfants de leur passé. L'avenir nous dira si c'est suffisant, trop ou trop peu.

Une mère adoptive, *Accueil*, septembre 1991

Conserver des traces de la rencontre

Ce témoignage montre l'importance ultérieure de cette rencontre pour l'enfant, avec la possibilité de lui montrer une photo. Pour un enfant adopté, savoir que ses parents adoptifs savent à quoi ressemble sa mère de naissance, et pas lui, le principal intéressé, est source de souffrance.

Une rencontre, même rapide, au moment où l'enfant est confié, semble être bénéfique pour lui quand elle s'est déroulée de façon saine ; elle peut donc apparaître séduisante – à condition d'être encadré, accompagné, pour protéger toute la vulnérabilité parentale, et pour respecter la capacité des uns et des autres à s'y soumettre.

Bénéfique pour la mère de naissance qui en accepte le principe : la rencontre lui offre parfois la possibilité d'imaginer un avenir pour son enfant ; elle l'est de surcroît pour les parents adoptifs, qui mettent un visage sur cette femme dont leur vient l'enfant, et qui ainsi connaissent eux aussi une certaine sérénité qui, à son tour, aura un effet tranquillisant sur l'enfant.

Sérénité, mais émotion aussi, de retrouver parfois, dans leur enfant grandissant, une particularité, les traits ou le visage de celle qui lui a donné vie.

L'adoption « ouverte »

Aux États-Unis, l'adoption « ouverte » *(open adoption)* s'est développée. Elle présente l'avantage de laisser à la famille de naissance le libre choix des futurs parents adoptifs.

Toutefois, si elle n'est pas encadrée, elle présente deux inconvénients majeurs : la réelle possibilité que les candidats à l'adoption exercent une pression sur la famille d'origine ; la manifestation chez l'enfant d'une incertitude psychologique sur ce qu'est un « parent », dans le cas où la famille biologique demeure trop « présente ».

Au Canada, la rencontre physique, passation des parents de naissance aux parents adoptifs, est possible.

On peut néanmoins se demander si le parent de naissance est toujours celui qui est le plus à même de choisir un futur parent pour son enfant : ses sentiments envers son enfant, envers ses propres parents, viennent se mêler à tout un faisceau de facteurs conscients et inconscients faits de frustrations, d'aspirations, d'ambitions et de préjugés.

> Dans certains cas, la mère biologique de l'enfant demeure très proche de la nouvelle famille de l'enfant : parfois elle se comporte comme si elle était elle-même « adoptée », parfois elle se comporte comme si elle avait encore une part d'autorité sur l'enfant. Le système apparaît donc comme n'offrant pas les meilleures garanties pour la construction de l'enfant.
>
> Document de travail interne,
> Enfance et Familles d'Adoption

> Les travailleurs sociaux demandent aux parents de définir théoriquement quelle sorte de parents adoptifs ils souhaiteraient pour leur enfant, [et ils] essayent de trouver un dossier qui convient, pour faire l'apparentement.
> Il peut y avoir des contacts entre les parents biologiques et les parents adoptifs, ce que j'appelle une adoption ouverte ou semi-ouverte, le plus souvent de façon anonyme, dans le but de rassurer les parents biologiques, de leur montrer qu'ils ont du pouvoir sur cette décision, sur ce geste d'amour qui est de confier son enfant en adoption, et qu'ils peuvent choisir d'une certaine façon les gens qui vont s'en occuper.
>
> Johanne Lemieux, travailleuse sociale,
> Bureau de consultation en adoption du Québec, congrès Enfance et Familles d'Adoption, octobre 2000

Les cas du parrainage et de l'adoption simple

Dans le cadre d'un parrainage, la famille qui accueille l'enfant est parfois amenée à rencontrer les parents. L'enfant circule des uns aux autres, son cheminement est souvent douloureux. Toutefois, la confusion ne peut exister. Les attributs de la parentalité sont clairement définis. L'enfant sait qui détient l'autorité parentale alors même qu'il voit à la fois ses parents et ses parrains.

La situation est analogue dans le cas d'une adoption simple d'un enfant déjà grand, qui conserve des liens avec ses parents de naissance.

La médiation dans la passation

Une « passation parentale » plus symbolique, accompagnée, permet d'éviter certains écueils de l'adoption ouverte.

Les professionnels – sages-femmes, médecins, psychologues, assistantes sociales – qui, en France, accompagnent les femmes qui choisissent de ne pas garder leur enfant, soulignent comment, dès lors qu'elles trouvent une oreille attentive et respectueuse, certaines se projettent dans l'avenir de leur enfant, expriment pour lui des souhaits souvent empreints d'une aspiration profonde à la normalité.

Sophie Marinopoulos*, psychologue attachée à la maternité du CHU de Nantes, décrit l'intérêt que peuvent présenter les « catalogues » de parents adoptifs que la Nouvelle-Zélande et les États-Unis, entre autres, proposent aux parents de naissance. Ayant vu des femmes utiliser ce type de support, elle a compris comment il favorise « un travail psychique » autour « de la passation parentale. [...] En voyant cette femme parcourir un catalogue, j'ai pu mesurer tout l'intérêt qu'il y a à provoquer une "imagerie" : la pensée vagabonde sur l'enfant à naître, enfant dont elle va se séparer, et qui la conduit à une mentalisation de l'adoption ».

Des groupes de parole réunissant des parents adoptifs, des parents de naissance ayant confié leur enfant en adoption et des travailleurs sociaux permettent aussi de mieux comprendre les enjeux psychiques et affectifs qui se jouent autour de l'enfant.

À défaut d'une rencontre physique, une passation peut s'effectuer, par l'intermédiaire d'un tiers. Ici, ce sera le professionnel qui invitera la mère à parler au nourrisson ou, si cela est impossible, qui le fera lui-même.

Dans *Maternités impansables***, Sylvie Babin, une assistante sociale, raconte le travail qui se fait en ce sens à la maternité du CHU de Nantes : « Lorsque nous accueillons ces enfants, si leurs parents sont dans l'impossibilité de le faire, notre travail est de mettre des mots sur ce que vivent ces bébés, leur restituer

* Sophie Marinopoulos, *De l'une à l'autre : de la grossesse à l'abandon,* Paris, Hommes et Perspectives, 1997.

** Sylvie Babin, *Maternités impansables,* Paris, l'Harmattan, 2001.

leur histoire, les informer des décisions les concernant. Toutes ces paroles permettent aux enfants de donner du sens à ce qu'ils vivent, et assurent une continuité de leur vie. »

Parler à l'enfant, c'est l'accompagner sur cette traversée d'une rive à l'autre de sa vie, c'est tendre un pont de mots entre la mère de naissance et celle qui l'accueillera. Myriam Szejer, pédopsychiatre et auteur de nombreux articles et ouvrages sur la question, y voit elle aussi un devoir, une mission essentielle des équipes qui entourent la mère au moment de la naissance.

Toute personne qui se sent en mesure de parler à l'enfant, [...] est pour ainsi dire un *go between*, un messager entre la mère et l'enfant. [...] Elle peut parler à l'enfant parce qu'elle le fait à la demande de la mère. Dans les cas plus problématiques où la mère n'a laissé aucune trace, il faut aussi pouvoir parler à l'enfant, ne serait-ce que pour lui décrire les circonstances de sa naissance.

Myriam Szejer, *Des mots pour naître*,
Paris, Gallimard, 1997

Le cas de la Polynésie

Une rencontre entre parents de cultures différentes

Quand les parents qui confient l'enfant et ceux qui le recueillent n'appartiennent pas à la même culture, quand ils ne partagent pas la même conception de l'enfant et de sa place dans leur vie, ils risquent de ne pas se comprendre, de ne pas mesurer tout l'enjeu affectif et culturel du confiage.

D'un côté, il y aura ceux qui considèrent l'enfant dans le contexte d'une famille élargie, de l'autre ceux qui parleront de « leur » enfant.

D'où l'importance, avant d'entreprendre une adoption de ce type, de connaître la culture de la famille d'origine de l'enfant.

L'échange d'enfants au sein de la communauté polynésienne s'est peu à peu ouvert aux étrangers résidant sur l'île, puis à ceux venus de l'extérieur pour adopter. Chez la grande majorité de ces adoptants, on sent un profond respect, un désir de connaître et de comprendre, pour ensuite bien l'expliquer à leur enfant la démarche de cette adoption, par le biais d'une rencontre avec les parents de naissance.

Prendre le temps

Le temps apparaît comme un facteur essentiel : le temps de s'imprégner de la culture mais aussi de la beauté des lieux et de ses habitants ; le temps d'observer, d'être observé, de connaître, d'être connu, le temps que s'instaure une confiance mutuelle, que les choses se fassent sans que l'on ait nécessairement besoin de demander. Cela suppose de prendre des dispositions pour envisager un séjour de deux mois, voire plus.

Si les rencontres se font souvent « entre femmes », les hommes, et souvent la famille tout entière, participent à la décision.

Le désir très fort d'enfant, conjugué à une notion de don insuffisamment intégrée, donne parfois lieu à des comportements maladroits. Une Polynésienne accouchant d'un enfant longtemps attendu et désiré racontait en riant à une Française comment un couple avait pénétré dans sa chambre à la maternité pour lui demander si elle voulait leur remettre son bébé. Consciente de ce type de situation, et sachant que le directeur de la maternité avait dû prendre des mesures pour limiter l'accès aux chambres, cette même Française prit, pour sa part, le soin de passer par le bureau des sages-femmes lorsqu'elle quitta la maternité avec

Dès le début, l'adoption telle que nous l'envisagions devait se faire à partir d'une rencontre : une rencontre avec un pays, avec une culture, avec des personnes. Quand nous disions qu'il était important pour nous de rencontrer les parents de l'enfant que nous adopterions, on nous regardait avec des yeux ronds, voire avec méfiance : dans quel trafic n'allions-nous pas nous mettre ? Partout où nous parlions ainsi de notre projet, on nous décourageait. Puis nous avons entendu parler de la Polynésie. Nous avons discuté longuement avec des familles qui avaient adopté là-bas, qui nous ont fait partager leur amour de ce peuple, de cette rencontre autour de l'enfant. Nous avons compris que c'était ce que nous cherchions. Nous sommes partis, sac au dos, avec nos maigres économies dans la poche. Nous avons passé cinq mois là-bas. Nous nous étions fixé des règles : prendre le temps, ne jamais aborder une femme enceinte ou une jeune femme, ne pas nous approcher de la maternité, nous méfier des personnes qui, au marché, viendraient vers nous pour nous « proposer » un enfant. Nous savions, par des témoignages, que le désir pressant de certains Français de métropole à adopter « pourrissait » par endroits l'idéal du don d'enfant. C'est ainsi que nous avons rencontré un couple de Français qui avaient renoncé à une proposition que leur avait faite une femme enceinte quand elle leur avait ensuite demandé de lui payer plusieurs mois de loyer en ville. Le temps passait ; nous commencions à nous faire à l'idée que nous rentrerions sans enfant. Puis nous avons rencontré une jeune femme qui nous a invités à venir chez elle, dans sa famille, sur une île. Là, nous avons vécu avec eux, des liens très forts se sont noués, notamment avec une jeune sœur, qui était enceinte. Un jour, elle nous a annoncé qu'elle nous donnerait son enfant. Nous n'avions rien demandé, rien dit… Elle non plus ne nous a rien demandé. Tout s'était fait de façon si naturelle, si « polynésienne ».

Des parents adoptifs

J'ai pu souvent constater que lorsqu'il existe un certain malaise, une difficulté à trouver ses repères, chez les adolescents ou préadolescents adoptés en Polynésie, les liens avec leur famille et leur région d'origine avaient été coupés. Une des grandes chances de l'adoption polynésienne est la rencontre entre les familles biologiques et adoptives, il faut tout faire pour la maintenir, même si les parents adoptifs ne souhaitent pas respecter la famille de naissance, ils ont le devoir de respecter leur enfant.

Docteur Jean Vital de Monléon*, *Accueil,* mai 2002

* Pour aider les parents adoptifs à raconter à leur enfant cette rencontre avec ses parents de naissance et le don qui les relie, le docteur Monléon a écrit *Les deux mamans de Petirou*, Paris, Gautier Languereau, 2001, un album destiné aux tout-petits.

l'enfant que lui avait confié une autre Polynésienne : cette dernière, qu'elle avait rencontrée bien avant l'accouchement, était restée hospitalisée pour une ligature des trompes.

Éviter le piège des mères porteuses

Tous ceux qui connaissent la Polynésie et ses habitants disent combien il serait regrettable qu'une forme de colonialisme insidieux se dessine autour de ce don d'enfant, et qu'on en arrive à considérer les femmes polynésiennes comme des mères porteuses qui, de surcroît, ne se font pas payer.

Des associations de mères porteuses aux États-Unis évaluent à 20 000 le nombre d'enfants nés à la suite d'un contrat passé entre un couple ou une personne célibataire et une femme qui accepte de porter leur enfant fécondé *in vitro*, parfois avec don de gamètes.

Le coût ? Quelque 20 000 dollars aux États-Unis. La législation française interdit ce type de pratique, estimant qu'elle réduit la femme à un rôle d'incubateur, comme d'ailleurs elle interdit toute utilisation du corps humain à des fins commerciales.

En cas de désaccord entre la mère porteuse et ceux pour qui elle porte l'enfant, ce dernier (alors qu'il n'est pas encore né) devient l'objet de litiges : sans père ni mère, il est ballotté au gré des caprices des adultes.

Cette vision déshumanisante de l'enfant a été illustrée dans un procès qui, en août 2001, a opposé un couple américain à une mère porteuse, cette dernière refusant d'avorter un des jumeaux qu'elle portait après s'être, selon le couple, engagée à avorter de fœtus additionnels dans le cas d'une grossesse multiple.

La mère porteuse a déclaré qu'elle ne pouvait pas « adopter » [*sic*] les enfants qu'elle portait, mais elle a demandé que le couple perde sur eux leurs « droits parentaux ». Un couple de substitution a finalement été trouvé pour « reprendre » le « contrat ».

Une démarche directe encadrée

C'est pour tenter d'empêcher des dérives possibles, tout en respectant la tradition du don d'enfant, que des mesures ont été prises en Polynésie française, visant à concilier une tradition qui relève du droit coutumier et des principes de droit international qui s'attachent à protéger les parents de naissance.

Les procédures ainsi adaptées à la spécificité polynésienne permettent d'obtenir un placement ou une délégation d'autorité parentale en vue d'adoption.

Une décision de l'Assemblée territoriale d'avril 1990 rend l'agrément obligatoire pour les métropolitains et les étrangers, qu'ils résident ou non en Polynésie, et quelle que soit la forme de placement choisie. Cette mesure n'empêche pas une augmentation des délégations d'autorité parentale (la DAP, d'une durée de deux ans, étant la phase préalable et obligatoire de la procédure polynésienne) : le nombre de DAP prononcées passa de 83 en 1986, date des premières statistiques établies en la matière, à 199 en 1993, pour redescendre ces dernières années à une centaine par an.

La décision fut donc prise, tout en respectant la tradition du choix de la famille adoptive, d'imposer un passage obligé par les services sociaux et par le juge des Tutelles, démarche qui entra en vigueur en 1993. Le Service des affaires sociales a pour obligation de vérifier non seulement les agréments, mais plus spécialement les conditions dans lesquelles s'effectue la relation entre les familles et la remise des enfants. L'avis donné au magistrat chargé d'enregistrer la délégation sera négatif s'il apparaît que des pressions manifestes se sont exercées pour l'obtention du consentement.

La démarche pour une délégation d'autorité parentale (DAP).

1. Une famille polynésienne fait le projet de confier son enfant en adoption, elle recherche une famille métropolitaine pour l'adopter.
2. Une fois le contact établi entre les deux familles, un projet de vie est élaboré pour l'enfant, les Polynésiens souhaitant garder un contact et recevoir des nouvelles (même si eux n'en donnent que rarement !). Le type d'adoption souhaité pour l'enfant, simple ou plénière (voir plus loin p. 222), doit être abordé afin de bien éclairer le futur consentement à l'adoption.
3. Lorsque les deux familles sont d'accord sur le devenir et le futur statut de cet enfant, elles se rendent ensemble à la cellule Adoption des services sociaux, où une assistante sociale questionnera la famille polynésienne sur les motivations qui la conduisent à confier son enfant en adoption : il est important de s'assurer que cette décision est bien mûrie, que les parents n'ont subi de pression ni de l'entourage familial ni des futurs adoptants.
4. Le travailleur social prépare et valide la requête de la délégation d'autorité parentale en vue d'adoption. La famille adoptive présente l'agrément, les enquêtes sociales et psychologiques. Cette requête se dépose au greffe du tribunal.
5. Le juge reçoit les deux familles, après que le procureur de la République a diligenté une enquête de gendarmerie.
6. L'audience de la DAP se fait environ un mois plus tard. L'ensemble de la procédure peut amener à séjourner deux mois en Polynésie, voire plus.
7. Ce n'est que lorsque l'enfant aura 2 ans que la famille de naissance donnera son consentement à l'adoption (pour la démarche, voir pages 219-221).

Source : *Accueil*, mai 2002.

SERVICE DES AFFAIRES SOCIALES Cellule adoption

BP 1707 Papeete
Polynésie française

De manière générale, la DAP se déroule sans heurts. Quand ça se passe « mal », l'expérience est très douloureuse pour la famille qui espérait à terme adopter l'enfant et qui lui avait déjà fait une place dans sa vie. Cependant, l'enfant a moins à en souffrir si cela se passe avant le départ de Polynésie.

> Tout avait été fait. La DAP avait été signée, notre séjour touchait à sa fin. Le lendemain, nous prenions l'avion pour rentrer à la maison, avec celui qui était déjà pour nous notre bébé.
> Nous étions deux couples d'amis, nous avions fait le voyage ensemble, nous avions eu la chance de rencontrer deux familles polynésiennes qui acceptaient de nous confier un enfant. Nous étions venus à quatre, nous allions repartir à six… Et puis, la veille de notre départ, voilà que le père biologique de l'enfant de nos amis arrive, qu'il reprend l'enfant… Nous étions effondrés, nos amis étaient désespérés, la « maman » pleurait. Pourtant, il n'y avait rien à faire. Le retour ne fut pas celui dont nous avions rêvé…
>
> Des parents adoptifs

Le consentement à l'adoption

Lorsque l'enfant a 2 ans révolus, les adoptants, qui ont entretenu le plus souvent des liens téléphoniques et épistolaires avec les parents de naissance, invitent ces derniers à consentir à l'adoption.

Les parents biologiques consentent donc à l'adoption simple ou plénière (voir pages 222-226), devant le greffe d'un tribunal, un notaire, ou les gendarmes qui, dans les petites îles, remplissent cette tâche notariale.

Après un délai de deux mois, un certificat de non-rétractation au consentement à l'adoption est adressé à la famille adoptive. Munis du consentement et du certificat de non-rétractation, la famille adoptive dépose auprès du greffe du tribunal de grande instance de son domicile sa requête d'adoption (voir p. 219).

Il n'est pas impossible qu'une demande d'aide financière se produise parfois au moment où la famille de naissance doit, au terme des deux ans, donner son deuxième consentement : une telle situation peut être encouragée par l'entourage ou une personne étrangère à l'engagement premier, tel que le nouveau compagnon d'une mère célibataire, qui avait consenti seule à donner son enfant.

Placement en vue d'adoption

Le placement en vue d'adoption effectué par un conseil de famille existe aussi en Polynésie. À la différence de la DAP, il représente une sécurité, dans la mesure où le consentement et ses conséquences sont expliqués en détail aux familles. Comme en France métropolitaine, les parents de naissance bénéficient d'un délai de rétractation de deux mois à l'issue desquels le placement auprès des adoptants « met obstacle à toute restitution de l'enfant à sa famille d'origine » (art. 352 du Code civil).

Les services sociaux du territoire polynésien sont habilités à recueillir des enfants et à les proposer à l'adoption. Un conseil de famille, composé de trois responsables des services sociaux et de deux personnes qualifiées, est chargé de sélectionner les candidats à l'adoption. Si une famille polynésienne souhaitant confier son enfant en adoption ne connaît aucun futur adoptant qu'elle puisse proposer au service, le Conseil de famille lui propose trois familles : une famille polynésienne, une famille de résidants et une famille métropolitaine (titulaires dans les deux derniers cas d'un agrément et ayant rempli un dossier de candidature ; voir ci-dessous). La possibilité est donc maintenue pour les familles de choisir, voire de rencontrer, les parents adoptifs et de conserver des liens avec eux et l'enfant.

Les candidats à l'adoption d'enfants polynésiens doivent adresser à la cellule adoption de Papeete un dossier de candidature complet, comme pour toute démarche d'adoption. Les candidats sont invités à répondre à un certain nombre de questions, qui ont pour but de les faire réfléchir sur l'adoption et plus spécifiquement sur la tradition polynésienne de confiage des enfants.

Voici quelques-unes des interrogations auxquelles devront réfléchir les candidats

- Quelle est votre connaissance de l'adoption en Polynésie française ?
- Pour quelle(s) raison(s) souhaitez-vous adopter en Polynésie française ?
- Seriez-vous prêt(s) à rencontrer les parents d'origine de l'enfant ?
- Quelle est votre position vis-à-vis de l'adoption simple et de l'adoption plénière ? Expliquer.
- Seriez-vous prêt(s) à garder des contacts avec la famille d'origine (courriers, photos) au-delà du jugement d'adoption ?
- Quand et comment parlerez-vous à l'enfant de ses origines ?
- Comment envisageriez-vous d'accompagner l'enfant lorsqu'il sera en demande, dans ses recherches sur ses origines ?

Une fois le dossier retenu, et les postulants choisis pour un enfant particulier, les services sociaux organisent sa remise effective aux futurs parents.

La famille choisie est informée dès que les services sont avertis du choix de confier un enfant en adoption. Ce peut être avant même la naissance et des contacts peuvent s'établir, des relations se nouer. À la naissance, la famille polynésienne consent à l'adoption devant les services sociaux.

Lorsque le projet semble bien préparé, les futurs adoptants peuvent être désignés comme famille d'accueil de l'enfant pendant les deux mois du délai de rétractation prévu par la loi, sans que l'enfant puisse quitter le territoire de la Polynésie française. Il faut donc que les adoptants prévoient un séjour de deux mois dans l'archipel.

En cas de doute sur les rapports entre les familles ou sur la liberté des volontés exprimées, l'enfant est confié à une famille d'accueil polynésienne ou à la crèche territoriale (dont une partie est transformée en pouponnière) : la mise en relation se fera alors progressivement pendant les deux mois tandis que le projet prend forme entre les familles d'origine et adoptive.

Ce laps de temps permet aux parents de naissance d'exprimer leur dénuement, mais aussi leur souhait de garder l'enfant et de rechercher une alternative à la séparation.

Une fois passé le délai de rétractation des deux mois, le juge des tutelles rend une ordonnance de placement en vue d'adoption qui permet à l'enfant d'entrer en métropole et aux parents adoptants de déposer six mois plus tard une requête en vue d'adoption plénière auprès du greffe du tribunal de grande instance de leur domicile.

Les autorités territoriales souhaitent créer un conseil de famille de pupilles de l'État, semblable à ceux qui existent en métropole.

Elles se sont donné pour mission de revoir, avec le Parlement de métropole, d'ici la fin de l'année 2002, la composition du Conseil de famille.

Elles souhaitent que le président du Gouvernement territorial en soit le tuteur (ce qui correspond à la compétence du Territoire en matière sociale) et non le haut-commissaire, représentant de l'État (qui équivaut au préfet départemental), comme actuellement prévu.

Les enfants – et pas seulement les bébés à la naissance – pris en charge par les services pourraient être admis, dans des familles d'accueil ou à la pouponnière, en qualité de pupilles provisoires jusqu'à la fin du délai de rétractation des parents ; mais certains pourraient rester dans leur famille ou réintégrer la famille élargie après une prise en charge restructurante par les services sociaux.

Si le retour dans la famille d'origine s'avérait impossible, l'enfant serait confié en adoption. Couplée à une intensification de la politique de planification familiale, la mesure cherche à répondre aux besoins des enfants maltraités ou délaissés.

Autant la rencontre entre parents de naissance et parents adoptifs est une expérience inoubliable – forte, parfois troublante – pour qui l'a vécue, autant, d'un côté comme de l'autre, il y a celles et ceux pour qui une rencontre directe au moment de confier ou de recueillir l'enfant est inenvisageable, une démarche qu'ils se sentent incapables d'assumer.

Pour un futur parent adoptif, admettre que tel ou tel chemin vers l'enfant peut très bien convenir aux autres mais ne pas lui convenir représente déjà un grand pas vers son propre enfant. C'est en se définissant, en reconnaissant ses propres limites qu'on avance vers lui, qu'on commence à devenir parent.

Cela est vrai pour toutes les démarches d'adoption, ce l'est d'autant plus pour une démarche qui implique une rencontre, *a fortiori* une démarche comme celle de la Polynésie, avec tout l'engagement culturel, moral et affectif qu'elle suppose vis-à-vis de la famille de naissance.

Quand nous avons parlé de notre espoir d'adopter un enfant à notre médecin, il nous a tout de suite parlé de la Polynésie : il s'y rendait régulièrement, il avait des amis qui pourraient nous conseiller. Nous avons rencontré une de ses consœurs en France, une gynécologue qui avait accouché son propre enfant, moment intense quand elle a aidé à venir au monde l'enfant qu'elle recevait de la mère… Ensuite, lors d'une réunion organisée par Enfance et Familles d'Adoption, nous avons parlé avec une mère qui avait adopté sa fille en Polynésie, qui nous a raconté comment une amie psychologue avait rédigé à l'intention de l'enfant un livre pour lui raconter son histoire… Pour ces femmes-là, comme pour d'autres que j'ai rencontrées depuis, tout semblait si évident, si limpide, si lumineux, que j'en éprouvais un grand désarroi, car je savais que je n'étais pas prête pour ce type de rencontre. L'adoption, pour moi, c'est une passation, certes, mais je ne pouvais pas l'envisager sous cette forme aussi directe. C'était trop fort. Je ne pouvais pas me confronter à cette mère qui me remettrait directement son enfant. En me donnant tout ce que je désirais et ne pouvais avoir, elle me donnait ce que je ne pourrais jamais lui rendre, ce que je ne lui aurais jamais donné si j'avais été en position de pouvoir le faire. Quand une femme polynésienne donne son enfant à une autre femme polynésienne, cette dernière est tout à fait capable de faire un jour la même chose. Moi pas.

Le temps a passé… J'ai adopté une enfant d'un autre continent, de filiation inconnue. J'ai souvent pensé à sa mère… Je serais heureuse de la rencontrer si un jour nos chemins devaient se croiser : l'enfant qu'elle a mise au monde était bien celle que j'attendais.

Une mère adoptive

TROISIÈME PARTIE

L'enfant dans sa famille

Chapitre 1

Droits et jugements

L'enfant mérite la meilleure protection possible. La solution est donc de l'inscrire dans la stabilité d'une filiation, sans qu'il s'agisse pour les parents de faire comme s'il n'avait jamais été adopté.

Les droits et aides liés à l'adoption

L'aboutissement d'une longue procédure

De retour en France, une série de démarches doivent être entreprises pour clore définitivement l'aspect administratif et juridique de l'accueil de l'enfant dans sa nouvelle famille. Son inscription dans la filiation, rendue tangible par son inscription sur le livret de famille, la délivrance d'un acte français de naissance dans le cas d'une adoption plénière et l'acquisition de la nationalité, représentent l'aboutissement heureux d'une longue procédure qui a commencé avec la démarche d'agrément.

Pour l'enfant, comblé et choyé, c'est l'accès à une famille, à sa famille pour toujours, le droit à la sécurité, à l'amour, reconnus et inscrits dans la loi et dans les documents. Pour les parents, épuisés mais heureux, c'est un réel soulagement. Quoi qu'il advienne, cet enfant qui a déjà sa place dans leur vie, et pour lequel ils se sont engagés, soit auprès des services sociaux français, soit auprès de son pays d'origine, est désormais définitivement le leur aux yeux de la loi et, qui plus est, citoyen français à part entière lorsque ses parents sont français et qu'ils ont adopté plénièrement.

La reconnaissance d'un nouveau statut

Avant toute chose, il faut rappeler que les nouveaux parents ont des droits en matière de congé qu'il convient de faire valoir. Tout le temps que l'on peut consacrer à son enfant dans les premières semaines et les premiers mois de son arrivée est irremplaçable, il sera d'autant plus aisé d'en bénéficier que l'on n'aura pas simultanément à faire face à la pression des engagements professionnels.

Pour faire valoir ses droits, ainsi que pour obtenir la couverture sociale de l'enfant par la caisse d'assurance maladie et par la mutuelle dont on dépend, il est nécessaire de fournir un certain nombre de pièces justificatives.

Pour un enfant confié par les services sociaux français, les parents signent une « décharge » au moment où l'enfant rejoint leur foyer, lorsqu'il est placé chez eux en vue d'adoption.

Pour les enfants arrivés de l'étranger, l'Aide sociale à l'enfance (ASE) établit sur demande une attestation de l'arrivée de l'enfant dans son foyer. Pour cela, il suffit d'appeler l'assistante sociale pour l'informer de l'arrivée de l'enfant : selon les départements et l'organisation de son travail, elle souhaitera peut-être le rencontrer dès son arrivée.

Cette visite ne doit pas être perçue par les parents comme une « inspection » : c'est une façon de boucler la boucle, de revoir la personne qui a été chargée de l'enquête sociale dans un contexte différent, celui de l'aboutissement du projet ; c'est aussi une reconnaissance du nouveau statut des parents ; ceux qui hier encore étaient postulants sont désormais parents.

Une aide plus qu'une inspection

Ne vous inquiétez pas si l'enfant n'est pas « parfaitement » sage ! L'assistante sociale ne vient pas pour le « juger », simplement pour s'assurer de son arrivée et faire une visite de courtoisie, tout en étant prête à vous conseiller sur les démarches et autres questions que vous pourriez vous poser.

> Quand l'assistante sociale est venue, j'ai servi le café et des biscuits. Notre petit, qui avait 2 ans et demi, lui a tendu un biscuit qu'elle a refusé. Il a insisté, mais elle ne l'a pas pris. Furieux, il le lui a jeté à la figure !
>
> Une mère adoptive

L'attestation de placement de l'enfant rejoindra d'autres pièces, telles que le jugement d'adoption ou une photocopie du passeport (notamment du visa d'entrée), ainsi que d'autres documents qui pourront être demandés selon la caisse ou la mutuelle auxquelles vous appartenez.

Le détail des droits accordés aux parents varie d'une profession à l'autre, d'une mutuelle à une autre, selon le nombre d'années travaillées, si l'on est ou l'on a été un temps au chômage ou bénéficiaire du revenu minimum d'insertion.

Pour plus de détails, il convient de se renseigner auprès de la caisse primaire d'assurance maladie ou de sa mutuelle.

Les renseignements donnés ci-dessous s'inspirent de ceux donnés sur les sites Internet d'Enfance et Familles d'Adoption (association de l'Hérault : http://www.multimania.com/efa34) et de la Caisse nationale d'assurance maladie (http://www.cnamts.fr/ass/adop/somadop.htm), qui donnent des informations plus complètes.

Le congé d'adoption

La demande doit être déposée auprès de la caisse d'assurance maladie. Une fois le dossier accepté, une indemnité journalière équivalente à l'indemnité pour maternité sera versée dans les mêmes conditions.

Les documents à fournir

Pour une adoption en France : une attestation de mise en relation indiquant le début de la période d'adaptation ou une attestation de placement.

Pour une adoption à l'étranger : une photocopie du passeport de l'enfant ou tout autre document officiel sur lequel figure le visa accordé par la Mission pour l'adoption internationale (MIA). La date du visa vaut pour la date de placement de l'enfant.

Quand peut-on prendre le congé d'adoption ?

Certains parents devant se rendre à l'étranger choisissent de le prendre une semaine avant la date prévue de l'arrivée de l'enfant, le couplant souvent aux congés annuels auxquels ils ont droit. Le congé peut également commencer le jour de l'arrivée de l'enfant dans son nouveau foyer.

Combien de temps dure le congé d'adoption ?

La durée varie selon le nombre d'enfants à charge et selon le nombre d'enfants adoptés. La durée sera de dix semaines pour l'adoption d'un seul enfant, de vingt-deux semaines pour l'adoption de deux enfants ou plus. Toutefois si, après l'adoption, le foyer compte au moins trois enfants à charge (parce qu'il y avait déjà un enfant ou plus dans la famille avant l'adoption), la durée du congé sera portée à dix-huit semaines pour l'adoption d'un seul enfant ; il demeurera inchangé pour l'adoption de deux enfants ou plus.

Qui prend le congé d'adoption, la mère ou le père ?

L'un ou l'autre. Cependant, la mère et le père peuvent partager le congé d'adoption, à condition que l'un et l'autre remplissent les conditions leur permettant d'en bénéficier. (renseignements auprès de la caisse d'allocations familiales.)

Peut-on cumuler le congé d'adoption avec le congé de paternité ? Oui. Si le père et la mère partagent le congé d'adoption, ce dernier sera augmenté de onze jours (plus trois) pour l'adoption d'un seul enfant, de dix-huit jours (plus trois) pour l'adoption de deux enfants ou plus. Si un seul parent prend le congé d'adoption, l'autre parent peut bénéficier des trois jours accordés par l'employeur et des onze ou dix-huit jours de congé de « paternité » instauré depuis janvier 2002.

L'allocation d'adoption (AAD)

Créée par la loi du 25 juillet 1994, l'allocation d'adoption est versée sous condition de ressources depuis la loi du

5 juillet 1996, en faveur des enfants arrivés au foyer à compter du 1er août 1996. Sa durée est de vingt et un mois (décret avril 1997). Le plafond de ressources est le même que celui de l'allocation pour jeune enfant (APJE), majoré selon le nombre d'enfants à charge.

L'allocation d'adoption (AAD) est cumulable :

- avec une autre AAD versée pour un autre enfant en cas d'adoption successive, pendant neuf mois ;
- avec une ou plusieurs autres AAD, en cas d'adoptions simultanées, pendant vingt et un mois ;
- avec l'APJE, de trois à neuf mois au maximum.

Elle n'est pas cumulable :

- avec le complément familial (CF),
- avec l'allocation de soutien familial (ASF),
- ni avec l'allocation parentale d'éducation (APE).

Le droit à l'AAD est ouvert à compter du mois suivant l'arrivée de l'enfant au foyer. L'enfant doit avoir fait l'objet d'une adoption simple ou plénière en France ou à l'étranger, ou avoir été confié en vue d'adoption par l'Aide sociale à l'enfance ou par un organisme autorisé pour l'adoption (et par une autorité étrangère), chaque fois à une famille ou à une personne seule titulaire de l'agrément.

Pour les enfants confiés par jugement de délégation d'autorité parentale, dans les territoires d'outre-mer, le droit à l'AAD est ouvert un mois après le jugement d'adoption.

L'allocation de soutien familial (ASF)

Si un parent isolé n'a pas droit à l'allocation d'adoption du fait de ressources supérieures au plafond, il peut éventuellement bénéficier de l'allocation de soutien familial (non soumise à conditions de ressources), s'il remplit les conditions de versement de cette prestation.

L'ASF est en effet versée sans conditions de ressources à la personne qui assume seule la charge d'un enfant. L'allocataire, s'il est le père ou la mère, doit vivre seul. Toutefois, cette condition n'est pas exigée du tiers recueillant un enfant si l'enfant est orphelin de père et/ou de mère ou si la filiation n'est pas légalement établie à l'égard de l'un ou des deux parents ou encore si les parents sont hors d'état de faire face à leurs obligations d'entretien. L'ASF peut être demandée par les adoptants qui ne bénéficient pas de l'allocation d'adoption :

- pour un enfant confié par le service de l'Aide sociale à l'enfance ou par un organisme autorisé, entre le placement en vue d'adoption et le jugement d'adoption ;
- pour un enfant placé par décision étrangère avec une tutelle en vue d'adoption, sans jugement d'adoption.

(le jugement d'adoption étranger est applicable de plein droit en France et s'oppose à l'ouverture du droit à l'ASF) ;

- pour un enfant placé avec une délégation d'autorité parentale ou une tutelle à titre bénévole, et dont les parents d'origine ne sont pas en mesure de participer à son éducation.

L'ASF peut également être demandée par un parent célibataire, pour un enfant ayant fait l'objet d'une adoption, dès le placement s'il ne bénéficie pas de l'allocation d'adoption, ou dès la fin de la perception de l'allocation d'adoption.

La demande d'ASF doit être déposée auprès de votre caisse d'allocations familiales.

Le congé parental d'éducation

Le congé parental d'éducation (à ne pas confondre avec l'allocation parentale d'éducation) ou la reprise d'une activité à temps partiel peut durer :

- trois ans, à compter de l'arrivée d'un enfant de moins de 3 ans au foyer ;
- un an, à compter de l'arrivée au foyer d'un enfant ayant entre 3 et 16 ans.

Seule condition pour en bénéficier : justifier d'au moins un an d'ancienneté professionnelle à l'arrivée de l'enfant au foyer.

L'allocation parentale d'éducation (APE)

Depuis juillet 1994, l'allocation parentale d'éducation peut être obtenue au titre du deuxième enfant à charge, pour les enfants nés après cette date jusqu'aux 3 ans de l'enfant.

La loi de juillet 1996 a modifié les conditions d'obtention de cette allocation pour les enfants adoptés ayant plus de 2 ans. Lorsque l'enfant adopté a plus de 2 ans, l'APE est versée pendant un an à compter de son arrivée au foyer des parents adoptants, avec une limite de versement fixée à l'âge de 16 ans.

En cas d'adoption simultanée de trois enfants, l'APE est versée pendant trois ans à condition que chacun des enfants ait moins de 16 ans.

Pour avoir droit à l'APE, il faut :

- avoir au moins deux enfants à charge ;
- avoir exercé une activité professionnelle (ou situation assimilée) pendant deux ans, ayant permis de valider huit trimestres de droit à la retraite, dans une période de référence variant suivant que l'APE sera versée au titre d'un deuxième ou d'un troisième enfant à charge ou plus. Le montant versé dépendra de l'activité : temps plein ou temps partiel.

L'APE n'est pas cumulable avec l'allocation d'adoption, le complément familial, les indemnités journalières maternité, adoption, maladie, etc.

Le jugement d'adoption

Quand déposer la requête ?

Un jugement d'adoption sera prononcé en France pour tout enfant résidant sur le territoire français, y compris la Polynésie, qu'il ait été placé en vue d'adoption ou qu'il ait fait l'objet d'une délégation d'autorité parentale, et pour des enfants nés à l'étranger ayant fait l'objet d'une décision juridique ou administrative qui exige un jugement en France.

La requête est déposée auprès du tribunal de grande instance. Pour les enfants français, elle ne pourra être déposée qu'après un délai de six mois à compter de la date de l'arrivée de l'enfant dans son foyer adoptif : pour les enfants placés en vue d'adoption par l'ASE, le Conseil de famille l'autorise parfois solennellement, par une décision formelle non obligatoire.

Pour les nourrissons recueillis en Polynésie française, le délai est porté à deux ans, dans la mesure où la législation française prévoit que « le consentement à l'adoption des enfants de moins de 2 ans n'est valable que si l'enfant a été effectivement remis au service de l'Aide sociale à l'enfance ou à un organisme autorisé pour l'adoption » (art. 348-5 du Code Civil). Le consentement doit donc être réitéré quand l'enfant a 2 ans.

Pour les enfants nés à l'étranger, la requête peut être déposée avant le délai des six mois, même si le tribunal ne l'instruira que passé le délai : il dispose de six mois pour rendre un jugement, dont la décision est rétroactive à la date du dépôt de la requête.

> L'adoption est prononcée à la requête de l'adoptant par le tribunal de grande instance qui vérifie dans un délai de six mois à compter de la saisine du tribunal si les conditions de la loi sont remplies et si l'adoption est conforme à l'intérêt de l'enfant.
> Dans le cas où l'adoptant a des descendants, le tribunal vérifie en outre si l'adoption n'est pas de nature à compromettre la vie familiale.
>
> Article 353 du Code civil
>
> L'adoption produit ses effets à compter du jour du dépôt de la requête en adoption.
>
> Article 355

Les pays dispensés d'un nouveau jugement en France

Depuis la loi de février 2001, c'est le consentement à la rupture définitive ou non des liens juridiques qui détermine la nature de l'adoption, et donc la dispense d'un nouveau jugement en France : c'est le principe même de la conversion inscrite dans la convention de La Haye. C'est le consentement (rupture définitive des liens) qui autorise la transcription.

L'*exequatur*

L'*exequatur* est l'ordonnance par laquelle les tribunaux français rendent exécutoires en France les décisions des juridictions étrangères. Le ministère d'un avocat est obligatoire.

Les décisions étrangères portant sur « l'état » et la « capacité » des personnes sont reconnues de plein droit. Dans ces cas-là, le jugement d'adoption du pays d'origine est reconnu par les autorités françaises : il n'est pas nécessaire de demander une *exequatur*, qui confère une « reconnaissance » juridique à un jugement étranger.

Pour les jugements d'adoption plénière qui installent l'enfant dans la seule filiation de ses parents français, il suffit donc de demander une transcription de la décision prononçant l'adoption sur les registres d'état civil du ministère des Affaires étrangères, qui centralise tous les états civils des Français nés à l'étranger.

Pour les jugements d'adoption simple prononcés à l'étranger, qui inscrivent l'enfant dans une seconde filiation sans faire disparaître totalement la première, la procédure d'*exequatur* est obligatoire, et doit précéder l'éventuelle demande de la nationalité française.

Qui peut faire l'objet d'une adoption ?

L'article 345 du Code civil prévoit que l'adoption « n'est permise qu'en faveur des enfants âgés de moins de 15 ans, accueillis au foyer du ou des adoptants depuis au moins six mois ». L'enfant devra « consentir personnellement à son adoption » s'il a plus de 13 ans. Ce même article prévoit des dispositions spéciales permettant de demander l'adoption plénière (voir ci-dessous) pour l'enfant de plus de 15 ans : si, avant d'avoir atteint cet âge, il a été accueilli « par des personnes qui ne remplissaient pas les conditions légales pour adopter » ou « s'il a fait l'objet d'une adoption simple ». Dans les deux cas, la demande devra être déposée pendant la minorité de l'enfant ou dans les deux ans suivant sa majorité.

L'adoption posthume est également prévue, dans l'article 353 du Code civil : « Si l'enfant décède après avoir été régulièrement recueilli en vue de son adoption, la requête peut toutefois être présentée. Le jugement produit effet le jour précédant le décès et emporte uniquement modification de l'état civil de l'enfant. »

Le tribunal n'est pas tenu de motiver sa décision : « le jugement prononçant l'adoption n'est pas motivé » (art. 353). Il ne pourra pas être fait appel du prononcé d'une adoption, sauf en « cas de dol ou de fraude imputable aux adoptants » (art. 353-2).

En cas de décès du parent adoptant avant que le jugement n'ait été prononcé

Nul ne peut être adopté par plusieurs personnes si ce n'est par deux époux. Toutefois, une nouvelle adoption peut être prononcée soit après décès de l'adoptant, ou des deux adoptants, soit encore après décès de l'un des deux adoptants, si la demande est présentée par le nouveau conjoint du survivant d'entre eux.

Article 346 du Code civil

Si l'adoptant décède, après avoir régulièrement recueilli l'enfant en vue de son adoption, la requête peut être présentée en son nom par le conjoint survivant ou l'un des héritiers de l'adoptant.

Article 353 du Code civil

La procédure est gracieuse, c'est-à-dire qu'elle n'entraîne pas de frais. La requête d'adoption peut donc être déposée directement par l'adoptant ; il n'est pas obligé de prendre un avocat.

Dans la mesure où le jugement ne peut être prononcé tant que l'enfant n'a pas résidé six mois dans sa famille adoptive, de nombreux parents attendent que se soient écoulés six mois depuis l'arrivée de l'enfant dans leur foyer avant de déposer leur requête. Toutefois, certains procureurs invitent les familles à constituer le dossier et à le lui remettre avant que les six mois ne se soient écoulés, pour qu'il puisse le transmettre au tribunal dès que le délai légal aura été atteint. En cas de doute sur un aspect quelconque de leur dossier, les adoptants peuvent demander rendez-vous avec le procureur.

La requête est adressée au procureur, qui la transmet au tribunal de grande instance. Le greffe du tribunal de grande instance communique la liste des documents à joindre au dossier.

Parmi les pièces obligatoires à fournir, figurent notamment :

- le consentement (il est parfois contenu dans le jugement) ;
- la décision d'adoption ou de placement en vue d'adoption de l'enfant ;
- la copie de l'agrément – le tribunal est tenu de vérifier « avant de prononcer l'adoption que le ou les requérants ont obtenu l'agrément pour adopter ou en étaient dispensés » (art. 353-1).
- Les parents devront également indiquer la forme d'adoption qu'ils souhaitent pour leur enfant : adoption plénière ou adoption simple.

Je réponds toujours aux lettres qui me sont adressées. Et les familles ne doivent pas hésiter à venir me voir : je reçois tous ceux qui me demandent un rendez-vous. Combien de fois j'ai eu des parents qui venaient avec leurs enfants me demander conseil : ils couraient dans tout le bureau. Voilà qui met un peu de vie dans cette maison qui en a bien besoin… S'ils étaient un peu trop agités, j'appelais une greffière pour qu'elle s'occupe d'eux, le temps de me laisser discuter avec les parents.

Un procureur à l'écoute

Adoption plénière ou adoption simple ?

Deux types d'adoption

Avant de constituer le dossier, il faut savoir si l'on souhaite pour son enfant une adoption plénière ou simple : en dehors des adoptions d'enfants du conjoint ou intrafamiliales, plus de 90 % des adoptions prononcées sont des adoptions plénières.

Les deux types d'adoption présentent quelques différences que les parents doivent apprécier, en fonction de l'histoire de leur enfant, de son âge, des liens éventuels qu'ils souhaitent voir préservés.

Ainsi, une adoption simple est inimaginable pour un enfant dont on ignore la filiation, et pour lequel il n'y a pas lieu de rajouter une nouvelle filiation à une filiation existante puisque la première est inconnue.

En revanche, une adoption simple se conçoit pour un orphelin qui a grandi dans une famille, qui porte un nom, qui a conservé des liens avec ses grands-parents ou des oncles et tantes ; elle se conçoit aussi pour un enfant de Polynésie qui a été remis aux parents par la famille de naissance, qui exprime parfois sa préférence pour une adoption simple.

Irrévocabilité et révocabilité

L'adoption plénière est irrévocable tandis que l'adoption simple est révocable (même si le jugement doit être motivé, ce qui suppose une garantie pour l'enfant).

Une adoption plénière c'est, juridiquement, des parents pour la vie : la filiation qu'elle confère à l'enfant ne peut pas lui être retirée, quoi qu'il advienne. À la sécurité et à la stabilité que suppose une adoption plénière, on peut opposer l'incertitude inscrite en filigrane dans l'adoption simple.

Loin de rendre impossible au niveau psychoaffectif la recherche des origines, l'adoption plénière offre précisément un cadre sécurisant qui permet cette quête pour qui souhaite l'entreprendre : l'oiseau quittera d'autant plus facilement son nid pour se hasarder à la découverte du monde qu'il sait que le nid ne va pas disparaître dans son dos, qu'il sera là quand il sentira le besoin de s'y réfugier (voir le chapitre sur l'origine et la construction de l'identité).

La nationalité

L'adoption plénière est une avancée relativement récente : elle date de 1966. Elle a pour but d'apporter une sécurité et un sens d'appartenance définitif à

Tableau des principales différences entre adoption plénière et adoption simple

ADOPTION PLÉNIÈRE (rupture totale des liens juridiques)	ADOPTION SIMPLE (adjonction d'une deuxième filiation)
Code civil, articles 355 à 359	Code civil, articles 360 à 370-1
L'adoption confère à l'enfant une filiation qui se substitue à la filiation d'origine ; l'adopté cesse d'appartenir à sa famille par le sang, sous réserve des prohibitions au mariage visées aux articles 161 à 164.	L'adopté reste dans sa famille d'origine et y conserve tous ses droits, notamment ses droits héréditaires. Les prohibitions au mariage prévues aux articles 161 à 164 du présent code s'appliquent entre l'adopté et sa famille d'origine.
L'adoption confère à l'enfant le nom de l'adoptant et, en cas d'adoption par deux époux, le nom du mari.	L'adoption simple confère le nom de l'adoptant à l'adopté en l'ajoutant au nom de ce dernier. Le tribunal peut toutefois, à la demande de l'adoptant, décider que l'adopté ne portera que le nom de l'adoptant. Cette demande peut également être formée postérieurement à l'adoption. Si l'adopté est âgé de plus de treize ans, son consentement personnel à cette substitution de patronyme est nécessaire.
	Autorité parentale
L'adopté a, dans la famille de l'adoptant, les mêmes droits et les mêmes obligations qu'un enfant légitime.	L'adoptant est seul investi à l'égard de l'adopté de tous les droits d'autorité parentale, inclus celui de consentir au mariage de l'adopté, à moins qu'il ne soit le conjoint du père ou de la mère de l'adopté ; dans ce cas, l'adoptant a l'autorité parentale concurremment avec son conjoint, mais celui-ci en conserve l'exercice. Les droits d'autorité parentale sont exercés par le ou les adoptants dans les mêmes conditions qu'à l'égard de l'enfant légitime. Droits successoraux L'adopté a, dans la famille de l'adoptant, les droits successoraux d'un enfant légitime. L'adopté et ses descendants n'ont cependant pas la qualité d'héritier réservataire à l'égard des ascendants de l'adopté.
L'adoption est irrévocable.	S'il est justifié de motifs graves, l'adoption peut être révoquée, à la demande de l'adoptant ou de l'adopté, ou lorsque ce dernier est mineur, à celle du ministère public. La demande de révocation faite par l'adoptant n'est recevable que si l'adopté est âgé de plus de quinze ans. Lorsque l'adopté est mineur, les père et mère par le sang ou, à leur défaut, un membre de la famille d'origine jusqu'au degré de cousin germain inclus, peuvent également demander la révocation. Le jugement révoquant l'adoption doit être motivé.

l'enfant adopté, qu'il soit né en France ou à l'étranger. En effet, l'enfant est inscrit dans une filiation – familiale et nationale, pourrions-nous dire, au risque de ne pas être très « juridique » dans nos propos : en devenant le fils d'un couple français, il devient citoyen français. En devenant le fils ou la fille d'un résidant étranger en France, il acquiert le droit d'y résider.

En effet, dans la mesure où l'adoption plénière crée les mêmes effets qu'une filiation biologique, l'enfant adopté par des citoyens français est considéré comme né de parents français et acquiert donc automatiquement la nationalité française.

Dans le cas d'une adoption simple, l'enfant conserve sa filiation d'origine à laquelle vient s'ajouter une filiation adoptive. Il conserve donc sa nationalité d'origine, mais peut, tant qu'il est mineur, demander la nationalité française, à condition que ses parents adoptifs soient français. Les autres enfants pourront devenir français selon les règles du droit commun de la nationalité. La demande devra être déposée auprès du tribunal d'instance. Le refus du juge doit être motivé, et peut donner lieu à un recours devant le tribunal de grande instance dans un délai de six mois.

Dans le cas de double ou de multiple nationalité (si les parents sont binationaux), l'obtention de la citoyenneté française ne fait pas automatiquement disparaître celle d'origine : cela dépend de la législation du pays d'origine. Selon l'absence d'accord ou de convention bilatérale, ou de perte de nationalité ultérieure, ce qui apparaît comme une richesse peut se révéler une difficulté pour certains enfants, notamment les garçons, en raison d'éventuelles obligations militaires.

Filiation

L'enfant qui fait l'objet d'une adoption plénière acquiert l'intégralité des droits et obligations d'un enfant légitime (c'est-à-dire légalement reconnu), y compris celui de porter le nom des adoptants.

Le livret de famille ne fait apparaître aucune mention de l'adoption, qui demeure ainsi non pas « cachée » mais de l'ordre des informations relevant de la sphère privée. L'adoption plénière permet à l'enfant de s'inscrire pleinement dans une filiation, celle de ses parents, et donc de leurs lignées respectives.

Au contraire, l'enfant qui fait l'objet d'une adoption simple ne rompt pas ses liens de filiation avec ses parents de naissance. Il demeure leur fils et conserve leur nom ; mais l'autorité parentale est transférée sur ses parents adoptifs qui, eux aussi, lui donnent leur nom. Une deuxième filiation s'ajoute ainsi à la première.

En l'occurrence, ce sont les seuls parents adoptifs qui exercent sur lui l'autorité parentale, qui l'élèvent, qui prennent les décisions relatives à son bien-être quotidien, à sa santé, à sa scolarité, etc. Dans la vie de tous les jours, ce sont eux les seuls parents présents. La filiation simple reprend ainsi en quelque sorte la distinction faite dans le droit coutumier polynésien entre les parents qui donnent la vie et ceux qui élèvent un enfant.

Obligation d'aide alimentaire

C'est quand l'enfant devient adulte que les enjeux risquent de se brouiller quelque peu. Comme tout enfant, l'adopté simple peut se voir un jour demander une aide alimentaire tant par ses parents d'adoption que par ses parents de naissance.

Succession

Que les enfants soient adoptés plénièrement ou simplement, leurs droits en matière de succession sont identiques : ils ont les mêmes droits que des enfants biologiques.

Vis-à-vis de la famille d'origine, la situation diffère. L'enfant qui fait l'objet d'une adoption simple demeure héritier réservataire dans sa famille d'origine, puisqu'il est dit à l'article 364 qu'il « reste dans sa famille d'origine et y conserve tous ses droits, notamment ses droits héréditaires », alors que l'enfant ayant fait l'objet d'une adoption plénière « cesse d'appartenir à sa famille par le sang ».

La situation diffère aussi en ce qui concerne les ascendants (c'est-à-dire les grands-parents). L'enfant adopté

L'adopté doit des aliments à l'adoptant s'il est dans le besoin et, réciproquement, l'adoptant doit des aliments à l'adopté.
L'obligation de se fournir des aliments continue d'exister entre l'adopté et ses père et mère. Cependant, les père et mère de l'adopté ne sont tenus de lui fournir des aliments que s'il ne peut les obtenir de l'adoptant.

Code civil, article 367

[Notons au passage la « différence » sémantique que la loi établit entre « l'adoptant » et « les père et mère de l'adopté », qui désignent les parents de naissance et leurs moindres obligations dans l'adoption simple.
À l'article 354, la loi stipule que la transcription « ne contient aucune indication relative à la filiation réelle de l'enfant ». Le Code civil présente expressément la filiation adoptive comme l'équivalent d'une filiation biologique légitimement reconnue. La loi, donc, ne cache pas plus l'adoption que ne le font les parents, les jugements, ou les actes d'état civil.]

plénièrement jouit des mêmes droits de succession qu'un enfant biologique. L'enfant adopté simplement, en revanche, n'est pas réservataire vis-à-vis de ses grands-parents. En l'absence de testament, il ne pourra hériter de ses grands-parents que lorsque les petits-enfants légalement reconnus (filiation par naissance ou par adoption plénière) auront reçu leur part réservée.

La transcription

• Transcription d'un jugement français ou étranger

Pour un jugement prononcé en France, la transcription est prévue dans l'article 354 du Code civil. La décision prononçant l'adoption plénière est transcrite dans les quinze jours qui suivent le jugement « sur les registres de

L'adoption plénière, c'est la substitution de la filiation d'origine par celle de la filiation adoptive, ce que je conçois pour un couple : l'enfant entre pleinement dans sa nouvelle famille.
Je suis célibataire et donc mon enfant adopté plénièrement sera considéré comme « né de père inconnu ». Je n'aime pas l'idée de remplacer une filiation paternelle connue par une absence de filiation ; il va déjà manquer d'un père dans la réalité, faut-il en plus rayer celui de ses origines ?
C'est pour cette raison que j'évoque la possibilité d'une adoption simple. Si l'enfant est réellement né de père inconnu, cela me gênera moins de me substituer à sa filiation d'origine, mais remplacer une filiation paternelle existante par du vide, cela ne me plaît pas.

Mes réflexions concernant l'adoption simple :
- l'enfant garde son prénom d'origine : pas de problème, j'ai l'intention de le lui conserver (si c'est une fille, je trouve les prénoms féminins russes très jolis) ;
- le juge peut décider que, dans l'intérêt de l'enfant, le nom de famille de l'adoptant se substitue à celui de sa famille d'origine ; j'aimerais que mon enfant porte mon nom de famille, et je pense qu'un juge comprendra qu'un enfant élevé en France ne garde pas son nom de famille russe ;
- l'autorité parentale : je ne pense pas qu'elle puisse m'être contestée pour un enfant né et adopté en Russie ;
- la nationalité française : l'enfant conserve sa nationalité d'origine, mais il peut demander à acquérir la nationalité française, donc je ne pense pas que cela soit un obstacle non plus.

Réflexion d'une célibataire sur l'adoption plénière et l'adoption simple l'état civil du lieu de naissance de l'adopté, à la requête du procureur de la République ».

Dans le cas d'un enfant né à l'étranger, la décision est transcrite sur les registres du service central d'état civil du ministère des Affaires étrangères à Nantes. Cette transcription « énonce le jour, l'heure et le lieu de la naissance, le sexe de l'enfant ainsi que ses prénoms, tels qu'ils résultent du jugement d'adoption, les prénoms, noms, date et lieu de naissance, profession et domicile du ou des adoptants. Elle ne contient aucune indication relative à la filiation réelle de l'enfant ».

Dans tous les cas, c'est cette transcription qui tiendra désormais lieu d'acte de naissance à l'adopté. « L'acte de naissance originaire » français n'est pas détruit : il est revêtu de la mention « adoption » et considéré « comme nul » (art. 354).

• La démarche pour obtenir la transcription

L'autorisation de transcrire l'adoption est donnée par le procureur de Nantes, après consultation du dossier. Le service central d'état civil adresse ensuite un extrait de naissance de l'enfant à ses parents adoptifs. Ces derniers enverront leur livret de famille à ce même service pour que l'enfant y soit inscrit.

Dans le cas d'une adoption plénière, aucune mention du jugement n'est faite : l'enfant y est inscrit sans mentions particulières, exactement comme un enfant biologique. Dans le cas d'une adoption simple, la mention « Fils ou Fille de… » (indiquant le nom d'origine de l'enfant) est donnée, avec la date du jugement d'adoption.

Toute demande de transcription devra être adressée au Service central d'état civil, 44941 Nantes CEDEX 9.

Conservez précieusement la référence de l'extrait de naissance qui vous sera remis. Précédée du code (JUG), elle indique effectivement que la transcription a été faite à la suite d'un jugement : elle permettra à toute demande ultérieure d'acte de naissance d'être traitée plus rapidement, soit par courrier, soit par Minitel au 3615 SCEC.

Fils ou fille de…

> Toute personne a droit à un nom propre et aux noms de ses parents ou de l'un d'entre eux.
>
> Convention interaméricaine des droits de l'homme

Dans la mesure où l'adoption plénière « confère à l'enfant une filiation qui se substitue à sa filiation d'origine » et où l'adopté « cesse d'appartenir à sa famille par le sang sous réserve des prohibitions au mariage », l'enfant devient le fils ou la fille à part entière de ses parents adoptifs, au même titre que leurs enfants biologiques dans le cas où ils en auraient. Si l'acte intégral de naissance fait effectivement apparaître la mention « Fils ou Fille de... », l'extrait de naissance mentionne, pour sa part, « Né(e) de... ».

Les adoptants sont les premiers à regretter cette formule, apparue sans décision législative réglementaire dans les documents publics. La formule est brandie comme un chiffon rouge par ceux qui accusent volontiers les parents de vouloir « effacer » la filiation d'origine de leur enfant et de vouloir « se faire passer » pour les géniteurs.

En fait, à travers cette accusation, c'est souvent l'adoption plénière elle-même qui est visée. Or l'adoption plénière garantit à l'enfant une protection juridique de son statut ; elle lui offre une sécurité qui lui permettra de grandir sans crainte d'un nouveau (dé)placement ; elle lui permet de s'inscrire dans une filiation, de devenir à jamais fils ou fille, petit-fils ou petite-fille ; il devient aussi frère ou sœur, tous les membres de la fratrie figurant ainsi sur un pied d'égalité dans le livret de famille.

C'est cette sécurité, la sacralisation juridique de cet amour que lui portent ses parents, la preuve du lien irrévocable, indéfectible qui s'est créé, qui, lui permettant de devenir l'enfant de quelqu'un, va l'aider à grandir et à construire sa propre identité.

Cette construction passera peut-être, pas forcément, par une recherche de ses origines (voir chapitre des origines). Contrairement à ce qu'avancent certains détracteurs de l'adoption plénière, l'enfant adopté, même plénièrement, aura eu accès aux informations concernant les circonstances de son adoption : dans la majorité des cas, son histoire, du moins ce qu'ils en savent, lui aura été restituée par ses parents adoptifs ; et souvent, ce sont ces derniers qui permettent la démarche à leur enfant, en ne la jugeant pas et en ne la précédant pas.

Le jour viendra sans doute où la mention « Né(e) de... » sera remplacée par une autre formule – pour tous les citoyens, et non pas uniquement pour ceux qui ont été adoptés. Ségolène Royal, alors ministre déléguée à la Famille, reconnaissait la nécessité d'une égalité de traitement dans un ensemble de mesures présentées en Conseil des ministres le 9 janvier 2002 : « Il convient de procéder à une harmonisation afin que les formes des mentions qui doivent exister dans l'acte de naissance ne diffèrent pas selon la nature juridique des liens qui existent entre les enfants et les parents. »

On donne son nom à l'enfant qu'on met au monde, à l'enfant qu'on fait entrer dans sa famille, dans sa lignée généalogique. L'adoption plénière donne à l'enfant le nom de ses parents, effaçant le lien de filiation juridique avec sa famille d'origine, et par là le nom qui les unissait – quand ce nom était connu, que l'enfant avait déjà un état civil.

Dans le cas d'une adoption simple, l'adopté conserve son nom d'origine, auquel peut venir s'ajouter le nom des parents adoptifs. Ces derniers peuvent aussi demander, au moment du jugement, que leur nom se substitue dans la pratique au nom de naissance : c'est souvent demandé, et accordé, dans l'intérêt des enfants : enfant adopté en présence d'enfants biologiques ou d'enfants ayant été adoptés, eux, en adoption plénière, afin de ne pas créer d'inégalités entre eux, qui pourraient les obliger à des explications constantes face à leur environnement social et qui nuiraient autant à leur intégration familiale que sociale.

Le prénom

> L'adoption confère à l'enfant le nom de l'adoptant et, en cas d'adoption par deux époux, le nom du mari. Sur la demande du ou des adoptants, le tribunal peut modifier les prénoms de l'enfant.
>
> Code civil, art. 357

Au moment de déposer la requête en vue d'adoption plénière, les adoptants peuvent demander à ce que soient modifiés les prénoms de l'enfant. Ce changement est possible au moment du prononcé d'une adoption plénière, l'adoption simple étant sans effet sur les prénoms. Aucune modification ne peut intervenir sur un jugement étranger directement transcriptible. Toutefois, dans ces deux cas, un changement ultérieur est possible, à condition de pouvoir en justifier l'intérêt, la demande étant portée devant le juge aux affaires familiales (tribunal d'instance).

La décision finale dépend du juge. Cependant, ce choix revient aux parents, il se décide au cas par cas, en fonction des circonstances de la rencontre, du vécu de l'enfant, de l'aisance avec laquelle peut se prononcer ou non son prénom d'origine, des connotations négatives qu'il peut revêtir dans un environnement francophone : en effet, outre le risque de rejet xénophobe dont peut faire l'objet tel ou tel prénom, la tonalité, les sons, peuvent, dans le contexte d'une phrase française, provoquer rires ou moqueries dans la cour de récréation, mais surtout la prononciation d'un prénom étranger en modifie la valeur identitaire.

Fort heureusement, la richesse chaque jour accrue des prénoms que les parents (biologiques ou adoptifs) choisissent, le brassage de notre société, font qu'une certaine diversité se dessine. Toutefois, il faut garder à l'esprit que celui qui portera le prénom, c'est l'enfant, qui aura pour souhait principal de s'intégrer, de se couler dans le groupe de camarades, de tout faire pour ne pas être l'objet de curiosités indues, mais qui pourra ressentir de la fierté pour son prénom d'origine, surtout quand, dans sa langue d'origine, il a un sens poétique ou symbolique.

Certains parents ne se considèrent pas liés à un prénom qui n'est pas celui donné à la naissance, mais qui a été donné par hasard, d'autres en revanche y restent attachés. Même en France, on a connu des cas où le prénom consigné comme ayant été choisi par la mère au moment d'un accouchement sous X avait été changé par quelqu'un de la maternité qui estimait qu'il « n'était pas joli ».

Un nom donné au moment du recueil de l'enfant par un individu ou une institution (orphelinat, mission) peut aussi revêtir une grande importance, comme l'expliquent les religieuses du centre d'accueil pour jeunes filles et enfants en difficulté de Brazzaville (Congo) : « L'enfant est dans une situation particulière, lié à l'endroit où il fut trouvé et amené chez nous, le jour ou la nuit… Il nous faut l'encourager à vivre, et ce soutien, nous le traduisons en lui choisissant des prénoms en accord avec des qualités telles que le courage, l'amour, le sentiment du pardon, etc. » C'est ainsi qu'elles choisissent des prénoms qui signifient Paix, Chance, Force, Sagesse, Clair de lune, prénoms qu'elles conseillent aux parents de conserver car « c'est aussi notre enfant, auquel nous avons transmis une part de nous-mêmes, en souhaitant qu'il reste un rayon de soleil pour ses (nouveaux) parents et sa famille ».

Coïncidence ou destin ?

Notre fils Jean (5 ans) nous disait qu'il voulait une petite sœur qui s'appelle Rose. Nous aimions beaucoup ce prénom et nous avions plus ou moins décidé que nous le donnerions à notre enfant si c'était une fille.

Au Vietnam, nous avons vu notre fille une première fois, et nous sommes allés chez un notaire faire traduire ses papiers. Ce dernier nous dit alors que le prénom que sa nourrice lui avait donné était Thi Thanh Hong, ce qui signifie « petite rose claire »…

Des parents adoptifs

Les enfants ont l'art de bousculer les idées reçues des adultes. Ainsi, tel grand enfant dont on aura voulu garder le prénom demandera de lui même à le changer, « parce qu'il ne l'aime pas ». L'orthographe, parfois, en est changée, pour « faire » plus ou moins, exotique. Certains parents tentent néanmoins de garder le prénom d'origine en deuxième prénom, parfois sans succès. C'est ainsi qu'un Timothée est devenu William, un Sébastien Bastien, une Christine Julie. D'autres demandent plus tard à rajouter le prénom d'un grand-père ou d'une grand-mère au leur, ou se feront tout bonnement appeler d'un prénom de leur choix, sans exiger que leur état civil soit modifié.

Mais, changé ou préservé, en s'appropriant leur prénom, ils investissent leur nouvelle vie, leur nouveau statut d'enfant avec une famille à lui. Loin de devoir s'en inquiéter, il faut y voir une dynamique positive, une volonté d'aller de l'avant, de se construire une nouvelle identité basée sur la réalité.

Le fait pour un enfant adopté de conserver son prénom d'origine permet de mieux respecter son histoire personnelle. Les parents adoptifs y veillent de plus en plus souvent. Il sera donc rappelé dans les documents d'information remis aux futurs parents la règle légale, parfois méconnue, selon laquelle le changement de prénom de l'enfant n'est pas automatique mais « peut » être décidée « sur la demande du ou des adoptants » lors du prononcé de l'adoption plénière.

Ségolène Royal, mesures présentées en Conseil des ministres le 9 janvier 2002

Chacun de nos enfants doit savoir que, nous, ses parents, avons choisi son prénom, comme nous l'avons choisi, lui, être unique, qui devient notre fils, notre fille, fusion née de ses besoins et de nos désirs [...]. C'est parce que nous sommes leurs parents que nous choisissons aussi leur prénom. Ce mot magique fait d'eux nos enfants. [...]. Comme tout futur parent qui attend un enfant, nous avons cherché, trouvé, rejeté. Trop commun, désuet, trop original, difficile à porter. Mais notre histoire un peu singulière nous a emmenés vers d'autres rives où les sons ne chantent pas au même rythme. [...]. Que pour le prononcer mille et une fois par jour, nous ayons conservé le prénom qu'il avait ou que nous en ayons changé, nous avons choisi ce « petit nom » avec toutes les meilleures raisons du monde : les nôtres. Celles de notre histoire, la sienne et la nôtre, celles de nos vies passées distantes et de notre avenir commun.

Danielle Housset, Présidente Enfance et Familles d'Adoption, éditorial, *Accueil,* août 2001 (numéro avec un dossier sur l'enfant adoptif et le prénom)

Français ?

Une dame, un jour, s'adresse à une mère devant ses enfants : « Vous les avez adoptés ? Ils sont français ? »

L'enfant (10 ans) répond d'un trait : « Je suis né au Brésil ! Elle (en désignant la première sœur) est née en Thaïlande ! Elle (en parlant de la seconde sœur) est née en Bretagne ! Papa est né à Lille ! Maman est née à Béziers ! Pompon, le chat, vient de la SPA ! Avec ça, on est Français ! »

Un cas particulier de jugement d'adoption

Quand les juges ne sont pas d'accord avec les législateurs : la *kafala* (voir pages 28-30)

TRIBUNAL DE GRANDE INSTANCE DE NÎMES

N° PR 825 E70/01

Jugement sur requête du 9 janvier 2002

Affaire gracieuse

JUGEMENT

Par requête en date du 18 juin 2000, XXX ont sollicité l'adoption plénière de ZZZ, né le jj/mm/aaaa à YYY (MAROC), enfant faisant l'objet d'un jugement d'abandon rendu le jj/mm/2000, par le tribunal de première instance de YYY, et leur ayant été confié en vertu d'un acte de *kafala* du jj/mm/2000.

Ils font principalement valoir qu'ils sont mariés depuis le jj/mm/aaaa, n'ont pas d'enfant et ont été admis à la procédure d'adoption par la Direction générale du développement social et de la santé qui leur a d'ailleurs délivré un agrément en date du jj/mm/2000 qui leur permettait d'adopter un enfant aussi bien en France qu'à l'étranger.

Le jeune ZZZ est de père et mère inconnus, a été abandonné à l'hôpital à la naissance et pris en charge par le couple XXX à l'âge de 3 mois, selon la procédure en vigueur dans son pays ; il vit depuis dans ce foyer entouré d'affection et d'attention.

Monsieur le procureur de la République de Nîmes a transmis la demande avec un avis défavorable, l'adoption étant prohibée par le statut personnel de l'enfant qui n'est pas né en France.

CECI ÉTANT

Les époux XXX, de nationalité française et d'origine marocaine, ont produit toutes les pièces justificatives de leur mariage, et du respect de la procédure d'adoption tant en France qu'au Maroc.

En France, ils ont reçu l'agrément de la Direction générale de développement social et de la santé par acte du jj/mm/2000 et cette administration a enregistré l'accueil de l'enfant à leur foyer par lettre du jj/mm/2000.

Au Maroc, l'enfant a été déclaré abandonné par jugement N° nnnn du jj/mm/2000 rendu par le tribunal de première instance de YYY. Cette même juridiction a enregistré l'acte de *kafala* du jj/mm/2000 au cours duquel l'enfant a été remis à XXX par l'assistante sociale de l'hôpital autorisée par le secrétaire Général du service économique et social, et a autorisé le jj/mm/2000 la sortie de l'enfant du territoire national.

Le parquet s'oppose à l'adoption par référence à l'article 370-3, alinéa 2, du Code civil qui stipule : « L'adoption d'un mineur étranger ne peut être prononcée si sa loi personnelle prohibe cette institution sauf si ce mineur est né et réside habituellement en France. »

Certes on peut au premier abord penser que le statut personnel marocain (comme le statut personnel vietnamien) prohibe l'adoption mais, quelles qu'en soient les modalités, toutes les législations permettent de donner une « famille » à un enfant qui n'en a pas.

Le droit marocain, par sa loi du 10 septembre 1993, s'est doté d'une législation spécifique sur les enfants abandonnés, qui sont confiés à une administration avant d'être remis à des « parents nourriciers » par un acte de *kafala* dit « acte de prise en charge et garde ». Cet acte de *kafala* met à leur charge les obligations parentales du droit français : entretien sans limitation de durée, éducation, surveillance.

Cette législation obéit à une procédure identique à celle de l'adoption en droit français et a le même but : donner des parents à un enfant abandonné.

Il n'est donc pas établi que le droit marocain « prohibe » l'adoption au sens de l'article 370-3, alinéa 2, du Code civil.

En l'espèce, l'adoption demandée est manisfestement conforme aux intérêts de l'enfant car les époux XXX ont démontré au cours de l'enquête de police qu'ils étaient tous deux salariés propriétaires de leur appartement et élevaient l'enfant dans d'excellentes conditions.

Il y a lieu de faire droit à leur requête en adoption de l'enfant ZZZ.

PAR CES MOTIFS

Le TRIBUNAL, après avoir entendu le Ministère public, en ses conclusions conformes, en ses explications

Prononce l'adoption plénière de :
ZZZ (nom de l'enfant)
PPP (prénom de l'enfant)
Né le jj/mm/2000, à YYY (MAROC)

Par

Monsieur XXX et son épouse, née...
Demeurant et domiciliés ensemble...
(adresse des parents)

Dit que l'adopté prendra le nom de XXX (nom des adoptants) et conservera le prénom de PPP.

Dit que l'adopté aura dans la famille des adoptants les mêmes droits et les mêmes obligations qu'un enfant légitime sous réserves des prohibitions au mariage visées aux articles 161 à 164 du Code civil,

Ordonne la transcription de la présente décision et l'exécution des formalités prévues par l'article 354 du Code civil sur les registres du ministère des Relations extérieures, Service central de l'état civil de Nantes.

Dit que ladite transcription tiendra lieu d'acte de naissance de l'adopté.

Laisse les dépens à la charge des requérants.

Après que la cause ait été débattue le **mercredi 5 décembre 2001** en chambre de Conseil devant trois magistrats..., en présence de... substitut de procureur de la République assistés de... greffier, et après en avoir délibéré avec eux, a rendu publiquement, contradictoirement le présent jugement **le 9 janvier 2002**.

Parrainage et adoption

Le parrainage a pour but de proposer une famille à un enfant, aussi longtemps qu'il en aura besoin, le temps qu'il retrouve des repères. Parfois, bien que ce ne soit pas sa destination, un long parrainage au cours duquel des liens affectifs se sont tissés entre parrains et filleul, débouche sur une adoption : l'enfant a pu trouver une deuxième famille, qui lui offre un lieu d'affection structurant et sécurisant sans qu'il ait à renoncer à sa famille biologique.

Le parrainage d'Étienne commence à 13 ans et demi. Son père est parti depuis longtemps. Sa mère décède un peu plus tard dans des circonstances particulièrement tragiques qui marqueront le garçon. Étienne passe la majeure partie de son enfance en établissement, coupé de tout lien familial, jusqu'au moment où l'équipe éducatrice de la maison d'enfants propose un parrainage, de week-end pour commencer. Il sera accueilli par une famille dont un enfant était décédé accidentellement.
Les parrains racontent : « Étienne a longtemps espéré en son père avec qui il avait des relations affectueuses étant petit. Celui-ci ne se manifestant plus, en particulier au moment de sa majorité (et donc au sortir de l'institution), l'enfant en a ressenti un phénomène de révolte et cela a provoqué une coupure avec sa famille naturelle, dont il ne parle plus d'ailleurs. La communication était difficile au début. Ma femme et moi avions des relations à sens unique avec l'établissement. Nous avions l'impression de beaucoup donner (ce qui ne nous gênait pas, au contraire), mais nous aurions aimé être aidés en retour par les éducateurs. Quand il en est sorti, à sa majorité, les dirigeants de l'institution auraient voulu que nous "sortions" Étienne de notre maison, ce que nous avons refusé bien évidemment. Très vite, il est entré en apprentissage dans une entreprise de notre petite ville. Son niveau scolaire l'a fait échouer au CAP. Néanmoins, le même employeur l'a repris après son service militaire où il est maintenant électricien. Il a fallu attendre son départ au service militaire pour sentir vraiment son attachement. Je suppose qu'il avait peur de ne pas trouver son "chez-lui" ou que nous profitions de son départ pour nous en "débarrasser" Mais quand il s'est rendu compte que rien n'avait changé à la première permission, s'étonnant même que nous nous inquiétions de lui, les choses se sont améliorées à pas de géant.
Si tout se passe bien, Étienne sera légalement notre fils (adoption simple) dans quelques mois. Bien entendu, c'est déjà fait affectivement de sa part comme de la nôtre.
Le service militaire a donc "décanté" la situation. La séparation et surtout le fait de trouver à l'avenir une communauté dans laquelle il était "comme tout le monde", puis d'avoir un appui – sa famille d'accueil – lui a permis de mûrir. C'est nous qui lui avons proposé l'adoption, car il était dans l'ignorance de cette possibilité.
Pour nous, cela nous semblait la conclusion logique de ce parrainage.

Source : site Un Enfant Une Famille http://unenfantunefamille.free.fr/

Chapitre 2

La santé de l'enfant

Avoir un maximum d'informations sur la santé de son enfant, en sachant que l'on ne maîtrise jamais tout : c'est un des aspects de l'adoption qui angoisse souvent les parents.

La santé, une question taboue

Le rêve de l'enfant sain

Longtemps, la question de la santé de l'enfant adopté est restée taboue. Parce qu'elle fait peur. Parce qu'elle dérange tout le monde : la société, les pouvoirs publics, les futurs parents.

Au départ, on l'a vu, quand on adopte un enfant, c'est le plus souvent parce qu'on n'a pas pu en avoir un. Quoi de plus normal que de vouloir que son enfant, biologique ou adopté, naisse et vive sain de corps et d'esprit ?

On ne reproche jamais à une femme enceinte de tout faire pour que sa grossesse se déroule dans les meilleures conditions possibles. En France, des campagnes de prévention ont permis aux femmes d'intégrer les risques encourus par l'alcool et le tabac pour le fœtus, et donc pour l'enfant à naître. Le suivi médical de la grossesse est obligatoire. Une femme qui ferait fi de recommandations aujourd'hui couramment acceptées apparaîtrait comme irresponsable.

Cette aspiration à mettre au monde un enfant en bonne santé démontre les limites que chaque parent potentiel porte en lui. Confrontés à la naissance d'un enfant porteur d'un handicap ou d'une maladie grave, ou présentant ultérieurement un problème de santé, la plupart des parents assument, non sans souffrance, cette situation inattendue. Elle sera désormais une partie constituante de l'histoire de cette famille et souvent, même si l'acceptation semble se faire, il en restera une lourde charge.

Le refus du handicap

Certains parents de naissance choisissent, face à des cas cliniques qui leur paraisssent extrêmes, de ne pas garder leur enfant. En témoignent les avortements pour motif thérapeutique – décision très douloureuse sur laquelle aucun jugement n'est à porter, et qui devrait toujours supposer un soutien de celle qui aurait dû être mère.

En témoigne également la décision, tout aussi difficile, de confier son nouveau-né en vue d'adoption que prennent chaque année des parents français, incapables d'assumer un handicap irréversible tel qu'une trisomie 21. Une telle décision, quand elle est connue, et que, là encore, nul ne peut se permettre de juger, suscite souvent un élan de sympathie et de compréhension, y compris parmi le personnel soignant des maternités. Dans leur remarquable étude sur l'accueil et l'abandon des enfants trisomiques, Annick-Camille Dumaret et Dominique Jeanne Rosset* montrent comment pédiatres, assistantes sociales, infirmières et puéricultrices ont tendance à oublier ce que vit l'enfant à un tel moment pour ne songer qu'à la détresse des parents.

En termes anthropologiques et biologiques, pourtant, certains verront dans l'impossibilité de se penser parents d'un enfant lourdement handicapé un prolongement inconscient du processus de sélection naturelle, du souci archaïque et non formulé d'assurer la survie de son clan, de son espèce, envers et contre tous les aléas de la nature. Cet instinct, quand il est exploité par les idéologues, dérive vers l'eugénisme, la sélection et l'élimination des individus selon des critères que des pseudo-savants ont cherché à présenter comme « scientifiques » : il suffit de rappeler la stérilisation des malades mentaux par le régime nazi.

De nos jours, plus insidieusement, on assiste à ce que certains médecins et scientifiques, dont le généticien Jean-François Mattéi, qualifient de « tentation eugénique », de nature juridique cette fois-ci, perceptible dans les procès intentés contre des médecins qui n'auraient pas décelé d'anomalie grave avant l'accouchement. Si cette dérive était poussée à sa logique extrême, l'échographie et le suivi médical de la grossesse deviendraient un « label de qualité », pire, un certificat autorisant la vie ou dictant la mort.

Demain, aujourd'hui peut-être déjà, la dérive sera-t-elle génétique ? Le dépistage et la recherche décèleront conjointement des anomalies et mettront au point des thérapies, ce qui représente assurément un espoir et un progrès immenses. Les futurs parents exigeront-ils un jour que ces mêmes techniques soient utilisées pour leur programmer un bébé tel qu'ils le rêvent, en y mettant le prix ?

* Annick-Camille Dumaret et Dominique Jeanne Rosset, *L'Abandon des enfants trisomiques 21 : de l'annonce à l'accueil*, Paris, CTNERHI, 1996, diffusion PUF.

À l'heure où le sida ravage la planète, où des enfants perdent chaque jour bras et jambes en sautant sur des mines antipersonnel alors que d'autres meurent de n'avoir jamais été touchés, de ne s'être jamais blottis dans des bras, la France se divise sur des arrêts de la Cour de cassation.

Arrêts aux fondements mal connus mais qui éveillent toutes les craintes de la transmission génétique et tous les fantasmes de la culpabilité originelle. Les handicaps doivent être « réparés » : quand la nature fait mal les choses, l'homme doit rétablir l'ordre. Et si l'homme se trompe, l'homme doit réparer en espèces sonnantes et trébuchantes.

Danielle Housset, présidente d'Enfance et Familles d'Adoption, *Accueil*, février 2002

Santé et adoption

Toutes ces questions relatives à la santé des fœtus et des bébés à naître continueront sans doute d'agiter la société pendant de longues années. Les futurs parents adoptifs, quant à eux, ont eux aussi un cheminement délicat à faire, dont le vecteur santé n'est pas toujours bien perçu. Trop souvent, on les « accuse » injustement de vouloir « à tout prix » un bébé en bonne santé. En même temps, quand ils parlent de leur désir d'adopter, l'environnement familial et les amis les mettent en garde contre les risques d'accueillir un enfant « dont on ne sait rien ». Dans le passé, on se méfiait des pupilles de l'État dont on pensait que les parents étaient tous forcément alcooliques ou syphilitiques ou les deux, et dont on soupçonnait qu'ils avaient forcément « hérité » de maux perçus comme héréditaires. Aujourd'hui, les peurs portent, plus généralement, sur les enfants d'Afrique, que l'on imagine porteurs de tous les parasites et virus imaginables, alors que l'on ne voit pas, ou que l'on ne sait pas, que le sida et les hépatites existent aussi en Asie, que le syndrome alcoolo-fœtal touche les pays d'Europe de l'Est et des anciennes républiques de l'Union soviétique, que la syphilis est une maladie qu'il faut dépister, de nombreux enfants étant nés de la prostitution, en Thaïlande, en Russie ou ailleurs.

Si elles ne sont pas dites, si longtemps elles ont été tues, les interrogations relatives à la santé sont souvent au cœur des inquiétudes des parents adoptifs. Comme tous les parents, ils s'inquiètent dès que leur enfant est malade. Parfois, ils s'inquiètent d'autant plus qu'ils savent peu de choses sur sa santé, notamment quand il vient de l'étranger : sur ses antécédents médicaux, sur d'éventuelles maladies génétiques dont il serait porteur, sur de possibles difficultés survenues au moment de la grossesse. Ce désarroi s'accroît quand ils butent sur la perplexité du généraliste ou du pédiatre, non formé à la médecine tropicale.

Pour un enfant de naissance comme

pour un enfant adopté, le risque zéro n'existe pas. L'adoption, en matière de santé, suppose de surcroît une part d'inconnu. Il faut veiller à ne pas tout mettre ni sur le compte de l'adoption, ni sur le dos des pays d'origine qui ne possèdent pas toujours les moyens de dépistage et de prévention qui sont les nôtres. Un enfant pourra présenter des troubles, faisant suite à des carences et aux conditions dans lesquelles il a été conçu et mis au monde.

Un meilleur accès à l'information

Encore récemment, partir adopter à l'étranger représentait, à plus d'un titre, un saut dans l'inconnu, et plus spécialement en ce qui concernait la santé. Depuis quelques années, on assiste à un intérêt réel pour les questions de santé touchant les enfants adoptés. L'impulsion est venue d'Amérique. Au Québec, le docteur Jean-François Chicoine, qui s'est tout d'abord spécialisé dans la santé des enfants migrants, a créé une clinique de santé internationale au CHU Mère-Enfant-Sainte-Justine, à Montréal. Dans cette consultation, il a reçu à ce jour 10 000 enfants adoptés, d'Europe, d'Asie et d'Amérique latine. Aux États-Unis, de nombreux spécialistes se sont penchés sur divers aspects de la santé des enfants adoptés. En 1999 et en 2000, un colloque sur la santé et l'adoption réunissait à Washington, D.C., plusieurs centaines de spécialistes, de travailleurs sociaux et de personnels soignants. En France, où l'on a peut-être trop longtemps traité d'« hygiénique » les exigences nord-américaines, il existe désormais trois centres de consultations spécialisés dans l'accueil d'enfants venus d'outre-mer ; la revue Accueil d'Enfance et Familles d'Adoption a consacré un numéro sur « la santé de l'enfant adopté » en août 1997 et un numéro sur « la puberté précoce » en février 2002 ; elle publie désormais une rubrique santé dans chaque numéro. Enfance et Familles d'Adoption organise un congrès sur le thème « Adoption et Santé » à Paris le 9 novembre 2002, le premier en France et sans doute en Europe, consacré à ce thème.

Consultations spécialisées dans l'accueil d'enfants adoptés

• Docteur Jean Vital de Monléon
Consultation d'adoption outre-mer
Centre hospitalier Universitaire
21034 Dijon

• Docteur M. David
Service de Pédiatrie
Centre hospitalier Lyon Sud,
69495 Pierre-Bénite

• Docteur Jean-Jacques Choulot
Service de pédiatrie
Centre hospitalier de Pau
4, bd Hauterive
64000 Pau

Connaître le milieu où il a grandi

Il est important de recueillir un maximum d'informations sur la région du monde où vit l'enfant, et plus spécifiquement, sur son environnement. En effet, l'état de santé dépend souvent de facteurs ethniques, géographiques, saisonniers.

Ainsi, un périmètre crânien inférieur à la moyenne européenne est normal chez des enfants indiens, cambodgiens ou tziganes : il s'agit là d'une simple spécificité ethnique, et non d'un quelconque retard de croissance ou de développement.

La pauvreté étant une cause prédominante d'abandon, on recherchera des indices de malnutrition, par exemple chez les enfants d'Asie, de Haïti ou d'Afrique, de rachitisme chez ces enfants mais aussi chez ceux de Russie ou de Roumanie.

Quand on sait que de nombreux enfants de Thaïlande sont nés de la prostitution, il sera intéressant de rechercher des maladies sexuellement transmissibles comme la syphilis. Le sida étant une pandémie galopante en Afrique, mais qui gagne du terrain ailleurs, notamment en Asie, le test HIV semble s'imposer chaque fois qu'il est possible de l'obtenir.

La consultation pré-adoption

Pour le docteur Jean-François Chicoine, installé à Montréal, toute information susceptible d'être obtenue avant l'arrivée de l'enfant permet de mieux l'accueillir : des vidéocassettes que reçoivent les postulants canadiens ou américains peuvent en ce sens être utiles.

Le pédiatre, de préférence connaissant le pays ou le continent d'origine de l'enfant ou ayant déjà suivi des enfants adoptés, pourra donner une première appréciation, déceler éventuellement un handicap, des troubles psychomoteurs ou d'autres signes d'appel, qui permettront de mieux préparer l'arrivée de l'enfant.

Telle que le docteur Chicoine la conçoit, cette consultation pré-adoption n'a pas pour but de rechercher « l'enfant 100 % en bonne santé », mais de l'aborder en connaissance de cause, de réfléchir déjà aux éventuels traitements à mettre en place. Son expérience lui a permis d'apprécier que si certains parents renoncent à adopter l'enfant qu'on leur a proposé, d'autres au contraire se sentent mieux préparés à l'accueillir.

Savoir permet aussi de rassurer, de dédramatiser des symptômes qui pourraient sembler inquiétants à qui les découvre pour la première fois. Ainsi, au cours des stages de préparation à l'adoption internationale qu'organisent le docteur Jean-François Chicoine et son équipe, des photos sont utilisées dans ce sens : ce qui pourrait apparaître comme des traces de mauvais traitements sur des nourrissons chinois n'est en fait que le signe d'un système de contention qui a pour but d'empêcher les enfants de tomber et de se blesser gravement.

Une langue protubérante chez les enfants de Géorgie, explique-t-il, n'est pas un signe de trisomie 21, mais un signe d'autostimulation, chez des enfants qui restent allongés sans bouger. Les taches mongoloïdes ne sont pas des hématomes ou des traces de brûlures, mais de simples phénomènes de pigmentation que l'on trouve sur les peaux brunes. Le fait de ne rien déceler au moment de cette consultation pré-adoption ne signifie pas pour autant qu'il n'y aura pas de problème de santé ultérieur.

Des dossiers médicaux difficiles à déchiffrer

L'enfant placé par un OAA œuvrant en France aura subi un examen médical « approfondi ». Les enfants placés par l'ASE font l'objet d'un suivi médical. Parfois, des symptômes sont notés qui, pour des enfants non placés ou venant de l'étranger, n'auraient sans doute pas été décelés.

Article 14. - L'organisme autorisé pour l'adoption doit faire procéder à un examen médical approfondi de tout enfant qu'il recueille sur le territoire de la République française, dans un délai de deux mois suivant la date de recueil, par l'un des médecins mentionnés au 5° de l'article 2. Les résultats de cet examen sont communiqués à la personne qui assure l'accueil provisoire de l'enfant. Le dossier médical de l'enfant est communiqué au médecin désigné par les futurs adoptants lors de la réalisation du placement en vue d'adoption.

Décret n° 2002-575 du 18 avril 2002
relatif aux organismes autorisés
et habilités pour l'adoption

Aucun service d'adoption, aucun pays d'origine ne peut nous garantir un enfant en parfaite santé physique, psychologique ou mentale. Les bilans faits à son arrivée nous mettent parfois, après le temps du rêve, face à une réalité qu'il nous appartient de prendre en compte et de gérer, en même temps que la souffrance de l'enfant. Il peut d'ailleurs en être de même pour un enfant né de nous, sachant que certaines pathologies majeures peuvent ne se révéler qu'à l'âge adulte et que, bien sûr, les accidents de la vie existent.

Yolande Burgeat, *Accueil*, août 1997 (numéro consacré à la santé)

Pour les enfants nés à l'étranger, les OAA autorisés à poursuivre la procédure se doivent naturellement de vérifier eux aussi que l'apparentement a été fait dans de bonnes conditions et que les parents sont préparés à l'accueil de cet enfant. Cependant, ce n'est pas parce qu'un OAA a une « étiquette » médicale qu'il a une obligation de résultats quant à la santé de l'enfant.

La qualité du suivi médical ou des examens varie selon le pays et selon les possibilités matérielles. Il est important de réunir tous les éléments possibles, sachant que les informations peuvent être partielles ; il arrive même, comme le rappelle le docteur Chicoine, que les enfants arrivent avec le dossier médical d'un autre enfant !

Les carnets de santé des enfants venant de Colombie ou de Bulgarie sont assez complets ; ceux d'Ukraine ou de Géorgie sont très pauvres. Ailleurs, comme en Lettonie ou en Russie, les dossiers médicaux font état d'un trouble de santé ou d'un handicap censé être « inexistant » pour permettre l'adoption internationale d'un enfant : la loi interdit à ceux qui sont en bonne santé de quitter le pays, les condamnant par là à rester en institution, faute de familles adoptives nationales.

Certains parents éprouvent une angoisse et des difficultés à démêler ces « vrais-faux » bilans. Sans se voiler la face, il faut peut-être aussi relativiser : comme le fait remarquer le docteur Chicoine, « être handicapé en Chine peut simplement vouloir dire qu'on est fille, première née d'une famille ! » *

Tenir un carnet de bord

Le docteur Martine Zeisser (EFA) recommande aux parents de réunir toutes les informations possibles, même celles qui peuvent sembler anodines, et de les noter dans un carnet car on les oublie rapidement. Quel âge a l'enfant ? (même si c'est approximatif). L'enfant est-il en institution ? Vit-il dans la rue, dans un camp de réfugiés, dans une famille d'accueil, dans sa famille ? Que sait-on des conditions de sa venue au monde ?

Ces informations peuvent être importantes sur le plan psychique ou psychologique. Par exemple, la sieste faite en commun par les enfants en Afrique peut favoriser le contact alors que ce dernier fait défaut dans les orphelinats en Roumanie. Or, selon le docteur Chicoine, un enfant perd un mois d'apprentissage psychomoteur pour trois mois passés en orphelinat, ce qui fait qu'en trois ans l'enfant aura perdu un an d'apprentissage psychomoteur. Prendre conscience de toutes ces constatations permettra de s'adapter à la réalité de l'enfant tel qu'il est à

* Docteur Chicoine, *Le Clinicien*, août 1998.

l'arrivée, et de l'aider à combler d'éventuels retards.

Les conditions dans lesquelles l'enfant a été recueilli donnent également des indices sur un éventuel état de malnutrition.

Les infections propagées au sein de l'institution ou les conditions dans lesquelles a vécu l'enfant peuvent laisser présager des problèmes pulmonaires (asthmes, etc.) ou un terrain ORL fragilisé (risque du surdité).

Il est donc important d'essayer d'obtenir rapidement un carnet de santé (même si cela peut sembler utopique dans certains pays).

Il peut être intéressant, dans certains cas, d'essayer de savoir comment s'est passée la grossesse, la naissance, d'en connaître le terme (avec risques de problèmes de vue et d'ouïe pour les enfants prématurés).

Il sera utile de demander si certains tests de dépistage ont été pratiqués : hypothyroïdie et phénylcétonurie (deux tests pratiqués chez nous au quatrième jour de la naissance), ainsi que celui de la tuberculose et de la rubéole congénitale.

Il faut également savoir si les tests pour les hépatites B et C ont été pratiqués, et par quelle méthode. Même chose pour le HIV et la syphilis.

Une fois dans le pays, il est toujours utile, mais pas forcément possible, de consulter un pédiatre privé sur place (le consulat ou l'ambassade peuvent vous conseiller).

Les enfants arrivent souvent avec un certain nombre de vaccinations faites : polio, diphtérie, tétanos. Selon les cas, ils sont aussi immunisés contre la coqueluche, les oreillons, la rougeole. Ces vaccinations, quand elles ont été pratiquées et que des certificats sont remis aux parents, sont généralement fiables, dans la mesure où les produits utilisés, selon le docteur Chicoine, sont bien conservés. L'enfant vacciné contre la tuberculose (BCG) présentera dans certains pays, dont l'Afrique, une cicatrice sur l'épaule ou le bras.

Une radio pulmonaire a souvent été pratiquée.

Le dépistage du sida

En une vingtaine d'années, l'infection par VIH (Virus de l'immunodéficience humaine) est devenue une pandémie, touchant tous les continents du globe.

Le continent qui vient en premier à l'esprit quand on évoque le sida est l'Afrique, où existent de grandes disparités géographiques, sujettes à des fluctuations liées aux conflits et aux déplacements de populations : l'infection toucherait jusqu'à 60 % des femmes dans les camps de réfugiés de la région des grands lacs, 1/3 des adultes au Botswana, en Afrique du Sud et au Zimbabwe, 10 à 12 % au Burkina Faso,

Les tests HIV ont été faits sur place, à Ouagadougou. Le premier est positif, mais on nous a dit « ce n'est pas grave, il y a peut-être une erreur, on va le refaire ». Le deuxième était positif lui aussi. On a essayé de nous rassurer, de nous dire que c'était sans doute les anticorps de la mère, que l'enfant (âgé de 3 mois) serait négatif. Nous voulions être fixés. J'avais déjà rencontré Alice, c'était mon bébé, nous avions pris la décision de l'adopter quand même, mais nous voulions savoir : nous avions déjà deux enfants, nous avions parlé avec le pédiatre… Alors, au Burkina Faso, ils nous ont proposé de refaire une prise de sang, de congeler le sang et de l'envoyer à un laboratoire à Paris. Ce que nous avons fait, à nos frais bien sûr. Et là, effectivement, à Paris, ils nous ont confirmé qu'il s'agissait bien des anticorps de la mère. Depuis, notre petite Alice est avec nous en France, nous avons refait les tests, et ils étaient négatifs. Mais que ces semaines-là ont été longues !

Des parents adoptifs

« Sida en Chine : le danger du Titanic »

Tel est le titre délibérément alarmiste d'un nouveau rapport de l'Onusida, l'organisation des Nations unies spécialisée dans la lutte contre le virus HIV, rendu public au début du mois de juin 2002. Selon le rapport, « d'ici deux ans, la Chine pourrait compter plus de contaminations par le virus HIV que n'importe quel autre pays au monde ». Les chiffres avancés sont inquiétants : plus de 20 millions de personnes contaminées d'ici 2002.

D'ores et déjà, dans certains villages, notamment dans la province du Henan, la majorité de la population est contaminée alors qu'elle ne le sait pas, et que la plupart des Chinois ignorent encore tout du sida, y compris les modes de transmission.

L'épidémie qui menace le pays serait due en bonne partie à une politique de prélèvements massifs de sang : de jeunes paysans et paysannes ont été incités à vendre leur sang, ce que certains ont fait quotidiennement pendant deux ans : une fois le plasma prélevé, une partie du sang de la banque commune leur était ensuite retransfusée, ce qui serait à l'origine de la contamination par HIV, mais aussi par les hépatites B et C, et la syphilis. Certains sont déjà morts.

Selon le Nouvel Observateur (n° 1953), des observateurs indépendants estiment à plusieurs millions le nombre de donneurs, et à 1 million le nombre de personnes contaminées, pour la seule province du Henan. Dans certaines familles, tous, y compris les grands-parents, oncles et tantes, seraient contaminés, d'où cette question : Qui s'occupera des enfants jeunes si les adultes viennent à mourir en premier ?

Sources : *Nouvel Observateur* n° 1953, *Courrier International, Libération,* 5 juin 2002 en Côte d'Ivoire et au Mali, 3 % au Sénégal et au Niger.

Les autres continents ne sont pas épargnés. En 1996, 6 % des femmes enceintes à Haïti étaient séropositives. On peut imaginer que ce taux n'a pas baissé.

Depuis la chute du mur de Berlin et les bouleversements qu'ont connu les anciens pays communistes d'Europe de l'Est, l'infection par VIH s'est propagée en Russie et dans les anciennes républiques de l'Union soviétique. Due en grande partie à la toxicomanie et à la prostitution, l'infection touche aussi les enfants dans les orphelinats (comme en Roumanie), où ils sont contaminés par des manipulations et du matériel peu fiables, telles des seringues contaminées, utilisées pour traiter plusieurs enfants.

En Asie du Sud-Est, du Sud et de l'Est, la contamination touche essentiellement les usagers de la drogue et les victimes de la prostitution, aux alentours de 2 à 3 % des jeunes hommes en Thaïlande et des adultes au Cambodge, où une campagne énergique est menée depuis 1997. Les chiffres pour la Chine ne sont pas connus, mais on sait que ce pays n'est pas épargné, même si, en règle générale, les tests de dépistage ne sont pas réalisables dans les orphelinats de ce pays.

Dans les pays où les tests ne sont pas réalisés, le dépistage peut être demandé quand il n'est pas proposé d'entrée – sachant qu'un pays comme la Chine refuse de le faire avant l'apparentement. L'hématologue française Geneviève Beck-Wirth recommande aux parents, chaque fois que c'est possible, de faire faire les tests avec le matériel qu'ils fournissent eux-mêmes, pour éviter de « contaminer l'enfant que l'on cherche à protéger ».

Toutefois, la détection des sous-types viraux est, selon les pays, difficilement réalisable, faisant appel à des techniques trop poussées pour les laboratoires sur place. On peut dans ce cas demander un bilan complémentaire dans un laboratoire occidental. Ceci est particulièrement intéressant pour les nourrissons en cas de test positif.

Nous n'avons que peu de renseignements à l'heure actuelle sur le nombre de cas d'enfants adoptés en France ou ailleurs, dont on a décelé une séropositivité après l'arrivée, mais ils seraient rares.

Si le test HIV est positif avant 18 mois :

- Soit l'enfant est infecté et le test de dépistage restera positif après 18 mois.
- Soit les tests vont devenir négatifs après 18 mois si l'enfant n'est pas contaminé. Dans ce cas, le test reflète la contamination de la mère biologique, les anticorps disparaîtront vers 18 mois. La seule façon d'en être sûr est de demander une recherche virale plus poussée dans un laboratoire occidental.

Si le test est négatif avant 18 mois :

• La mère n'a pas été contaminée, l'enfant n'est pas contaminé.

• Toutefois, il existe une réelle possibilité de contamination lors de soins apportés à l'enfant tels que transfusion ou injections avec du matériel non sûr, souvent réutilisé. Il est donc nécessaire de réaliser un nouveau test de dépistage trois mois après l'arrivée de l'enfant en France.

Martine Zeisser, *Accueil*, novembre 2001

Les hépatites A, B et C

Si le sida fait peur, les hépatites inquiètent aussi, mais le public non averti a parfois du mal à les différencier.

Nous écarterons d'emblée l'hépatite A pour rappeler que l'hépatite B est un problème de santé à l'échelle mondiale qui n'est pas prêt de disparaître : on estime à 2 milliards le nombre de personnes contaminées à travers la planète, avec une situation endémique dans l'Asie du Sud-Est.

Une liste de discussion existe, réservée aux parents ayant adopté des enfants porteurs d'hépatite B : site Internet : http://fr.groups.yahoo.com/group/hepbadopt

Les différentes hépatites

• Hépatite A (virus connu depuis les années 1970) : ne devient jamais chronique ; disparaît d'elle-même ; par contamination oro-fécale lorsque les conditions d'hygiène restent très limitées (lavage des mains).

• Hépatite B (virus connu depuis les années 1960) : devient chronique 1 fois sur 10 ; transmission par voie sexuelle, sanguine, fœto-maternelle, par la salive (même s'il en faut des quantités importantes). Existence d'un vaccin ; traitement par antiviraux.

• Hépatite C (virus identifié en 1989) : devient chronique dans plus de 80 % des cas, avec des complications possibles vingt, trente ans après ; transmission par le sang, donc souvent par transfusion (seringues et autre matériel contaminés) ; ne se transmet ni par salive, ni par aliments ; transmission materno-fœtale au moment de l'acccouchement ; moins contagieuse que l'hépatite B ; le dépistage existe, donc des traitements sont possibles. Un enfant sur quatre guérit seul avant 3 ans, un sur deux avant 20 ans.

Source : Professeur Patrick Marcellin et Thomas Laurenceau, *Cent questions sur l'hépatite C,* Paris, éditions Frison-Roche, 1999 ; entretiens divers.

La vie sociale est ce qui pose le plus de problèmes. L'hépatite B est souvent perçue comme quelque chose de contagieux. Alors que c'est une maladie que l'on connaît bien et dont on peut facilement se protéger.

Le plus difficile est de savoir s'il faut « dire » ou « ne pas dire ». Nous avons pour notre part rallié le point de vue de notre pédiatre et du médecin hépato qui suit notre fille. L'hépatite B n'apparaît pas dans son carnet de santé et nous n'en avons pas parlé à la structure d'accueil où elle va actuellement.

Nous aurons une certaine « éducation » à lui apporter à la période de l'adolescence. Protection obligatoire lors des rapports sexuels, pas d'échange de brosse à dents. Si elle veut concevoir un enfant, elle le peut. Elle le fera avec un partenaire vacciné et lorsque l'enfant viendra au monde, celui-ci sera immédiatement vacciné et recevra des immunoglobulines spécifiques, afin de pallier une éventuelle contamination.

Enfin, si une complication arrive avant l'heure, qu'il lui arrive un pépin dans quatre, huit, dix ans… eh bien, nous aurons eu la chance de partager la vie de cette merveilleuse petite fille pendant ces quelques années !… et nous ne regretterons rien. Nous ne cacherons jamais à notre fille (comme pour l'adoption d'ailleurs) le choix crucial qui s'est imposé à nous. Mais cela fait maintenant partie de son histoire. Nous n'en parlons pas tous les jours, nous avons appris à vivre « avec ».

Des parents adoptifs

C'est au Cambodge, où elle est partie chercher sa fille âgée de 2 ans, que cette maman découvre que la fillette qui, quelques mois auparavant était en bonne santé, est en fait porteuse du virus de l'hépatite B.

« J'ai eu pas mal de contacts e-mail avec le médecin hépatologue avant de prendre ma décision (même si au fond de moi elle était prise dès le premier jour !). Il m'a expliqué qu'on ne refusait pas l'adoption à un enfant porteur du virus de l'hépatite B ; qu'Aube irait bien mieux ici avec nous que dans son orphelinat au Cambodge et que les recherches faisaient tellement de progrès qu'il ne doutait pas que d'ici quelques années (avant l'âge où l'état de santé d'Aube serait susceptible de se compliquer), il existerait des traitements curatifs remplaçant les actuels traitements palliatifs.

La seule précaution par rapport à cette contamination, et qui nous a été imposée d'urgence par le médecin hépatologue de notre fille, est la vaccination de la famille dite « nucléaire ».

Pour dépister une éventuelle complication, Aube est suivie tous les six mois avec un bilan hépato et une échographie hépatique. Si un des taux apparaît en augmentation, Aube aura alors un traitement. Tant qu'il n'y a pas de modifications des taux hépatiques, il n'y aura pas de traitement. »

Une mère adoptive

Qui consulter ?

Dans un premier temps, son médecin traitant ou son pédiatre.

Pour des troubles liés à des infections parasitologiques, le service des maladies tropicales d'un centre hospitalier universitaire peut être de bon conseil : de nombreux parents y ont aussi trouvé des conseils alimentaires pour les enfants souffrant de malnutrition ou de déshydratation.

Il existe à ce jour en France trois consultations plus spécifiquement spécialisées dans l'accueil d'enfants adoptés : aux CHU de Dijon, Lyon et Pau. (voir les coordonnées p. 238)

Un bilan de santé

Mieux vaut refaire un examen de santé après l'arrivée de l'enfant, tout en évitant dans la mesure du possible une hospitalisation, sauf s'il y a un risque vital.

Sans vouloir surmédicaliser, la première consultation doit être faite le plus rapidement possible, afin de mettre en place des apports nutritifs (vitamines, fer, calcium, etc.), de déceler des infections ou parasitologies, de détecter une hépatite B qui pourrait nécessiter la vaccination du reste de la famille ou d'identifier des retards psychomoteurs que la famille pourra commencer à combler en douceur (par le contact, le regard, l'éveil du goût, etc.).

S'appuyant sur les travaux du docteur Mottu, du docteur Jean Vital de Monléon et du docteur Jean-François Chicoine, ainsi que sur sa propre expérience, le docteur Martine Zeisser, elle-même mère adoptive, propose un bilan qu'elle qualifie de « simple mais indispensable ».

Examens indispensables

Demandez qu'un patch anesthésiant soit posé une heure avant la prise de sang.

- Numération de la formule sanguine, avec recherche d'une anémie (carence en fer) et d'une anomalie de l'hémoglobine.
- Sérologies de l'hépatite A, B et C, sérologie du sida.
- Sérologies de la syphilis, du cytomégalovirus.
- Chez les plus petits, sérologie de la toxoplasmose et de la rubéole, recherche de l'hypothyroïdie et de la phénylcétonurie.
- Dosage des transaminases hépatiques.
- Albumine.
- Coproculture (analyse des selles) à la recherche de parasites.
- Examen des urines à la recherche d'une hématurie (présence de sang) ou d'une infection (pour le sang et les urines, l'analyse sera faite après un premier traitement pour éliminer les petits parasites ; elle est à confier à un laboratoire spécialisé).
- Test tuberculinique et radiographie

pulmonaire (si elle n'a pas été faite), au vu des risques importants de tuberculose.

• Contrôle des vaccinations : tétanos, polyo myélite, diphtérie, coqueluche, *haemophilus influenzae*, rubéole, oreillons, rougeole et hépatite B. Les faire ou les compléter au besoin.

Courbe de croissance

Outre ces examens, il est important de vérifier la taille et le poids, à contrôler tous les deux mois pour déceler s'il y a ou non une malnutrition profonde.

Telles qu'elles figurent dans les carnets de santé français, les courbes de croissance ne reflètent que les courbes moyennes, maximales et minimales, des enfants français « moyens », c'est-à-dire de type européen et n'ayant pas souffert de carences. Elles ne reflètent absolument pas la diversité ethnique de notre société chaque jour plus multiple, encore moins celle d'enfants adoptés et présentant souvent à l'arrivée un retard de taille et de poids (retard staturo-pondéral).

Le médecin devra donc, pour évaluer les progrès de l'enfant et les éventuelles anomalies dans la croissance, soigneusement noter son poids et sa taille à l'arrivée, et partir de là, sachant que le taux de développement est en moyenne le même pour tous les enfants, quelle que soit leur origine ethnique : tous grandissent approximativement au même rythme selon leur tranche d'âge. Toutefois, la courbe d'un enfant vietnamien censé ne pas mesurer plus de 1,60 m en moyenne à l'âge adulte ne sera pas la même qu'un enfant malien censé mesurer 1,80 m en moyenne !

Points à vérifier

• Périmètre crânien : pour un enfant de type européen, le périmètre est de 35 cm à la naissance, de 11 à 12 cm de plus au bout d'un an dans de bonnes conditions. Selon les ethnies, nous l'avons vu, le périmètre peut être plus petit sans que cela implique des risques de retard mental ou d'épilepsie.

Ce qui est important, c'est de contrôler régulièrement, pour vérifier le rythme du développement de l'enfant. La microcéphalie peut engendrer des troubles de type retard psychomoteur et peut être un signe d'appel d'une maladie plus grave : le syndrome alcoolo-fœtal.

• Selon le pays ou le continent d'origine, des examens spécifiques peuvent être utiles, par exemple, pour les enfants venant d'Afrique du Nord, d'Afrique subsaharienne et du Sud-Est asiatique, la recherche de deux anomalies génétiques fréquentes : la drépanocytose et la thalassémie. L'hémoglobine est anormale : il s'ensuit des problèmes hématologiques, osseux ou articulaires. Parfois le seul signe d'appel est une anémie.

• Il conviendra de faire une radio des poumons, ainsi qu'une radio de la main et du poignet, pour déterminer l'âge osseux, qui peut ne pas correspondre à l'âge civil. On peut ainsi détecter les risques de rattrapage de l'organisme après dénutrition sévère et la possibilité d'une puberté précoce chez la petite fille. Exemple : si l'âge osseux d'un enfant passe de 5 ans à 7 ans en six mois, on pourra s'interroger sur le risque de puberté précoce ou d'erreur quant à l'âge civil.

• Enfin, il faut vérifier si l'enfant vient d'une zone de paludisme : en cas de fièvre, de maux de tête, de vomissements, de troubles neurologiques soudains, il faudra penser à une crise de paludisme.

Beaucoup de nourrissons arrivent pesant à peine 2,5 kg à l'âge de six mois, c'est-à-dire le poids d'un enfant prématuré. Cela dit, tant les bébés que les enfants plus grands font preuve dans la majorité des cas d'une capacité de récupération spectaculaire.

Dans quatre cas sur cinq, il n'y aura pas de problème de santé majeur. Malheureusement, parfois, on pourra observer des retards psychomoteurs et une épilepsie, surtout si la dénutrition et la déshydratation ont atteint l'enfant avant l'âge de 2 ans.

Il est important de prendre le temps d'observer son enfant, de le connaître. Il faut lui laisser le temps de s'adapter, de connaître ses parents, de découvrir son environnement. Mais il ne faut pas hésiter à consulter de nouveau si certaines perturbations s'installent : elles peuvent aller d'une diarrhée chronique à des troubles d'ordre psychique, voire psychiatrique.

Prendre un avis spécialisé

Autant il ne faut pas hésiter à consulter, autant il ne faut pas hésiter à prendre un avis plus spécialisé. Cela vaut pour les troubles physiologiques comme pour les troubles neurologiques ou psychologiques.

Le centre psychothérapeutique de jour, annexe des CHU, est un lieu de consultation précieux pour tous troubles dont on a du mal à départager les aspects physiques, mentaux et psychologiques.

Le centre d'action médico-sociale précoce (CAMSP) peut aussi être d'un grand secours. Ce service, que l'on trouve dans la plupart des grandes villes, réunit des équipes pluridisciplinaires, constituées de pédiatres, de puéricultrices, d'infirmières, de psychologues et de psychomotriciens : ces équipes, très à l'écoute, portent un regard plus complet sur l'enfant et évitent l'écueil du « morcellement » des approches, qui ne tiennent pas compte de l'enfant dans sa globalité.

Le centre médico-psychopédagogique (CMPP) est une structure interdisciplinaire, avec une orientation plus psychologique, qui s'adresse aux enfants scolarisés à partir du primaire.

Ce qui doit toujours être au centre de nos préoccupations, c'est le souci d'aider l'enfant. En cas de doute, mieux vaut consulter que s'enfermer dans des certitudes ou incertitudes, des craintes inavouées ou un certain fatalisme : si c'est pour s'entendre dire que l'enfant va bien, quel soulagement ! Si des troubles sont diagnostiqués, mieux vaut que ce soit de bonne heure, afin de pouvoir mettre toutes les chances du côté de l'enfant.

Des maladies moins courantes

Il est impossible de recenser ici tous les cas de figure en matière de santé que les parents sont susceptibles de rencontrer. Il nous a paru intéressant de nous pencher sur certains tableaux cliniques, pas toujours connus des familles adoptives, pas toujours rencontrés ni reconnus par les médecins généralistes ou les pédiatres : cela ne veut pas dire pour autant qu'un enfant adopté va forcément présenter l'un ou l'autre de ces troubles.

• Les agents toxiques

Parmi les agents toxiques, on classe le plomb, les insecticides utilisés lors de guerres, les retombées nucléaires telles celles de Tchernobyl.

- L'agent Orange

Herbicide hautement toxique à base de dioxine utilisé jusqu'en 1971 par les troupes américaines, l'agent Orange a dévasté des régions entières du Vietnam, où la guerre a pris fin en 1975.

Trente ans plus tard, les effets sur la santé de la population vietnamienne continuent de se faire sentir : c'est du moins ce que semblent penser certains scientifiques, qui attribuent à ce toxique un taux relativement élevé d'enfants naissant avec des malformations (membres déformés ou manquants).

En mars 2002, un ambitieux projet de recherche était lancé conjointement par les États-Unis et le Vietnam, qui devrait permettre de mieux en connaître l'impact sanitaire sur la population vietnamienne. Des effets imputables à l'agent Orange ont été observés sur les soldats américains contaminés par le produit. Outre un travail de décontamination de certaines zones, les travaux chercheront à déterminer s'il existe une corrélation entre l'agent Orange et les problèmes de santé suivants : fausses couches, malformations congénitales, troubles neuromoteurs, cancers.

Dans une étude, le docteur Nguyen Viet Nhan a comparé l'état de santé des enfants d'une zone contaminée [par l'agent Orange] avec celui d'enfants vivant dans une zone qui avait été épargnée. Les enfants de la zone contaminée avait trois fois plus de chance d'avoir une fente palatine, de présenter un retard mental, d'avoir des orteils ou des doigts surnuméraires ; ils avaient huit fois plus de chances de souffrir d'une hernie (site Internet de la BBC, 3 décembre 1998).

- Tchernobyl

Au moment d'adopter un enfant d'Ukraine, de Russie ou du Bélarus, les parents s'interrogent inévitablement sur les retombées de l'explosion qui se produisit dans la centrale nucléaire de Tchernobyl le 24 avril 1986.

Dans ses travaux sur la santé en adoption internationale, le docteur Jean-François Chicoine évoque une légère augmentation du cancer de la thyroïde, de 0,1 % à 0,7 %.

L'Institut français de radioprotection de sûreté nucléaire (IRSN) a récemment publié un dossier sur « Tchernobyl seize ans plus tard ».

Dans la partie consacrée à « l'impact sanitaire autour de la centrale de Tchernobyl » (Ukraine, Bélarus et une partie de la Russie), le rapport établit un constat prudent : « Un excès de cancers de la thyroïde a été mis en évidence chez les jeunes enfants. Le taux de survenue de ce type d'affection a été multiplié par plus de 100. L'excès de cancer de la thyroïde, dont une grande partie est curable, s'élève fin 1999 à 1 800 cas. »

Tchernobyl : se renseigner

L'Institut de radioprotection et de sûreté nucléaire (IRSN), qui effectue des recherches et des expertises liées à la radioactivité et à ses conséquences sur l'homme et l'environnement, publie sur son site Internet un dossier Tchernobyl.

Site Internet : www.irsn.org

• Le syndrome alcoolo-fœtal ou syndrome d'alcoolisation fœtale

Selon le docteur Jean-François Chicoine, la fréquence de l'alcoolisme en Russie et dans de nombreux pays d'Europe de l'Est devrait inciter à rechercher ce qu'il appelle « les stigmates du syndrome alcoolo-fœtal » chez tous les enfants des anciennes républiques soviétiques présentant un retard staturo-pondéral (retard de la taille et du poids) et une microcéphalie.

En effet, si le syndrome alcoolo-fœtal touche 1 à 3 naissances pour 1 000 en Amérique du Nord et en France (avec des variations selon les populations et les régions), l'incidence est bien plus élevée en Russie, et plus généralement en Europe de l'Est, avec une incidence de 16 à 90 naissances pour 1 000.

Le syndrome alcoolo-fœtal (SAF) est un handicap causé par une exposition du fœtus à l'alcool pendant la grossesse. L'alcool traverse le placenta et entrave la formation des cellules. Le cerveau, qui se forme tout au long de la grossesse, est généralement l'organe le plus affecté.

Il est important de déceler le SAF le plus précocement possible, pour aider l'enfant, et pour ne pas s'enfermer dans une interprétation erronée de sa personnalité (à lire : le témoignage de Michael Dorris, *L'Enfant brisé : les effets de l'alcoolisme prénatal*, Paris, Denoël, 1991). En effet, si l'enfant n'obéit pas, ce n'est pas qu'il est obstiné par nature, c'est qu'il n'a pas compris la série de consignes ; si l'enfant ne semble pas progresser dans ses apprentissages, ce n'est pas parce qu'il est paresseux, c'est parce qu'il n'y parvient pas, du moins au rythme qui lui est imposé ; si l'enfant a des difficultés relationnelles, ce n'est pas parce qu'il est difficile, mais parce que toute création de liens lui est foncièrement difficile. L'hyperactivité peut être un des symptômes complémentaires.

Dans un cadre sécurisant, privilégiant le calme et un rythme de vie régulier, préservés des déplacements multiples ou du rejet, choyés, aimés, les enfants souffrant de SAF présentent une personnalité très attachante : affectueux, malicieux, joueurs. Ils aiment faire rire leur famille. Ils ont par ailleurs des aptitudes artistiques (musique, danse, dessin). Des formes de soutien scolaire sont souvent à envisager, ainsi que le recours à un orthophoniste, pour pallier les troubles d'apprentissage de la langue, ou à un ergothérapeute, pour développer la motricité fine.

Parmi les symptômes révélateurs, on note :

- Retard staturo-pondéral.
- Périmètre crânien inférieur à la normale.
- Retard psychomoteur.
- Troubles de concentration et d'apprentissage.
- Difficultés à assimiler une série de consignes.
- Difficultés à comprendre les enchaînements de cause à effet.
- Troubles de la mémoire.
- Caractéristiques physiques, notamment au niveau du visage : pommettes plates, nez court, absence de philtrum (plis verticaux de la lèvre supérieure), petites fentes oculaires, nez court, petit menton. Ces caractéristiques ont tendance à s'estomper avec l'âge. Le handicap devient « invisible », mais il est toujours aussi présent.

Pour en savoir plus

Il existe de nombreux sites américains consacrés au SAF (FAS, *Fetal Alcohol Syndrome* en anglais) : parmi les sites de langue française, notons www.quebecadoption.net et www.safera.qc.ca, qui proposent de nombreux liens vers des sites essentiellement en langue anglaise.

Enfant de mère toxicomane

Chaque année, en France, 2 500 enfants naissent de mères toxicomanes. La toxicomanie touche aussi une population de femmes souvent jeunes dans des pays comme la Thaïlande ou la Russie. En France, un enfant sur quatre est placé en institution ou en famille d'accueil. Ceux qui sont ou qui deviennent adoptables font l'objet d'un projet d'adoption particulier : on recherche des parents disposés à les accueillir en toute connaissance de cause. Ailleurs, comme pour le syndrome alcoolo-fœtal, on ne doit pas écarter la possibilité qu'un enfant adopté puisse avoir été mis au monde par une mère toxicomane.

Comme pour l'alcool, de nombreuses drogues, dont l'héroïne, traversent le placenta et agissent sur les cellules au moment de leur formation. Nés parfois prématurés, ces enfants sont fragiles et peuvent nécessiter une prise en charge dès la naissance pour combler un éventuel retard de l'autonomie respiratoire. Les maladies ou infections que l'on trouve souvent associées à la toxicomanie (VIH, virus des hépatites B ou C, syphilis) peuvent aussi être transmises à l'enfant et exiger la mise en place d'une thérapeutique appropriée.

Grossesse et toxicomanie

Premiers effets possibles (au moment de la naissance) ;

- prématurité (mais attention ! Tous les enfants prématurés ne sont pas, loin de là, des enfants nés d'une grossesse marquée par la toxicomanie.) ;
- hypotrophie (petit poids de naissance pour un enfant né non-prématuré) ;
- risque infectieux ;
- risque de malformation (taux plus élevé que la moyenne, mais sans spécificité).

Sources (pour cette section consacrée à la toxicomanie) : Caroline Cousteix, Agnès Demaizière, Anouck Leclercq, « Les soins du nouveau-né de mère toxicomane », *Soins pédiatrie-puériculture* n° 198, janv/fév. 2001, p. 40-42 ; Marie-Louise Omanga-Leke, « La prise en charge des nouveau-nés de mères toxicomanes », *Soins pédiatrie-puériculture,* n° 191, nov/déc. 1999, p. 21-23, Filippo Ferraro, *La grossesse et les drogues*, (coll. « Que sais-je ») Paris, PUF, 1998.

Entre 40 et 90 % des enfants souffrent du syndrome de sevrage, « ensemble de signes secondaires à la privation brutale de drogue reçue par l'enfant* ».

Ce syndrome se manifeste après quelques jours et peut durer quelques heures ou quelques semaines. Parmi les symptômes, on note des troubles neurologiques (convulsions, agitation, cris, troubles du sommeil), alimentaires, digestifs, respiratoires. Bercer l'enfant, lui donner un cadre apaisant, avec une lumière tamisée, fractionner l'alimentation, favoriser l'attachement suffisent le plus souvent pour les cas de sevrage modéré, le tout associé à un traitement pour les cas plus sévères.

Sur le long terme, ces enfants présentent un développement psychomoteur normal, mais peuvent conserver des séquelles, qui se manifestent par des troubles du sommeil, une tendance à l'irritabilité, des difficultés avec l'alimentation. Certains enfants rencontrent des difficultés d'intégration sociale, ou présentent des retards dans les apprentissages scolaires.

* Caroline Cousteix, Agnès Demaizière, Anouck Leclercq, *Les soins du nouveau-né de mère toxicomane*, Soins pédiatrie-puériculture 198, janv./fév. 2001, pages 40-42.

Les troubles de l'attachement

Aussi appelé syndrome de l'enfant hérisson, ce syndrome peut frapper des enfants de tout âge. Aucune cause physiologique ou génétique n'a été identifiée à ce jour. L'hypothèse avancée est qu'il s'agirait principalement d'enfants qui ont connu, avant même leur naissance, le rejet, la séparation ou la maltraitance ; d'enfants qui ont vécu la maladie ou le décès de leur mère, ou qui ont été privés de soins maternels. Convaincus que pour se protéger de souffrances ultérieures, ils ne doivent plus s'attacher, ils sont incapables de se forger une nouvelle relation, tant ils sont prisonniers d'une souffrance qui les empêche de faire le deuil de leur famille biologique.

Les troubles de l'attachement existent chez les enfants adoptés, les enfants placés, les enfants de parents divorcés, mais aussi des enfants vivant avec leurs parents de naissance : dans ce dernier cas, une dépression postnatale, les difficultés psychiques de parents ayant eux-mêmes connu des troubles de l'attachement, une grossesse indésirée ou des troubles anténataux liés à la drogue ou à l'alcool, peuvent aussi être la cause de ce syndrome. Des troubles de l'attachement peuvent ainsi interférer avec ceux du syndrome alcoolo-fœtal ou de post-sevrage, ou à des troubles liés à l'hospitalisme, notamment chez des enfants ayant vécu des périodes d'abandon ou de vie en orphelinat relativement longues.

Dans le chapitre précédent, nous avions évoqué la régression comme une phase naturelle que traversent de nombreux enfants adoptés. Si toutefois cette phase de régression devait s'installer, si des difficultés à former des liens d'attachement avec les parents adoptifs persistaient au-delà de la première année, si un écart semblait se creuser entre un comportement à l'extérieur et à la maison, il serait alors utile de prendre conseil auprès d'un pédiatre, d'un pédopsychiatre, d'un service spécialisé pour accueil des enfants adoptés. En effet, la capacité à s'attacher dès son plus jeune âge va aider l'enfant à établir des relations durables dans sa vie d'adulte.

Quels peuvent être les symptômes ?

Il est important de consulter si les parents relèvent chez leur enfant un faisceau de quelques-unes des difficultés répertoriées plus loin. Dans l'éventualité de troubles de l'attachement, il conviendra de mettre en place rapidement un accompagnement et une thérapie adéquats. Certains symptômes décrits ci-dessous recoupent ceux du syndrome alcoolo-fœtal (voir pages 251-253) ou de l'hospitalisme. Même s'il ne s'agit pas de troubles de l'attachement, l'enfant peut avoir besoin d'un accompagnement ou d'un traitement thérapeutique.

• L'enfant manifeste une forte demande d'attention.

• L'enfant rejette les marques d'affection (il se raidit quand ses parents le prennent dans les bras).

• Il évite tout contact physique, voire visuel, avec ses parents.

• Il a des difficultés de sommeil.

• Il mange sans retenue.

• Il manque de concentration, de continuité.

• Petit, il utilise les urines et les selles comme une arme dans sa relation avec ses parents (il ne s'agit donc pas d'un simple phénomène de régression, associé aux autres signes évoqués dans le chapitre suivant : voir page 279).

• Adolescent, il se montrera provocant dans son comportement sexuel.

• Il rejette les notions de bien et de mal, et sera donc attiré par la transgression, la délinquance.

• L'enfant présente une tendance destructrice : il abîme ou casse ses jouets, ses affaires personnelles, les objets auxquels tiennent ses parents.

• Il refuse toutes limites, toutes contraintes, n'accepte pas les règles.

• La relation avec les autres reste superficielle ; ou bien il recherche l'attention, en se posant comme chef ou comme victime du groupe.

• Il a le sentiment de ne pas être aimé et met en place une stratégie pour empêcher les relations durables.

• L'amour est vécu comme une menace.

• Il manque d'humour.

En cas de troubles de l'attachement, une psychothérapie sera mise en place, différente selon l'âge de l'enfant et selon le degré diagnostiqué.

Pour un nourrisson, les thérapeutes travailleront avec les parents, les encourageront à approcher l'enfant progressivement, à favoriser un contact physique et oculaire, pour que l'enfant, sentant que ses parents persévèrent, sans le brusquer, à le tenir, puisse comprendre que ceux-là ne le « laisseront pas tomber ».

Pour les enfants plus grands, jusqu'à 9 ans, différentes formes de psychothérapie peuvent être envisagées, avec un travail qui passe par la parole mais aussi par le dessin et d'autres formes d'expression.

Enfin, pour les enfants préadolescents ou adolescents, un traitement en centre thérapeutique, avec création de contacts au sein d'un groupe, doit parfois être envisagé.

Que peuvent faire les parents ?

L'assistance, indispensable pour l'enfant, peut aussi s'avérer importante pour les parents. En effet, les améliorations ne pouvant souvent être attendues que sur le long terme, surtout pour des enfants dont les troubles ont été décelés plus tardivement, les parents vont devoir faire face à une situation douloureuse. Avant qu'ils aient pu comprendre ce qui fait souffrir leur enfant, ils auront souvent subi les conseils parfois pesants de l'entourage ou des commentaires tels que : « Vous ne savez pas vous y prendre avec cet enfant, il est charmant. »

Une des premières choses auxquelles ils renonceront dans l'immédiat est celle de voir leur enfant, du moins dans un premier temps, leur exprimer en retour tout l'amour qu'ils lui portent ; ils apprendront à marquer une distance affective, à ne pas envahir l'enfant par des marques d'affection qu'il percevra comme une menace. Il leur faudra apprendre à lui montrer leur amour tout autrement : par une grande disponibilité, par un cadre de vie structurant, par un ensemble de règles dont ils ne dévieront pas. Surtout, et c'est là le plus difficile quand on traverse une crise, ils apprendront à ne pas recevoir le comportement de l'enfant comme une attaque personnelle. Inutile aussi de chercher un « coupable » en la figure des travailleurs sociaux, des enseignants, du conjoint.

Les parents, et cela vaut pour d'autres moments de la vie, pour d'autres difficultés avec leurs enfants, doivent rester humbles, ne pas croire qu'ils peuvent aller au-delà de leurs limites : si un temps de séparation s'impose, il faut l'accepter et le préparer ; les retrouvailles n'en sont généralement que bénéfiques.

Protéger la famille

S'il faut se protéger pour aider plus efficacement son enfant, il faut aussi prendre des précautions pour le reste de la famille. En effet, la vie de tous les jours peut être rendue pénible, voire impossible dans certains cas. Il est difficile de rester calme face à cet enfant, surtout quand il y a d'autres enfants dans la famille. On lui en veut de nous faire souffrir, de faire souffrir les autres qu'on aime.

Les parents auront donc tout un travail à faire, afin de surmonter ces sentiments, de comprendre que s'ils souffrent, s'ils n'ont pas demandé cela, l'enfant lui aussi souffre et n'a pas demandé à être tel qu'il est. Une source de soutien et d'énergie peut se puiser auprès d'autres familles vivant des difficultés analogues, soit au sein de groupes pluriels de parents, soit au sein d'une association spécialisée.

Troubles de l'attachement : s'entraider ; en savoir plus

Sur ce syndrome, la France connaît un certain retard, à la différence d'autres pays. Des associations d'entraide existent au Canada et aux États-Unis depuis une vingtaine d'années.

En janvier 2001, des parents francophones de Belgique ont créé un groupe d'entraide, PETALES (parents d'enfants présentant des troubles de l'attachement, ligue d'entraide et de soutien), grâce à l'aide et au soutien de parents flamands, qui avaient créé quelques années plus tôt leur propre asso-

ciation, « Wat nu ? ». Parmi ses adhérents, PETALES compte des familles françaises.
Site américain anglophone de l'ADSG (Attachment Disorder Support Group) : www.syix.com/adsg
Site de PETALES : http://home.tiscali-net.be/PETALES_association.
(Pour la rédaction de toute cette partie consacrée aux troubles de l'attachement, nous nous sommes appuyés sur les informations données sur ces sites.)
À notre connaissance, il n'existe pas de livre en français consacré à ce sujet.

La puberté précoce

Qu'est-ce qu'une puberté précoce ? Dans un article paru dans la revue *Accueil*, qui consacre tout un numéro à la puberté précoce (février 2002) et dont nous nous sommes inspirés, le docteur Jean Vital de Monléon la définit comme « une puberté débutant avant l'âge de 8 ans chez les filles et avant l'âge de 10 ans chez les garçons ». Le risque principal, sur le plan physique, est une croissance accélérée qui toutefois s'arrêtera trop tôt : « Pour caricaturer, une petite fille qui fait une puberté précoce sera la plus grande de sa classe en sixième mais la plus petite en terminale » (J. V. de Monléon). Une puberté précoce peut aussi être facteur de difficultés psychologiques passagères, comme le note le docteur de Kernadet dans ce même numéro d'*Accueil* : « il est bien évidemment difficile à l'âge de l'enfance d'être confronté avec un corps d'adolescent tant pour l'enfant lui-même que pour l'entourage familial, scolaire et social. Cela d'autant plus que surviennent, chez ces « enfants », les problèmes de comportement habituellement rencontrés chez les adolescents. »

Éviter les produits capillaires à base d'hormones

Selon une étude dont rend compte la revue britannique *New Scientist*, spécialisée dans la vulgarisation scientifique, des produits capillaires destinés à une clientèle noire (shampoings, baumes, démêlants), qui contiennent des œstrogènes, pourraient expliquer les signes de puberté précoce notés chez des fillettes noires américaines : les œstrogènes sont absorbés par la peau et les symptômes auraient majoritairement disparu dès que l'utilisation de ces produits a cessé. Les marques utilisant des hormones ne seraient pas, officiellement du moins, commercialisées en Europe, mais elles sont disponibles par Internet. Il est donc conseillé de vérifier attentivement la composition des produits utilisés.
D'après « Early Puberty linked to shampoos », *New Scientist*, 3 avril 2002

Des chercheurs en Amérique et en Europe s'interrogent depuis quelques années sur les signes de puberté précoce que présenteraient un nombre croissant de fillettes des pays occidentaux, évoquant, entre autres facteurs possibles, l'alimentation, la contamination environnementale et l'exposition à des hormones. Pourquoi les enfants adoptés représenteraient-ils une proportion importante des cas de puberté précoce diagnostiqués en France ? Cette puberté précoce semblerait être non pas ethnique, comme certains ont pu le croire au départ mais nutritionnelle, s'expliquant par « le passage rapide d'une alimentation carencée, à une alimentation (trop) riche » (J. V. de Monléon). Il ne s'agit pas pour autant d'imposer aux enfants un régime alimentaire : il faut les laisser manger mais limiter les sucres rapides (bonbons, etc.).

Comment diagnostiquer une puberté précoce ?

- Radiographie de la main gauche qui permet d'établir l'âge osseux, dès l'arrivée de l'enfant. Un contrôle pourra être effectué après six mois, pour déceler une éventuelle accélération rapide de l'âge osseux qui pourrait laisser supposer un début de puberté précoce.
- Suivi de la courbe du poids : si l'index pondéral augmente, ce peut être un signe annonciateur d'une puberté précoce.
- Examen de l'enfant, pour détecter des signes de puberté précoce : croissance des seins chez la fille, augmentation du volume des testicules chez les garçons, pilosité pubienne puis axillaire (aisselles) ; la pilosité seule n'est pas toujours signe d'une puberté précoce. Dans ce cas, une échographie (pour examiner, chez la fille, les ovaires et l'utérus) et des tests sanguins seront réalisés, avec la mise en place éventuelle d'un traitement qui aura pour but de stopper la puberté précoce jusqu'à ce que l'enfant atteigne l'âge normal pour débuter sa puberté.

Comme le fait remarquer le docteur David, qui lui aussi signe un article dans ce numéro d'*Accueil* consacré à la puberté précoce, celle-ci est d'autant plus mal repérée par les parents qu'ils « sont généralement heureux de voir l'enfant prendre du poids et grandir rapidement : certains enfants sont examinés trop tardivement alors que tout traitement est illusoire ».

Nanisme psycho-affectif et hospitalisme

Toute perturbation de la croissance n'est pas à mettre sur le compte de la puberté précoce. Il existe aussi le nanisme psycho-affectif, dont souffrent certains enfants ayant vécu en institution. Souffrant de se voir rejetés, de ne pas être aimés, certains enfants s'arrêtent simplement de grandir. Selon des chercheurs américains, le nanisme psychoaffectif s'expliquerait en partie par un « blocage » des hormones de croissance, que le bonheur de se trouver en famille, dans un cadre aimant et sécurisant contribuerait à « débloquer », à tel point que l'on voit ces enfants de petite taille se mettre à grandir de façon spectaculaire.

Ce phénomène est une des nombreuses conséquences de l'hospitalisme, ensemble de carences affectives que présentent les enfants qui ont connu un long séjour en institution. En l'absence de liens physiques et affectifs avec des adultes, de stimulations psychomotrices, d'éveil au langage et de réactions à leurs émotions, les enfants en viennent à se couper de l'extérieur, à réagir de moins en moins : une position fœtale (l'enfant est roulé en boule dans un coin de son lit ou de la pièce), le regard vide, un balancement d'avant en arrière, en sont les signes les plus visibles.

L'hospitalisme donne lieu parfois à un comportement autistique ; il exige une prise en charge de l'enfant et le soutien des parents, d'autant plus nécessaire qu'ils croyaient au départ adopter un enfant en bonne santé, qu'ils n'envisageaient pas l'accueil d'un enfant porteur d'un handicap, et donc qu'ils n'y étaient pas préparés.

Une étude réalisée sur des enfants d'orphelinats roumains par le docteur Elinor Ames, de l'université Simon Fraser (British Columbia) montre que si la majorité d'entre eux se sont bien adaptés à leur nouvelle vie, certains présentent des troubles du comportement et d'attachement plusieurs années après l'arrivée dans leur famille. Il en est pour qui le diagnostic d'autisme est sans appel.

Le témoignage ci-contre est porteur d'un espoir prudent. On ne peut pas espérer que toutes les carences soient gommées du jour au lendemain ; mais il faut garder à l'esprit l'extraordinaire capacité de récupération à la fois physique et psychologique des enfants.

Nous faisons le voyage pour rencontrer notre petite fille. Sortie depuis à peine une semaine de l'orphelinat, elle ne connaissait pas le soleil ni le vent sur sa peau, ne savait pas se tenir debout ni marcher ni manger seule ni mâcher ni parler. À deux ans, c'était un gros bébé de 6 mois, qui se tenait assise et se balançait, « ailleurs », les deux doigts dans la bouche. Mais elle nous regardait, nous imitait, acceptait les câlins, s'intéressait a ce que nous lui montrions.

Nous l'avons accueillie cinq mois plus tard, elle avait appris à tenir debout et commençait à marcher dans sa famille d'accueil. Mais si son état physique s'améliorait, affectivement cela a été très difficile. Dix mois après son arrivée, le pédiatre et nous trouvions qu'elle ne progressait pas, qu'elle restait éloignée de nous, que la communication restait minime.

Après quelques rencontres en centre de guidance infantile, le diagnostic est tombé : comportement autistique. Le suivi en hôpital de jour a été mis en place à la rentrée scolaire suivante et depuis, notre fille s'ouvre de plus en plus au monde.

Il y a quelques jours, lors du bilan de fin d'année scolaire, l'équipe nous a indiqué que le diagnostic d'autisme était définitivement écarté pour celui d'hospitalisme, l'orthophoniste nous a dit qu'elle parlerait. Elle grandit petit à petit, affectivement elle a 2 ans et demi, physiquement presque 6 ans. Ce décalage est difficile à vivre.

Des parents adoptifs

L'âge de l'enfant

Il faut respecter l'âge de l'enfant, y compris dans son imprécision, pour respecter l'enfant tel qu'il est.

Disparités ethniques pour ce qui est de la taille, disparités entre enfants nés prématurés ou carencés et nos normes françaises, accélérations annonciatrices d'une puberté précoce, ou retard de croissance dû à des manques psychoaffectifs : difficile dans ces conditions, à moins d'avoir un acte de naissance fiable, de connaître « l'âge exact » de l'enfant adopté. Mais qu'est-ce que « l'âge exact », est-il vraiment important de le connaître au jour et au mois près – sachant que la majorité des confusions sur l'âge des enfants se chiffrent en mois plutôt qu'en années ?

Cinquante millions de bébés n'ont pas été enregistrés en l'an 2000, ce qui représente 41 % des naissances à l'échelle mondiale. Dans 19 pays, au moins 60 % de tous les enfants de moins de 5 ans n'ont pas été enregistrés à la naissance.

« L'enregistrement à la naissance - Un droit pour commencer » , rapport de l'Unicef, juin 2002

Pour en savoir plus : http://www.unicef-icdc.org/publications

Outre l'âge civil (quand on le connaît), l'enfant a son âge osseux ou physiologique et son âge émotionnel. Les trois ne « collent » pas toujours.

La malnutrition peut être à l'origine d'un retard de l'âge osseux, qui est susceptible de se corriger avec une alimentation plus riche ; l'âge émotionnel peut être en décalage : qui n'a pas entendu un parent se plaindre que son gamin est « bébé » pour son âge ? Ce décalage, qui existe chez les enfants n'ayant pas subi de traumatismes, est d'autant plus fréquent chez des enfants qui ont des retards psychoaffectifs à combler.

Pour toutes ces raisons, et sans négliger un suivi pour déceler une éventuelle puberté précoce, mieux vaut laisser à l'enfant le soin de trouver l'équilibre entre ses divers âges : il saura mieux que quiconque en jouer et en tirer profit. En cela, la question de l'âge est symptomatique de tout le processus d'accueil de l'enfant adopté : aider l'enfant à s'épanouir au maximum de ses capacités affectives, physiques, intellectuelles tout en le respectant pour ce qu'il est ; et surtout, lui laisser du temps.

Je crois qu'il est toute une époque après l'arrivée d'un enfant où l'expression « mais tu es trop grand pour… » est à proscrire, car dans cette période, l'enfant a l'âge qu'il a besoin d'avoir pour s'attacher à nous d'une façon irrémédiable, indestructible, pour créer l'attachement, pour que se tisse ce lien avec ses parents que rien ni personne ne peut détruire.

Un père de cinq enfants

En septembre 2000, on nous appelle pour nous annoncer qu'un petit garçon nous a été attribué. Deux semaines plus tard, nous sommes à Bucarest pour rencontrer notre fils de 2 ans et demi, Christian (84 centimètres, 8 kilos). Passées les premières minutes de surprise (il ne correspondait pas à l'image que nous nous étions faite de lui d'après les photos, il avait un visage triste et inexpressif), nous l'avons tout de suite fait nôtre, malgré les doutes qui nous ont pourtant assaillis, notamment lorsque nous l'avons vu se balancer convulsivement dans son lit à barreaux, les yeux révulsés. Comme tout le monde, nous avions entendu parler d'autisme, et pour nous cela en était un des principaux symptômes.

Christian ne marchait pas seul, ne savait pas mâcher ni croquer un biscuit. Il émettait de drôles de petits cris. On nous a dit que tous les enfants élevés en orphelinat souffrent de ce genre de symptômes liés aux carences alimentaires et affectives, et qu'après six mois passés avec nous en France, tout rentrerait dans l'ordre. Nous avions de sérieux doutes, mais nous voulions tellement y croire.

Pendant les trois jours que nous avons passés là-bas, Christian s'est transformé. Il renaissait à la vie. Il voulait tout le temps qu'on le fasse marcher, avait de plus en plus d'énergie, il souriait parfois, il se passionnait pour l'album photos que nous lui avions apporté. Le dernier jour, quand nous sommes allés lui dire au revoir après avoir signé chez le notaire, il s'est levé, nous a fait un grand sourire et nous a tendu les bras. Là, nous avons vraiment su que nous avions pris la bonne décision.

Deux mois plus tard, nous sommes retournés le chercher. Une semaine après son arrivée à la maison, il marchait seul. Par contre, lui apprendre à mâcher a été un travail long et laborieux. Le soir, il mettait trois heures pour s'endormir, en se balançant dans son lit. Il était souvent absent, les yeux dans le vague et il s'intéressait à très peu de choses. Très vite, notre pédiatre nous a orientés vers le milieu hospitalier où nous avons fait un bilan pédopsychologique, neurologique et psychomoteur. Nous avons appris qu'il souffrait d'hospitalisme. Dans un premier temps, il y a eu des séances de psychomotricité, puis des séances avec une éducatrice. Il a beaucoup progressé.

Il est rentré en première maternelle en septembre 2001, mais très vite, l'institutrice n'a plus pu le gérer seule : il ne respectait aucune règle. Deux matinées par semaine, une rééducatrice est donc intervenue, pour l'intégrer en milieu scolaire et l'amener à s'intéresser aux autres enfants. À cela se sont ajoutées deux demi-journées d'activités en petit groupe d'enfants, sans compter une présence permanente de son père ou de moi-même à ses côtés. Tous ces efforts conjugués mis bout à bout lui ont permis de faire un bond énorme et de renaître à la vie. C'est notre plus belle récompense.

Il a maintenant 4 ans et fait son bonhomme de chemin. Il mange seul, il boit au verre, il utilise une quinzaine de mots, il est propre de jour comme de nuit. Il comprend énormément et fait preuve d'un grand sens logique. Il connaît son alphabet et adore les livres. Il est très habile de ses mains et s'intéresse à beaucoup de choses.

Surtout, il a appris à rire et à sourire. Il a tissé avec nous un véritable lien affectif, qui rend tout le monde très optimiste à son égard. Et pourtant, personne ne peut dire jusqu'où il ira, s'il sera un jour un petit garçon comme les autres. Il a toutes les cartes en main, mais c'est lui qui décide.

Le fait que son comportement ne corresponde pas à son âge physique n'est pas toujours facile à assumer en dehors de la maison, mais plus on a confiance en lui, plus on s'habitue, moins on voit le regard extérieur. Nous avons eu cette chance que Christian soit notre premier enfant, nous avons pu nous y consacrer à 100 %.

Des parents adoptifs

Chapitre 3

L'arrivée de l'enfant dans la famille

Ce « petit venu de loin » entraîne toutes sortes de remises en question par rapport aux valeurs, aux croyances et aux préjugés de tous les membres de la famille, y compris ceux de la famille élargie. Cet enfant agit comme un stress sur le mobile familial, puisqu'en ajoutant une composante au mobile, ce sont maintenant toutes les parties qui doivent s'ajuster à cette arrivée pour conserver l'équilibre de l'ensemble.

Jean-François Chicoine, *Le Clinicien*, août 1998

Quand l'enfant paraît

Les premiers jours

L'arrivée de l'enfant est un événement. À l'aéroport, quand l'enfant vient de l'étranger, ou à la maison quand il arrive d'une ville de France, proche ou lointaine, une partie de la famille se joint parfois aux parents et aux enfants pour l'accueillir.

Parfois, si seulement l'un des parents a pu se rendre dans le pays d'origine, l'autre parent est là, bien sûr, pour l'accueillir : moment noué d'émotion, où le petit passe des bras de l'un à l'autre, où l'enfant et l'adulte se découvrent mutuellement, chacun sondant les traits qu'il n'avait jusque-là vus qu'en photo – et encore...

D'autres fois, ce sont les deux parents qui attendent, pour prendre dans leurs bras ou par la main leur fils ou leur fille tant attendu(e), qu'ils n'ont pas pu aller chercher eux-mêmes. C'est souvent le cas pour un nourrisson confié à une famille d'accueil : la nourrice l'apporte chez ses parents, qui attendent avec une fébrilité intense ce moment de passation définitive.

Chaque arrivée est unique. Toutes sont inoubliables.

Tisser un cocon familial

Une fois à la maison, les visites ont tendance à se succéder, chacun – parent ou ami – voulant rencontrer celui ou celle qui vient de rejoindre la famille. Il est néanmoins important de savoir préserver le cocon familial, de ne pas trop multiplier les rassemblements ni les prolonger.

Il ne faut pas oublier que l'enfant est désorienté, qu'il vienne de la ville voisine ou d'un pays à l'autre bout du monde : tout lui est nouveau, les visages, les odeurs, les voix, le cadre de vie…

Il a besoin de savoir qui sont ses parents, de nouer des liens avec eux, de les différencier des autres adultes qui l'entourent. Tout ce qui peut favoriser l'émergence d'une relation fusionnelle doit être encouragé. Selon l'enfant, ce temps sera plus ou moins long.

> Notre enfant était heureux quand quelqu'un venait à la maison mais il ne supportait pas quand les visiteurs repartaient ; il pleurait, s'accrochait à eux, nous tapait si nous essayions de le calmer. Nous avons espacé les visites, pour lui laisser le temps de construire une relation avec nous, de comprendre que ceux qui venaient nous voir ne faisaient pas partie de la famille. Petit à petit, il a compris, même si, encore aujourd'hui, trois ans après son arrivée, quand il est fatigué ou anxieux, un départ est encore douloureux ; comme si chaque fois que quelqu'un partait, cela renvoyait à sa séparation avec sa mère de naissance.
>
> Des parents adoptifs

Préparer la famille élargie

Dans un premier temps, ce sont non pas tant les enfants que les parents qui ont besoin de la reconnaissance de la famille élargie, et notamment de celle des grands-parents, pour avoir une légitimité ainsi conférée.

Ils ont besoin de sentir que leur fils ou leur fille est accepté(e), qu'il ou elle est reçu(e) dans la lignée et qu'ils sont eux-mêmes reconnus dans leur rôle de parents.

À côté de ceux qui racontent le soutien actif et la fébrilité des futurs grands-parents avant l'arrivée de l'enfant, l'émotion et l'enthousiasme avec lequel ils l'accueillent, on rencontre ceux qui ont l'impression que l'attente de l'entourage n'a pas été à la hauteur de la leur. Ils pensent alors qu'autour de cet enfant venu d'ailleurs ne se crée pas l'expectative qui s'est produite lors de la naissance d'un enfant biologique au sein de la famille. La déception que cela produit peut envoyer des réverbérations plus ou moins durables à travers la famille élargie, susceptibles de jeter un temps un coin d'ombre sur ce bonheur.

Pourquoi une telle attitude ?

- La démarche n'a pas été suffisamment expliquée, racontée étape après étape, comme on rendrait compte de l'évolution d'une grossesse.
- Quand la démarche a été expliquée,

le cheminement n'est pas le même : des réticences culturelles, sociales, générationnelles, peuvent affleurer.

Chez les futurs grands-parents, la réserve que suscite un projet d'adoption reflète une peur pour leurs propres enfants : peur de les voir souffrir, de les voir affronter des difficultés inattendues, d'être déçus (comme si tout cela devait être plus probable avec un enfant adopté qu'avec un enfant biologique) ; peur que la « greffe » ne prenne pas.

L'effet de toutes ces inquiétudes confusément ressenties se traduit par un recul, le plus souvent passager ou *a contrario* par un surinvestissement, tel celui de cette grand-mère, ancienne institutrice, qui veut tellement bien faire qu'elle en est presque trop présente. Toujours prête à s'occuper de l'enfant, elle a voulu prendre en main le suivi de sa scolarité, mais elle refuse de le transporter dans sa voiture, car elle a « trop peur » pour lui. En fait, elle angoisse à l'idée de faire mal à sa fille et à son gendre, qui ont tellement voulu cet enfant qu'il en devient en quelque sorte plus « fragile » que les autres petits-enfants biologiques, qu'elle n'hésite pas à véhiculer.

Nos deux familles sont très différentes. D'un côté, ils ont beaucoup voyagé, ils sont cultivés, ouverts aux idées nouvelles, assez « branchés », pourrait-on dire. De l'autre, c'est une famille rurale traditionnelle, qui, depuis des générations, a toujours vécu dans le même canton. Aller à la grande ville voisine, c'est déjà toute une expédition.

Quand nous avons su que notre enfant nous viendrait d'Haïti, nous nous attendions à des réticences. Or elles ne se sont pas manifestées là où on les attendait, du côté de la famille « traditionnelle » : pour eux, c'était un enfant, un garçon, un héritier, cela était en soi suffisant ; il faisait désormais partie du clan. Chez les autres, en revanche, cela posa plus de problèmes : allait-il s'adapter, comment serait-il perçu par les autres, allait-il réussir à l'école ? Une certaine attente sur le plan éducatif, dans cette famille où la « réussite » sociale passe par les études, entravait la libre expression des sentiments.

Au fil du temps, l'enfant grandissant et se montrant très attachant, il a conquis ses grands-parents des deux côtés, qui se le disputent désormais…

Des parents adoptifs

La famille a toujours été informée : à chaque étape de notre démarche, on envoyait une copie des documents pour qu'ils se sentent concernés. Une partie de la famille était assez réticente à l'idée d'un enfant de couleur ainsi qu'à notre projet d'enfant à particularité.

Alors quand on leur a dit : « L'enfant va bien, c'est une petite fille noire », ils ont répondu : « Elle est en bonne santé ? alors c'est l'essentiel. »

Des parents adoptifs

Quand j'ai parlé d'adoption à mes parents pour la première fois, pour leur faire part de la procédure que j'effectuais, de mon désir d'avoir un enfant, leur réaction m'a étonnée : ils espéraient avoir des petits-enfants « de leur sang ». Il leur a fallu digérer l'adoption, puis l'adoption internationale, imaginer un visage autre. Je m'y étais prise à l'avance exprès, pour leur laisser ce temps d'adaptation, pour leur permettre d'en parler autour d'eux. Manque de chance, les réactions de leurs amis furent franchement négatives ou inquiétantes.

Quand j'ai annoncé qu'un petit garçon de 8 mois nous attendait à Djibouti, ils n'ont pas partagé notre bonheur et ma mère, sans méchanceté, m'a rejoué le sketch « Noir ? mais noir noir ? ou… ? » Je n'y croyais pas !

Ma mère a mis un mois à venir découvrir son premier et unique petit-fils, et nous n'avons pas vu mon père pendant un an. J'ai ressenti de la colère, de l'amertume et tellement de chagrin ! Au bout d'un an, nous avons fait les premiers pas et renoué avec mon père. Nous étions tendus lors de nos rencontres. Mon fils, qui scrute chaque nouvelle personne, a examiné mon père, sur la défensive ; ils sont restés l'un et l'autre à distance, sans agressivité néanmoins. Pour notre deuxième fils, j'ai averti ma mère au fur et à mesure et mon père, la veille de notre départ pour Haïti. Il a été estomaqué mais cette fois-ci, il n'y a pas eu de rupture. Il était finalement en terrain connu. J'avais insisté pour que ma mère vienne nous accueillir à notre retour à l'aéroport. Ce premier contact, cette participation à l'événement l'a transformée. Elle m'a ensuite aidée à trouver des lettres de recommandation pour le dossier de notre troisième enfant, elle s'est investie dans le projet sans aucun problème (mis à part les inquiétudes habituelles : trois enfants ? tu es sûre… ?). C'est maintenant une grand-mère merveilleuse avec ses trois petits-enfants, qu'elle adore, qu'elle regarde grandir avec beaucoup de plaisir et d'intérêt, que mon père contemple avec indulgence.

Avec le temps, j'ai mieux compris l'attitude de mes parents, une fois mes propres émotions digérées. Ils étaient inquiets pour nous : et si les sentiments, l'amour n'étaient pas au rendez-vous, dans un sens ou dans l'autre ? Et si ces enfants étaient mal acceptés autour d'eux ? Et s'ils souffraient de racisme, de la bêtise d'autrui, ne nous en voudraient-ils pas ? Et s'ils nous quittaient, nous rejetaient ? Et si nous souffrions ? Ils étaient aussi inquiets pour eux-mêmes : nous, grands-parents, allions-nous pouvoir aimer ces petits-enfants-là ? Ils ne connaissaient pas de familles autour d'eux dont l'exemple aurait pu les rassurer, ils ne participaient pas aux réunions de postulants et de parents adoptifs, ils ne lisaient pas les témoignages dont je me gavais, ils évoluaient donc très lentement.

Puis, quand ils ont vu notre joie, la « greffe » qui prenait, quand ils ont connu les enfants un peu mieux, puis rencontré petit à petit d'autres familles, ils se sont rassurés et ont fait leur chemin.

Des parents adoptifs

Les questions de santé sont souvent une source d'inquiétudes ou de malentendus, surtout dans le cas des adoptions internationales : certains grands-parents observent avec circonspection ce petit nouveau venu d'ailleurs, le soupçonnant d'arriver avec tout un lot de maladies mystérieuses et sûrement dangereuses.

Des parents d'enfants porteurs d'hépatite B ont vu les portes se refermer ou des oncles et tantes qui ne le voyaient qu'une fois par an se faire vacciner ou espacer encore plus les rencontres.

D'autres, en revanche, comme le grand-père évoqué ci-dessous, deviennent grands-parents dès le premier souci de santé.

D'entrée mon père était hostile à l'adoption. Je suis célibataire, et il ne voyait pas pourquoi j'allais me « compliquer » l'existence alors que je pouvais vivre tranquille, comme il disait, sans chercher à se demander si j'avais envie d'une vie tranquille.
Quand je lui ai montré une photo de l'enfant, il a jeté un coup d'œil rapide et il a changé de sujet. Puis, quand j'ai appris que le petit avait un souci de santé, que l'adoption s'en trouvait remise en question par son pays, que j'ai raconté tout cela à mes parents, voilà qu'une larme a perlé au coin de l'œil de mon père. Ce jour-là, il est devenu grand-père, alors qu'il ne savait pas s'il allait jamais rencontrer ce petit-fils…

Une mère adoptive

Quelles que soient les réticences premières du côté des grands-parents, les petits-enfants, eux, ne doutent jamais ; et si à l'adolescence, ils diront peut-être à leurs parents qu'ils ne sont pas leurs « vrais parents », ils ne douteront jamais de ce que leurs grands-parents soient leurs grands-parents. Car, souvent, c'est le petit-fils ou la petite-fille qui a su les apprivoiser et dompter leurs peurs.

Comme les enfants, comme les parents, les grands-parents, eux aussi, ont besoin de temps.

Notre cadette va vers autrui avec beaucoup de spontanéité, elle est allée vers eux et les a mis dans sa poche. Elle les a faits grands-parents. Cela a bénéficié aussi à notre fille aînée car cela a détendu tout le monde et l'ambiance est devenue normale.

Des parents adoptifs

Les difficultés possibles

Le *baby-blues* de l'adoption

Le trouble que peut jeter l'arrivée de l'enfant dans la famille élargie est d'autant plus mal vécu que les parents eux-mêmes se trouvent souvent dans un état d'épuisement. Cette fatigue à la fois psychique et physique ne saurait être sous-estimée, surtout quand s'y ajoutent des contraintes matérielles qui accompagnent le processus d'acclimatation de l'enfant :

• Contraintes alimentaires, liées à divers problèmes : diarrhées, allergies au lactose ou à d'autres aliments ; réhydratation ; troubles digestifs dus à un passage trop rapide à une alimentation plus protéinée que celle qu'il connaissait ; adaptation difficile liée à de nouveaux aliments ou à des quantités plus importantes que celles auxquelles était habitué l'enfant.

• Troubles du sommeil, terreurs nocturnes, surtout pour les enfants redoutant une nouvelle séparation, qui peuvent conduire dans un premier temps à passer des nuits à leur chevet ou à les prendre dans la chambre des parents. Ces inquiétudes, auxquelles peut se rajouter les premiers jours le décalage horaire, se traduisent chez certains par des endormissements difficiles, des réveils en pleine nuit ou à l'aube. Bercer, rassurer, cajoler l'enfant, le porter, lui parler : chacun trouvera sa façon de répondre à ce besoin d'être rassuré.

• Des contraintes matérielles, comme par exemple la nécessité de soins intensifs ou de soigner immédiatement quelque affection.

Il est donc important, pour ceux qui le peuvent, de prendre le congé d'adoption et de savoir que, pour un deuxième enfant, il y a aussi la possibilité de demander un congé parental d'éducation (voir chapitre Droits et jugements).

La disponibilité matérielle que ces congés offrent aux parents est précieuse. Elle permet de se consacrer pleinement à l'enfant. Car même quand il semble être en bonne santé ou s'adapter sans difficulté, l'attente a été si forte, si intense et si longue qu'un décalage se manifeste entre tout ce qu'a imaginé le parent et la réalité à laquelle il est confronté.

S'y ajoutent la peur de ne pas être à la hauteur, le trouble face à des comportements ou à des difficultés qu'on n'attendait pas. Le parent se sent dérouté, craint de perdre pied ; il culpabilise et il hésite à en parler, de peur d'être jugé, de s'entendre dire : « J'ai toujours pensé que ce ne devait pas être facile d'accueillir un enfant dont on ne sait rien », de se voir reprendre cet enfant tant attendu.

Quand je réfléchis à tout ce qui, dans une adoption internationale, s'interpose entre le futur parent et son enfant, je me rends compte que chaque famille qui parvient à se constituer est un miracle ! Et que les adultes qui passent au travers sont profondément ébranlés par tout le processus. Le facteur de stress jumelé à l'arrivée d'un enfant différent, carencé, souvent malade, peut faire craquer des gens pourtant reconnus comme solides.

Claire-Marie Gagnon, présidente de la fédération des Parents Adoptifs du Québec

Ce n'est que longtemps après que j'ai pu parler à une assistante maternelle des ambivalences que j'éprouvais dans mon nouveau rôle de mère de cet enfant de 3 ans ; je croyais que je n'avais pas la « fibre » de mère et j'en ai beaucoup souffert.
Elle m'a dit que de telles réactions étaient plus courantes qu'on n'ose le dire, y compris chez les mères biologiques. Ça m'a fait un bien énorme !
Du coup, je me suis sentie un peu moins « anormale ».

Une mère adoptive

Le phénomène du *baby blues* de l'adoption ou de la dépression post-adoption, qui ressemble au *baby blues* des mamans de naissance, est désormais reconnu des psychologues. Longtemps, il a été sous-estimé.

Il est important d'en reconnaître les symptômes (fatigue, nervosité, envie de pleurer, sentiments oscillant entre le besoin de fusionner avec l'enfant et de s'isoler) et de réagir, pour ne pas perturber un enfant déjà fragilisé par l'abandon ou la séparation qu'il a déjà vécu (voir ci-dessous les troubles de l'attachement), pour ne pas mettre l'union du couple en danger.

Un premier pas est d'en parler à son médecin ; certaines mamans préféreront se confier à un professionnel de la petite enfance (puéricultrice ou assistante maternelle) avec lequel elles ont noué des liens à travers la garde de l'enfant, ou à d'autres parents (adoptifs de préférence : ils comprendront sans doute mieux). C'est avec soulagement que l'on découvre que l'on n'est pas seul à avoir traversé une phase difficile, que l'on n'est pas, loin s'en faut, un parent indigne. Il suffit parfois de peu pour retrouver l'apaisement.

Certains parents disent avoir été soutenus par des parents biologiques, qui reconnaissent avoir eu des états d'âme quant à leurs sentiments et à leur capacité d'attachement pour un enfant qu'ils avaient conçu, porté, attendu. Comme le reconnaît une mère adoptive, « savoir que de telles ambivalences ne sont pas dévolues aux seuls adoptants est très rassurant ».

> Au début, cette adoption était pour moi une idée relativement abstraite ; puis, à l'arrivée du petit, il a fallu gérer l'événement, comme on le ferait pour n'importe quel enfant. Pour moi, l'attachement s'est construit au fil des jours. C'est l'enfant qui crée la relation.
>
> Un père adoptif

Le mythe de l'attachement spontané

Même si certaines mères manifestent au moment de l'arrivée de l'enfant un ensemble de symptômes analogues à ceux d'une grossesse ; même si, au moment de se voir remettre l'enfant, les parents se sentent envahis d'un immense flot d'amour, ces sentiments ne sont pas universels. Certains sont pris par un vertige de responsabilité, d'autres semblent rester impassibles.

L'attachement n'est pas forcément spontané. L'instinct maternel serait un mythe. Pas plus que les parents « bio », les parents adoptifs ne doivent se sentir tenus de réagir d'une façon plus qu'une autre. Là encore, ils ne doivent pas culpabiliser ou croire que leurs émotions ne sont pas à la hauteur de l'événement ou de ce qu'ils pensent qu'on attend d'eux.

La rencontre avec d'autres parents, adoptifs ou pas, ainsi qu'avec des professionnels de la jeune enfance, en consultation privée ou au sein de groupes de paroles organisés par des associations familiales, permet de relativiser ses craintes et par là d'apaiser ses angoisses.

Le rôle du père

L'adoption place les parents sur un pied d'égalité dans l'attente de l'enfant et la préparation de sa venue. Même si l'on n'a pas toujours cheminé au même rythme dans le projet d'adoption, c'est à deux qu'on avance, à égalité : l'homme et la femme vivent un désir partagé, une grossesse affective commune, entreprennent ensemble ce cheminement vers l'enfant.

Là où une grossesse biologique place le futur père en spectateur, l'enfant adopté « met, en revanche, mère et père sur le même plan, du fait que tous deux l'ont attendu pareillement* ». Toujours selon Nazir Hamad, la concrétisation du désir d'enfant « les implique tous deux dans une sorte d'égalité parfaite dans l'avenir d'enfant du couple ». C'est la raison pour laquelle, dans le processus de découverte et d'attachement mutuels, le rôle du père peut s'avérer primordial. Chez beaucoup d'enfants qui ont déjà vécu un abandon et qui n'ont souvent connu pour seul parent que leur mère, l'arrivée d'une nouvelle mère est accueillie avec méfiance : celle-ci ne va-t-elle pas l'abandonner à son tour ? L'image pater-

* Nazir Hamad, *L'Enfant adoptif et ses familles*, Paris, Denoël, 2001.

Dans la grossesse de ma femme, et bien que nous ayons tout fait pour la partager, j'ai senti qu'une partie d'elle et de ce qu'elle vivait, de sa relation à notre enfant après la naissance, m'échappait. Avec notre seconde fille, que nous avons adoptée, je me suis senti pleinement impliqué ; en outre, c'est moi qui suis allé la chercher. Le voyage seul dans l'avion, l'attente, la rencontre enfin, et ce que j'ai vécu à ce moment-là, toutes ces émotions, m'ont rapproché encore de ma femme et de toutes les émotions qui ont pu la traverser avant, pendant et après l'accouchement.

Un père adoptif

Pendant plus d'un an, il ne m'a pas lâché. Quand il était dans mes bras, il s'agrippait si convulsivement que je pouvais ouvrir les bras, il ne tombait pas. Il hurlait quand j'étais sous la douche. Il était capable de se faire vomir quand je quittais la pièce.

Un père adoptif

Siméon a mis quelques mois à accepter les voix masculines sans manifester d'inquiétude, et à considérer que son père pouvait s'occuper de lui. Sophie a eu aussi une période où son père, pourtant très présent et concerné, ne pouvait pas lui donner le bain, l'habiller, etc. sans provoquer des crises que seule ma présence arrivait à calmer.

Une mère adoptive

Lorsque mon fils est arrivé, il avait 5 ans. Il a très vite envahi son père… On sentait qu'il était fier d'avoir un homme pour lui ! Même si tout se passait bien dans nos relations et qu'il était très affectueux avec moi, je passais au second plan. Je me souviens de son air triomphant sur les épaules de papa, de sa demande constante de jeux avec lui… Et puis le jour est venu où mon mari a dû reprendre le travail après les dix jours de congés pour l'accueil de notre fils… Il a passé une matinée d'angoisse profonde, pleurant, hurlant, il paraissait totalement perdu, désorienté bien que nous ayons essayé d'expliquer, avec nos quelques mots d'amharique… Mon mari est donc rentré à midi et a sollicité dans l'urgence une semaine de congé de plus… et la semaine suivante notre fils a accepté son départ pour le travail… Après, les choses se sont rééquilibrées entre papa et maman… ouf pour moi !

Une mère adoptive

Ayant été maltraités par leur mère, ils avaient une image négative de toute image maternelle. Ils ne voulaient pas trop le contact avec moi. C'est donc au départ le papa qui s'est occupé des douches, du coucher. Cela a été une période frustrante pour moi car je désirais donner de l'affection et les enfants n'étaient pas prêts à la recevoir. Cela fait maintenant un an et demi que les enfants sont avec nous, ils réclament leur moment de tendresse et aiment beaucoup que je m'occupe d'eux.

Une mère de deux enfants de 6 et 9 ans

nelle, en revanche, sauf chez ceux qui, orphelins de mère, ont vécu avec leur père, est une image vierge, que l'enfant peut investir avec enthousiasme.

Le père va peu à peu apprivoiser ce petit être farouche, l'amener progressivement vers sa mère et, ce faisant, s'épanouir pleinement à la fois dans son rôle de parent et de conjoint. La mère ressent parfois douloureusement la marginalisation momentanée qu'elle subit, qui n'est pas sans rappeler celle que vivent certains hommes à la naissance de leur enfant.

Certaines familles, néanmoins, vivent une situation inverse. En effet, le manque de référents masculins dans les pouponnières ou les orphelinats peut, dans un premier temps, provoquer une certaine méfiance à l'égard du père. Cette réaction est connue des services sociaux qui préviennent parfois de la possibilité de tels comportements.

Des mamans qui avaient adopté avant moi m'avaient dit qu'il y avait parfois des crises hallucinantes pendant trois mois avec des enfants dits plus grands. Ce qui fait que je ne me suis pas étonnée outre mesure de la mise à sac trois fois de la chambre : tapisserie et frise en lambeaux, murs « repeints » avec tout ce qu'on peut imaginer, peinture du lit rayée, alèse en caoutchouc et rideaux déchiquetés à coups de dents, commode défoncée à coups de pieds et de poings, matelas et literie souillés intentionnellement, radiateur arraché, ainsi que la serrure de la porte, mutilations (arrachage de peau jusqu'au sang et de cheveux par poignées, morsures) et j'en passe et des meilleures…

Je considérais que tout était normal, je grondais, je me mettais en colère, je punissais, j'exigeais des enfants qu'ils m'aident à ranger ou à réparer (même si c'était symbolique), mais je restais relativement sereine. Après tout, on m'avait bien dit que c'était dur.

Lorsque, deux mois plus tard, j'ai raconté tout cela lors d'un pique-nique de l'association Enfance et Familles d'Adoption, les « anciennes mamans » qui m'avaient prévenue que ce serait difficile m'ont regardée, très étonnées… Leur enfant n'en avait pas fait le centième, il faisait des caprices, avec beaucoup de cris et de pleurs, mais guère plus.

Maintenant ce sont deux enfants douces, câlines, coquines, d'une politesse exquise, avec des tempéraments tout à fait « normaux » (jalousies, bêtises individuelles et collectives, bavardes comme des pies) et une forte dose d'humour – mais cela, il paraît que c'est de famille…

Une mère « très zen »

* Anne Decref, *L'adoption : d'une fracture à la renaissance*, Sainte Foy, P. de l'Université de Laval, 2001.

À chacun son adaptation

L'attachement peut très bien ne pas être spontané chez l'enfant. Certains se livrent facilement à leurs parents, d'autres semblent garder une part de leur moi en retrait, se laisser caresser avec une certaine indifférence. D'autres encore s'agrippent à leurs parents, se cramponnent à eux comme un petit koala à un tronc d'arbre, sans pour autant être en retour forcément câlins.

Pour certains, l'adaptation passe par une crise apparemment destructrice, voire autodestructrice, pouvant aller jusqu'à l'arrachement des cheveux par poignées. Loin de s'en inquiéter, des psychologues, dont Anne Decerf* y voient une « extraordinaire énergie vitale » qui peut néanmoins effrayer des parents non préparés. Ce genre de réaction disparaît habituellement au bout de quelques semaines ou de quelques mois, à mesure qu'à l'expérience de la fracture et de la rupture que suppose l'abandon succède une période de construction de nouveaux liens, qui permettent de repartir dans la vie.

L'enfant doit se sentir autorisé à découvrir et à s'approprier, à son propre rythme, son nouvel environnement, ses nouveaux parents, des façons jusque-là inconnues d'exprimer l'affection. L'excitation, l'agressivité et l'angoisse s'affronteront et se succéderont en lui. De l'exaltation que lui procure l'effet de se sentir l'objet de tant d'attention, il peut tomber dans une inquiétude mêlée d'incompréhension, surtout au moment du coucher : combien de temps ça va durer, est-ce vraiment pour toujours... et demain, au réveil, seront-ils toujours là... et ceux d'avant, enfants ou adultes, les reverra-t-on un jour ?

Les parents devront rassurer, parler, apaiser, sachant que les manifestations d'amour, par exemple, ne passent pas dans toutes les cultures de la même façon ; une caresse, dans un premier temps, exprimera tout ce que nous mettons dans un « bisou ». Selon les cas, la sensibilité de l'adulte s'assortira donc d'une certaine retenue dans les marques d'affection physiques, la parole sera privilégiée, ainsi que le son de la voix, les expressions du visage.

La disponibilité, la flexibilité des parents aideront l'enfant à trouver sa place, à se laisser aller progressivement, jusqu'à lâcher et se sentir autorisé à recevoir, mais aussi à demander, des caresses, des baisers, des massages, mais pas tout en même temps, ni inconditionnellement. Ce seront les premiers pas en avant, souvent assortis d'un retour en arrière : ce sera la phase de la régression, phénomène auquel contribueront tant son rapport à la nourriture, que son environnement physique, celui de sa chambre, avec son lit et ses jouets.

La vie quotidienne

L'alimentation

L'adaptation à nos habitudes alimentaires ne se fait pas toujours sans heurts. L'enfant venu d'un pays lointain va peu à peu découvrir une alimentation jusque-là inconnue, des règles et des rituels qui lui paraîtront insolites (manger à heures fixes, s'asseoir à table, utiliser un couteau et une fourchette, ne pas se servir directement dans le plat commun), sans compter une variété d'aliments et des quantités insoupçonnées.

Une certaine flexibilité doit prévaloir au début : certains petits accepteront d'entrée de jouer le jeu et de s'installer dans leur chaise haute avec une assiette et une cuillère, d'autres n'accepteront de manger qu'assis par terre, avec les doigts. Certains parents disent avoir dans un premier temps opté pour une formule « pique-nique », sur un tapis, avec des morceaux de poulet et d'autres mets que les enfants pouvaient aisément saisir avec les doigts.

De nombreux enfants sont dérangés par une alimentation solide : mâcher représente pour eux un effort, un nouvel apprentissage, surtout quand ils ont été habitués aux préparations liquides. Une solution peut être de reprendre un certain temps le biberon, en épaississant progressivement la préparation. Les parents encouragent par là le phénomène de la régression.

Néanmoins, l'accoutumance n'est pas simplement physique ou physiologique. La dimension affective du rapport à la nourriture est réelle : est-ce un hasard si nous voyons un nombre non négligeable d'enfants adoptés vouer un véritable culte à « l'art du bon manger », comme on disait au Moyen Âge ?

« Sophie était depuis quinze jours à Fleurville ; elle se sentait si heureuse que tous ses défauts et ses mauvaises habitudes étaient comme engourdis. [...] Sophie n'avait plus besoin de voler de pain pour satisfaire son appétit ; on lui en donnait tant qu'elle en voulait. Les premiers jours, elle ne pouvait croire à son bonheur ; elle mangea et but tant qu'elle pouvait avaler. Au bout de trois jours, quand elle fut bien sûre qu'on lui donnerait à manger toutes les fois qu'elle aurait faim, et qu'il était inutile de remplir son estomac le matin pour toute la journée, elle devint plus raisonnable et se contenta, comme ses amies, d'une tranche de pain et de beurre avec une tasse de thé ou de chocolat. Dans les premiers jours, à déjeuner et à dîner, elle se dépêchait de manger, de peur qu'on ne la fît sortir de table avant que sa faim fût assouvie. »

La Comtesse de Ségur, *Les petites filles modèles*

L'alimentation peut être un révélateur, y compris chez des enfants qui ont toujours eu la possibilité de manger à leur faim, tels que les enfants vivant en France ou ayant grandi à l'étranger dans des institutions ou dans des familles d'accueil où ils n'étaient pas privés sur le plan alimentaire.

Sophie dans *Les petites filles modèles*, on le sait, continuera de faire des bêtises : son entrée dans une famille aimante et structurée n'effacera pas d'un coup les blessures du passé. Toutefois, c'est par l'alimentation qu'elle découvrira son nouvel univers, qu'elle exprimera ses espoirs et ses craintes, qu'elle s'installera dans sa nouvelle famille.

Il n'est pas rare, par exemple, qu'un nourrisson fasse une crise d'anorexie au moment où il quitte sa structure d'accueil ; il faudra que sa maman lui parle, le cajole, le rassure pour qu'il se laisse aller et accepte de nouveau de s'alimenter. D'autres, qui auront eu une phase anorexique juste après leur abandon, peuvent par la suite connaître des difficultés occasionnelles avec l'alimentation.

En règle générale, un appétit d'oiseau n'inquiète pas outre mesure les pédiatres, qui disent volontiers qu'un enfant ne se laisse jamais mourir de faim.

Inutile donc de consulter immédiatement un psychologue ou un psychiatre si l'enfant ne semble pas manger suffisamment ; mieux vaut consulter dans un premier temps un médecin généraliste ou un pédiatre, surtout si l'on note une perte de tonus et un affaiblissement. Le cas échéant, c'est le médecin qui conseillera aux parents un suivi psychologique.

Certains enfants vont peu à peu « apprivoiser » leur nourriture selon les couleurs, les saveurs, les odeurs, la texture, dans des « assemblages » parfois insolites – du moins pour leurs parents.

Il avait été anorexique autour de neuf à douze mois avant son adoption (il est né en France et ne souffrait pas de « malnutrition »), et chaque phase « d'anorexie » nous angoissait profondément. J'avais beau commencer par de bonnes résolutions à chaque repas, cela se passait assez mal. Jusqu'au jour où, sur les conseils d'une amie, j'ai décidé de parler à mon fils de mon angoisse de ne pas le voir manger, de mon inquiétude quant à sa santé, son poids très faible.

Il est adolescent maintenant. Il a toujours un poids très faible par rapport à son âge, avec des phases où il va picorer pendant deux jours puis finir les plats pendant les jours suivants. Renseignements pris auprès d'un pédiatre : pas d'affolement !

Une maman adoptive

Notre second fils a fait un repas sur six (soit un repas en trois jours) pendant près de dix ans. Nous avions l'avantage qu'il ne soit pas notre « première expérience » : notre nièce – biologique – a dû manger des repas de 100 g jusqu'à 7, 8 ans, malgré les séances de clowneries inimaginables de l'ensemble de la famille très élargie pour « relayer » les parents. Et surtout notre fils aîné n'a vraiment commencé à manger que vers 5, 6 ans.
Notre médecin de famille nous avait dit qu'il « n'avait jamais vu un enfant se laisser mourir de faim ». Donc, finies les inquiétudes, la honte chez les amis ou devant les invités. On s'est efforcé d'avoir des horaires réguliers, de cuisiner des choses différentes... Et le jour où ils disaient l'un ou l'autre « j'ai faim », alors, petits plats dans les grands, déco et tout et tout, mais pas plus en quantité : entrée, plat, fromage, dessert... juste pour le plaisir de manger et pour l'habitude de ce qu'est un repas « normal ».
Ils ne sont ni rachitiques, ni obèses. En un mot, même, je dirais qu'ils sont BEAUX ! (avec toute l'objectivité de leur maman, bien sûr).

Une mère de deux garçons désormais adolescents

À l'inverse, on trouve des enfants qui ne semblent jamais en avoir assez dans leur assiette.

Ceux qui ont connu la malnutrition ou la maltraitance peuvent avoir une difficulté à se réguler ; on surprend l'enfant que l'on croyait endormi en train de manger la tête dans le réfrigérateur – phénomène que des parents d'adolescents non boulimiques connaissent eux aussi.

À l'absence de retenue peut s'ajouter la capacité à mélanger les aliments, sucrés et salés, chauds ou froids, sans discernement ni intérêt pour le goût. Comme s'il s'agissait avant tout de remplir son estomac, de combler un vide. Là encore, comme pour ceux qui mangent peu, l'enfant va progressivement se réguler.

Ma fille arrivée d'Éthiopie à 6 ans s'est nourrie pendant les premiers jours de jus d'orange et de gaufrettes à la framboise dont elle découvrait le goût. Puis elle est passée au riz, à la viande... Pour lui faire goûter des légumes verts, je les cuisinais de façon à ce que tout ce qu'elle mange soit rouge car pour elle c'était une garantie de « bonne qualité » (elle allait chercher la sauce tomate elle-même et s'en versait une tonne sur les petits plats amoureusement préparés) pour ressembler à la nourriture de son pays d'origine.
Elle s'est régulée elle-même petit à petit. Nous sommes repassés au vert, orange, etc. Quatre ans après son arrivée, elle mange à peu près de tout (elle a ses préférences comme nous !)

Des parents adoptifs

Dédramatiser dans l'enfance pour éviter l'anorexie ou la boulimie à l'adolescence

Réflexions d'une pédiatre,
Odile Baubi

Les problèmes d'alimentation, il est vrai, sont un mode d'expression fréquemment utilisé par les enfants pour s'opposer, au même titre que les troubles du sommeil, le refus de propreté, le langage, etc., tous ces petits riens qui nous pourrissent la vie si on y attache trop d'importance. Les enfants savent très bien trouver notre point faible, et le titiller pour nous faire réagir.

Par contre, alors que l'on ne voit pas revenir les autres troubles, on sait que les enfants qui ont présenté des troubles alimentaires autour de 2 ans ont un risque supplémentaire à l'adolescence d'avoir des conduites alimentaires dangereuses pour leur santé (anorexie ou boulimie), avec à cet âge un risque vital qui existe et qu'il ne faut pas négliger.

Est-ce parce que c'est leur façon préférentielle d'exprimer un mal-être, ou parce qu'ils ont le souvenir inconscient de l'impact que cela avait pu avoir sur leurs parents ? Ou bien est-ce parce que ces mêmes parents gardent un si mauvais souvenir de cet épisode qu'en le redoutant ils le provoquent ?

Je ne sais pas, sans doute pour toutes ces raisons à la fois, et c'est ce qui doit nous inciter à dédramatiser les relations dès la petite enfance, pour être plus serein si cela revenait à l'adolescence.

Le lit

C'est en adaptant l'environnement à l'enfant qu'on l'aidera à s'y habituer. Ainsi, un enfant qui n'a jamais eu de chambre à lui, ni même dormi dans un lit, pourra être désorienté de se trouver dans une pièce dont chaque détail a été pensé à l'avance, alors qu'un grand tapis, un matelas placé à même le sol suffiront dans un premier temps.

Se retrouver seul dans un lit, seul dans une chambre alors qu'ils ont eu l'habitude de partager avec d'autres enfants, est une source d'angoisse pour certains, qui peuvent se sentir isolés, rejetés, punis. Là encore, les parents font souvent preuve de flexibilité.

À la pouponnière, notre fils avait dormi dans un lit à barreaux. Il avait 3 ans. Chez nous, il refusa ce type de lit, il n'avait qu'une idée en tête, escalader par-dessus les barreaux. Alors nous avons mis un matelas dans un coin de la pièce, dont le sol était recouvert de moquette. Tous les matins, nous le retrouvions roulé en boule à l'autre bout de la chambre. Nous lui avons donc mis un surpyjama. Chaque soir, nous le bordions, puis, dans la nuit, nous le recouchions. Petit à petit, il s'est apaisé et il est resté dans son lit. Il a gardé ce matelas longtemps. Puis un jour, il nous a demandé « un vrai lit de grand ». Ensemble, nous en avons installé un, en grande cérémonie, il a aidé à le monter. Il n'est pratiquement jamais tombé du lit.

Des parents adoptifs

Nuit après nuit, une fois couchée, notre petite pleurait dans son lit, elle était inconsolable. Nous avons tout imaginé, tout essayé ; rien n'y faisait. Puis, un jour, comme par instinct, nous avons enlevé le lit, nous avons posé un matelas dans le coin de notre chambre. À partir de là, elle a fait ses nuits sans protester, et au bout d'un certain temps, elle a pu regagner sa chambre, toujours sur un matelas à même le sol, avant de réclamer un lit comme sa copine Julie. Plus tard, nous avons su qu'elle n'avait jamais dormi dans un lit.

Des parents adoptifs

Les jouets

Les peluches peuvent être une source de malentendus entre l'enfant et son nouvel entourage familial. Certains enfants, qui n'ont jamais vu des peluches, qui ont vécu dans la rue où ils sont parfois menacés ou attaqués par des rats, des chats, des cochons ou des chiens, ont peur de tout objet à poils.

Combien de parents, de grands-parents ont vu l'enfant se mettre à hurler apparemment sans raison, avant de comprendre que cette peur panique était provoquée par la peluche qu'on lui tendait ? L'arrivée dans une chambre peuplée de peluches peut être une expérience terrifiante, rendre plus difficile l'acclimatation à un nouveau cadre de vie pourtant préparé avec amour, et être une cause d'éventuelles difficultés d'endormissement supplémentaires.

Quand l'enfant vient rejoindre une fratrie, les frères et les sœurs devront également être mis en garde, pour qu'un geste d'affection de leur part se traduisant par l'offre d'une peluche chérie, ne donne pas lieu à des pleurs ou à des malentendus.

Fort heureusement, il n'y a pas que les peluches. Tout un univers magique s'offre aux enfants qui n'ont pas connu de jouets, ces derniers exerçant souvent une réelle fascination sur ceux qui en ont été les plus démunis.

Il n'est pas pour autant nécessaire de les inonder trop rapidement de jouets, au risque de les rendre insatiables et excessivement « zappeurs », de renforcer cette tendance à la dispersion qui caractérise

Notre fille avait une peluche mais elle la tenait à distance et préférait son poupon en plastique. Puis, un jour, elle a trouvé un petit ours sur le trottoir, une pauvre petite peluche perdue, comme elle nous a dit. Elle l'a ramassé, ramené à la maison, bercé, soigné ; elle l'emportait partout. À partir de ce moment-là, elle est devenue « très peluche » ; aujourd'hui, elle a tout une collection d'animaux poilus dans sa chambre.

Des parents adoptifs

bon nombre d'enfants désorientés par tout ce qu'ils ont vécu jusque-là. Une découverte progressive d'un camion, d'une poupée, de quelques cubes, est plus à même de les aider à se concentrer et à se recentrer, à se poser dans leur nouveau monde – même s'il n'est pas toujours facile de faire passer le message à la famille (surtout aux grands-parents !).

Il ne faut pas hésiter à proposer des jouets dits « premier âge » à des enfants plus grands qui n'en ont peut-être jamais eu : outre le fait qu'ils permettent un apprentissage ludique de la langue (couleurs, formes, etc.), ils favorisent la régression qui permet de « renaître » pour mieux repartir.

Régression et rattrapage

La régression est un phénomène que connaissent de nombreux enfants à la suite d'un bouleversement dans leur vie, telle la naissance d'un petit frère ou d'une petite sœur, une séparation des parents ou au contraire le retour de papa ou de maman après une absence professionnelle ou un séjour à l'hôpital, mais aussi l'arrivée dans un nouveau foyer. Accompagnée en parallèle de ce qu'on pourrait appeler un travail de « rattrapage » de la part des parents, la régression permet à l'enfant de reculer de quelques pas pour mieux rebondir.

Quand, pour un enfant adopté, la régression se produit, c'est parfois après ce que certains décrivent comme une première phase idyllique où l'enfant semble tout faire pour plaire à ses nouveaux parents. La durée de cette phase idyllique varie ; elle peut être précédée, plus souvent suivie, d'une phase de grandes colères et de défis où les parents marqueront des limites : l'enfant a des règles à découvrir, un cadre de vie structuré qui contribueront à apaiser son sentiment d'insécurité.

Puis, un jour l'enfant se laissera aller, redeviendra bébé, le nouveau-né de papa et de maman : ensemble, ils combleront affectivement le vide du vécu non partagé. Mais que les parents ne s'en inquiètent pas ! La régression affecte un temps le comportement, l'expression des émotions, elle n'a aucune incidence sur l'état mental ou intellectuel de l'enfant.

La régression peut se produire dans les semaines ou dans les mois qui suivent l'arrivée de l'enfant dans sa famille, voire quelques années plus tard. Ce n'est pas une étape obligatoire de l'intégration heureuse de l'enfant dans sa famille : aussi, les parents qui n'en décèlent aucune trace chez leur rejeton ne doivent-ils pas s'en inquiéter, ni chercher à la provoquer.

Parfois, la régression est insensible ou presque. Le retour en arrière sera moins visible chez un nourrisson qui se contentera de marquer une pause avant de passer au stade suivant de son développement, plus spectaculaire chez un enfant plus âgé. Selon les cas, il voudra être promené dans une poussette, avoir un hochet, il réclamera le biberon. Il recherchera le contact avec sa mère, mettant sa tête sous son pull-over ou sous sa robe, entre ses cuisses, pour mimer la naissance. Il prendra le sein de sa mère et aura réellement besoin de téter : cette demande, généralement exprimée dans un moment fusionnel, peut sembler difficilement concevable quand on en entend parler pour la première fois, d'autant plus si on accueille un enfant qui n'est plus un nourrisson ; mais nombreuses sont les mères qui y accèdent tout naturellement.

L'enfant peut également demander à être porté dans les bras : difficile quand il a 10 ans ; la solution dans ces cas-là est de le prendre sur les genoux pour un gros câlin. Il peut aussi se remettre à marcher à quatre pattes, dans la maison, dans les magasins, à bouder, à pleurnicher...

La régression se produit dans un contexte qui lui permet de « lâcher », psychiquement mais aussi physiquement : ainsi, l'enfant peut, dans cette phase, ne plus contrôler ses urines ou ses selles – d'où l'utilité, pour les plus petits, des couches ! Ce faisant, il « lâche » aussi une partie de son baluchon de souffrances, pour renaître dans sa nouvelle vie.

Quand ils font leur régression, les enfants donnent à leurs parents le bébé qu'ils n'ont pas pu avoir. C'est alors que ces derniers découvrent par eux-mêmes ce qu'on aura pu leur dire dans des réunions entre adoptifs et postulants : qu'un « grand » enfant ne l'est pas vraiment. Néanmoins, il ne faut pas oublier que la régression est temporaire, qu'elle doit être suivie d'un retour à la normale. Ils ne doivent pas s'y installer, ni enfermer leur enfant dans l'infantilisation (voir le dossier sur la régression dans *Accueil,* mai 1996).

Le rôle de la mère

Dans cette phase de régression, la mère joue un rôle essentiel. Par les paroles, par des gestes rassurants, elle peut tenter d'aller vers l'enfant en douceur quand il ne parvient pas à venir vers elle, à s'occuper de lui, à le cajoler. Elle lui offrira sa chaleur corporelle, le laissera découvrir son odeur, le contact peau à peau.

Dans les très belles histoires d'adoption qu'elle a rassemblées dans un ouvrage, la psychologue Anne Decerf* raconte, non sans un certain émerveillement, la prise de possession du corps ou du giron maternel par les enfants, qui recherchent « avec avidité le corps de leur mère adoptive pour l'étreindre, l'agripper, le laver, le caresser, mais quelquefois aussi pour le mordre » ; elle évoque aussi le cas de fillettes, grandes déjà, cherchant

* Anne Decref, *L'adoption : d'une fracture à la renaissance*, Sainte Foy, P. de l'Université de Laval, 2001.

encore à « pétrir les seins maternels quand elles ne les tétaient pas ».

Tous ne montreront peut-être pas la même « voracité » à l'égard de leur mère. L'un acceptera de monter sur ses genoux, d'explorer son visage dans un face à face interrogatif, l'autre préférera grimper sur son dos, se l'approprier sans avoir à soutenir son regard, pour lequel il n'est peut-être pas encore prêt. Recherchée, refusée, désirée et redoutée tout à la fois, la mère devra faire preuve de patience et d'une grande disponibilité.

Chez certains enfants déjà maltraités par la vie ou par les adultes (ou par les deux), la phase d'apprivoisement mutuel peut être plus compliquée, plus sinueuse et incertaine. L'approche physique sera prudente et se fera très progressivement à l'égard d'un enfant agité qui se débat quand on le touche. Plus que les gestes, ce seront alors le regard, les paroles, l'expression du visage qui chercheront à rassurer l'enfant « à distance », avant qu'un contact physique puisse être établi.

> Nous prenions le bain ensemble, nous allions à la piscine ensemble. Dans l'eau, il se laissait porter, câliner ; hors de l'eau, il évitait le contact. C'est progressivement, à travers ces jeux dans l'eau qu'il s'est laissé aller, qu'il est redevenu bébé, mon bébé.
>
> Une maman adoptive

Chaque enfant évolue à son rythme, se donne le temps qu'il lui faut, en fonction de son histoire, de son tempérament, de son âge. Progressivement, il se laissera aller, totalement ou en partie.

Histoires de peau

Dans ce processus d'attachement, le « peau à peau » a une fonction essentielle. L'enfant qui investit le corps de sa mère, qui respire son odeur, reçoit en retour des caresses qui l'aident à se constituer une nouvelle peau affective.

Or, les enfants accueillis présentent parfois des problèmes de peau : des eczémas, des dermatoses, des peaux squameuses… Si ces désordres dermatologiques sont liés à des troubles de malnutrition, une hygiène insuffisante, la chaleur, etc., ils peuvent aussi avoir une dimension psychologique.

Prendre soin de cette peau, la soigner, la réhydrater au besoin avec des produits pour peaux fragiles ou intolérantes, c'est aussi prendre soin de tout le corps de ce petit être fragilisé. Aider l'enfant à retrouver une peau souple et satinée, c'est l'aider à se trouver une nouvelle enveloppe.

Particularités de la peau noire

Satinée, élastique mais aussi squameuse et cendrée selon les parties du corps et surtout quand il fait froid, la peau noire exige certains soins d'hydratation.

La teneur en mélanine (pigment), facteur

essentiel de la résistance aux ultraviolets, en explique la couleur et lui garantit une bonne photoprotection.
Toutefois, la peau noire absorbe plus d'infrarouges que la peau blanche, ce qui expose davantage au coup de chaleur. Donc, si vous pouvez faire l'économie de la crème protectrice solaire sur vos petits rejetons, n'oubliez surtout pas de les hydrater (boissons à volonté) correctement et de leur mettre un chapeau de soleil.
Pour plus de détails, voir la page Santé de Martine Zeisser, dans *Accueil* de mai 2002

Vague à l'âme

Passé l'euphorie des premiers jours, la course aux nouveaux vêtements et aux nouveaux jouets, l'enfant peut se laisser aller à une nostalgie du pays, de la famille ou de l'institution qu'il a quittés.

Chez un enfant plus jeune aussi, ce déracinement est également ressenti : l'odeur corporelle nouvelle de sa mère, différente de celle de sa mère biologique ou de la nourrice qui s'est occupée de lui, les autres sensations, surtout quand l'enfant vient d'un autre pays, les aliments, le logement, le climat, sont autant de facteurs qui vont nécessiter une lente appropriation de ce nouvel environnement.

L'adoption représente pour l'enfant un immense saut dans l'inconnu. Il suppose de sa part un formidable bond en avant, une adaptation extraordinaire qui laisse les adultes autour de lui admiratifs. Que cet effort soit suivi d'un sas, d'un creux de la vague, d'un temps où il ne semble plus progresser mais régresser, n'a rien de surprenant. Ce temps correspond à celui que l'on note chez les enfants après un effort scolaire intense ou une phase de vacances très active : on les voit alors « tourner en rond », ne pas savoir comment s'occuper, rester inactifs avant de repartir à la découverte du monde.

Toutefois, si la phase de régression semble longue aux parents, devient pesante ou s'accompagne d'un enfermement de l'enfant, il est important qu'ils en parlent avec le médecin traitant ou le pédiatre, ou qu'ils consultent quelqu'un de plus spécialisé.

De même, l'absence totale d'une telle nostalgie peut être un signal d'alarme, surtout s'il se présente associé à d'autres signes. Si ce faisceau de symptômes se prolonge au-delà d'un an, là encore, il peut être utile de consulter un pédopsychiatre afin de s'assurer que l'enfant ne souffre pas, par exemple, de troubles de l'attachement (voir chapitre santé).

Un soutien pour l'enfant

Il faut savoir que l'on peut demander un accompagnement pour son enfant auprès de l'Aide sociale à l'enfance.
L'article L. 225-16 du Code de l'action sociale et des familles prévoit qu'à « la demande ou avec l'accord de l'adoptant, le mineur adopté ou placé en vue d'adoption bénéficie d'un accompagnement par le service de l'Aide sociale à l'enfance ou par l'organisme mentionné à l'article L. 225-11 [organismes autorisés pour

l'adoption] pendant une durée de six mois minimum à compter de son arrivée au foyer et dans tous les cas jusqu'au prononcé de l'adoption plénière en France ou jusqu'à la transcription du jugement étranger. Cet accompagnement peut être prolongé à la demande ou avec l'accord de l'adoptant ».

L'arrivée d'une fratrie*

Quand plusieurs frères et sœurs arrivent simultanément dans une même famille, les parents ont à faire face à des émotions, des situations et des phénomènes identiques à ceux qui viennent d'être évoqués, à la différence près qu'ils seront multipliés par deux, trois...

Outre les interrogations inévitables que suscite un tel accueil, les préparations matérielles d'accueil, plus importantes, auront également contribué à émousser l'énergie des parents.

Une fratrie représente plus qu'une simple multiplication des situations. Elle arrive avec ses liens internes et son fonctionnement propre, ses règles que les parents doivent apprendre à décoder.

Ainsi, l'aîné exerce souvent sur un plus petit le rôle habituellement dévolu aux parents ; on trouve un état de dépendance du petit vis-à-vis d'un aîné tel qu'il en résulte un effet inhibitoire, l'empêchant de se créer de nouvelles relations en dehors de celle qu'il entretient avec son frère ou sa sœur, et nuisant à son épanouissement personnel. Chez les jumeaux, le refuge trouvé dans un attachement mutuel peut un temps ne rien vouloir céder à la création de nouveaux liens, parentaux en l'occurrence.

Ce type de situations exige des parents un certain doigté, un mélange de patience, de tendresse et de fermeté, de vigilance et d'attention envers tous ceux qui constituent la fratrie. Et, contrairement à ce qu'on pourrait penser, ce n'est pas tant le petit mais le grand qui aura besoin de plus de temps. C'est ce dernier qui aura besoin d'être rassuré et accompagné, pour qu'il puisse régresser et reprendre sa place d'enfant, déléguer à son tour l'autorité parentale qu'il ou elle avait assumée au dépens de sa propre enfance pour permettre à la fratrie de survivre.

Les frères et sœurs entre eux

Quand l'enfant arrive dans une fratrie, qu'elle soit adoptive ou de naissance, le rôle des parents se double d'une attention renouvelée envers les frères et sœurs déjà présents dans la famille. Chacun, en effet, a sa place à (re)trouver.

Des moments de jalousie alternent avec les instants d'euphorie que vit la nouvelle fratrie. Il n'est pas rare d'entendre un aîné dire au bout de

* Sur l'accueil des fratries, voir l'excellent dossier dans *Accueil* d'août 1998 et * Anne Decref, *L'adoption : d'une fracture à la renaissance*, Sainte Foy, Presses de l'Université de Laval, 2001.

quelques semaines : « Bon, quand est-ce qu'il repart, celui-là ? » Les disputes ou rivalités pour grimper sur les genoux des parents ou s'attirer un maximum de câlins ou d'attention (par les bêtises comme par les manœuvres de séduction) font que les parents sont sollicités de tous bords, expérience gratifiante certes, mais également épuisante.

L'enfant qui arrive dans la famille a souvent été attendu tout autant par celui ou celle qui est déjà là et qui réclamait un frère ou une sœur, que par les parents eux-mêmes.

Dans certains cas, l'arrivée du second ou du troisième enfant peut contribuer à apaiser les angoisses du premier, qui se sent moins isolé, surtout quand le nouveau ou la nouvelle est de la même ethnie ou apparence physique que lui.

En outre, les jeux et les complicités favorisent un apprivoisement mutuel et l'entrée du nouveau ou de la nouvelle dans la famille. Certes, il ne faut pas tout attendre des enfants. Dans son livre à la fois exubérant et délicat sur les frères et sœurs, Marcel Rufo* rappelle que les enfants considèrent que l'adoption est une décision dont les parents doivent assumer seuls la responsabilité ; c'est donc désormais à eux « d'assurer ».

Même quand l'attachement est relativement rapide et fluide, un temps est nécessaire pour construire une vie ensemble, prendre des réflexes et des repères communs et mutuels, créer ensemble des souvenirs, une histoire familiale.

Des rituels tels que les fêtes de Noël, les réunions familiales, les baptêmes, le partage d'un mode de vie et d'une culture, l'apprentissage du français pour les enfants ayant une autre langue maternelle, sont autant de facteurs qui vont aider la famille à se façonner et se souder.

Et c'est tous ensemble, par une alchimie faite de touchers, d'affections et d'intuitions, que parents et enfants se constituent en une nouvelle unité, parviennent à se faire collectivement une nouvelle peau, à tel point que quand on les voit ensemble, on ne doute pas un instant qu'il s'agit là d'une vraie famille.

* Marcel Rufo, *Frères et sœurs : une maladie d'amour*, Paris, Fayard, 2002.

Chapitre 4

L'enfant dans la société

L'acclimatation de l'enfant ne s'arrête pas à la porte de la maison. Dehors, tout un monde nouveau l'attend : le voisinage immédiat, les commerces, les aires de jeux, l'école, bref, la société française tout entière, au sein de laquelle il doit apprendre à naviguer et trouver sa place, d'autant plus aisément qu'il aura maîtrisé la langue.

Franchir la porte du jardin : le regard d'autrui

Faire face ensemble

Un nourrisson sera bien évidemment moins conscient du monde extérieur qu'un grand enfant qui, s'il est d'une ethnie différente de celle de ses parents, sentira d'autant plus se diriger vers lui bien des regards, du moins dans un premier temps.

Majoritairement curieux ou bienveillants, parfois aussi réprobateurs, ces regards peuvent avoir ceci de positif qu'ils contribuent à resserrer les liens entre parents et enfants. Chaque famille apprend à faire face à ce regard porté sur elle, entre amusement, ironie ou agacement ; les enfants eux-mêmes apportent souvent leur lot de bon sens et de propos décapants. Les réactions extérieures, rapportées et commentées autour de la table au moment des repas, font partie rapidement de ces expériences partagées qui constituent le ciment et la culture d'une famille.

Dans le même temps, passé le premier moment d'euphorie, la découverte d'un monde nouveau peut être une source d'angoisse pour l'enfant venu de l'étranger, mais aussi pour l'enfant français venu d'un milieu socioculturel différent, par exemple un enfant élevé en zone rurale découvrant la vie dans une grande ville ou l'inverse.

Dans *Un Merveilleux malheur**, Boris Cyrulnik souligne l'anxiété du migrant,

* Boris Cyrulnik, *Un Merveilleux malheur*, Paris, Odile Jacob, 1999.

coupé de ses racines et de ses proches (que ce soit la famille ou l'ethnie), confronté à une langue et à des gestes qu'il ne comprend pas.

S'accepter : entre idées reçues…

Le plus souvent, la famille vit ce regard extérieur relativement bien, même si certains parents sont exaspérés par les idées reçues assenées sur leurs enfants. « Il est vietnamien ? Oh, il sera bon en maths. » « Il vient du Brésil ? Vous allez en faire un footballeur, il va nous gagner des coupes. » « Cette petite, on voit qu'elle a le rythme dans le sang. C'est normal. En Afrique… » et ainsi de suite.

Lors d'une rencontre avec des parents qui lui faisaient part de l'irritation qu'ils ressentaient devant ce qu'ils percevaient comme une incapacité de certains à voir leur enfant comme un individu à part entière, Ferdinand Ezembé, psychologue et directeur d'Afrique Conseil, les a encouragés à relativiser. Il a conseillé un certain détachement : pour lui, l'important est de souligner l'aspect valorisant de la culture d'origine de l'enfant, y compris ce qui en est perçu à l'extérieur, à tort ou à raison, même si cela ne correspond pas nécessairement à la culture familiale. À l'adolescence, explique-il, tout ce que l'enfant aura associé positivement à ses origines, son ethnie, son apparence, ne pourra que l'aider à s'accepter – même si, Vietnamien il est nul en maths, et Brésilien il a horreur du football.

… et sentiments racistes

S'accepter, pour l'enfant, c'est d'abord s'accepter tel qu'il est, avec son corps, ses traits, sa couleur de peau qui, quand elle est différente de celle de ses parents, affiche au regard des autres l'histoire de son abandon par ses géniteurs.

C'est ainsi qu'il faut sans doute comprendre le mal-être possible à l'adolescence, le rejet (généralement passager mais aussi parfois violent) des parents blancs, le refus de sa couleur, autant d'attitudes qu'Anne Decerf* décrit comme l'expression de « véritables sentiments racistes à [son] propre égard », ou au contraire un surinvestissement identitaire dans sa communauté d'origine.

Ces comportements s'accompagnent, comme chez tant d'adolescents, d'une expérimentation autour de l'apparence vestimentaire, mais aussi physique – coloration/décoloration des cheveux, frisages/défrisages, tatouages, *piercing*, etc. – à travers laquelle ils cherchent à exprimer leur quête de soi intérieure.

* Anne Decerf, *L'adoption : d'une fracture à la renaissance*, Laval, Presses de l'Université de Laval, 2001.

Le regard parfois péjoratif que l'enfant porte sur son origine ethnique ne saurait être simplement mis sur le compte d'une appropriation des « modèles raciaux d'une société hostile à la différence », même si on ne peut nier l'impact ni la réalité de cette discrimination sociale.

Certaines personnes des communautés immigrées perçoivent avec étonnement, voire ambivalence ou hostilité, un enfant de leur ethnie avec des parents blancs. Des mamans promenant leur bambin dans sa poussette se sont vues à l'occasion prises à partie par ces personnes, et accusées d'avoir « volé » l'enfant.

Le réquisitoire prend parfois une tournure politique : les pays occidentaux sont accusés de fomenter la pauvreté ou les troubles dans tel ou tel pays pour en « prendre » les enfants.

La plupart des parents disent avoir eu des commentaires ou des regards tout à fait chaleureux et humains. Telle maman d'une enfant née en Afrique se voit spontanément aborder par une femme noire qui lui conseille, par exemple, comment natter les cheveux. Tel marchand vietnamien offre un *nem* à un petit garçon asiatique venu faire les courses avec sa maman.

J'étais en vacances à Paris avec mon fils qui était avec nous depuis trois mois. J'avais déjà été interpellée, dans notre ville de province, par un client (blanc) dans un magasin qui m'avait demandé combien mon petit m'avait « coûté ». Et dans le métro, voilà qu'un homme (noir) s'avance vers moi et se met à m'insulter en criant. C'était juste après le drame du Rwanda, et il m'accusait d'être de ceux qui encourageaient les guerres pour « se servir » en enfants. J'ai tenté de le calmer. Le petit se serrait contre moi, terrifié. J'ai proposé que nous descendions ensemble à la prochaine station, que nous nous rendions dans un commissariat, pour qu'il puisse exprimer ses craintes et que la police vérifie que tout était en règle. À la station suivante, je suis descendue, il ne m'a pas suivie mais un autre homme, lui aussi noir, est descendu, suivi d'une jeune femme rousse et d'un garçonnet métis. Il m'a dit : « Moi aussi, il y en a qui m'accusent d'avoir "volé" une blanche : je vous présente ma femme et mon fils. »

Une mère adoptive

La langue

La langue, facteur essentiel d'intégration

Comprendre la société française pour mieux en faire partie et surtout pour verbaliser ses propres joies et souffrances ; partager toutes les richesses humaines et culturelles, toutes les valeurs universelles, qui sont véhiculées à travers une langue, pour les faire siennes : tout cela passe, pour tous ceux qui arrivent sur le sol français, par la maîtrise du français.

> Une dame demande à la mère d'une petite fille :
> - « Ah, vos enfants sont adoptés ! Ils parlent bien le français ? »
> La petite (8 ans) s'adresse alors à sa mère devant l'interlocutrice :
> - « Je lui demande, moi, si elle parle coréen ? »

C'est au sein de la famille que commence, pour l'enfant adopté, cette rencontre avec le français : l'initiation linguistique a une dimension affective, elle contribue à rapprocher l'enfant et ses parents, tout heureux de se retrouver autour de paroles partagées, chaque jour plus nombreuses.

Ce processus n'est pas spécifique aux enfants venus de l'étranger : il se produit aussi, dans une moindre mesure, à l'arrivée d'enfants francophones : leur façon de parler ne sera pas forcément la même que celle de leurs parents, leur vocabulaire, leur capacité à s'exprimer, seront peut-être en deçà de leurs possibilités : on sait que les désordres émotionnels sont un réel frein à l'apprentissage de la langue et à l'expression orale.

La langue s'apprend, s'enrichit sur les genoux de papa et de maman, à travers les comptines, les jeux et tout ce qu'on se raconte. L'apprentissage participe ainsi du phénomène de la régression, évoqué dans le chapitre précédent. Après le temps d'écoute vient le temps d'énonciation : les premiers mots prononcés provoquent toujours un effet mémorable.

Puis arrive le moment où l'enfant commence à énoncer de plus en plus de mots, puisés dans ceux qu'il a engrangés : dix, quinze, cinquante ! Enfin suit le jour où l'on oublie de compter, où les premières phrases sont dites. Tous ces petits moments mis bout à bout contribuent à créer une mémoire collective familiale.

Chacun son rythme

Tous les enfants n'acquièrent pas le français au même rythme. Certains s'expriment très bien au bout de six mois, d'autres ont besoin d'un an, de deux ans. Il est important de leur laisser le temps de se mettre à « reparler » dans leur langue désormais, pour utiliser la formule d'Anne-Marie de Boisséson* : « Ne corrigeons pas trop vite les erreurs d'articulation ou de construction de phrases. Veillons à parler "juste" dans toutes les situations. L'essentiel est de tout faire pour que la communication soit possible. »

Pour certains enfants, étonnamment calmes ou au contraire agités, la construction du langage avec leurs nouveaux parents, dans leur nouvel environnement, sera lent ; pour d'autres, il sera utilisé de façon inadaptée, certaines notions, en particulier les négations, n'étant pas bien assimilées ; pour d'autres encore, ce sera la notion du temps, l'emploi des formes grammaticales qui posera problème ; ailleurs, l'emploi de « je » ou de « tu » sera difficile.

Des lacunes de ce type peuvent être symptomatiques de désordres affectifs : souffrance due à un abandon non compris, absence de repères, retrait ou fuite devant des situations pénibles, difficulté à acquérir une conscience de soi et de l'autre, etc.

Après avoir passé en revue ces troubles langagiers possibles, Anne-Marie de Boisséson invite les parents à consulter – si le temps d'adaptation et d'imprégnation linguistique venait à se prolonger – médecin, orthophoniste ou psychothérapeute qui pourront aider l'enfant, au prix d'un travail parfois long.

Elle offre ce message d'espoir : « Le langage ne s'enseigne pas. Il naîtra, étape par étape, au long des aides proposées. Et cela quel que soit l'âge de l'enfant. Nous savons que certains enfants demandent plus d'attention, plus de temps et de patience que d'autres. »

Faut-il conserver la langue d'origine ?

Parfois, des parents se demandent, surtout quand ils accueillent un enfant parlant déjà dans sa langue et qu'ils la comprennent eux-mêmes, s'il convient d'instaurer une forme de bilinguisme pour préserver cet acquis.

En effet, il peut sembler dommage de voir un enfant « perdre » une partie de son patrimoine linguistique, et ce d'autant plus quand on connaît les difficultés qu'éprouvent tant d'écoliers français au moment de l'apprentissage des langues étrangères.

Dans un premier temps, essentiellement quand on se trouve dans le pays d'origine, il est précieux de pouvoir échanger, non seulement avec l'enfant mais avec les personnes qui en avaient la responsabilité, pour obtenir des

* Anne-Marie de Boisséson est orthophoniste. Elle signe un excellent article sur « Les enfants adoptés et l'acquisition du langage » dans *Accueil* (mai 1994).

renseignements sur lui, ainsi qu'avec tous ceux que l'on rencontre pour les démarches.

Toutefois, l'enfant se charge le plus souvent de trancher cette question pour ses parents, en choisissant de ne plus comprendre ce qui a été jusque-là sa langue maternelle pour mieux renaître dans sa nouvelle langue.

Mon fils, âgé de 3 ans, parlait déjà dans sa langue et s'exprimait apparemment assez bien. Dès mon arrivée, ne parlant pas sa langue, j'ai commencé à lui parler en français. Au bout d'une semaine, quand les personnes s'adressaient à lui, il faisait semblant de ne pas comprendre et se serrait contre moi. Trois mois plus tard, il avait un vocabulaire français d'une cinquantaine de mots qui s'est accru très rapidement.

Une mère adoptive

« L'oubli », toutefois, ne saurait être total, et l'on voit des enfants, bien des années plus tard, y compris parmi ceux arrivés jeunes, dire soudain un mot dans leur langue d'origine qui, tel une bulle, remonte à la surface des souvenirs.

D'autres, sécurisés dans l'amour de leurs parents, dans leur nouvelle identité d'enfants français bien intégrés et dans la maîtrise de ce qui est désormais leur langue, se sentent suffisamment en paix avec eux-mêmes pour repartir un jour à la (re)conquête de leur langue première ; ils le feront avec d'autant plus de sérénité qu'ils s'y sentiront autorisés par leurs parents. C'est ainsi qu'on voit des enfants demander à apprendre leur langue de naissance…

L'école

L'apprentissage de la collectivité

Autant l'apprentissage oral de la langue commence à la maison, autant il s'accélèrera au contact des autres, notamment des enfants, se doublant à l'école d'un apprentissage de l'écrit.

Pour les enfants arrivés en cours d'année, nombre de parents choisissent de les envoyer, dès la fin du congé d'adoption ou parfois même avant, à la crèche pour les plus jeunes, à l'école pour les plus grands. Ceux qui le peuvent essaient de faire en sorte que l'enfant partage son temps entre la maison et la collectivité.

Même quand l'enfant fait comprendre à ses parents qu'il souhaite aller à l'école toute la journée, il est important, au moins durant les premières semaines, de l'aider à consolider ses liens familiaux, à remettre de l'ordre dans sa petite vie déjà si bouleversée. L'enfant ne peut pas tout faire en même temps.

La scolarisation, par ailleurs, tient rarement compte du décalage que présentent nombre d'enfants adoptés entre leurs capacités mentales ou intellectuelles et leur « âge » affectif, parfois bien en deçà. Les enseignants s'exaspèrent parfois de l'obstination à être « bébé » d'un enfant plus grand (et pas toujours adopté !), qui passe sous les tables, qui pleure, qui crie, qui chahute, qui dessine là où il faudrait recopier une leçon, qui rêve en suçant son stylo...

Quand l'enfant arrive en bas âge

Pour un enfant jeune, en âge d'être à l'école maternelle, la scolarisation n'est pas différente de celle des enfants nés et restés dans leur famille.

Vous pouvez l'inscrire à l'école maternelle, en demandant toutefois aux enseignants une certaine souplesse quant au niveau qu'on lui demande de suivre. Les enfants n'ayant jamais été scolarisés, ou ayant été institutionnalisés, découvriront avec profit les règles de vie en communauté ainsi qu'un apprentissage psychomoteur dans des sections *a priori* réservées aux enfants plus jeunes ; ils trouveront alors leur place dans un groupe et développeront une psychomotricité de plus en plus précise, apprentissages indispensables pour favoriser le travail en équipe ainsi que la concentration individuelle, et pour permettre l'initiation au graphisme et à l'écriture.

L'enfant en âge d'être scolarisé en classe unique

Pour les enfants arrivés plus grands, la scolarisation suppose une adaptation qui diffère selon le contexte.

Aux yeux de certains parents, la classe unique, qui existe encore dans certaines zones rurales, constitue un idéal. La verticalité de ce modèle qui intègre au sein d'une même classe des enfants d'âges différents, permet à l'enfant plus âgé de prendre sa place sans susciter de curiosité, outre que le fait qu'il sera « le » nouveau, et peut-être d'une ethnie différente des autres écoliers.

La classe unique autorise aussi une certaine souplesse dans le rythme des apprentissages, permettant une « circulation » à la carte entre les différents niveaux. La scolarité peut ainsi être réellement adaptée aux besoins de l'enfant, tout en le préservant dans le même cadre physique et social, sous la responsabilité du même enseignant : cela a un effet sécurisant et permet d'éviter les changements rapides de classe qui viendraient ajouter d'autres formes de séparation et d'acclimatation.

Ainsi, un enfant de 9 ans peut passer par l'étape maternelle, puis faire une année de cours préparatoire avant de se stabiliser en cours élémentaire deuxième année, où il n'aura qu'un an ou deux de plus que l'âge de référence de cette classe.

C'est ce qui est arrivé pour une enfant arrivée d'Inde à 11 ans sans parler le français : elle a fait en deux ans le cursus complet de l'école primaire et a poursuivi ensuite une excellente scolarité dans le secondaire, avec à la sortie un baccalauréat en option littéraire. Passée la première surprise des enfants qui voyaient cette grande fille les rejoindre, tous se sont rapidement adaptés ; l'enseignant s'est beaucoup investi, aux côtés des parents qui avaient installé un tableau sur un mur de la cuisine, servant de support pour les mots de la vie quotidienne, les devoirs et les jeux.

L'enfant en âge d'être scolarisé à la grande section de maternelle

Pour ceux qui n'ont pas la chance d'habiter une zone rurale à classe unique, une solution est de rencontrer les enseignants de l'école maternelle et de demander que l'enfant puisse faire au moins un trimestre de grande section, c'est-à-dire de la dernière année, qui prépare l'entrée en cours préparatoire et donc l'accès à l'école primaire.

Cela permet un apprentissage du vocabulaire de base dans un cadre ludique ; les grands s'adonnent à des jeux et à des activités manuelles qu'ils n'ont que rarement connues auparavant. Cela autorise aussi plus de souplesse dans l'emploi du temps, permettant aux parents qui le peuvent de garder l'enfant à la maison certaines demi-journées. Si les enseignants sont, sur le terrain, généralement assez favorables à accueillir ces enfants dans leur classe, des parents ont parfois dû se bagarrer, au niveau de la direction de l'établissement ou de l'Académie, pour les faire admettre dans une classe d'élèves « plus jeunes ».

L'enfant en âge d'être scolarisé à l'école primaire

Pour les enfants qui ont suivi une scolarité normale dans leur pays, et qui ont donc, en écriture et en mathématiques, le niveau d'acquisitions attendu de la classe d'âge correspondante, l'effort portera essentiellement sur l'apprentissage du français et des codes éducatifs de l'école française : les matières ne sont pas enseignées partout de la même manière, les règles ne sont pas partout les mêmes.

Après un éventuel passage en cours préparatoire, l'enfant – à moins d'avoir été profondément perturbé par les bouleversements de sa vie – pourra espérer rejoindre assez rapidement la classe qui correspond, à un an près, à sa tranche d'âge.

Pour les enfants qui ont non seulement été scolarisés dans leur pays mais qui ont bénéficié de surcroît d'un enseignement francophone ou qui vivaient déjà en France et suivaient une scolarité normale, il y a peu de problèmes, outre le fait qu'il faudra, pour eux aussi, leur laisser le temps de se faire à leur nouvelle vie. L'adaptation affective et physique détourne parfois l'attention des questions scolaires : les enfants, on le sait, ont l'art de pouvoir faire beaucoup de choses simultanément, mais on ne peut pas attendre d'eux qu'ils avancent à la même cadence sur tous les fronts.

Timothée a 10 ans. Il vient de Côte d'Ivoire, où il était en dernière classe de primaire, l'année de préparation à l'entrée en sixième. Il est arrivé en février. Ici, nous l'avons inscrit en cours moyen 1re année. À Pâques, le directeur nous a convoqués pour nous conseiller un passage en cours moyen 2e année, classe qu'il a donc intégrée pour le troisième trimestre. Son nouvel enseignant nous a dit qu'il était en avance par rapport aux autres élèves, qu'il avait déjà le niveau de sixième. Il est entré au collège en septembre et n'a eu aucun problème.

Une mère adoptive

L'enfant en âge d'être scolarisé au collège

La politique qui autorise l'enfant à être « scolairement rajeuni » s'applique également aux enfants qui seraient en âge d'être au collège : il est important de leur accorder le temps d'une ou de deux années en école primaire.

Pour un adolescent qui risquerait de mal

vivre ce « retour » en arrière au vu et au su de tous, différentes solutions doivent être envisagées : vous pouvez le garder un temps à la maison, en le socialisant par les loisirs jusqu'à ce qu'il ait acquis un minimum de compétences pour pouvoir intégrer le collège (avec l'aide par exemple d'un enseignant retraité qui le prendrait tous les jours) ; ou bien vous pouvez négocier avec l'école et les enseignants des aménagements adaptés.

Certains enseignants acceptent de mesurer tout ce qui a été acquis depuis l'arrivée de l'enfant et de ne pas le noter, pour ne pas le condamner à être le dernier de la classe et à s'installer dans ce statut peu valorisant dont il aura du mal à sortir ensuite.

Pour des parents en zone urbaine où les collèges sont souvent de « grosses machines », le recours à une structure privée plus petite permet parfois – mais pas toujours – de trouver un lieu d'écoute et de disponibilité.

Les classes d'initiation (CLIN)

Le ministère de l'Éducation nationale s'est penché sur la situation des grands enfants non francophones, parfois appelés « primo-arrivants », exigeant que soient mises en place des structures pour les aider à maîtriser le plus rapidement possible les compétences de base, principalement linguistiques, avant de les laisser rejoindre une classe dite « normale ».

Les CLIN ou classes d'initiation en école primaire, sont venues remplacer les CLAD ou classes d'adaptation. La circulaire publiée dans le *Bulletin officiel* spécial du 25 avril 2002, qui vient compléter une circulaire du 20 mars 2002, précise les « modalités d'inscription et de scolarisation des élèves de nationalité étrangère des premier et second degrés ». Y est notamment décrite l'organisation de la « scolarité des élèves nouvellement arrivés en France sans maîtrise suffisante de la langue française ou des apprentissages ».

Dans un premier temps, l'établissement devra procéder à une évaluation des acquis de l'élève, en mathématiques, en culture générale, en lecture et en écriture (pour sa langue d'origine). Cette évaluation permettra de décider de la meilleure façon d'intégrer l'élève au système éducatif français.

Même si la circulaire du 25 avril 2002 rappelle que les enfants ne sont pas autorisés à avoir plus de deux ans d'écart avec l'âge de référence de leur classe, elle semble autoriser une certaine flexibilité au cas par cas, puisqu'elle reconnaît que la question de l'âge ne doit pas constituer un frein à l'avenir scolaire de l'élève.

Pour les enfants d'âge primaire, l'inscription dans une « classe ordinaire » est obligatoire. Les enfants sont ensuite regroupés en classe d'initiation (CLIN) pour recevoir un enseignement plus intensif de français, idéalement assuré par des professeurs formés à l'enseignement du français langue seconde (FLS) ou français langue étrangère (FLE).

Le but est de permettre une intégration progressive et rapide dans la classe ordinaire. Le maintien en classe d'initiation sera plus ou moins long selon les besoins de l'enfant et son niveau de scolarisation antérieur.

Une classe d'initiation ne doit pas compter plus de quinze enfants à la fois, le nombre d'élèves tout au long de l'année pouvant être plus important dans la mesure où certains rejoindront rapidement leur classe ordinaire.

Les classes d'accueil (CLA)

Pour les élèves en âge de fréquenter le collège, deux types de classes d'accueil sont mis en place, celles pour les enfants déjà scolarisés (CLA) et celles pour les enfants non scolarisés antérieurement (CLANSA).

Là encore, l'effectif ne doit pas dépasser quinze élèves. En parallèle, chaque fois que cela est possible, les élèves sont inscrits dans les classes ordinaires correspondant à leur niveau scolaire, qu'ils pourront rejoindre pour certaines activités.

Les classes d'initiation ne sont pas un passage obligé

Si l'on ne peut que se réjouir de mesures pensées pour permettre une intégration rapide par l'acquisition de la langue, les parents doivent bien se renseigner sur la réalité de ce qui est proposé sur le terrain. L'enfant a le droit, et il est dans son intérêt, d'être scolarisé dans l'établissement qui lui convient le mieux, en termes de proximité ou d'exigences familiales (frères et sœurs dans le même établissement, etc.).

Le passage par une classe d'accueil ou d'initiation ne doit pas devenir une « voie de garage », et il faut veiller à ce que l'académie respecte la circulaire et n'ouvre pas ces classes dans des zones d'éducation prioritaire, mais dans des établissements ordinaires.

À la différence de la plupart des élèves accueillis dans ces classes, l'enfant adopté baigne généralement dans un environnement linguistique familial qui va lui permettre de s'imprégner du français plus rapidement que des enfants qui parlent leur première langue chez eux, avec leurs parents. Ces classes d'initiation ou d'accueil doivent donc être perçues comme un service qui est proposé aux familles, et non pas nécessairement comme un passage obligé.

Cela dit, il ne faut pas d'emblée rejeter cette formule si les conditions sont réunies pour qu'elle semble correspondre aux besoins de l'enfant.

Les parents ne doivent pas hésiter à prendre conseil auprès d'enseignants, d'autres parents, de leur médecin, d'un orthophoniste... En s'informant, en s'interrogeant, en consultant autour d'eux, ils seront mieux en mesure d'évaluer les capacités d'apprentissage de leur enfant, de mieux percevoir comment lui donner envie de savoir et de s'épanouir, tout en apprenant à être réalistes quant aux résultats. Ce sera ensuite à eux d'évaluer ce qui est dans l'intérêt de leur enfant. La solution retenue pour les uns ne conviendra pas nécessairement à d'autres.

Nous habitons une petite ville, loin d'un centre urbain important. Pour nos deux garçons, arrivés à 11 ans et à 13 ans de Corée, parlant une langue fort différente de la nôtre, nous avons consulté le CIO (Centre d'information et d'orientation), dont le responsable nous a dit : « Il ne fallait pas adopter des enfants aussi grands... »

Après avoir consulté tous les collèges dans un rayon de 10 kilomètres, nous avons eu le choix entre deux options :

- un collège privé proposant une inscription dans une classe de 6e, avec en plus des cours particuliers de français donnés par un enseignant à la retraite pendant les cours de gym, de dessin, etc. ;
- deux collèges publics proposant de les inscrire dans des classes d'enfants en difficulté.

Nous allions opter pour le collège privé, quand nous avons eu l'idée de consulter l'école primaire qui était juste à côté de la maison.

Les instituteurs nous ont convaincus que ce ne serait pas avec des enfants en difficulté qu'ils seraient dans les meilleures conditions pour apprendre correctement le français. Pour eux, il était plus sûr de les inscrire en école primaire pour une scolarité normale, sans tenir compte de l'âge.

L'aîné a donc fêté ses 14 ans en CP. L'instituteur leur préparait des leçons et des exercices spécifiques. La deuxième année, ils ont suivi le cours de CM2 (avec une dérogation pour le plus âgé). Au collège, ils ont intégré une 6e et une 5e dites normales. Les enseignants ont décidé de ne pas les noter en fonction des résultats, mais en fonction de leurs progrès.

Ensuite, ils ont connu une scolarité normale. Ils n'ont jamais redoublé. L'un a décroché son bac professionnel de cuisine, l'autre un diplôme d'éducateur sportif spécialisé (pour travailler avec des personnes handicapées). Nos fils sont aujourd'hui deux jeunes adultes très épanouis.

Des parents adoptifs

Ne pas faire un pari sur l'éducation

Un constat s'impose : il faut laisser le temps à l'enfant, abdiquer des ambitions parentales éventuelles relatives à la « réussite » scolaire, faire fi des attentes sociales qui trop souvent pèsent sur tout ce qui touche à l'école, bref, « ne pas faire le pari de la scolarité sans faute », pour reprendre les propos de Paulette Géraud, déléguée régionale d'Enfance et Familles d'Adoption et elle-même mère de deux enfants adoptés grands.

La culpabilité que ressentent certains enfants pour « expliquer » leur abandon (je n'étais pas « gentil », donc on n'a pas pu m'aimer), peut être une source de manque de confiance en soi. Il faut donc faire attention à ne pas « placer la barre trop haut », pour ne pas les effrayer.

Autant que faire se peut, l'école ne doit pas devenir un poids supplémentaire, une pression qui pèse et qui empoisonne les soirées en famille. Les parents doivent jongler entre des exigences minimales, relatives au moins autant au comportement en collectivité qu'aux acquis scolaires, et la nécessité de laisser souffler leur enfant, sans non plus faire preuve d'une indulgence excessive qui l'installerait dans un échec inutile.

La vigilance est importante : si l'enfant ne fait pas un devoir, est-ce parce qu'il ne veut pas ou parce qu'il n'a pas compris l'exercice ? Peut-être n'a-t-il pas compris les consignes parce qu'il ne maîtrise pas les notions linguistiques ? Ou serait-ce qu'il ne comprend pas la formulation, parce qu'il a des difficultés à élaborer un raisonnement logique ? Il ne faut pas oublier qu'une certaine inattention ou qu'un manque de concentration peuvent être des signes d'un vécu traumatisant ou de troubles de santé.

Que sait-on sur la scolarité des enfants adoptés ?

Différentes enquêtes ont été menées, aux États-Unis et en France notamment, sur la scolarisation des enfants adoptés. Les résultats sont encore bien trop morcelés pour que l'on puisse dresser un bilan fiable. En effet, il s'agit pour la plupart d'études d'enfants adoptés jeunes ou d'enfants arrivés d'un pays précis, le Vietnam ou la Corée dans les années 1970, dans un contexte où l'adoption était présentée par le pays d'origine comme une chance, et par là comme un statut valorisant.

De l'importance du regard social

Dans *Sous le signe du lien* (Paris, Hachette, 1989), Boris Cyrulnik décrit le « destin exceptionnel » qu'ont connu des enfants orphelins de la guerre de 1939-1945, recueillis dans une maison créée par des communistes français à Arcueil : « On y parlait de la mort en termes de gloire. » 40 enfants ont été suivis jusqu'à la cinquantaine : deux ont eu une vie de délinquants

(ils l'étaient déjà à Arcueil), quelques-uns sont morts, une dizaine n'ont laissé aucune trace ; 27 ont connu un « épanouissement social et affectif remarquable », devenant des écrivains connus, directeurs de théâtre, scientifiques, enseignants, etc. La scolarité a aussi été couronnée de succès pour 42 % d'entre eux, reçus à des concours de grandes écoles ou diplômés de l'enseignement supérieur. Et Cyrulnik de conclure : « Le regard social dans ces maisons était tellement favorable que les enfants sans famille y ont réalisé des performances infiniment supérieures à celles des enfants d'une population normale. »
Voir également D. Baumann, *La mémoire des oubliés*, Paris, Albin Michel, 1988.

En 2000, une enquête sur « l'adoption internationale et l'insertion sociale » était réalisée par Juliette Halifax avec le concours de l'INED et de l'organisme autorisé pour l'adoption Amis des Enfants du Monde (AEM). Partis d'un fichier d'environ 2 500 enfants ayant atteint leur majorité, 990 d'entre eux ont pu être contactés : 64 % ont répondu au questionnaire ; tous avaient entre 18 et 34 ans, la moitié ayant moins de 23 ans. Juliette Halifax reconnaît elle-même les limites de son enquête, qui « n'a pas la prétention d'être représentative de l'insertion de l'ensemble des enfants adoptés en France ». Elle souligne également ne pas avoir d'informations sur les parents et les enfants qui n'ont pas répondu. Il est impossible de savoir si c'est à cause de ce qu'elle appelle une « mauvaise réussite » de l'adoption (sans préciser ce qu'elle entend par là), ou au contraire parce qu'elle « s'est tellement bien déroulée » que les adoptés se considèrent comme « entièrement français, enfants biologiques de leurs parents adoptifs ».

Des adoptés ayant répondu, 95 % sont originaires d'Asie, 88 % sont nés en Corée. Au moment d'être adoptés, un tiers avait moins de 3 ans, un tiers avait entre 3 et 7 ans, un tiers avait plus de 7 ans ; 47,5 % étaient en institution, 20 % furent abandonnés à la naissance, les autres étant élevés par au moins l'un de leurs parents biologiques ou par d'autres membres de la famille. Un tiers avaient subi des carences physiques ou des mauvais traitements.

Pour 90 % de ceux qui avaient 6 ans ou moins, la scolarisation s'est faite en école maternelle (les autres restant à la maison jusqu'à l'âge de l'école obligatoire) ; 90 % de ceux qui avaient 6 ans ou plus ont intégré l'école primaire (seuls trois sont allés directement en collège) : les 10 % restant furent scolarisés en classe maternelle, « afin de ne pas accumuler trop de retard et de faciliter leur démarrage scolaire ». Ceux arrivés à moins de 1 an ou âgés de plus de 10 ans connaissent les plus faibles taux de redoublement.

Au moment de l'enquête, 53 % d'entre eux poursuivaient encore leurs études : 21 % étaient au lycée, 15 % étaient inscrits en BTS ou IUT, 61 % suivaient des études à l'université ou en grande école. Pour ce qui est du baccalauréat ou des diplômes équivalents ou supérieurs, les proportions entre adoptés et les autres jeunes français étaient « sensiblement les mêmes ». Au final, le niveau moyen des enquêtés serait légèrement supérieur au niveau moyen de la population.

Si l'on doit accueillir de tels résultats avec toute la réserve que suscite leur aspect incomplet, il est intéressant de noter que le niveau des diplômes n'est pas lié à l'âge d'arrivée en France. Contrairement à ce qu'on a trop souvent tendance à croire, Juliette Halifax avance l'hypothèse que les enfants arrivés jeunes dans leur famille adoptive ne vont pas forcément mieux « réussir » leur scolarité que ceux arrivés grands.

Il y aurait à cela des raisons relevant essentiellement de la dimension psychologique et affective de l'adoption. Un grand enfant, qui a vécu avec ses parents biologiques, qui conserve des souvenirs conscients et qui connaît les circonstances de son adoption, sera moins porté à mobiliser son énergie pour comprendre le « pourquoi ? » de sa situation qu'un enfant recueilli alors qu'il était nourrisson, et cela même quand ses parents lui auront restitué ce qu'ils savent de son histoire.

L'étude de Marie-Odile Lafosse-Marin, chercheur en sciences de l'éducation à la Sorbonne, débouche sur des conclusions analogues dans sa thèse sur les effets de l'abandon par la mère sur le désir d'apprendre et les apprentissages des enfants et adolescents. À partir d'une enquête sur 105 jeunes adoptés de 16 à 26 ans, elle constate que les bébés adoptés avant l'âge de 6 mois présentent plus de difficultés à l'école que ceux adoptés à un âge plus avancé. Parmi les hypothèses qu'elle avance, elle suggère une information insuffisante sur le passé de l'enfant et le passage sans préparation de l'abandon à l'adoption.

L'influence de l'environnement social : l'acquis contre l'inné ?

Dans cette étude, les comparaisons avec la population moyenne sont en quelque sorte faussées puisque Juliette Halifax reconnaît que le milieu social des parents adoptifs ne correspond pas à celui de la société française dans son ensemble.

Dans l'ensemble, on trouve moins d'ouvriers ou de personnes non diplômées, plus d'enseignants et de personnes du secteur tertiaire, sans qu'il s'agisse toujours de milieux considérés comme financièrement très favorisés : en moyenne, beaucoup d'enseignants de l'éducation primaire et secondaire. Pour avoir une vision plus juste du « niveau scolaire » des enquêtés, il aurait donc fallu les comparer avec des enfants de naissance ayant été élevés dans un milieu socioculturel analogue. Le résultat aurait-il été différent, aurait-il fait apparaître de plus grandes difficultés chez les enfants adoptés ? Une enquête nationale permettra sans doute un jour d'en savoir plus sur ce point.

Toujours est-il que cette étude participe à sa manière du débat sur l'acquis et l'inné. Sur ce point, l'image somme toute encourageante sur les capacités scolaires des enfants adoptés grands est à rattacher à celle qui se dégage d'une autre étude sur le quotient intellectuel et l'adoption, conduite par Michel Duyme, Annick-Camille Dumaret et Stanislaw Tomkiewicz.

Une synthèse de cette étude, intitulée « How can we boost IQs of dull children ? A late adoption study » (Le QI d'enfants dits d'intelligence faible peut-il être amélioré par le milieu de vie ? Une étude d'adoptions tardives), était publiée aux États-Unis en juillet 1999 par la publication scientifique *Proceedings of the National Academy of Sciences* (vol. 96, p. 8790-8794).

Il ressort de cette étude d'enfants âgés de 4 à 6 ans, présentant un QI faible et voués *a priori* à une « intelligence réduite » à l'âge adulte, qu'une amélioration nette des capacités intellectuelles est possible à condition de bénéficier d'un environnement socio-économique favorable. Ces conclusions encourageantes ont été constatées après dix années de recherche menées par cette équipe, dont les travaux ont été rendus publics par l'Institut national de la recherche médicale (INSERM).

Cette étude montre pour la première fois une modification possible du quotient intellectuel, en l'occurrence chez des enfants adoptés, en corrélation avec le milieu socioéconomique de leurs parents adoptifs (le niveau d'études ou de culture étant pris en compte, ainsi que le statut professionnel). Dans tous les cas, les 65 enfants observés, choisis selon les critères de l'étude parmi un registre de quelques 5 000 adoptés, avaient vécu avant l'adoption dans un contexte socio-familial très défavorable, inférieur à celui de leur famille adoptive.

À l'adolescence, soit cinq à dix ans après leur adoption, leur QI montre un net progrès, avec une amélioration des performances chez tous les enfants. Le gain est réel chez tous (8 points en moyenne), supérieur chez les enfants vivant dans les milieux socioculturels les plus favorables. L'étude laisserait donc penser que tout ne « se joue » pas à la prime enfance, qu'une courbe de progression est encore possible au-delà de l'âge de 4 ans. Toutefois, les retards de langage sembleraient se combler moins facilement que celui des acquisitions spatio-temporelles (pensée logique, vitesse de repérage dans l'espace, etc.).

* Voir *Accueil* de novembre 1999 pour un compte rendu de cette étude et un entretien avec Annick-Camille Dumaret.

Peut-on parler d'échec de l'adoption ?

Une place difficile à trouver

Selon l'enquête de Juliette Halifax, la proportion d'enquêtés ayant quitté le domicile familial pour cause de non entente est plus élevée chez ceux adoptés après l'âge de 3 ans que chez ceux adoptés avant 3 ans. Cela dit, 38,6 % de ceux qui étaient partis sont revenus.

Les cas d'« échecs » les plus connus passent par une incompréhension et un conflit autour de la scolarité, rejoignant ce que l'on pourrait appeler les adoptions dites « humanitaires » : il s'agit d'enfants accueillis par des familles de niveau socioculturel relativement élevé, où il y avait déjà des enfants biologiques. L'enfant, souvent adopté grand, se retrouve dans un contexte éducatif où les bons résultats vont de soi, où le statut social des parents et l'avenir des enfants passent par la réussite aux concours de l'État ou par l'entrée dans des corps professionnels dits nobles : médecine, droit, etc. Dans ce cadre, à l'intérieur duquel les parcours semblent déjà tout tracés, le nouvel enfant a du mal à trouver sa place à lui. De surcroît, comme c'est souvent le cas dans ce type d'adoption, il aura inévitablement à répondre aux attentes de ses parents, surtout quand ils n'ont pas su tenir compte de son âge, de ses acquis scolaires jusque-là ; les attentes, même non exprimées, pèseront d'autant plus que, dans cette même famille, il y aura des enfants biologiques plus jeunes que le frère ou la sœur adopté(e), qui réussissent, sont « en avance » par rapport à lui ou à elle. Le rejet, la rupture, la douleur, le sentiment de ne pas être vu et reconnu pour ce qu'ils sont, sont parfois le triste lot de ces enfants adoptés ; certains se retrouvent en pensionnat ou, pis, placés en famille d'accueil.

Inversement, certains considèrent qu'un échec d'adoption se produit quand la dimension « adoption » de la filiation a été non pas occultée, mais en quelque sorte culturellement « refoulée » par la famille et l'enfant. Ce dernier s'est si bien coulé dans le moule familial, a si bien accepté de jouer le jeu des attentes sociales et éducatives qui ont pu peser sur lui, a tellement bien « réussi » sa vie pour faire plaisir à ses parents et effacé toute velléité personnelle, que tous en viennent quasiment à refuser, dans leur comportement, qu'il ait pu être adopté. Ce genre de situation, si lisse en surface, peut devenir une bombe psychologique à retardement, et exploser le jour où, soudain, l'enfant désormais adulte prend conscience d'avoir « raté » sa vie au niveau de ses aspirations profondes, ou quand, au moment de devenir à son tour parent, il est assailli d'un tourbillon vertigineux de doutes. Cela ne veut pas pour autant dire que toute adoption « réussie » ne le serait qu'en surface, que l'on n'a pas le droit « d'oublier » dans le quotidien que l'enfant est notre enfant parce que nous l'avons adopté, ni de nier qu'il nous ressemble. Il s'agit tout simplement de ne pas « faire comme si on l'avait fabriqué », mais de savoir intimement que « c'est le nôtre », par une filiation qui se trouve être adoptive et non biologique.

L'échec peut aussi être celui de l'apparentement, de ce que le psychanalyste Nazir Hamad décrit comme un « mauvais choix ». Assurément, il a été le témoin de moments « d'intense bonheur » chez des familles adoptives qu'il a suivies depuis l'agrément et après le placement de l'enfant, et où « parents et enfants mettaient à se ressembler physiquement » – la filiation adoptive se dotant ici d'une dynamique fusionnelle créatrice.

Mais il a aussi été témoin de situations dramatiques. Dans *L'Enfant adoptif et ses familles**, il évoque un couple qui ne pouvait pas se reconnaître dans l'enfant noir qui lui avait été confié, et un autre couple qui avait maltraité un enfant handicapé. Pour lui, il ne s'agit pas de « mauvais parents », mais de « couples [qui] auraient pu mieux accepter d'autres enfants ». Ce n'était pas les bons parents pour ces enfants-là. Ces faux départs se soldent généralement par la remise de l'enfant à l'Aide sociale à l'enfance. C'est aussi ce qui se produit dans le cas de parents souffrant de désordres psychologiques, qui auraient sans doute éprouvé les mêmes difficultés face à un enfant biologique, avec une incapacité à se défaire de l'enfant imaginaire et de s'approprier l'enfant réel.

Parfois, l'échec est celui du modèle éducatif familial, et n'est donc aucunement lié à l'adoption. On le trouve dans des familles où les structures et les repères ne sont pas clairement ou suffisamment identifiables : le flou qui en ressort est facteur de dispersion chez des enfants qui, nous l'avons vu, sont portés à déjà souffrir, de par les traumatismes vécus, d'un déficit d'attention. La construction d'une relation affective avec ses parents, et la construction même de l'identité peuvent en être affectés. C'est une situation que l'on retrouve également dans des familles non adoptives, et dans toutes les catégories sociales.

L'échec peut également se produire quand la famille n'a pas véritablement fait sien l'enfant, qu'elle n'a pas exigé ou attendu de lui sur le plan du comportement et de la relation affective ce qu'elle aurait exigé ou attendu d'un enfant biologique. Les parents se laissent aller à une indulgence excessive peu propice à aider l'enfant à se structurer, comme s'il se disaient : « Ce n'est pas vraiment le nôtre, alors laissons faire. »

* Nazir Hamad, *L'Enfant adoptif et ses familles*, Paris, Denoël, 2001.

Les échecs sont-ils nombreux ? Là encore, comme sur la scolarité, les enquêtes manquent. Nous avons tous autour de nous des exemples, non pas tant d'échecs que de passages difficiles, qui peuvent aller jusqu'à un placement provisoire en pensionnat ou un éloignement temporaire de l'enfant, souvent à sa demande, sans que l'on puisse parler d'échec. Les familles amies, qui parfois prennent le relais et accueillent l'adolescent sous leur toit, sont d'un secours extrêmement précieux. Les cas de « rupture », les moments où l'on « récupère » chez soi un neveu ou le fils d'amis, où son propre enfant est recueilli chez un oncle ou des amis, ne se produisent pas exclusivement avec des adolescents adoptés. Ce type de situation est fréquente aussi chez des enfants « biologiques ».

Quand l'enfant a un comportement difficile…

Il est vrai néanmoins que certains enfants semblent refuser d'être adoptés, qu'ils se rebellent contre cette décision prise pour eux, à leur insu. D'autres souffrent de désordres qu'il faut considérer comme pathologiques, tels que des troubles de l'attachement. Les symptômes de ces fragilités affectives ou neurologiques sont parfois plus facilement décelables à l'extérieur de la famille qu'à l'intérieur. Il est important de ne pas se cantonner à son seul regard de parent. Certes, les parents adoptifs, comme tous les autres parents, ont ce réseau d'intuitions qui leur permettent de « sentir » quand leur enfant va bien ou mal, de le comprendre là où d'autres ne décèlent rien d'anormal. Certes, il y a des adultes extraordinairement maladroits, y compris parmi ceux qui ont pour profession, et sans doute pour vocation, de travailler avec des enfants. Certes, des enfants qui semblent « fermés » à la différence véhiculent les préjugés de leurs parents. Pourtant, si l'enfant a des difficultés relationnelles à l'extérieur, ce n'est pas toujours à cause de l'incompétence des adultes ou du manque d'ouverture des autres enfants (même si c'est parfois le cas). Tout le monde ne saurait avoir unanimement tort contre les seuls parents.

Parfois, c'est l'inverse. L'enfant est charmeur avec les autres là où il est odieux avec ses parents, docile là où il est en révolte contre eux. Il semble diffuser sa grâce autour de lui comme une pluie d'or, alors que dans l'intimité du foyer, il refuse l'amour de ses parents et déverse le poison de son mal-être. C'est à l'entourage d'éviter la tentation de tout expliquer par la thèse de l'enfant-victime – comme sont tentés de le faire ceux qui, de l'extérieur (grands-parents, amis, professionnels de l'enfance), n'en connaissent que la face séduisante. Il est sans doute victime d'un passé insupportable, de troubles physiologiques ou psychiques ; mais ici, les victimes, ce sont aussi les parents.

La « résilience »

La résilience, c'est l'art de naviguer dans les torrents. Un trauma a bousculé le blessé dans une direction où il aurait aimé ne pas aller.

Boris Cyrulnik, *Les vilains petits canards*, Paris, Odile Jacob, 2001

La capacité à s'en sortir

Le plus important, c'est d'apprendre à bien connaître son enfant, de lui apporter un amour sécurisant et stimulant pour qu'il puisse prendre confiance en lui-même, s'ouvrir à la société environnante et s'épanouir dans ses aptitudes et ses désirs.

Il faut l'aider à devenir tout ce qu'il peut et veut être, sans attendre plus, mais sans non plus être moins ambitieux pour lui qu'on ne le serait pour un enfant biologique.

Les travaux de Boris Cyrulnik* et de Michel Hanus**, entre autres, sont là pour inciter à l'optimisme. Les enfants qu'ils ont suivis démontrent une aptitude extraordinaire à transformer les difficultés, voire les traumatismes vécus, en une expérience créatrice, source de nouveaux départs, bref à « survivre et rebondir », pour reprendre le sous-titre de l'ouvrage de Michel Hanus.

C'est la notion que l'on appelle résilience, une capacité à « s'en sortir », qui sera déclenchée par la réceptivité d'un adulte qui se trouve là au bon moment, par ce que Michel Hanus appelle « la rencontre ».

Dans *Un Merveilleux malheur* (Paris, Odile Jacob, 1999), le psychiatre Boris Cyrulnik décrit l'histoire de Serban.
Avant d'être accueilli par une famille française à l'âge de 12 ans, il avait passé de longues années dans un orphelinat en Roumanie, ne connaissant de la vie que le froid, la faim, les coups d'adultes « qui ne parlaient jamais aux enfants », les agressions sexuelles.
D'un état de prostration, Serban est passé en quelques mois à une joie et à une soif de vivre et d'apprendre qui ont stupéfié son entourage. Quelques années plus tard, il était reçu à l'agrégation de philosophie.

* Boris Cyrulnik, *Un merveilleux malheur*, Paris, Odile Jacob, 1999 ; *Les vilains petits canards*, Paris, Odile Jacob, 2001.

** Michel Hanus, *La résilience : à quel prix ?*, Paris, Maloine, 2001.

La résilience, vue par Georges Brassens…

« Elle est à toi, cette chanson,
Toi l'auvergnat qui, sans façon,
M'as donné quatre bouts de bois
Quand dans ma vie il faisait froid
[…]
Ce n'était rien qu'un feu de bois,
Mais il m'avait chauffé le corps,
Et dans mon âme il brûle encore
À la manière d'un feu de joie

La résilience, vue par Boris Cyrulnik…

« Presque tous les enfants résilients ont eu à répondre à deux questions : "Pourquoi dois-je tant souffrir ?" les a poussés à intellectualiser, "Comment vais-je faire pour être heureux quand même ?" les a invités à rêver. Quand ce déterminant intime de la résilience a pu rencontrer une main tendue, le devenir de ces enfants n'a pas été défavorable. »
Un merveilleux malheur

…et la rencontre, vue par Michel Hanus

« La résilience a besoin de marques d'estime venant des autres, et encore plus lorsqu'elles ont été insuffisantes dans la prime enfance ou qu'elles ont été trop rapidement interrompues par quelque accident que se soit. […] J'ai appelé "la rencontre" le fait que l'enfant résilient ait pu croiser et accrocher un jour un adulte, ou au moins un aîné, qui lui a apporté de l'aide, de l'affection et de l'estime.»
La résilience : à quel prix ?

Boris Cyrulnik a voulu explorer les processus de réparation chez des enfants ayant vécu un traumatisme : il met en relief l'importance que joue l'adulte auprès de cet enfant, de par sa capacité à le rassurer et à l'encourager à poursuivre son chemin.

Ce n'est pas en s'apitoyant sur un enfant, mais en lui insufflant courage et énergie qu'on l'aidera à surmonter ses difficultés.

Selon les cas, « l'initiateur », « l'étoile du berger » sera le parent, une institutrice, un éducateur, un jardinier qui, en lui redonnant confiance, lui remettront le pied à l'étrier de la vie : « Si vraiment nous voulons soutenir ces enfants blessés, il faut les rendre actifs et non pas les gaver. Ce n'est pas en donnant plus qu'on pourra les aider, mais, bien au contraire, en leur demandant plus qu'on les renforcera*. »

Conseils d'un tuteur, lui-même orphelin, à Jennifer, la jeune orpheline qu'il a recueillie

« Tu fais preuve d'un courage magnifique pour recoller les morceaux. Vraiment. Je sais que rien ne sera plus comme avant, mais je sais aussi que tu as la force d'aller de l'avant et de te construire un avenir heureux. Et je serai toujours là pour t'aider, je veux que tu le saches. »
Kazuo Ishiguro, *Quand nous étions orphelins*, Paris, Calmann-Lévy, 2001 (trad. François Rosso).

* B. Cyrulnik, *Un merveilleux malheur*, Paris, Odile Jacob, 1999.

Un enfant exposé à un changement brutal, à une acculturation nouvelle, est contraint de s'adapter ; Boris Cyrulnik va jusqu'à dire, « de se métamorphoser ». Cette métamorphose est plus difficile quand le traumatisme, l'agression viennent non pas d'une cause distante, parfois sans visage, comme la guerre ou l'exil, mais de ceux dont on attend qu'ils nous aiment.

Le réveil à la sensibilité, à l'affection, n'en est parfois que plus brutal, et c'est ainsi qu'il faut connaître le passage foudroyant à la violence que l'on observe chez des enfants carencés qui font soudain l'objet d'amour : incapables de gérer la puissance des sentiments qui les étreint, ils détruisent leurs jouets, ou se jettent contre un autre enfant dans une bagarre qui, vue de l'extérieur, peut paraître insensée. Un temps, parfois long, d'apprentissage tant des règles que d'une certaine maîtrise des émotions, sera alors nécessaire, pouvant nécessiter l'aide d'un psychologue ou d'un éducateur. Quelle que soit la nature du traumatisme, prévient Boris Cyrulnik, « il faut être clair : il n'y a pas de réversibilité possible après un trauma, il y a une contrainte à la métamorphose » (*Les vilains petits canards*).

Boris Cyrulnik enfant dut lui-même sa survie et son épanouissement ultérieur à la rencontre fortuite d'adultes qui crurent en lui. Tout comme la recherche menée par Michel Duyme et ses collègues, celle de Boris Cyrulnik vient contredire ceux qui considèrent que tout est écrit d'avance, qu'un enfant maltraité deviendra un enfant maltraitant. Certes, il ne faut pas tomber dans l'excès contraire, note Boris Cyrulnik, non sans humour : « Dire que les enfants maltraités peuvent devenir des adultes tout à fait humains ne veut absolument pas dire qu'il faut maltraiter les enfants pour en faire des adultes épanouis. »

Michel Hanus, tout en reconnaissant le travail accompli par Boris Cyrulnik et

Dans son roman *Quand nous étions orphelins*, Kazuo Ishiguro décrit ce moment où la résilience, soudain, s'effondre, mais peut-être pas totalement… Jennifer, la jeune pupille du narrateur, a toujours paru si courageuse, si raisonnable, si détachée (« Quand on a perdu son père et sa mère, on ne peut pas attacher trop d'importance aux choses, n'est-ce pas ? »), allant jusqu'à se proposer d'aider son tuteur, qu'elle considère fragilisé par son propre vécu d'enfant orphelin. Deux fois, pourtant, elle craque. La première fois, c'est au pensionnat (« On oublie, on compte les jours jusqu'aux vacances, comme toutes les autres, et on pense qu'on va revoir papa et maman. »). La deuxième fois, c'est quand, jeune adulte belle et intelligente mais esseulée et craignant d'offrir à d'autres son amour, elle tente de se suicider. Chaque fois, pourtant, la vie triomphe du vertige de la mort.

d'autres chercheurs sur la maltraitance et la résilience, pointe les limites de cette notion. Il s'interroge notamment sur son coût psychique et l'effort continu qu'elle suppose. Selon lui, « telle personne résiliente actuellement ne semblait l'être pas auparavant et ne le sera peut-être pas toujours ».

Cela dit, l'aptitude à la résilience ne vient pas du néant. Elle se nourrit d'un apport affectif qui favorise les potentialités de l'enfant, notamment quand elles s'ancrent dans un entourage familial aimant. Ce climat favorable est d'autant plus important que la résilience, si elle se manifeste, viendra en réaction à un traumatisme, à un événement dramatique. Et Michel Hanus de rappeler que « l'enfant résilient, tout résilient qu'il soit, est aussi un être blessé ».

Pour les parents adoptifs, qui auront à jouer la fonction réparatrice dont font état Boris Cyrulnik et Michel Hanus, leur rôle, assurément gratifiant, se double aussi d'un risque : celui de s'attirer concentrer sur eux ce que Michel Hanus décrit comme « les éléments conflictuels de la relation antérieure problématique avec les parents [d'origine] ». En effet, l'enfant qui aura retrouvé des parents risque de projeter sur eux « les sentiments hostiles qu'il éprouve à l'égard du parent qui l'a abandonné en mourant » (rappelons que Michel Hanus est un thanatologue réputé – il étudie les aspects biologiques et sociologiques de la mort –, qui a beaucoup travaillé sur le deuil, tant celui des adultes que des enfants) : des sentiments analogues peuvent prévaloir quand il y a eu maltraitance ou abandon, et sans que la cause en ait été nécessairement la mort.

Face à cette agressivité, à l'hostilité ou au sentiment de culpabilité de l'enfant, les parents devront comprendre qu'il ne s'agit pas là d'un sentiment d'ingratitude à leur égard et Michel Hanus est clairement conscient qu'il est parfois plus facile de le comprendre que de le vivre : « Jusqu'où cet adulte est capable de supporter l'ingratitude [...] de [s'investir] sans espoir de retour ? Il arrive aussi assez souvent que cet enfant s'écarte sans crier gare. » La fugue, l'éloignement (provisoire, le plus souvent), sont alors symptomatiques de l'errance et de la quête intérieures.

Pour qu'il y ait résilience, il aura fallu que l'amour, le merveilleux, une affection généreuse mais ferme et rassurante, succède au malheur. Et ce n'est qu'à cette condition, aimé et guidé par la maman canard que le vilain caneton boiteux deviendra le cygne du conte, illustrant ce qu'Anne Decerf appelle le « remaillage » et Boris Cyrulnik le « retricotage » de l'identité, entre passé et présent, entre origines et adoption.

Chapitre 5

Origines et construction de l'identité

Mes souvenirs ont trente ans, mais les deux premières années de ma vie ? […] Je viens de voir un reportage sur les petits Roumains qui débarquent en France. Ça m'a tordu le cœur. Ils m'ont rappelé ma propre histoire. […] J'ai la mémoire boiteuse, alors je danse pour qu'on ne s'en aperçoive pas.

Smaïn, *Sur la vie de ma mère*, Paris, Flammarion, 1990

La révélation des origines

Quand les origines sont tues

Adopté alors qu'il était enfant, le comédien français Smaïn retourna des années plus tard en Algérie, dans l'espoir d'obtenir des indices sur l'identité de sa mère de naissance. À l'hôpital, il glana quelques informations sur ce qui, à l'époque, pouvait pousser une femme à renoncer à son enfant. Puis, à la mairie, on lui montra un registre : y figuraient le nom et le prénom qui lui avaient été donnés au moment de sa naissance, la date de sa venue au monde, « mais rien d'autre, rien, pas un nom en face des *père* et *mère* imprimés ». Et l'employé de mairie de lui dire : « Monsieur, à être venu regarder dans ce livre, vous n'êtes pas le premier, et vous ne serez pas le dernier. »

Personne n'avait dit à Smaïn qu'il était adopté. Il l'apprit un jour par hasard, et, à son tour, cacha à ses parents adoptifs qu'il savait – par crainte de les blesser, de leur faire mal. Comme Smaïn, d'autres enfants ont grandi sans savoir qu'ils étaient adoptés.

De façon analogue, des enfants élevés par leur beau-père apprennent un jour, d'une voisine, ou d'un camarade de classe, qu'il n'est pas leur géniteur ; des enfants découvrent que leurs parents ne sont pas leurs parents de naissance, ceux-là ayant décédé.

Ces « disparitions » jamais énoncées clairement à l'enfant par ceux qui l'élèvent, l'accompagnent dans sa vie comme un puzzle où manqueraient des pièces, sans qu'il y ait quelqu'un pour l'aider dans la recherche : il lui est donc difficile de verbaliser une situation qui le laisse fragilisé.

Georges Perec, qui a vécu la disparition de ses parents pendant la Seconde Guerre mondiale, évoque ces secrets qui n'en sont pas dans *W ou le souvenir d'enfance* (Paris, Gallimard, 1993).

De tout temps aussi, des enfants ont grandi en sachant que les parents qui les élevaient n'étaient pas leurs parents de naissance. Aujourd'hui, s'il se trouve sans doute des parents qui ne le disent pas, la majorité explique à leurs enfants qu'ils ne sont pas nés d'eux physiquement, que maman ne les a pas « portés dans son ventre ».

Révélation, transmission

Longtemps, on a parlé de « révélation » pour décrire ces moments où l'on dit à l'enfant. Le mot pourrait induire en erreur, laisser entendre une solennité, une occasion unique où l'enfant serait convoqué pour entendre une information capitale.

Or on ne « dit » pas « tout » à l'enfant une fois pour toutes. On transmet, par petites bribes, par touches, et ce dès le début, comblant les interrogations, chaque fois avec des mots qu'il est capable de comprendre à ce stade-là de son évolution : on lui parle, par exemple, de lui, le bébé (ou l'enfant) qui attend, du papa et de la maman qui attendent eux aussi, de leur côté, et qui lui ont préparé un nid dans leur cœur, de la rencontre, de l'avion du retour, de la tristesse de l'enfant d'avoir connu une séparation mais aussi du bonheur d'avoir une famille...

Chaque parent, en fonction de l'histoire de son enfant, de son tempérament, des circonstances, trouvera le moment et les mots pour raconter, pour que le petit ait « toujours » su qu'il était adopté.

Tout enfant, y compris le nourrisson, a besoin d'entendre, le plus tôt possible, l'histoire de son adoption de la bouche de ses parents. Nous savons – Françoise Dolto nous l'a montré – qu'il est très important de mettre les vécus en paroles : le ton de la voix rassure, les paroles restent gravées et, même si elles sont enfouies, quand elles seront redites un jour, elles seront alors reconnaissables, plus facilement compréhensibles, créant une impression de déjà entendu.

Quand une mère adoptive dit, dans une réunion de parents adoptifs, « mais il est trop petit pour comprendre », d'autres l'encouragent à franchir le pas : il n'est jamais trop tôt pour dire. Et même si quelqu'un a préparé l'enfant à l'arrivée de sa maman, c'est d'elle et du papa qu'il doit aussi l'entendre, pour capter en même temps toute l'émotion dans la voix, la lire dans le regard, la sentir dans les gestes. La vérité passe par les sens, par l'amour.

Les enfants adoptés plus grands ont eux aussi besoin d'entendre la vérité de leurs parents, même s'ils savent ou croient savoir ce qui s'est passé. Là encore, le processus a une dimension affective qui contribue à tisser les liens et à créer une complicité : « Dis, maman, tu me racontes mon histoire ? »

Certains, avec un plaisir narcissique évident, aiment à se retrouver ainsi le héros de leur récit. D'autres, en revanche, ne demandent rien. À tous, pourtant, la vérité (« tu es notre enfant, même si nous ne t'avons pas conçu ») aura été dite sans que la demande n'en soit faite. Tout enfant doit entendre cette vérité première, même s'il ne formule pas le besoin d'aller plus loin.

Plus tard, à supposer que la demande ne vienne toujours pas, il ne s'agit pas de placer l'adoption sous une chape de silence. L'enfant est notre enfant par filiation adoptive, cela fait partie de notre histoire à tous, il ne s'agit ni d'en rajouter ni de l'occulter.

De même qu'une mère de naissance fera allusion au détour d'une conversation à quelque moment de sa grossesse ou à la maternité où elle a accouché, une adoptante évoquera les préparatifs du voyage ou quelque épisode lié à l'arrivée de l'enfant.

L'album de photos

L'album de photos est très important. Il installe l'enfant dans le temps ; les pouponnières et les familles d'accueil en France et ailleurs le comprennent bien, et commencent désormais à prendre des photos dès la mise en contact avec l'enfant.

De surcroît, l'album apporte une confirmation tactile et visuelle aux propos des parents. De nombreuses familles font d'ailleurs deux albums : l'un est conservé précieusement, l'autre est laissé à disposition de l'enfant qui peut ainsi le feuilleter, le compléter de ses gribouillis, le mâchouiller, bref, le faire sien.

Je n'avais pas un album de photos, à l'époque [il y a plus de cinquante ans] ça ne se faisait pas trop dans les familles modestes comme celle dans laquelle où j'ai grandi. Mais il y avait une photo à laquelle je tenais beaucoup. On y voyait mon père de naissance et ma mère adoptive dans le jardin, près du portail. Cette photo confirmait ce qu'on m'avait dit : mon père, veuf et malade, m'avait trouvé une famille.

Malheureusement, cette photo a disparu, peut-être au moment où la famille de ma mère de naissance entreprit des recherches pour me retrouver. Ma mère adoptive était très angoissée à l'idée de me perdre…

Cette photo m'a manqué. J'aurais aimé la montrer à mes enfants.

Un enfant adopté

Outre des photos, l'album contient souvent des descriptions, des cartes postales, les billets d'avion (pour ceux qui sont venus de loin), des lettres, tout un ensemble d'éléments qui retraceront l'histoire de l'enfant, de sa rencontre avec ses parents, de sa vie dans sa famille et dans son environnement. Plus qu'un album, c'est un livre de vie.

Faut-il tout dire ?

Posée de la sorte, la réponse à cette question que l'on entend souvent semblerait *a priori* évidente : oui, bien sûr, on ne va pas cacher son histoire à l'enfant. Mais tout, c'est quoi ?

Le lieu de naissance, le lieu où était jusqu'ici l'enfant, la date de la rencontre, le nom ou prénom d'origine de l'enfant, des parents de naissance : ces données apparemment objectives (le sont-elles toujours ?) sont conservées dans certains documents (actes de naissance originaux, décisions administratives, jugements) que l'enfant pourra un jour consulter par lui-même.

Là encore, selon son âge, l'information dont on dispose et celle que l'on peut donner varie. Inutile d'inonder l'enfant sous une masse d'informations. Si un jour il demande le prénom de sa mère et qu'on le connaît, on lui donnera cette information : on ne va pas pour autant ressortir tous les dossiers, le soumettre à une avalanche de données qu'il n'a pas demandés. Si on ne connaît pas le prénom, on va essayer de trouver une façon dc le dire, aussi simplement et sereinement que possible.

On évitera de se lancer dans des explications complexes, sans pour autant donner l'impression d'en savoir plus et de ne pas vouloir le dire. Le jour où l'enfant voudra en savoir un peu plus, il reviendra à la charge, et ce d'autant plus facilement qu'il aura déjà obtenu une réponse aussi précise que possible à une question précise.

Tout dire ne veut surtout pas dire tout déverser d'un seul coup, sur le champ. Car les questions viennent généralement au moment où on les attend le moins, dans la voiture, pendant les courses, au moment de partir à l'école… Selon la question et la capacité ou non que se sent le parent à répondre à ce moment précis, il peut être judicieux de se donner du temps, en répondant par exemple : « Tu as raison, c'est une question importante, il faut qu'on en parle tranquillement, ce soir avec Papa, quand il sera rentré. »

Tout dire, ce peut être aussi reconnaître que l'on ne sait pas grand chose.

Le jour où l'enfant exprime un désir éventuel de remonter le temps à partir des données dont il dispose, il faut le préparer doucement à l'idée, selon le pays où il est né, que les renseignements fournis au moment de l'adoption ne sont pas forcément fiables, que la mère a pu choisir de cacher sa véritable identité sous un nom d'emprunt, que l'adresse figurant dans le dossier a des chances d'être fausse.

Le plus difficile pour les parents, c'est quand ils ont des informations douloureuses sur le passé de leur enfant. L'adoption n'est pas un conte de fées, les géniteurs ne sont pas tous des parents aimants ou dévoués qui se sont sacrifiés pour leur enfant, même si, on l'a vu, la décision de remettre son enfant en adoption peut être un acte d'amour. Il y a aussi des parents maltraitants, des enfants conçus lors d'un viol et rejetés par la mère qui ne supporte pas le souvenir vivant de ce traumatisme ; il y a des enfants trouvés dans une poubelle ou sur un tas d'immondices, condamnés à mourir si le hasard n'était pas passé par là…

Ces détails, les parents les connaissent parfois, par ce qu'ils ont appris à l'orphelinat, ou par les personnes qui avaient la charge de l'enfant. Ils ne sont pas écrits. À eux de composer avec la vérité, de choisir les mots pour restituer à l'enfant ce qu'il peut entendre. Auparavant, les parents auront eu eux-mêmes à décanter ces vérités, à essayer de s'en détacher, ce qui est loin d'être évident : après tout, c'est leur enfant qui est au centre de l'histoire.

Certains parents éprouvent un grand soulagement à parler de ces questions avec d'autres parents, au sein de groupes de paroles : ils se rendent ainsi compte qu'ils ne sont pas seuls à être confrontés à des vérités difficiles à dire.

La gestion des histoires douloureuses est parfois rendue plus difficile encore par les dossiers des enfants, quand ils sont très, voire trop, détaillés. Jusqu'à récemment, les dossiers français étaient écrits par des professionnels pour d'autres professionnels, et nullement dans l'idée que les personnes concernées verraient un jour le sien. Un langage administratif sec y côtoie parfois une pléthore de détails pas toujours nuancés, parfois franchement péjoratifs, sur les parents de naissance ou sur leur attitude envers les enfants.

À l'étranger, les rapports sur les circonstances du recueil d'un enfant, quand ils existent, sont souvent dénués de sentiments et empreints d'une sécheresse ou d'un réalisme clinique que ne viennent pas adoucir des traductions sans détour.

Si le dossier appartient à l'enfant, les parents peuvent aider à le compléter ; ils ne peuvent pas y retoucher, même si certains sont tentés de le faire en raison de la brutalité des éléments qu'il contient. Rien en revanche n'interdit aux parents d'écrire l'histoire de leur cheminement vers l'enfant.

« D'où je viens ? »

Dis, comment on fabrique les bébés ? À travers cette question, l'enfant s'interroge sur son histoire, sur ses origines : d'où vient-il ? Chez l'enfant adopté, cette question prend une autre ampleur : s'il s'inscrit dans une filiation, s'il sait qui sont ses parents, il sait aussi que, par sa naissance, il vient d'ailleurs.

Les interrogations autour de cette histoire double, sur la façon dont s'est effectué le passage de l'une à l'autre, vont l'accompagner dans sa construction d'adolescent : parfois, elles commencent très tôt et se prolongent jusque dans l'âge adulte. L'enfant peut vouloir savoir pourquoi il a été abandonné, qui sont ses père et mère de naissance. Mais tout ne vient pas forcément en même temps, tous n'entreprennent pas un cheminement identique.

La douleur de ne pas savoir

L'horreur de la Shoah a mis en évidence le besoin de mémoire, de connaître ne serait-ce qu'un détail infime sur les disparus : le lieu où ils moururent, un prénom, une date, un détail identifiant peuvent être autant de facteurs d'apaisement qui permettent aux survivants d'aller de l'avant (d'où l'importance du Yad Vashem, lieu du souvenir des martyres et des héros de la Shoah, à Jérusalem, où le Hall des Noms conserve la mémoire des victimes, recueillant le nom et les données biographiques de millions d'entre elles).

> Tu sais, maman, j'aimerais connaître l'âge de ma mère quand elle m'a mis au monde, ou la couleur de ses cheveux, des détails comme ça, c'est tout.
>
> Une jeune adoptée de 14 ans

D'où l'importance de recueillir un maximum d'informations au moment de la remise de l'enfant, ou de s'assurer qu'elles seront conservées en lieu sûr. Pour l'enfant dont on ne saura sans doute rien, on peut s'imprégner de détails de son pays d'origine, rapporter des photos, des objets, des anecdotes dont il pourra s'il le souhaite se nourrir ; pour l'enfant en France, on se fera raconter par les professionnels ou l'assistante maternelle ces mois passés, avec ses habitudes, ses rires, en sachant que le moment venu, il pourra retourner « là-bas » et voir par lui-même.

Une fois de plus, il y a un équilibre à préserver, entre répondre à l'attente, savoir l'entendre, et ne pas l'anticiper, ni « gaver » l'enfant d'informations qui le renvoient constamment à son passé.

Le droit d'accéder aux origines

La question des origines revêt une dimension juridique, sociale, psychologique : elle suscite des réactions passionnées et a provoqué des débats de société où certains ont voulu faire un amalgame entre origines et adoption plénière, origines et accouchement sous X.

Plusieurs mythes, persistants mais jamais prouvés, entravent les discussions sur les origines : les parents « gommeraient » le passé des enfants ; ceux-ci ne pourraient pas se construire s'ils ne connaissent pas l'identité de leur mère biologique.

Le droit de connaître ses origines est inscrit dans la Convention internationale des droits de l'enfant (CIDE) de 1989. Il est également inscrit dans la convention de La Haye sur la protection des enfants et la coopération en matière d'adoption internationale de 1993.

En France, l'esprit de ces deux textes internationaux a inspiré au cours de ces dernières années diverses dispositions en matière de recueil d'information et de sauvegarde des dossiers, l'avancée la plus récente étant la loi du 22 janvier 2002 relative à l'accès aux origines des personnes adoptées et pupilles de l'État, qui aménage l'anonymat de l'accouchement sans le supprimer (voir p. 65-69).

En ce sens, la loi française conserve une spécificité qui lui est propre, à la différence de la législation d'autres pays, comme la Suisse par exemple.

Article 7

L'enfant est enregistré dès sa naissance et a dès celle-ci le droit à un nom, le droit d'acquérir une nationalité et, dans la mesure du possible, le droit de connaître ses parents et d'être élevé par eux. [...]

Convention internationale des droits de l'enfant (CIDE)

Article 30

1. Les autorités compétentes d'un État contractant veillent à conserver les informations qu'elles détiennent sur les origines de l'enfant, notamment celles relatives à l'identité de sa mère et de son père, ainsi que les données sur le passé médical de l'enfant et de sa famille.
2. Elles assurent l'accès de l'enfant ou de son représentant à ces informations, avec les conseils appropriés, dans la mesure permise par la loi de leur État.

Convention de La Haye (1993)

Suisse : l'enfant adopté a le droit de connaître le nom de ses parents biologiques

Désormais, en Suisse, un enfant adopté pourra connaître le nom de ses parents biologiques. Il devra toutefois attendre la majorité.
En effet, le Tribunal fédéral suisse a, en mars 2002, donné raison à un Suisse de 34 ans. Sa mère, qui l'avait abandonné à sa naissance, avait refusé que son identité soit révélée Pour le Tribunal fédéral, l'intérêt du fils, qui fut adopté, à connaître l'identité de sa mère doit passer avant le droit de cette dernière à préserver le secret de son identité.
[À noter que cette décision judiciaire concerne aussi les enfants nés d'une procréation médicalement assistée.]

Où se trouvent les dossiers ?

• Enfant pupille de l'État français

Le dossier de l'enfant est conservé sous la responsabilité du président du conseil général. Il peut être à tout moment complété, à l'initiative notamment des parents de naissance. Lors d'une consultation du dossier de l'enfant, les personnes mentionnées au 1° de l'article L. 147-2 du code précité [Code de l'action sociale et des familles : voir ci-dessous] sont avisées qu'elles peuvent demander à être informées du dépôt ultérieur de tout élément nouveau appelé à le compléter. (art. 20 du décret du 3 mai 2002 relatif au Conseil national pour l'accès aux origines personnelles)

• Enfant confié par un Organisme autorisé par l'Adoption

C'est l'OAA qui conserve les dossiers, qu'il soit né en France ou à l'étranger. L'article L. 225-14-2 du Code de l'action sociale et des familles stipule que « lorsqu'un organisme autorisé et habilité pour l'adoption cesse ses activités, les dossiers des enfants qui lui ont été remis sont transmis au président du conseil général et conservés sous sa responsabilité ».

• Enfant adopté à l'étranger en démarche individuelle

Ce sont les institutions qui ont recueilli l'enfant ou les services d'État compétents, qui devraient conserver les dossiers. La réalité sur le terrain est bien plus aléatoire.
Pour satisfaire aux demandes dont il est saisi, « le conseil recueille également, auprès de l'autorité centrale pour l'adoption, de la Mission de l'adoption internationale ou des organismes autorisés et habilités pour l'adoption, les renseignements qu'ils peuvent obtenir des autorités du pays d'origine de l'enfant en complément des informations reçues initialement » (art. 147-5 du Code de l'action sociale et des familles).

Comment procéder pour accéder à la connaissance des origines ?

La loi du 22 janvier 2002 relative à l'accès aux origines des personnes adoptées et pupilles de l'État définit (articles L. 147-2 et 147-3 du Code de l'action sociale et des familles) la procédure qui permettra à ceux qui le souhaitent d'obtenir des informations.

La demande peut être adressée au Conseil national pour l'accès aux origines personnelles (CNAOP) ou au président du conseil général par l'enfant s'il est majeur, par ses représentants légaux ou par lui-même avec leur accord s'il est mineur, par ses descendants en ligne directe s'il est décédé.

La loi précise que la demande « peut être retirée à tout moment dans les mêmes formes » (art. 147-3). Ce respect de la demande est renforcé dans l'article L. 147-6, qui déclare que « le conseil communique aux personnes [...], après s'être assuré qu'elles maintiennent leur demande, l'identité de la mère de naissance ». Le législateur a reconnu par là que la demande peut fluctuer dans le temps : l'enfant peut vouloir savoir à un moment, puis ne plus vouloir, avant de redemander peut-être un jour.

Par ailleurs, le CNAOP recueille la déclaration de la mère ou du père de naissance, « par laquelle chacun d'eux autorise la levée du secret de sa propre identité ». Après avoir vérifié qu'il y a eu, soit déclaration expresse de levée du secret de l'identité, soit consentement dans le respect de la vie privée, ou qu'inversement le père ou la mère n'ont pas expressément manifesté leur volonté de préserver le secret, le conseil communique l'identité de la mère ou du père de naissance aux personnes mentionnées ci-dessus (art. L. 147-6).

Le conseil peut recevoir une « demande du père ou de la mère s'enquérant de leur recherche éventuelle par l'enfant » ; dans ce cas, ils n'obtiendront d'informations que si l'enfant a exprimé spontanément la volonté de cette recherche.

Qu'est-ce que l'enfant peut trouver dans son dossier ?

- L'identité de ses parents, si elle a été donnée ou si le secret a été levé.
- Tout renseignement sur la santé des père et mère de naissance, de ses origines, des

Un enfant, trois étapes

À 9 ans : « S'ils m'ont laissé dans la rue, c'est qu'ils ne pouvaient pas faire autrement. »
À 16 ans : « Je dois savoir, je ne sais plus où j'en suis. »
À 20 ans : « J'ai d'autres préoccupations, on verra plus tard. »

circonstances de sa naissance jusqu'à sa remise en vue d'adoption..

- Les raisons de sa remise au service de l'Aide sociale à l'enfance ou à un organisme autorisé et habilité pour l'adoption (art. 147-5 du Code de l'action sociale et des familles).

Y a-t-il un temps idéal pour entreprendre une recherche ?

Chaque personne évolue à son propre rythme. Quelques enfants ressentent très jeunes un besoin d'en savoir plus, de vérifier par eux-mêmes les informations qu'ils ont reçues. Ce besoin s'apaise souvent, mais pas toujours, avec ce que leurs parents sont en mesure de leur communiquer, et avec un travail entrepris en parallèle (parfois en ayant recours à une psychothérapie) pour atténuer les souffrances ou les angoisses sur leur situation actuelle qui peuvent se cacher derrière une demande insistante. Il peut alors être nécessaire d'accompagner l'enfant un peu plus loin.

L'adolescence est une époque où certains veulent savoir, avec une certaine expectative et l'espoir d'ouvrir une dimension qui les fasse rêver. Le risque de déception et de révolte accrue risque d'être d'autant plus grand. Là encore, l'idéal est d'accéder à la demande tout en essayant de gagner du temps.

Les enfants adoptés majeurs qui ont pu entreprendre cette recherche se disent convaincus de l'importance de la faire à l'âge adulte, et mettent en garde les parents adoptifs contre les dangers d'exposer l'enfant à une telle démarche avant la construction de sa personnalité.

> Je reste fermement convaincu que les retrouvailles ne peuvent avoir de sens qu'à l'âge adulte, à un moment où l'ambiguïté de la démarche peut apparaître plus clairement aux adoptés, aux adoptants et aux parents biologiques.
>
> Témoignage d'un adopté ayant retrouvé sa famille d'origine

> J'ai un ami qui a deux enfants adoptifs. L'aînée est allée consulter son dossier quelques jours après sa majorité. Elle a retrouvé toute sa famille d'origine. Elle connaissait son histoire (comme toujours ni simple ni rose) par ses parents adoptifs mais la mère de naissance lui a dit qu'elle n'avait jamais voulu l'abandonner et que les services sociaux la lui avait enlevée. Résultats immédiats : une jeune fille en rébellion contre ses parents adoptifs, toujours chez sa famille d'origine, faisant des démarches pour aller voir deux de ses frères et sœurs qui étaient en prison. *A priori*, le temps fait son œuvre et les choses se calment. La jeune femme réalise qu'elle est en terminale, pas en prison… mais il y a eu dix-huit mois très difficiles à vivre pour toute la famille.
>
> Un père adoptif

Pour quelques enfants, la demande devient si pressante qu'il est recommandé de se faire aider pour éventuellement décider de l'opportunité d'une recherche ou non.

Les risques de la démarche

Il vaut mieux souvent attendre car il existe des risques psychologiques inhérents à cette démarche de recherche. Chez un enfant, les repères parentaux peuvent s'en voir profondément perturbés. En outre, si les médias et les fictions font volontiers état de « rencontres » émouvantes avec la famille d'origine, la réalité est souvent en deçà des attentes, comme en témoigne le contenu parfois très lourd de certains dossiers, auxquels nous avons déjà fait allusion.

Si certains décrivent la possibilité de prendre connaissance de leur dossier comme une « véritable renaissance », d'autres resteront toujours dans un sentiment d'incompréhension, même après avoir eu connaissance des circonstances de leur naissance, même après avoir rencontré leur mère biologique. « Intellectuellement, sa décision était logique, humainement, elle l'est moins », raconte une personne « née sous X » après avoir connu sa mère de naissance. La quête ne doit pas être présentée comme un baume apaisant, efficace en toutes circonstances ; la déception risquerait d'être forte, et la retombée rude. Il est des mères biologiques qui, ayant refait leur vie, ont poursuivi leur chemin tant bien que mal, refusant catégoriquement de se laisser entraîner dans un quelconque échange affectif.

Tel jeune homme a sombré dans la dépression après avoir recherché sa mère et s'être entendu dire quand il s'est présenté : « T'as pas du fric ? »

Telle jeune femme raconte la nécessité impérieuse qu'elle a ressentie de rencontrer sa mère au moment de mettre au monde son propre enfant. Quand, au terme de plusieurs mois, elle a réussi à savoir qui était sa mère, cette dernière, qui avait refait sa vie, a refusé de la voir. Cette jeune adoptée reconnaît aujourd'hui avoir harcelé cette femme au téléphone, avoir mis le siège devant sa maison, avoir senti sa propre famille fragilisée par l'insoutenable besoin de rencontrer celle qui l'avait mise au monde, qui ne l'avait pas gardée. Quand, enfin, elles se sont rencontrées, ce fut très bref, très sec, du moins en surface. Avec le recul, cette jeune femme

> Le fait d'avoir entendu ma mère de naissance me dire que je n'étais pas désirée a été un moment pénible ; mais il m'a permis de dépasser mon angoisse et de « faire avec ».
>
> Une adoptée majeure

est consciente du désastre affectif qu'elle a frôlé, pour elle et pour sa famille, à travers une démarche qu'elle résume comme ayant débouché sur « l'expérience d'un nouvel abandon ».

La liberté d'accès et non une obligation à savoir

Chacun est libre de savoir d'où il vient ; il n'en a pas le devoir, il en a encore moins l'obligation – contrairement à ce que certains voudraient faire croire : il faudrait rechercher à tout prix. Une partie de notre histoire, de celle de nos parents, nous échappe et nous échappera toujours. La frontière de ce que l'on ne sait pas peut toujours être repoussée plus loin, car derrière une nouvelle réponse se cache une nouvelle question. Il y a des moments où l'enfant ne demande rien, ou « ne veut rien savoir », particulièrement chez les enfants adoptés plus grands : il y a un temps de rejet, d'oubli volontaires, nécessaires pour se reconstruire et se donner de nouvelles racines*.

Certains, tel Pierre Verdier, ancien directeur de la DDASS, considèrent pourtant que l'on ne peut pas vivre sans chercher, et assènent qu'il « faut continuer de chercher tant qu'on le peut** ». Philippe Jeammet, psychiatre spécialiste des adolescents et jeunes adultes, regrette « l'obstination à vouloir absolument qu'ils connaissent leurs parents biologiques... Est-ce vraiment si important ? N'y a-t-il pas un effet de leurre ? N'est-on pas en train de les aiguiller sur une fausse piste ?*** »

Enfin, le pédopsychiatre Marcel Rufo**** va dans la même direction : « Il existe [...] une théorisation mal intégrée, une espèce de terrorisme qui impose de dire la vérité aux enfants, toute la vérité sur leurs origines... »

La recherche des origines ne doit pas empêcher de vivre ; si elle devient obsessionnelle, peut-être convient-il, comme dans toute situation de comportement trop douloureux, de chercher un soutien auprès de tierces personnes ou de professionnels qui porteront un regard neutre sur la situation.

On essaie de nous faire culpabiliser sur cette absence de désir de recherche. Or je n'ai jamais eu le sentiment du vide. Je vis bien, je ne cherche pas mes racines, je ne souhaite pas qu'on me recherche... Les racines, on se les fait... On ne parle de l'adoption que comme d'un échec, alors que c'est une chance d'être adopté, aimé.

Une adoptée majeure, devenue mère

* À ce sujet, voir Ombline Ozoux Teffaine, *Adoption tardive : d'une naissance à l'autre*, Paris, Stock ,1987.

** Propos recueillis lors d'une émission diffusée sur France Inter le 3 décembre 2001.

*** Propos recueillis dans la revue *Valeurs mutualistes*, n° 216, février 2002.

**** Marcel Rufo, *Œdipe toi même !*, Paris, éditions Anne Carrière, 2000.

Un besoin de stabilité

Le droit de connaître un jour ses origines ou de choisir de ne pas les sonder n'est pas incompatible avec le droit à une enfance stable, le droit de grandir dans sa famille à soi.

Le but avant tout est que l'enfant puisse à son tour construire son identité, sortir de l'enfance pour devenir un adulte épanoui. Or, pour construire son identité, ce qui importe avant tout, c'est une relation inscrite dans la durée entre soi et ses parents – d'où l'importance des liens indissolubles que crée notamment l'adoption plénière en France ; cette forme d'adoption offre une garantie de continuité à l'enfant qui, précisément, a vécu l'instabilité, la rupture, l'incertitude des lendemains, elle lui offre la possibilité de sentir qu'il appartient pleinement à une famille.

C'est cette stabilité affective et juridique des liens qui l'unissent à ses parents qui lui donnera la force de s'insurger et de se construire « contre » eux. Comme tout adolescent, il a besoin d'avoir en face de lui des rôles auxquels s'opposer, des parents « solides » qui se sentent parents et que la société a institués comme tels ; il souhaitera peut-être remonter aux sources ; il pourra osciller, hésiter, s'interroger, revendiquer pour – qui sait ? – au dernier moment, tourner le dos à ce passé. Il parviendra à sa propre synthèse entre passé et présent ; il deviendra lui-même, avec toute son histoire.

Des mères de naissance ont bien compris que savoir ne saurait être une obligation. Il est intéressant à cet égard de citer le cas porté devant les tribunaux, d'une mère biologique en Norvège, qui ne voulait pas que son enfant sache qu'il était né d'un viol.

Cet exemple renvoie à celui d'une mère célibataire reçue par le pédopsychiatre Marcel Rufo*. Dans *Œdipe toi-même !*, il raconte la visite d'une femme venue demander conseil sur la manière d'aborder avec son fils la question du géniteur. Ce beau garçon qu'elle élève et qu'elle aime tant est en fait né d'une relation sexuelle forcée avec un chauffeur de taxi. Or elle a transformé cette histoire sordide en un récit romantique, s'inventant une liaison de passage avec un bel étranger parti à Katmandou, ce qui inspire à Rufo cette réflexion : « Non, toutes les vérités ne sont pas bonnes à dire et le mensonge fait partie du développement psychique de qualité. »

* Marcel Rufo, *Œdipe toi-même !*, Paris, éd. Anne Carrière, 2000.

Le roman familial

Au besoin de savoir « noir sur blanc », certains enfants substituent – pour se protéger du sentiment de se construire sur un rien, sur un vide – tout un monde imaginaire. Ceux-là n'ont pas besoin « d'aller voir », de « chercher » ; ils puisent en eux-mêmes.

À partir des éléments qui leur ont été communiqués par leurs parents et tout ce qu'ils ont imaginé, ils se sont construits une histoire intime qui leur convient, avec laquelle ils sont en paix, qui les fait grandir dans une sérénité relative : c'est le roman familial de leur première existence, celui de la vie qu'ils partagent avec leurs parents adoptifs et dont la trame étonnerait sans doute ces derniers.

Le roman familial n'est pas un refus de la réalité et de la vérité dans lequel on se réfugie. C'est une construction, une transposition dans un monde nourri d'imagination et de sensibilité, la création d'un monde de mythe exclusif ancré dans la réalité, et porteur, comme tout mythe, d'une vérité propre.

Les psychologues sont nombreux à considérer qu'il est important de respecter le roman familial que s'échafaude un enfant, tout en restant soi-même dans la réalité. Ce n'est surtout pas aux parents de construire ce roman, ni même de l'alimenter par des non-vérités, c'est à l'enfant de se le forger.

Comme nous le rappelle Marcel Rufo, fidèle en cela à Freud, tout enfant éprouve la nécessité pour se construire de bâtir son roman familial, de s'imaginer par exemple qu'il est né de parents autres que les siens. Il est donc important de laisser à l'enfant adopté un espace où il va pouvoir jouer avec l'idée de rechercher ses origines, de savoir qui l'a fabriqué.

Et les parents adoptifs, dans tout ça ?

La transparence et la sincérité caractérisent l'attitude de nombreux parents adoptifs sur la question des origines : ils sont prêts à aider leurs enfants dans leur démarche et certains cherchent à recueillir un maximum d'informations dès que leur enfant leur est confié. Et c'est avant tout de cela qu'a besoin l'enfant, de savoir qu'ils l'accompagneront sur un bout du chemin, sans pour autant le prendre au mot dès qu'il commence à parler de « chercher ».

Se vouloir et savoir que l'on sera complètement parents mais avec ce passé qui appartient en propre à nos enfants. Savoir que nous n'aurons pas été au début de l'histoire et que le futur demandera peut-être un partage. Savoir que c'est à nous d'ouvrir les portes de ce passé mais à l'enfant de faire le chemin… s'il en a envie.

Danielle Housset, présidente d'Enfance et Familles d'Adoption

En même temps, ils reconnaissent que cette étape, surtout quand elle est liée à une phase conflictuelle de l'adolescence, n'est pas facile pour eux, qu'elle est souvent franchement douloureuse. La souffrance de leur enfant en quête de ses origines les fait souffrir.

En outre, ils sont nombreux à dire ressentir une « peur de le perdre » quand il part à la recherche de sa mère biologique, comme cette mère à qui son fils annonça : « Je ne sais pas si je reviendrai avec toi », au moment d'un voyage vers son pays d'origine, pour s'entendre dire, au moment où il semblait atteindre le but qu'il s'était fixé : « J'en ai assez, je veux rentrer à la maison. »

Pourtant, ils ne doivent pas pour autant craindre que leur enfant les aime moins parce qu'il cherche. Au bout du compte, et sauf exception, il revient vers ses parents, qu'il interrompe ou non sa recherche ; il cherche simultanément à vérifier que l'amour de ses parents est sans limites et pour toujours. Celui de ses parents adoptifs, bien sûr, car c'est celui avec lequel il a majoritairement grandi : un amour porteur de vie.

Dans leurs échanges sur la question de la recherche des origines, les parents adoptifs partagent leurs inquiétudes éventuelles avec d'autres, au sein de rencontres et de groupes de paroles ou sur des listes de discussion, mais ils s'interrogent avant tout sur la position à tenir, et sur la meilleure façon d'aider leur enfant.

Une première façon est de faire en sorte que l'enfant se sente « autorisé » à vouloir en savoir plus sur les premiers mois ou les premières années de sa vie. Cela signifie accompagner la demande de l'enfant sans la précéder et, comme le note un père adoptif, « balayer le chemin des pierres qui peuvent le faire trébucher ».

Dans le cadre des retrouvailles possibles, une mère dit, en ce qui concerne sa fille, s'être préparée à la « ramasser à la petite cuillère si ça se passe mal » : « Dans notre cas, elle vivait l'idée des retrouvailles comme quelque chose de naturel et d'heureux, elle ne remettait pas du tout en cause “la famille” (c'est-à-dire nous tous), mais, sans préjuger de rien, je redou-

> Il craignait beaucoup la réaction de ses parents adoptifs et n'a pas voulu leur parler de l'enquête. Lorsqu'elle a été terminée, il s'est décidé à leur parler. Ils ont pris cela avec beaucoup de philosophie et étaient même très heureux pour lui. Ils sont même prêts à rencontrer la famille biologique, mais c'est lui qui ne veut pas.
>
> La compagne d'un adopté majeur

tais pour elle une déception, comme on sait qu'il y en a. » Le but ultérieur est, comme pour tout parent, de « lui apprendre à voler de ses propres ailes puis lui laisser vivre sa vie ».

Les parents sont aussi là pour dire à l'enfant qu'ils seront toujours ses parents, même s'il y a un conflit passager, même s'il y a séparation physique provisoire, même s'il décide de partir à la recherche de sa famille d'origine.

Selon le psychiatre Philippe Jeammet*, ils sont là pour « dire à l'enfant ce qu'il a besoin d'entendre : nous sommes tes vrais parents, quoi qu'il arrive. Cela ne t'empêche pas de t'informer sur tes origines, si tu le veux ».

Pour Bernard Golse, les « vrais parents » – expression que par ailleurs il conteste, sont « ceux avec qui on vit, qui nous élèvent, qui nous aiment et ne nous aiment pas à la fois ».

Pour le comédien Smaïn**, pas de doute, sa mère, c'est celle qui l'a adopté, qui le « trimballe » dans sa poussette, « folle de bonheur », celle qu'il pleurera à son décès, qui lui sert de boussole dans ce monde « de douleur continuelle, où tout est à refaire, à réinventer pour survivre ».

La femme qui m'a mise au monde est peut-être ma mère de naissance : elle n'est pas la grand-mère de mes enfants.

Une adoptée majeure, mère à son tour

* Propos recueillis dans la revue *Valeurs mutualistes*, n° 216, février 2002.

** Smaïn, *Sur la vie de ma mère*, Flammarion, 1990.

Le retour sur les lieux d'origine

Combler un vide dans l'histoire

Rechercher, pour les enfants, ce n'est pas seulement vouloir savoir qui les a engendrés, c'est surtout comprendre pourquoi il y a eu abandon. Un voyage dans le pays d'origine peut contribuer à combler des vides dans l'histoire, même s'il ne débouche pas sur une rencontre avec la famille d'origine.

Ailleurs, c'est au contact de témoignages, de fictions littéraires ou cinématographiques, que l'enfant peut se constituer un stock d'images, d'impressions et d'émotions qui l'aideront à peupler le roman familial qu'il aura élaboré pour « s'expliquer » son histoire à lui.

Le lieu d'origine n'aura d'importance que si l'enfant s'y intéresse. Ce lieu – une ville en France, une île dans le Pacifique, un pays – doit être discrètement en attente, à disposition de l'enfant à travers des photos, des témoignages s'il les demande, des objets divers, de la musique, des livres… Il ne doit surtout pas être omniprésent. Il ne s'agit pas de se mettre à vivre « à l'orientale » ni « à l'africaine », ou encore d'écouter à longueur de journée des musiques inca ou bien de s'obstiner à rechercher des recettes tziganes, dans un folklorisme qui sentirait l'artifice. L'enfant est français, il vit, s'habille et pense comme les enfants de son âge, il s'intéresse aux mêmes musiques, aux mêmes idoles, aux mêmes loisirs. De lui-même, à l'adolescence, il choisira peut-être de s'approprier certains éléments de la culture de son pays d'origine, comme ces deux jeunes filles nées à Bombay, dont Ombline Ozoux Teffaine décrit la recherche des origines dans *Adoption tardive : d'une naissance à l'autre* (Paris, Stock, 1987) : elles s'habillent à l'orientale et rêvent de s'établir en Inde.

Dans ce même ouvrage, les études de cas d'adolescents engagés dans une telle quête confirment les témoignages de nombreux parents, à savoir qu'au sein d'une même famille, le « besoin de savoir » n'aura pas la même intensité chez tous les enfants et ne prendra pas la même forme.

Parmi les enfants évoqués par Ombline Ozoux Teffaine figure un jeune Coréen qui, après avoir « exploré » son pays dans les atlas, ne souhaite pas revenir sur les lieux du passé, préférant ceux que lui réserve l'avenir.

L'enfant doit se sentir autorisé à interroger ses parents sur son lieu d'origine, à vouloir en savoir plus, à souhaiter s'y rendre. Il n'attend pas une idéalisation dithyrambique – il se demanderait alors : « Si c'est si bien que ça, pourquoi est-ce que je ne suis pas resté là-bas, pourquoi est-ce que j'ai dû venir ici ? » Il n'attend pas non plus une fin de non-recevoir : « Aller là-bas ? Il n'y a rien à voir. Et si c'est pour chercher ta mère, ce n'est pas la peine. » Il attend de ses parents qu'ils le comprennent, qu'ils l'écoutent, qu'ils entendent ce qu'il essaie d'exprimer à travers cet intérêt. Il attend d'eux qu'ils l'accompagnent dans sa démarche, qu'ils la partagent avec lui, même si le moment venu, il restera là où il est ou il partira… sans ses parents.

C'est le cas par exemple de Sophie Bredier*, une jeune Coréenne adoptée par des parents français, et auteur avec Myriam Aziza de deux documentaires sur le déchiffrement du passé. Lorsqu'elle décide enfin de se rendre, jeune adulte, en Corée, elle le fait, non pas avec ses parents, mais en compagnie d'une amie coréenne qui jouera le rôle de traductrice et d'initiatrice à la culture et à la société du pays.

Un retour aux sources

Certains enfants expriment très tôt un désir de « revoir » les lieux où ils sont nés, d'autres attendent l'adolescence, voire l'âge adulte, quelques-uns ne le demandent jamais.

Cela en soi n'a rien d'extraordinaire : combien d'entre nous n'avons pas exprimé le désir de revoir la maison où nous sommes nés, le village où nous avons grandi, l'école maternelle que nous avons fréquentée ?

L'émotion toutefois est renforcée dans le cas des enfants adoptés par l'idée qu'à travers ce voyage, ils « remontent » vers les premiers mois ou les premières années de leur vie, qui, pour eux, avait commencé dans un « ailleurs », auprès d'autres parents.

Comme pour tant de demandes formulées par les enfants, il faut leur

Je veux aller voir mon pays… et peut-être que je verrai mes parents… On y va l'année prochaine, d'accord ? » Doucement, nous rappelons que nous ne savons rien sur ces parents, qui ils sont, où ils sont, s'ils sont en vie mais nous disons « d'accord pour le voyage ; quand tu voudras. »
Six mois plus tard. « Je veux aller voir mon pays… même si je sais que je ne verrai pas mes parents… Alors on y va l'année prochaine. D'accord ? » « D'accord. Quand tu veux. »
Six mois plus tard. « Je me sens trop petit pour y aller. J'attends encore un peu… » Deux ans après (il n'en avait plus reparlé depuis) : « Je crois que j'irai quand j'aurai 12 ans.

Les parents adoptifs d'un enfant qui a aujourd'hui 9 ans

* Sophie Bredier et Myriam Aziza, *Nos Traces silencieuses*, Production Agat films & Cie, Ina, Femis, 1998, et *Séparées*, Ina, Arte France, 2000.

laisser le temps, les rassurer tout en les faisant attendre. Ils ont besoin de comprendre ce qui sera possible ou ne le sera pas, de sentir ce qu'ils souhaitent et ce qu'ils redoutent à travers ce voyage, en un mot, d'être prêts – ce qui peut tout aussi bien les conduire à entreprendre effectivement le voyage qu'à y renoncer.

Préparer le voyage

Si un jour ils décident de faire le voyage, il faut leur laisser la possibilité de le penser, de s'y projeter, afin qu'ils sachent comment ils désirent le faire. Les aider à le préparer, c'est les aider à aller vers la réalité. Une des premières questions sera : avec qui ? avec ses parents ? avec quelqu'un d'autre de la famille ? avec un ami ? seul ?

Autre question à déterminer, ce que l'enfant veut faire de ce voyage : veut-il simplement visiter l'orphelinat, demander à voir son dossier et tenter d'obtenir des renseignements ; veut-il en même temps visiter le pays, faire un peu de tourisme, s'engager dans une action, y travailler ?

Les réalités du pays sont alors évoquées, la beauté de certains lieux, mais aussi la pauvreté, les difficultés éventuelles à se déplacer… Ce ne sera pas forcément un voyage simple, ni sur le plan affectif, ni sur le plan matériel…

Mal préparé, le voyage pourrait déboucher sur une grande désillusion susceptible de susciter de nouvelles souffrances. Il est important d'essayer d'obtenir un maximum de renseignements avant le départ, par exemple de s'assurer que l'orphelinat existe toujours. Certains parents maintiennent discrètement, sans en informer forcément leurs enfants, des contacts avec des personnes du pays afin de ne pas être pris au dépourvu le jour où ils auront besoin de répondre à des demandes plus précises de leur enfant ou d'organiser un voyage.

Accompagner l'enfant dans sa démarche, sans se substituer à lui ni le précéder, ne signifie pas pour autant que l'on sera du voyage le jour où il décide de le faire… Le laisser partir seul peut être angoissant pour certains – et pour lui, même s'il ne veut pas l'admettre.

Nous avions armé nos enfants en leur mettant tout jeunes dans la tête que leur double origine est un enrichissement… Le voyage dans le pays a été extraordinaire. L'aînée a travaillé avec quelqu'un que nous avions pu connaître, la cadette a travaillé dans un orphelinat. Depuis le voyage, quelque chose s'est modifié dans leur rapport aux origines. Ils sont revenus transformés, imprégnés, réconciliés avec eux mêmes.

Une mère adoptive

Certains organismes autorisés pour l'adoption, certaines associations d'adoptés, organisent des rencontres d'adolescents et de jeunes adultes nés dans un même pays. Ces rencontres peuvent parfois suffire à apporter des réponses à l'enfant ; elles sont aussi une préparation progressive à un « retour » dans le pays, soit individuellement ou avec sa famille ou des amis, soit en compagnie d'autres adoptés.

Même bien préparé, ce genre de voyage est riche en émotions et en tensions. Ce ne sera pas n'importe quel voyage et on peut s'attendre aussi à ce qu'il prenne une tournure inattendue, fasse affleurer une quête plus profonde ou débouche sur une certaine frustration. Car dans le cas d'enfants qui cherchent même en sachant qu'ils n'ont que peu de chances de trouver quoi que ce soit, la déception risque d'être la conclusion du voyage. Pour d'autres, en revanche, le voyage aura un effet tout à fait salutaire.

L'adolescence de notre fils a été la traversée d'une grande zone de turbulence : il a fait des fugues, il a volé, il nous rejetait, disant que nous n'étions pas ses vrais parents, nous ne parvenions plus à nous parler. Ce fut une période très difficile, où l'aide d'un groupe de paroles créé par des familles adoptives nous fut d'un grand secours.

Puis, une année, il a accepté d'assister à une rencontre de jeunes adolescents adoptés dans le même pays que lui. Il y est allé, il est revenu enchanté, avec la ferme intention d'assister à la prochaine rencontre… Depuis, si tout n'a pas cessé du jour au lendemain, nous l'avons senti plus apaisé, plus en confiance, moins coupé de tout ce qui l'entoure…

Des parents adoptifs

QUAND LE RETOUR AU PAYS D'ORIGINE NOUS EST RACONTÉ...

Dans *Quand nous étions orphelins*, de Kazuo Ishiguro (Paris, Calmann-Lévy, 2001, trad. François Rosso), le héros effectue un retour dans son pays d'origine : retour sur les lieux de mémoire, sur le pays de l'enfance, idéalisé à travers une amitié avec un jeune Japonais, si intense qu'elle semble occulter la disparition des parents.

Dans ce roman, le héros se donne une « bonne raison » pour retourner à Shanghai : essayer de combattre, à la veille de la Seconde Guerre mondiale, les forces qui menacent de faire sombrer le monde. En fait, une idée l'anime, celle de retrouver ses parents dont il a décidé qu'ils sont toujours vivants.

Cette quête personnelle et la découverte d'une ville dont il découvre qu'il ignorait tout se fondent en un parcours initiatique qui le conduira à découvrir une vérité difficile qu'il ne soupçonnait aucunement. Son roman familial s'effondre, mais un fil le retient à la vie, celui de l'affection qu'il éprouve pour la jeune pupille dont il est le tuteur.

Dans *Spanish Quest* (Londres, Macmillan, 1969), Ray Alan, journaliste britannique né en Angleterre, part à la recherche d'un père dont il sait qu'il est espagnol mais dont il ignore ce qu'il est devenu, mais aussi à la découverte d'un pays, l'Espagne, qu'il n'a jamais connu.

Les deux quêtes s'entrelacent en une remontée à la fois sobre et chaleureuse dans un passé qui n'occulte pas le présent et qui ne tourne jamais le dos à l'avenir : celui d'un pays qui, tel un jeune adulte, se cherche, dans le crépuscule du franquisme vieillissant et se projette vers l'avenir ; celui d'un homme dont on sent que le désir de connaître cette partie de son histoire est rendu possible par la sérénité du présent, par son ancrage affectif et intellectuel dans la culture et la langue britanniques, et par sa foi en l'avenir : le livre est dédicacé à ses trois enfants.

Dans *Nos Traces silencieuses* (Production Agat films & Cie, Ina, Femis, 1998), Sophie Bredier part de cicatrices sur son corps, dont sa mère adoptive ne connaît pas l'origine exacte pour remonter dans une vaste interrogation sur les origines, ses origines.

Ce parcours la conduit jusqu'en Corée (*Séparées*, Ina, Arte France, 2000), où elle découvre des visages qui lui sont familiers, car ils ressemblent au sien, des codes sociaux qui lui sont étrangers.

Elle retrouve l'orphelinat… et un dossier vide.

Comme tant d'autres, Sophie a cherché ; elle a questionné ses parents, qui se sont prêtés au jeu ; elle a sondé leurs souvenirs, elle s'est replongée dans son album de photos. Elle s'est construit son image de la Corée, puis elle a pris l'avion pour son pays de naissance.

De Corée, elle est rentrée à Paris, par l'aéroport où elle était arrivée, la première fois :

« Un jour j'ai pris l'avion et j'ai fait le tour de la terre. Le voyage a duré très longtemps, mais je n'arrivais pas à dormir, parce qu'il faisait beau et toujours bleu au-dessus des nuages. Je suis arrivée, et là on m'attendait. Pour mon premier repas, mes parents et ma grand-mère m'avaient préparé un gigot avec des haricots verts, et un bol de riz au cas où je n'aimais pas. J'ai repoussé le bol et j'ai commencé à vivre avec grand appétit. »

Conclusion

Aujourd'hui, ma fille de 14 ans, en pleine crise d'ado, m'a dit qu'en cours d'anglais, le professeur a demandé à chacun quel avait été son plus beau cadeau. Elle a répondu : « Mes parents. » J'en ai eu les larmes aux yeux ; elle m'a offert là mon plus beau cadeau.

Une mère adoptive

Demain aussi, des milliers d'enfances possibles ?

L'adoption, on l'a vu tout au long de cet ouvrage, est l'affaire de tous :

- des parents – ceux qui sont dans l'impossibilité de l'être à ce moment-là et ceux qui souhaitent le devenir ;
- des institutions et des pays d'origine, qui ont pour mission de trouver des familles pour les enfants qui leur sont confiés ;
- des pays d'accueil, qui doivent garantir à ces enfants les mêmes droits et les mêmes opportunités qu'à ceux nés sur leur territoire ;
- enfin et surtout des enfants, qui, s'ils le souhaitent un jour, pourront apporter à la société un faisceau de ressentis et d'expériences de première main qui l'aidera à mieux préparer l'accueil d'autres enfants dans leur famille.

Les parents de naissance doivent être informés de leurs droits, des aides possibles leur permettant de garder leur enfant et de l'élever ; ils doivent être informés des effets concrets et définitifs qu'entraîne la décision de le confier en adoption. Tous ces aspects passent par une information encore trop souvent insuffisante, mal expliquée ou trop abstraite qui incombe aux services sociaux, que ce soit en France, pour les enfants recueillis sur son territoire, ou dans les pays d'origine.

Les parents adoptifs dont la démarche a abouti sont un exemple vivant de l'adoption, un miroir dans lequel se cherchent d'autres adoptants potentiels. Ils ont un rôle de témoignage irremplaçable, dont les professionnels de l'enfance travaillant dans l'adoption reconnaissent volontiers l'importance. Cette fonction de témoin, ils l'assument auprès des futurs adoptants, au sein d'associations comme Enfance et Familles d'Adoption ; il est intéressant qu'ils l'assument aussi auprès des pays d'origine, permettant à ces derniers de connaître la réalité quotidienne des familles françaises auxquelles ils ont confié leurs enfants.

Pour que ce rôle de témoin puisse prendre toute sa dimension, il est important qu'ils aient fait tout ce qu'il est en leur pouvoir de faire, avant l'arrivée de l'enfant, puis tout au long de leur vie commune, pour que la vérité soit le lien qui les unit, pour qu'aucune ombre, aucun doute ne plane quant au parcours qui a permis qu'ils se rencontrent.

Si rien ne peut être jamais totalement limpide ou explicable, l'utilisation de l'argent dans l'adoption ou les circonstances dans lesquelles s'est effectué le recueil du consentement des parents d'origine, pour ne citer que ces deux exemples, sont autant d'aspects que les futurs parents doivent regarder en face.

Outre l'aptitude à inspirer d'autres adoptions, le bonheur familial dépendra en grande partie de la sérénité que l'on éprouve face à de telles questions.

Cela ne veut pas dire que toute la moralisation de l'adoption doive reposer sur les seules épaules des parents adoptants. Ces derniers peuvent et doivent être vigilants. Ils peuvent alerter, et ils sont nombreux à le faire, sur les réalités rencontrées sur le terrain, quand celles-ci semblent contraires à l'éthique et à l'intérêt de l'enfant. Pour autant, on ne peut pas attendre d'eux qu'ils se substituent aux États. Leur souci est d'accueillir un enfant précis ; la situation de l'enfance dans le monde, les enjeux internationaux liés aux déplacements de populations, et plus particulièrement à l'adoption internationale, leur échappent ; et s'ils ont un devoir de vigilance, une volonté de témoignage, ils ne peuvent pas à eux seuls déplacer des montagnes, et ne doivent se sentir aucunement obligés de porter la responsabilité des dysfonctionnements juridiques, politiques ou diplomatiques.

Tout cela, c'est l'affaire des États. Dans les pays d'origine, les gouvernants doivent résister à la tentation de réduire l'adoption à une simple source d'entrée de devises, ou, inversement, de faire baisser artificiellement l'adoption internationale pour masquer les insuffisances de l'adoption nationale, uniquement parce qu'ils sont fiers d'avoir rejoint les pays signataires ou adhérents de la convention de la Haye. Ils doivent être encouragés à mettre en place une politique et des mesures de protection de la famille et de l'enfance, qui permettent aux familles de vivre correctement et aux enfants de vivre leur enfance. Si la communauté internationale ne veille pas à ce qu'effectivement le principe de subsidiarité se mette en place, elle aura failli à sa mission d'améliorer le sort des enfants.

Les pays d'accueil, pour leur part, doivent veiller à ce que l'adoption internationale continue de garantir aux enfants adoptés le même statut qu'aux enfants de naissance : une famille pour toujours, l'accès à la nationalité, les mêmes droits et obligations pour tous. Ils doivent combattre toute velléité de repli identitaire et toute tentative, plus ou moins énoncée, de transformer les enfants français nés à l'étranger en citoyens « de première ou de seconde classe ». Pour les enfants venus d'ailleurs comme pour ceux nés en France, l'adoption plénière est une pièce maîtresse qui les protège de l'incertitude des lendemains.

Pour mieux défendre le droit à l'adoption de tout enfant privé d'une famille, et préparer les familles qui se proposent de prendre pour leur un enfant qu'ils n'ont pas conçu, il est important de s'intéresser au devenir des adoptés, pour tordre le cou peut-être à certains préjugés et découvrir qu'ils ne sont pas si différents des autres, que grâce à leurs parents adoptifs ils ont pu, comme d'autres garçons et filles, grandir dans l'amour et la bonne humeur.

Une enquête que l'Institut national des études démographiques se propose de mener devrait permettre d'en savoir plus. Afin que cette enquête soit plus représentative que celles, intéressantes mais parcellaires, qui ont été menées jusqu'à ce jour, en France et ailleurs, il faut espérer que le nombre de personnes recensées et acceptant de répondre sera le plus important possible.

En attendant, les enfants adoptés grandissent, traversent l'adolescence, deviennent adultes au terme d'un cheminement qui les auront conduits ou non vers leur passé. Peu importe. C'est à eux de choisir comment ils souhaitent grandir, avec tout ce qu'ils sont. Même quand ils recherchent et qu'ils pensent trouver, la boucle n'est jamais bouclée. La roue tourne, elle avance sur la route de la vie. Enfants hier, ils sont aujourd'hui adultes, parents bientôt, grands-parents un jour. Quand on les écoute, ils sont nombreux à sembler parler avec une relative sérénité de cette vie pas tout à fait comme les autres, mais où, comme d'autres, ils ont pu avoir ce à quoi tout enfant aspire, une famille pour soi, pour toujours. Tous disent souhaiter cela à d'autres enfants.

La solidarité qui se tisse autour d'un événement familial heureux (telle l'arrivée d'un frère ou d'une sœur), ou tragique (tel un décès), l'arrivée à l'âge adulte, la recherche des origines, quand elle se produit, sont autant d'éléments qui semblent rapprocher le plus souvent l'enfant de ses parents adoptifs : le fait d'avoir cherché d'où il vient, ou choisi de ne pas chercher, préférant regarder confiant vers l'avenir, lui permet de se sentir enfin pleinement adopté, et d'adopter à son tour ses parents, de s'approprier par là sa propre histoire, dont ils font partie. Il deviendra parent à son tour, regardera vers des lendemains d'espoir et d'amour comme ceux que contemplaient ses parents au moment de commencer leur cheminement vers lui.

J'ai 34 ans, je viens de Madagascar, d'une famille pauvre. J'ai été adopté à l'âge de 9 ans...
L'adoption pour un enfant est toujours difficile... Il lui faut une famille choisie en fonction de son passé et de ses souffrances...
Aujourd'hui, je suis fier d'être le fils de mes parents adoptifs. Ils m'ont aimé. J'ai eu tout ce dont j'avais besoin pour grandir, matériellement, psychologiquement, affectivement. Je me suis marié ; à mon tour, j'ai des enfants. J'aime la vie. Que demander de plus ?

Un enfant adopté

Annexes

Adresses utiles

FAMILLES ADOPTIVES

ENFANCE ET FAMILLES D'ADOPTION (EFA)
221, rue La Fayette
75010 Paris
Tél. : 01 40 05 57 70 - Fax au 57 79
E-mail : secretariat.federation@adoptio-nefa.com
Site Internet : http://www.adoption.com
Informations sur l'adoption, législation, actualités, coordonnées des associations départementales à partir du site.
Publication d'une revue trimestrielle, *Accueil*, la seule en France consacrée à l'adoption.
Listes de discussion :
AdoptionEFA@yahoogroupes.fr et
Versladoption@yahoogroupes.fr

MOUVEMENT POUR L'ADOPTION SANS FRONTIÈRES (MASF)
39, avenue Gambetta
75020 Paris
E-mail : masf@multimania.com
http://www.masf.multimania.com

ASSOCIATIONS DE PARENTS PAR PAYS D'ORIGINE (APPO).
Certaines ont adhéré au MASF. Pour les autres, voir les fiches pays de la MAI

MAEVA POLYNÉSIE (mouvement associatif des enfants venus des archipels de Polynésie)
Tél. : 04 72 31 71 89
E-mail : maevapolynesie@wanadoo.fr
http://perso.wanadoo.fr/maeva-polynesie

PUPILLES DE L'ÉTAT, ENFANTS PLACÉS

FÉDÉRATION NATIONALE DES ASSOCIATIONS D'ENTRAIDE DES PUPILLES ET ANCIENS PUPILLES DE L'ÉTAT ET DE L'ASE
47, rue Pasteur
54510 Tomblaine
Tél. : 03 83 29 91 81
E-mail : contact@fnadepape.org
Site Internet : http://www.fnadepape.org

ADOPTION : ORGANISMES, MISE EN CONTACT

ORGANISMES AUTORISÉS POUR L'ADOPTION (OAA) : voir liste mise à jour sur le site de la Mission de l'adoption internationale (MAI)

ORGANISMES AUTORISÉS POUR L'ADOPTION (OAA) plaçant des enfants nés en France : voir page 143

ORGANISMES AUTORISÉS POUR L'ADOPTION (OAA) plaçant des enfants dits à particularité : voir pages 102-103

ENFANTS EN RECHERCHE DE FAMILLE (EFA-ERF) Service d'EFA

(enfants dits à particularité)
221, rue La Fayette
75010 Paris
Tél. : 01 40 05 57 78
E-mail : erf.efa@adoptionefa.com

ORGANISATION RÉGIONALE DE CONCERTATION SUR L'ADOPTION (ORCA) : enfants dits à particularité
48, rue du Sergent-Blandan
P.O. 3945
54029 Nancy CEDEX
Tél. : 03 83 27 47 74
Fax : 03 83 94 55 00

ADOPTION INTERNATIONALE : DÉMARCHES

MISSION DE L'ADOPTION INTERNATIONALE (MAI)
244, boulevard Saint-Germain
75303 Paris 07 SP
Tél. : 01 43 17 90 90
Fax : 01 43 17 93 44
Site Internet :
http://www.diplomatie.gouv.fr./mai

LÉGALISATIONS : MINISTÈRE DES AFFAIRES ÉTRANGÈRES
Bureau des Légalisations
34, rue La Pérouse
75775 PARIS CEDEX 16

CONSEILS AUX VOYAGEURS
Site Internet : http://www.diplomatie.gouv.fr/voyageurs/etrangers/avis/conseils/default2.asp

VISAS :
Site Internet : http://www.action-visas.com

TRANSCRIPTIONS : PARQUET DU TRIBUNAL DE GRANDE INSTANCE DE NANTES / SERVICE DES ADOPTIONS INTERNATIONALES
BP 63 509
44035 NANTES CEDEX 1

DROIT (S)

TEXTES DE LOI, CODES
http://www.legifrance.gouv.fr

CASIER JUDICIAIRE :
Par Minitel : 3615 CJN
Par Internet :
http://www.cjn.justice.gouv.fr
Tél. : 02 51 72 96 18

ÉTAT CIVIL
MINISTÈRE DES AFFAIRES ÉTRANGÈRES
Service Central de l'État Civil
11, rue de la Maison-Blanche
44941 Nantes CEDEX 9
Tél. : 02 51 77 20 20

COMMISSION D'ACCÈS AUX DOCUMENTS ADMINISTRATIFS (CADA)
66, rue de Bellechasse
75700 Paris 07 SP
Tél. : 01 42 75 79 99
Site Internet : http://www.cada.fr

CAISSE D'ALLOCATIONS FAMILIALES (CAF)
Site Internet : http://www.caf.fr

CAISSE NATIONALE D'ASSURANCE MALADIE (CNAM)
Toutes les prestations de la CNAM pour les adoptants.

Site Internet : http://www.cnamts.fr/ass/adop/somadop.htm

ACCOMPAGNEMENT

CENTRE D'OUVERTURE PSYCHOLOGIQUE ET SOCIAL (COPES)
20, rue de Dantzig
75015 Paris
Tél. : 01 53 68 93 46
Fax : 01 53 68 93 45
E-mail : copes-formation@wanadoo.fr
Site Internet : www-lecopes.com
Formation continue (géré par l'Association pour la promotion de l'hygiène mentale infantile PHYMENTIN).
Le COPES propose aussi des consultations pour l'enfant et sa famille et les problèmes de filiation.

AFRIQUE CONSEIL
55, rue du Château-d'Eau
75010 Paris
Tél. : 01 44 83 03 64
E-mail : afrique.conseil@wanadoo.fr
Site Internet : http://perso.wanadoo.fr/afrique.conseil
Équipe pluridisciplinaire qui a pour but de faire connaître les processus psychologiques susceptibles de mieux faire comprendre la culture africaine.
Afrique Conseil propose aussi des consultations pour l'enfant et sa famille et une préparation à des voyages en Afrique.

ORIGINES

MOUVEMENT NATIONAL POUR LE DROIT AUX ORIGINES (MNDA)
Maison Bidaïna
64220 Ispoure
Tél. : 05 59 37 27 34
site Internet : http://www.mnda.st

PARENTS DE NAISSANCE

MÈRES DE L'OMBRE
17, rue Chaperon
33500 Libourne
Tél. : 05 57 51 24 57
E-mail : amo-buron@wanadoo.fr
Site Internet : http://perso.wanadoo.fr/amo-buron

AUTRES REGARDS SUR L'ADOPTION

ASSOCIATION ESPACE ADOPTION (SUISSE)
Site Internet : http://www.espace-adoption.ch

ASSOCIATION DE PARENTS ADOPTIFS SUISSE
Case postale 2134, CH-1002 Lausanne
E-mail : info@adopte.ch
Site Internet : adopte.ch

SITE ADOPTION DU QUÉBEC (créé à l'initiative de cinq associations de parents adoptants)
http://www.quebecadotion.net

PARRAINAGE

Un Enfant Une Famille (association créée en 1978 par Jeanine et Antoine Rebelo, d'Enfance et Familles d'Adoption)
Site Internet : http://unenfantunefamille.free.fr

Collectif parrainage
Site Internet : http://collectif.parrainage.free.fr

Bibliographie

Ouvrages généraux : démarches et réflexions sur l'adoption

- *Adopter un enfant, guide pratique à l'usage des futurs adoptants*, Comité français d'éducation pour la santé, 2001 (Ce guide vous est remis par l'ASE de votre département).
- *Adoption et éthique* : Actes du Congrès Enfance et Familles d'Adoption, 21-22 octobre 2000 (disponible auprès de l'association Enfance et Familles d'Adoption, 221 rue La Fayette, 75010 Paris).
- Marielle de Béchillon et Jean-Jacques Choulot, *Le Guide de l'adoption*, Paris, Odile Jacob, 2001.
- Joëlle Duchet-Nespoux, *L'adoption*, Paris, Ed. de Vecchi, coll. « Le droit au quotidien », 1999.
- Gérard Gouzes, *S'il suffisait d'aimer : Rapport sur l'adoption internationale au Premier Ministre*, Paris, Assemblée nationale, 2000.
- Sophie Grenier, *Adopter*, Paris, Delmas, 2002.
- Nazir Hamad, *L'enfant adoptif et ses familles*, Paris, Denoël, 2001.
- Florence Lafond, *L'adoption*, Toulouse, éditions Milan, 1999.
- Jean-Marc Lhuillier, *Guide de l'aide sociale à l'enfance : droit et pratiques*, Paris, Berger-Levrault, coll. « Questions sociales », 2000.
- Anne Masselot-Astruc, *Adoption, le guide pratique 2002*, Paris, Prat, coll. « Les guides pour tous », 2001.
- Jean-François Mattéi, *Enfant d'ici, enfant d'ailleurs : l'adoption sans frontière*, Paris, La Documentation Française, coll. « Rapports officiels », 1995.
- Jean-François Mattéi, *Le chemin de l'adoption : le cœur et la raison*, Paris, Albin Michel, 2000.
- Revue *Accueil*, « L'apparentement », n°2-3, mai 2000 (disponible auprès de l'association Enfance et Familles d'Adoption, 221 rue La Fayette, 75010 Paris).
- Revue *Accueil*, « Réflexions autour du projet d'adoption », Paris, Accueil n°4, nov. 2001 (revue consacrée à l'adoption, disponible auprès de l'association Enfance et Familles d'Adoption, 221 rue La Fayette, 75010 Paris).
- Revue *Autrement*, « Abandon et adoption, liens du sang, liens d'amour », Paris, n°96 dirigé par Brigitte Trillat, 1988.
- Claude Rivest, *L'empreinte de l'abandon*, Montréal (Québec), Éditions du CRAM, 1999.
- Pascale Salvage-Gerest, *L'adoption*, Paris, Dalloz, coll. « Connaissance du droit », 1992.

Fécondité, stérilité, couples homosexuels

- Brigitte-Fanny Cohen, *Un bébé mais pas à tout prix*, Paris, Jean-Claude Lattès, 2001.
- Éric Dubreuil, *Parents de même sexe*, Paris, Odile Jacob, 1998.
- Marina Julienne, *Un bébé à tout prix*, Paris, Mango éditions, 2001.

Abandon, accouchement sous X

- Sylvie Babin, *Maternités impansables*, Paris, l'Harmattan, 2001.
- Catherine Bonnet, *Geste d'amour : l'accouchement sous X*, Paris, Odile Jacob, 1990.
- Doris Bonnet, « Confier son enfant, données anthropologiques », *Enfance et psy* n° 1 (1997), Questions d'origine, p. 70-76.
- Caroline Eliacheff, *À corps et à cris*, Paris, Odile Jacob, coll. « Poches », 1993.
- Sophie Marinopoulos, « Histoires de passages ; de l'abandon à l'adoption », *Le Bébé face à l'abandon, le bébé face à l'adoption*, dir. Myriam Szejer, Paris, Albin Michel, 2000, p. 115-125.
- Sophie Marinopoulos, *De l'une à l'autre : de la grossesse à l'abandon*, Paris, Éditions hommes et perspectives, 1997.
- Nicole Peltier, *Les mères de l'ombre, faire adopter son enfant ?*, Paris, Cerf, 1995.
- Myriam Szejer, *Les femmes et les bébés d'abord*, Paris, Albin Michel, 2001.
- Myriam Szejer, (avec Hervé Bernard), *Des mots pour naître*, Paris, Gallimard, 1997.
- Anne Ter Minassian, « Accepter l'anonymat des mères », *Enfance et psy* n°1 (1997), Questions d'origine, p. 97-102.

Origines

- Anne Bouchard et Danielle Rapoport (collectif), *Origines. D'où viens-tu ? Qui es-tu ?*, Paris, Les cahiers du nouveau-né, Éditions Stock, 1985.
- Corinne Daubigny, *Les origines en héritage*, Paris, Syros, coll. « Question d'enfance », 1994.
- Marie-France Morel, *Les enfants abandonnés dans la France ancienne*, dir. Myriam Szejer, Paris, Albin Michel, 2000, p. 19-45.
- Kazuo Ishiguro, *Quand nous étions orphelins*, (trad. François Rosso), Paris, Calmann-Levy, 2001.
- Revue *Accueil*, « Adoption et origines : le respect d'une histoire », Paris, n°s 3-4, sept. 1996 (disponible auprès de l'association Enfance et Familles d'Adoption, 221 rue La Fayette, 75010 Paris).
- Revue *Accueil*, « Retour au pays : lieux du cœur, ici et ailleurs », n°2, mai 2002.
- Revue *Accueil*, « Parents à leur tour », n°3, mai 1997.
- Smaïn, *Sur la vie de ma mère*, Paris, Flammarion, 1990.
- Michel Soule et Bernard Golse, *Origines, identités, destinées, que dire à un enfant qui s'inquiète de son origine*, Paris, ESF, 1996.
- Georgina Souty et Pascal Dupont, *Destins de mères, destins d'enfants*, Paris, Odile Jacob, 1999.

Films

Sophie Bredier & Myriam Aziza, *Nos traces silencieuses* (1998) : Production Agat films & Cie, Ina, Femis.

Sophie Bredier & Myriam Aziza, *Séparées* (2000) : Ina, Arte France.

Pays d'origine

- Marie-Noël Charles, « Comment la filiation adoptive s'organise autour du don d'enfant en Polynésie française », *Le Bébé face à l'abandon, le bébé face à l'adoption,* dir. Myriam Szejer, Paris, Albin Michel, 2000, p. 247-263.
- Lidia Natalia Dobrianskyj-Weber, « Abandon et adoption : regards sur l'Amérique latine », *Le Bébé face à l'abandon, le bébé face à l'adoption*, dir. Myriam Szejer, Paris, Albin Michel, 2000, p. 264-282.
- Ferdinand Ezembé, « Don et abandon des enfants en Afrique », *Le Bébé face à l'abandon, le bébé face à l'adoption*, dir. Myriam Szejer, Paris, Albin Michel, 2000, p. 225-246.
- Françoise Maury, *L'Adoption interraciale*, Paris, L'Harmattan, 1999.
- Badra Moutassem-Mimouni, *Naissances et abandons en Algérie*, Paris, éditions Karthala, 2001.
- Revue *Accueil, La Polynésie Française*, Paris, n°2, mai 2002 (disponible auprès de l'association Enfance et Familles d'Adoption, 221 rue La Fayette, 75010 Paris).

Santé, adoption d'un enfant dit à particularité (grand, avec handicap ou vécu lourd) ; fratries

- Josette Dufour, *Adopte-moi quand même*, Paris, Fayard, 1991.
- Annick-Camille Dumaret et Dominique J. Rosset, *L'abandon des enfants trisomiques 21 : de l'annonce à l'accueil*, CTNERHI (Centre technique national d'Études et de recherches sur les handicaps et les inadaptations), 1996 (diffusion PUF).
- Michael Doris, *L'enfant brisé*, Paris, Denoël, 1991. (témoignage sur le SAF)
- Claire Gore, *Enfants délaissés, adoptions tardives : en France et en Europe*, Paris, ESF, 2001.
- Dominique Grange, *Victor, l'enfant qui refusait d'être adopté*, Paris, Stock/Laurence Pernoud, 1993.
- Ombline Ozoux Teffaine, *Adoption tardive : d'une naissance à l'autre*, Paris, Stock, 1987.
- Revue *Accueil*, « Accueillir une fratrie », n°s 4-5, août 1998.
- Revue *Accueil*, « La puberté précoce », n°1, février 2002 (disponible auprès de l'association Enfance et Familles d'Adoption, 221 rue La Fayette, 75010 Paris).
- Pierre Verdier et Marieke Aucante, *Ces enfants dont personne en veut*, Paris, Dunod, 1997.

L'enfant et son développement

- Elisabeth Badinter, *L'Amour en plus*, Paris, Flammarion 1980.
- Boris Cyrulnik, *Les vilains petits canards*, Paris, Odile Jacob, 2001.
- Boris Cyrulnik, *Un merveilleux malheur*, Paris, Odile Jacob, 1999.

- Anne Decerf, *D'une fracture à la renaissance*, Sainte-Foy (Québec), Presses de l'Université de Laval, 2001.
- Michel Hanus, *La résilience à quel prix ? Survivre et rebondir*, Paris, Maloine, 2001.
- Marcel Rufo, *Œdipe toi-même*, Paris, éd. Anne Carrière, 2000.
- Marcel Rufo, *Frères et sœurs*, Paris, Fayard, 2002.

Livres pour enfants

- Martine Beck, *Léopardi Galoupi*, Paris, Flammarion, 1999.
- Marieke Boom et Henrike Wilson, *Moi aussi je veux une maman*, Paris, Nord-Sud, 2000 (à partir de 4 ans).
- Anne-Marie Chapouton, *Une famille pour Duvet*, Paris, Bayard, coll. « Les belles histoires », 1990 (à partir de 4 ans).
- Comtesse de Ségur, *L'auberge de l'ange gardien*, Paris, Hachette.
- Comtesse de Ségur, *Un bon petit diable*, Paris, Hachette.
- Comtesse de Ségur, *Mémoires d'un âne*, Paris, Hachette.
- Comtesse de Ségur, *Les vacances*, Paris, Hachette.
- Catherine Dolto-Tolitch, *On s'est adoptés*, Paris, Gallimard jeunesse, coll. « Giboulées », 1996 (à partir de 3 ans).
- Grimm, *Tom Pouce* et *Hans-mon-Hérisson*, trad. Astrid Caudère, Paris, Hachette, 1993. (à partir de 6 ans)
- Keiko Kasza, *Une maman pour Choco*, Paris, L'école des loisirs, coll. « Lutin poche », 1996 (à partir de 3 ans).
- Rose Lewis et Jane Dyer, *Mon bébé du bout du monde*, Paris, Syros, 2001 (à partir de 3 ans).
- Jean Vital de Monléon, *Les deux mamans de Petirou*, Paris, Gautier Langereau, 2001 (à partir de 3 ans).
- Domitille de Pressensé, *Pastel a été adopté*, Paris, Actes Sud, 1999 (à partir de 7 ans).
- Denise Rebondy, *D'où je viens, moi ?*, Paris, Éditions Retz, 1997 (aborder l'arbre généalogique en famille avant que l'école ne s'en charge…).
- Dominique Saint-Mars et Serge Bloch, *Nina a été adoptée*, Calligram, Série des Lili et Max, 1996 (à partir de 8 ans).
- Luis Sepúlveda, *Histoire d'une mouette et du chat qui lui apprit à voler*, trad. de l'espagnol A.-M. Métailié, Paris, Métailié/Seuil, 1996 (adaptation long métrage, bande dessinée, disponible en vidéocassette : Enzo d'Alo, *La mouette et le chat*, Production CGG Tiger, Italie, 1999).
- Gabrielle Vincent, *Ernest et Célestine : les questions de Célestine*, Paris, Casterman, 2001 (à partir de 5 ans).

Glossaire

ADEPAPE
Associations d'entraide des pupilles et anciens pupilles de l'État et des Personnes admises ou aynt été admises à l'ASE.

Adoption simple
L'adopté ajoute à son nom d'origine le nom de l'adoptant. Il conserve tous ses droits successoraux dans sa famille d'origine, et il a les droits successoraux d'un enfant légitime, mais n'est pas héritier réservataire à l'égard de ses grands-parents. L'adoptant est investi de tous les droits d'autorité parentale. L'adoption peut être révoquée pour motif grave.

Adoption plénière
L'adoption confère à l'enfant une filiation qui se substitue à la filiation d'origine. L'adoption prend le nom de l'adopté qui a les mêmes droits et obligations qu'un enfant légitime. Elle est irrévocable.

Agrément
Évaluation de la capacité des parents potentiels à adopter un enfant. La demande doit être faite auprès du conseil général. La démarche comprend un ensemble d'investigations sociales et psychologiques. Elle est gratuite.

AMP
Aide médicale à la procréation

Apparentement
Moment où les autorités chargées de trouver des parents pour un enfant choisissent ceux-là et non tels autres. Pour les futurs parents, c'est le moment où un enfant leur est officiellement proposé.

APPD
Association de parents par pays d'origine

ASE
Aide sociale à l'enfance : service départemental placé sous l'autorité du conseil général. Chargé notamment de la prise en charge et du suivi des enfants ne pouvant rester dans leur famille d'origine, que ce soit pour une durée limitée ou de façon permanente, comme les pupilles de l'État.

CIDE
Convention internationale des droits de l'enfant

CNAOP
Conseil national pour l'accès aux origines personnelles

DAP
Délégation d'autorité parentale : dans certains cas, notamment les placements d'enfants, en famille d'accueil, en institution ou en vue d'adoption, l'autorité parentale n'est plus exercée par les parents de naissance, mais par un tiers : assistante maternelle, services sociaux, parents adoptifs.

Démarche directe
Rencontre directe entre les parents de naissance et les futurs parents adoptifs, sans intervention d'aucune instance autorisée et alors que l'adoptabilité de l'enfant n'a pas été forcément juridiquement établie. Dans de nombreux pays, cette démarche n'est pas autorisée.

Démarche individuelle
Les candidats à l'adoption choisissent le pays vers lequel ils souhaitent s'orienter ; ils préparent eux-mêmes leur dossier, qu'ils transmettent soit directement à un organisme ou à une institution autorisés du pays d'origine, soit par la Mission de l'adoption internationale.

EFA
Enfance et Familles d'Adoption

Exequatur
Ordonnance par laquelle les tribunaux français rendent exécutoires en France les décisions des juridictions étrangères. Elle n'est pas nécessaire pour un jugement d'adoption plénière étrangère, mais elle l'est pour les jugements d'adoption simple.

MAI
Mission de l'adoption internationale

OAA
Organisme autorisé pour l'adoption : une fois que l'OAA a retenu la candidature d'un postulant, il élabore avec ce dernier un projet d'adoption en accord avec l'agrément, et se charge de la démarche mais aussi parfois du choix du pays, en fonction des besoins des enfants à placer.

PACS
Pacte civil de solidarité

Parrainage
Solution permettant d'offrir un soutien familial à un enfant non adoptable, qui vit soit dans sa famille, soit en institution ou famille d'accueil, avec parfois des aller-retour entre les deux. Le parrainage peut être de courte durée, intermittent (week-ends et vacances scolaires), de plusieurs années. Le parrainage est une action bénévole.

Pupilles de l'État
Enfants placés sous la tutelle du préfet et confiés à l'Aide sociale à l'enfance, qui est chargée de leur prise en charge. Parmi les pupilles de l'État, on trouve : des enfants dont la filiation est inconnue ou n'a pas été établie, des enfants remis à l'ASE par les parents, des orphelins de père et de mère dont la tutelle n'a pas été organisée, des enfants dont les parents se sont vu retirer l'autorité parentale, des enfants dont les parents se sont manifestement désintéressés pendant au moins un an. Ils sont juridiquement adoptables.

Résilience
Aptitude à transformer les difficultés, voire les traumatismes vécus, en une expérience créatrice, source de nouveaux départs, bref à « survivre et rebondir ». La résilience est souvent rendue possible par la rencontre de l'enfant et d'un adulte disposé à lui tendre la main et à l'aider à repartir.

SAF
Syndrome alcoolo-fœtal

VIH
Virus de l'immunodéficience humaine

Index

A

B

C

D

E

K

L

M

N

O

P

R

S

T

U

V

Remerciements

La responsabilité finale de la rédaction revient à l'auteur, certes, mais ce livre doit tout au réseau d'amitié et de solidarité que le projet a suscité. D'innombrables familles ont bien voulu me faire part de leurs vécus et de leurs réflexions (celles des parents, celles des enfants). C'est donc à elles que va en premier ma gratitude : je n'oublierai pas ces moments d'émotions, de rires et d'intimité partagés. Ma reconnaissance va aussi à ceux qui m'ont permis de voir l'adoption depuis d'autres perspectives, notamment à Jean-Marie Muller, président de la Fédération nationale des associations départementales d'entraide des pupilles et anciens pupilles de l'État, et Georgina Souty-Baum, présidente du Mouvement national pour le droit aux origines.

Par leurs travaux, et les échanges que j'ai pu avoir avec certains d'entre eux, les professionnels et chercheurs m'ont permis de mettre en miroir le vécu des familles et une réflexion plus large autour des liens familiaux, des origines, de la santé. Je remercie en particulier les docteurs Geneviève Beck-Wirth, Jean-François Chicoine, Jean Vital de Monléon et le professeur Philippe Jeammet (pour le chapitre santé, pensé et travaillé avec le docteur Martine Zeisser, je me suis aussi appuyée sur les travaux des docteurs Mottu, Marc de Kerdanet et de tous ceux que j'ai cités dans le texte). Ferdinand Ezembé, directeur d'Afrique Conseil et ami, m'a permis de mieux comprendre la place de l'enfant dans la culture africaine. Rakesh Kapoor, avocat, m'a beaucoup appris sur l'Inde. Témi Tidafi, président de l'Association Enfance et Familles d'Accueil Bénévoles (Algérie) m'a introduite aux subtilités de la kafala.

Un grand merci à toute l'équipe fédérale d'Enfance et Familles d'Adoption pour leurs contributions multiples, leur soutien, et leur patience. Frédérique Le Floch, Martine Falcou et Geneviève Miral m'ont aidée à la recherche de documents et bien au-delà. Sylvie Girard a suivi le projet dès le début et m'a soutenue dans les moments de doute. Florence Lafond, Christine et Daniel Pommepuy ont gentiment accepté de relire l'ensemble. Danielle Housset, présidente d'Enfance et Familles d'Adoption et de la confédération européenne Enfance Adoption Accueil, a suivi la rédaction de cet ouvrage avec la rigueur et la disponibilité que tous lui connaissent ; la pertinence de ses réflexions, la richesse des échanges ont été inestimables.

Chez Hachette-Marabout, Hélène Gédouin-Hines, Fabienne Travers et Anne Schapiro-Niel ont cru en ce projet, elles l'ont défendu et m'ont accordé un délai supplémentaire dont je ne les remercierai jamais assez.

Enfin, il y a tous ceux qui me sont chers : Marie-Claude et sa fille, mes frère, sœur et belle-sœur, mes parents, mon mari et mon fils. Tous ont fait une place à ce projet, tous l'ont accompagné, chacun à sa façon, y compris Mandy, notre chatte, compagne fidèle de mainte longue soirée passée devant l'ordinateur.

Janice Peyré

Table des matières

Notes personnelles

Édition : Fabienne Travers
Lecture - correction : Jean L'Humbert

Dépôt légal : n° 44470 / mars 2004
édition n°02
ISBN : 2-501-03821-V

Imprimé et relié en Italie par Rotolito Lombarda